Der ärztliche Abrechnungsbetrug

Uwe Hellmann · Harro Herffs

Der ärztliche Abrechnungsbetrug

Springer

Prof. Dr. jur. Uwe Hellmann
Universität Potsdam
Lehrstuhl für Strafrecht,
insbesondere Wirtschaftsstrafrecht
August-Bebel-Straße 89
14482 Potsdam
hellmann@rz.uni-potsdam.de

Dr. jur. Harro Herffs
PrivatVerrechnungsStelle der Ärzte und Zahnärzte Bremen e. V.
Außer der Schleifmühle 69
28203 Bremen
harro.herffs@pvs-bremen.de

ISBN-10 3-540-25691-1 Springer Berlin Heidelberg New York
ISBN-13 978-3-540-25691-5 Springer Berlin Heidelberg New York

Bibliografische Information Der Deutschen Bibliothek
Die Deutsche Bibliothek verzeichnet diese Publikation in der Deutschen Nationalbibliografie; detaillierte bibliografische Daten sind im Internet über <http://dnb.ddb.de> abrufbar.

Springer ist ein Unternehmen von Springer Science+Business Media

springer.de

Printed in Germany

Einbandgestaltung: Erich Kirchner, Heidelberg

SPIN 11419501 64/3153-5 4 3 2 1 0 – Gedruckt auf säurefreiem Papier

Vorwort

Die Medien berichten häufig über – tatsächliche oder vermeintliche – Abrechnungsmanipulationen von Ärzten. Solche Vorwürfe finden aus mehreren Gründen ein besonderes Interesse der Öffentlichkeit. Wird ein „Fall" gegen einen Arzt oder ein ärztliches Großlabor aufgedeckt, so lässt sich zumeist feststellen, dass ein bestimmtes Muster der Manipulationen bei einer Vielzahl von Abrechnungen und über einen längeren Zeitraum angewendet wurde. Vergleichsweise kleine Einzelbeträge summieren sich dann oft zu einem erheblichen Gesamtschaden, der nicht selten mehrere Millionen Euro ausmacht. Zudem haftet dem Arzt als „Betrüger in Weiß", der sich zu Lasten des Gesundheitssystems bzw. seiner Patienten bereichert, ein besonderer persönlicher Vorwurf an.

Auffällig ist, dass häufiger und ausführlicher über die Einleitung strafrechtlicher Ermittlungsverfahren als über deren Abschluss berichtet wird. Entscheidungen der Strafgerichte zu Abrechnungsmanipulationen werden selten veröffentlicht, was zum einen darauf beruhen dürfte, dass zahlreiche Ermittlungsverfahren bereits von der Staatsanwaltschaft eingestellt werden, und zum anderen darauf, dass strafgerichtliche Hauptverhandlungen nicht selten mit einer „Absprache" enden und deshalb keine Rechtsmittel eingelegt, die Oberlandesgerichte und der Bundesgerichtshof mit solchen Fällen also gar nicht befasst, werden. Die schwierigen rechtlichen Probleme, die aus dem Zusammentreffen der einschlägigen Straftatbestände – vor allem Betrug und Untreue – mit dem Medizinrecht, insbesondere dem Recht der gesetzlichen Krankenversicherung und dem Vertragsarztrecht, resultieren, sind in der Rechtsprechung deshalb zum Teil ungelöst.

Dieses Buch will denjenigen, die in der Praxis – als Mitarbeiter einer Krankenkasse oder Kassenärztlichen Vereinigung, Staatsanwalt, Richter, Verteidiger oder auch als betroffener Arzt – mit Fragen der Abrechnungsmanipulation befasst sind, eine schnell erschließbare Übersicht über die einschlägigen dogmatischen Gesichtspunkte sowie die maßgeblichen aktuellen Entscheidungen und Literaturmeinungen an die Hand zu geben. Da wir damit rechnen, dass die Leser dieses Buches über unterschiedliche juristische Kenntnisse und praktische Erfahrungen verfügen, beginnt der materiell-rechtliche Teil mit der Darstellung der wesentlichen Gegebenheiten des Vertragsarztrechts und führt über die Beschreibung der häufigsten Fallgruppen zu den jeweils einschlägigen strafrechtlichen Problemen. Der Schwerpunkt des strafprozessualen Teils liegt bei dem Ermittlungsverfahren, weil Besonderheiten des Strafverfahrens wegen Abrechnungsmanipulationen in erster Linie in diesem Verfahrensstadium zu beachten sind.

Der materiell-strafrechtliche Teil stammt aus der Feder von Harro Herffs, der strafprozessuale von Uwe Hellmann.

An der Entstehung dieses Buches waren aber auch andere Personen maßgeblich beteiligt. Unser Dank gilt Frau Brigitte Reschke vom Springer-Verlag für die tatkräftige Unterstützung und Betreuung. Die abschließenden Arbeiten zur Herstellung der Druckfassung wurden im Wesentlichen von den Mitarbeitern meines Lehrstuhls Dr. Katharina Beckemper, Susanne Claus, Diana Stage, Ursula Tischmeier und Marcel Arendt geleistet. Herr Arendt hat darüber hinaus das Sachregister erstellt. Ihnen danken wir auch an dieser Stelle ganz herzlich.

Anregungen der Leser nehmen wir gerne entgegen.

Bremen und Potsdam, im Januar 2006

Harro Herffs
Uwe Hellmann

Inhaltsverzeichnis

Abkürzungsverzeichnis

Abs.	Absatz
a.F.	alte Fassung
AKStPO	Alternativ-Kommentar zur Strafprozessordnung
ALV	Arzneimittelliefervertrag
AOK	Allgemeine Ortskrankenkasse
A + R	Der Arzt und sein Recht
Art.	Artikel
Ärzte-ZV	Zulassungsverordnung für Vertragsärzte vom 28.05.1957, BGBl. I 572, zuletzt geändert durch die Achte Zuständigkeitsanpassungsverordnung vom 25. November 2003 (BGBl. I S. 2304, 2343)
ArztR	Zeitschrift für Arztrecht
BAG	Bundesarbeitsgericht
BAGE	Entscheidungen des Bundesarbeitsgericht (zitiert nach Band und Seite)
BÄO	Bundesärzteordnung
BayObLG	Bayerisches Oberstes Landesgericht
BB	Der Betriebsberater
BGB	Bürgerliches Gesetzbuch
BGBl.	Bundesgesetzblatt
BGH	Bundesgerichtshof
BGHSt	Entscheidungen des Bundesgerichtshofes in Strafsachen
BGHZ	Entscheidungen des Bundesgerichtshofes in Zivilsachen
BMV-Ä	Bundesmantelvertrag in der Fassung vom 01.01.1996
BMVe	Bundesmantelverträge
BSG	Bundessozialgericht
BSGE	Entscheidungen des Bundessozialgerichtes
BStBl.	Bundessteuerblatt
BT	Besonderer Teil des StGB
BT-Dr.	Verhandlungen des Deutschen Bundestages, Drucksachen
BVerfG	Bundesverfassungsgericht
BVerfGE	Entscheidungen des Bundesverfassungsgerichts (zitiert nach Band und Seite)
bzw.	beziehungsweise
ca.	circa

DÄBl.	Deutsches Ärzteblatt (zitiert nach Jahr und Seite)
DB	Der Betrieb (zitiert nach Jahr und Seite)
ders.	derselbe
dies.	dieselbe (n)
d.h.	das heißt
DMW	Deutsche Medizinische Wochenschrift
DOK	Die Ortskrankenkasse
DStR	Deutsches Steuerrecht
EBM	Einheitlicher Bewertungsmaßstab mit den Vertragsgebührenordnungen, Bewertungsmaßstab für die ärztliche Leistung (BMÄ) und Ersatzkassengebührenordnung (E - GO)
f.	folgende
ff.	fortfolgende
Fn.	Fußnote
FS	Festschrift
GBl.	Gesetzblatt
GbR	Gesellschaft bürgerlichen Rechts
gem.	gemäß
GG	Grundgesetz
GKV	Gesetzliche Krankenversicherung
2. GKV-NOG	Zweites Gesetz zur Neuordnung von Selbstverwaltung und Eigenverantwortung in der gesetzlichen Krankenversicherung vom 23.06.1997, BGBl. I 1520
GmbH	Gesellschaft mit beschränkter Haftung
GmbHR	GmbH Rundschau
GOÄ	Gebührenordnung für Ärzte vom 09.02.1996, BGBl. I Nr. 10, in der Fassung vom 22.12.1999, BGBl. I S. 2626
GSG	Gesundheitsstrukturgesetz vom 21.12.1992, BGBl. I 2266
HKStPO	Heidelberger Kommentar zur Strafprozessordnung
Hrsg	Herausgeber
HVM	Honorarverteilungsmaßstab
HVMe	Honorarverteilungsmaßstäbe
HVV	Honorarverteilungsvertrag
i.d.F.	in der Fassung
IGeL	Individuelle Gesundheitsleistung
i.S.	im Sinne
i.S.v.	im Sinne von
JR	Juristische Rundschau
JZ	Juristenzeitung
Kasse	Krankenkasse
Kass. Komm.	Kasseler Kommentar zum Sozialversicherungsrecht
KBV	Kassenärztliche Bundesvereinigung
KG	Kammergericht

KKStPO	Karlsruher Kommentar zur Strafprozessordnung
KMR	Kleinknecht/Müller/Reitberger, Kommentar zur Strafprozessordnung
KV	Kassenärztliche Vereinigung
KVen	Kassenärztliche Vereinigungen
LG	Landgericht
LK	Leipziger Kommentar
LSG	Landessozialgericht
MB/KK 94	Musterbedingungen für die Krankheitskosten- und Krankenhausgeldversicherung 1994
MBO-Ä	Musterberufsordnung für Ärzte
MDR	Monatsschrift für deutsches Recht
MedR	Medizinrecht
MVZ	Medizinische Versorgungszentren
m. zust. Anm.	mit zustimmender Anmerkung
n.F.	neue Fassung
NJW	Neue Juristische Wochenschrift
NJW-RR	NJW-Rechtsprechungs-Report Zivilrecht
Nr.	Nummer
NRW	Nordrhein-Westfalen
NStZ	Neue Zeitschrift für Strafrecht
NStZ-RR	NStZ-Rechtsprechungs-Report
NUB-Richtlinien	Neue Untersuchungs- und Behandlungsrichtlinien
NZG	Neue Zeitschrift für Gesellschaftsrecht
NZS	Neue Zeitschrift für Sozialrecht
OLG	Oberlandesgericht
PBeakK	Postbeamtenkrankenkasse
RG	Reichsgericht
RGSt	Entscheidungen des Reichsgerichts in Strafsachen
RVO	Reichsversicherungsordnung
Rz.	Randzahl, Randzahlen
S.	Seite
SG	Sozialgericht
SGB IV	Viertes Sozialgesetzbuch
SGB V	Fünftes Sozialgesetzbuch
SGB X	Zehntes Sozialgesetzbuch
SGb	Die Sozialgerichtsbarkeit
SK	Systematischer Kommentar
s.o.	siehe oben
SozR	Entscheidungssammlung Sozialrecht
StGB	Strafgesetzbuch vom 15.05.1871
StPO	Strafprozessordnung
StV	Der Strafverteidiger
s.u.	siehe unten
u.a.	unter anderem
Urt.	Urteil

USK	Urteilssammlung für die gesetzliche Krankenversicherung, AOK-Bundesverband, AOK-Verlag GmbH Remagen
VersR	Zeitschrift für Versicherungsrecht
vgl.	vergleiche
VSSR	Zeitschrift für Versicherungsrecht, Haftungs- und Schadensrecht
wistra	Zeitschrift für Wirtschafts- und Steuerstrafrecht
z.B.	zum Beispiel
ZIP	Zeitschrift für Wirtschaftsrecht
ZStW	Zeitschrift für die gesamte Strafrechtswissenschaft

Literaturverzeichnis

Alternativkommentar zur Strafprozessordnung, 1988-1996

Beckemper, Katharina: Durchsetzbarkeit des Verteidigerkonsultationsrechts und die Eigenverantwortlichkeit des Beschuldigten, 2002

Beulke, Werner: Strafprozessrecht, 8. Aufl. 2005

Binding, Karl: Lehrbuch des gemeinen deutschen Strafrechts, Besonderer Teil 1, 2. Aufl. 1902

Broglie, Maximilian Guido: Rechtliche und praktische Aspekte der Wirtschaftlichkeitsprüfung im Kassenarztrecht; Brennpunkte des Sozialrechts 1994, 1995

Brück, Dietrich: Kommentar zur Gebührenordnung für Ärzte (GOÄ), Stand 2004

Cramer, Peter/ Cramer, Steffen: Anwalts-Handbuch Strafrecht, 2002

Cyran, Walter/ Rotta, Christian: Apothekenbetriebsordnung, Kommentar, 4. Aufl. 2005

Dahm, Franz-Josef/ Möller, Karl-Heinz/ Ratzel, Rudolf: Rechtshandbuch Medizinische Versorgungszentren, 2005

Dahs, Hans: Handbuch des Strafverteidigers, 7. Aufl. 2005

Dalichau, Gerhard / Grüner, Hans: Gesetzliche Krankenversicherung SGB V, Kommentar, Stand 2005

Deutsch, Erwin/ Spickhoff, Andreas: Medizinrecht; 5. Aufl. 2003

Dietze, Eckhard / Brandenburg, Hans-F.: Recht in der Arztpraxis, 1998

Dippel, Karlhans: Die Stellung des Sachverständigen im Strafprozess, 1986

Etscheit, Jost: Wirtschaftskriminalität im Gesundheitswesen, 1988

Frielingsdorf, Oliver: IgeL-Erfolg mit System, 2005

Funk, Winfried: Die Wirtschaftlichkeitsprüfung im Vertragsarztrecht, 1995

Hauk, Karl/ Noftz, Wolfgang: SGB V, Gesetzliche Krankenversicherung, Kommentar, Stand 2005

Heberer, Jörg: Das ärztliche Berufs- und Standesrecht, 2. Aufl. 2001

Heidelberger Kommentar zur Strafprozessordnung, 3. Aufl. 2001

Hellmann, Uwe: Strafprozessrecht, 2. Aufl. 2006

Herffs, Harro: Der Abrechnungsbetrug des Vertragsarztes, 2001

Hoffmann, Hermann: Gebührenordnung für Ärzte (GOÄ), Kommentar, Stand 2005

Ioakimidis, Ariadne: Die Rechtsnatur der Absprache im Strafverfahren, 2001

Jörg, Michael: Das neue Kassenarztrecht, 1993

Karlsruher Kommentar zur Strafprozessordnung und zum Gerichtsverfassungsgesetz, 5. Aufl. 2003

KMR, Kommentar zur Strafprozessordnung, Loseblatt, Stand 2005

Krey, Volker/ Hellmann, Uwe: Strafrecht Besonderer Teil, Band 2, Vermögensdelikte, 14. Aufl. 2005

Kühne, Hans-Heiner: Strafprozessrecht, 6. Aufl. 2003

Lackner, Karl / Kühl, Kristian: Strafgesetzbuch mit Erläuterungen, 25. Aufl. 2004

Lang, Hermann Manfred: Der GOÄ-Kommentar, 2. Aufl.2002

Laufs, Adolf / Uhlenbruck, Wilhelm: Handbuch des Arztrechts, 3.Aufl. 2002

Leipziger Kommentar zum Strafgesetzbuch, 11. Aufl. 1992 ff.

Liebold, Rolf: Handlexikon für den Vertragsarzt, 4. Aufl. 1994

Löwe-Rosenberg, Die Strafprozessordnung und das Gerichtverfassungsgesetz, Großkommentar, 25. Aufl. 1997 ff.

Lück, Wolfgang: Lexikon der Betriebswirtschaft, 6. Aufl. 2004

Maaßen, Hans Joachim / Schermer, Joachim / Wiegand, Dietrich / Zipperer, Manfred: SGB V, Gesetzliche Krankenversicherung, Kommentar, Stand 2005

Maydell, Bernd Baron von: Gemeinschaftskommentar zum Sozialgesetzbuch - Gesetzliche Krankenversicherung, GK SGB V, Stand 2002

Meyer-Goßner, Lutz: Strafprozessordnung, Kommentar, 48. Aufl. 2005

Mitsch, Wolfgang: Strafrecht Besonderer Teil 2, Teilband 1, 2. Aufl. 2003

Müller, Cathrin: Rechtsgrundlagen und Grenzen zulässiger Maßnahmen bei der Durchsuchung von Wohn- und Geschäftsräumen, 2003

Münchener Kommentar, Band 5, Schuldrecht Besonderer Teil III, §§ 705 - 853, 4. Aufl. 2004

Niesel, Klaus: Kasseler Kommentar Sozialversicherungsrecht, Stand 2005

Nomos-Kommentar zum Strafgesetzbuch, Bd. 2, 2. Aufl. 2005

Palandt, Otto: Bürgerliches Gesetzbuch, Kommentar, 64. Aufl. 2005

Peters, Horst: Handbuch der Krankenversicherung, SGB V, Stand 2005

Pfeiffer, Gerd: Strafprozessordnung, Kommentar, 5. Aufl. 2005

Plagemann, Hermann: Kassenarztrecht, 2. Aufl. 1997

Pickel, Harald: Kommentar zum Sozialgesetzbuch, Zehntes Buch, Stand 2005

Preißler, Reinhold / Sozietät Dr. Rehborn: Ärztliche Gemeinschaftspraxis versus Scheingesellschaft, 2002

Prölss, Erich P. / Martin, Anton: Versicherungsvertragsgesetz; 26. Aufl. 1998

Quaas, Michael/ Zuck, Rüdiger: Medizinrecht, 2005

Ranft, Otfried: Strafprozessrecht, 3. Aufl. 2005

Ratzel, Rudolf / Lippert, Hans-Dieter: Kommentar zur Musterberufsordnung der deutschen Ärzte (MBO), 3. Aufl. 2002

Rieger, Hans-Jürgen (Hrsg.): Lexikon des Arztrechts, 2. Aufl., Stand 2005

Roxin, Claus: Strafverfahrensrecht, 25. Aufl. 1998

Schallen, Rolf: Zulassungsverordnung für Vertragsärzte (Ärzte-ZV), Vertragszahnärzte (Zahnärzte-ZV), Medizinische Versorgungszentren, Psychotherapeuten Kommentar, 4. Aufl. 2004

Schmidt-FS: Festschrift für Eberhard Schmidt zum 70. Geburtstag, 1961

Schnapp, Friedrich / Wigge, Peter: Handbuch des Kassenarztrechts, 2002

Schneider, Günther: Handbuch des Kassenarztrechts, 1994

Schönke, Adolf / Schröder, Horst : Strafgesetzbuch, Kommentar, 26. Aufl. 2001

Schroeder-Printzen: Sozialgesetzbuch Verwaltungsverfahren - SGB X Kommentar, 2. Aufl. 1990

Schulin, Bertram: Handbuch des Sozialversicherungsrechts, Band 1, Krankenversicherungsrecht, 1994

Sodan, Helge: Freie Berufe als Leistungserbringer im Recht der gesetzlichen Krankenversicherung: ein verfassungs- und verwaltungsrechtlicher Beitrag zum Umbau des Sozialstaates, 1997

Steinhilper, Gernot: Arzt und Abrechnungsbetrug, 1988

ders.: Unkorrekte Honorarabrechnung durch Ärzte und die Folgeverfahren – Anmerkungen aus der Sicht der Praxis, 1993

Systematischer Kommentar zum Strafgesetzbuch, Loseblatt, Stand 2005

Systematischer Kommentar zur Strafprozessordnung und zum Gerichtsverfassungsgesetz, Loseblatt, Stand 2005

Taupitz, Jochen: Die Standesordnungen der freien Berufe, 1991

Tröndle, Herbert / Fischer, Thomas: Strafgesetzbuch und Nebengesetze, 52. Aufl. 2004

Tuschen, Karl Heinz/ Quaas, Michael: Bundespflegesatzverordnung, Kommentar, 5. Aufl. 2001

Uleer, Christoph / Miebach, Jürgen / Patt, Joachim: Abrechnung von Arzt- und Krankenhausleistungen; 2. Aufl. 2000

Ulsenheimer, Klaus: Arztstrafrecht in der Praxis, 3. Aufl. 2003

Voß, Barbara: Kostendruck und Ressourcenknappheit im Arzthaftungsrecht, 1999

Wabnitz, Heinz-Bernd/ Janovsky, Thomas: Handbuch des Wirtschafts- und Steuerstrafrechts, 2000

Wiegand, Dietrich: Kassenarztrecht, Kommentar zu den §§ 69 - 106 SGB V mit dem Zulassungs- und Vertragsrecht, 3. Aufl. 1995

A. Gesetzliche Krankenversicherung

I. Die Rechtsverhältnisse zwischen Arzt, KV, Kasse und versichertem Patienten

Die Tätigkeit des Vertragsarztes ist nicht öffentlicher Dienst, auch wenn der Vertragsarzt mit der Behandlung der krankenversicherten Patienten in die Erfüllung einer öffentlichen Aufgabe eingebunden ist. Er wird zwar durch die Zulassung in ein subtil organisiertes öffentlich-rechtliches System einbezogen und verpflichtet, GKV-Patienten zu behandeln, bleibt aber letztlich Freiberufler[1]. Im Vergleich zur Behandlung und Liquidation des Privatpatienten ist der Leistungsaustausch bei der vertragsärztlichen Leistung durch eine deutlich größere Bandbreite von Normen gekennzeichnet. 1

In aller Kürze lässt sich das System so zusammenfassen, dass der Vertragsarzt die ihn aufsuchenden GKV-Patienten gegen Vorlage der Krankenversicherungskarte (früher: Krankenschein) behandelt, ohne dass die Patienten aus dem dadurch geschlossenen Vertrag mit dem Arzt diesem gegenüber zahlungspflichtig wären. Seine Leistungen rechnet der Arzt am Quartalsende gegenüber seiner Kassenärztlichen Vereinigung (KV) unter Beachtung des Einheitlichen Bewertungsmaßstabes (EBM), des Bundesmantelvertrages für Ärzte (BMV-Ä), der Richtlinien nach § 92 Abs. 1 Satz 2 SGB V und des Gesamtvertrags ab. Die KV prüft die Abrechnung des Arztes in verschiedenen Stufen und leitet sie sodann der Krankenkasse (Kasse) zu, die ihrerseits verschiedene weitere Prüfungsmöglichkeiten hat. Danach gleicht die Kasse die Honorarforderung mit einer Gesamtvergütung an die KV aus. Die KV verteilt diese Gesamtvergütung nach dem jeweils geltenden und je nach KV-Bezirk unterschiedlichen Honorarverteilungsvertrag (HVV) an die Vertragsärzte. Behandlungs- und Vergütungsweg sind also bei der GKV entkoppelt. 2

---

1 Laufs/Uhlenbruck (*Krauskopf*), § 24, Rz. 3 ff.

3 Diese Abläufe lassen sich als Schaubild folgendermaßen darstellen[2]:

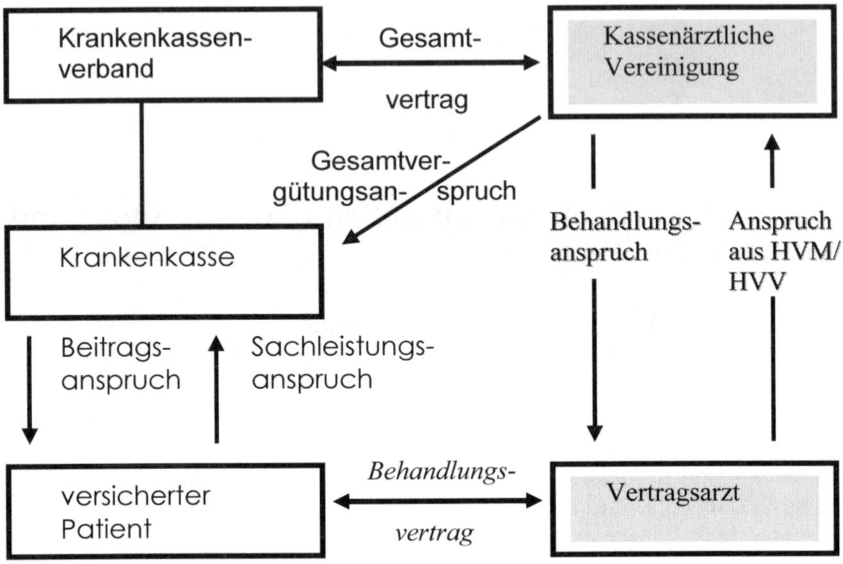

Zu den Rechtsverhältnissen gelten die nachfolgend dargestellten Grundsätze.

II. Anspruch des Versicherten

4 Der Patient hat gegenüber der Kasse, bei der er versichert ist, einen Anspruch auf Sach- und Dienstleistung, § 2 Abs. 2 SGB V. Derzeit gibt es in Deutschland etwa 62 Millionen GKV-Pflichtversicherte und knapp 9 Millionen freiwillig Versicherte[3]. Primär geht das Gesetz in der GKV von der Gewährung der medizinischen Versorgung in natura und damit von der Sachleistung aus, nicht von der gleichfalls nach § 13 Abs. 2 SGB V eingeräumten Kostenerstattung. Wegen dieses *Sachleistungsprinzips*[4] ist die Kasse Schuldnerin einer ärztlichen Krankenbehandlung im Sinne der §§ 11, 27, 28 SGB V. Für die Erfüllung dieser Verpflichtung bedient sie sich der KV und ihrer Mitglieder, der Vertragsärzte, §§ 69 ff. SGB V. Kasse, KV und Vertragsärzte wirken für die Sicherstellung der vertragsärztlichen Versorgung der Versicherten zusammen, § 72 Abs. 1 SGB V, wobei der Auftrag zur entsprechenden Sicherstellung bei der KBV und den KVen liegt, vgl. § 75 Abs. 1 SGB V. Zwischen Versichertem und zugelassenem Vertragsarzt besteht zusätzlich

---

2 Vgl. *Jörg*, Rz. 20; Kass. Komm. (*Hess*), § 72 SGB V, Rz. 16.

3 BVerfG, 06.12.2005, 1 BvR 347/98, Seite 2 des Umdrucks.

4 *Jörg*, Rz. 27; *Schneider*, Rz. 206 f.

ein ärztlicher Behandlungsvertrag. Die Rechtsprechung geht von einem zivilrechtlichen[5], Teile der Literatur von einem öffentlich-rechtlichen Charakter dieses Vertrages aus[6].

Die *Kostenerstattung* ist eine Alternative, die der Kassenpatient aktiv wählen muss und an die er ein Jahr gebunden ist, vgl. § 13 Abs. 2 SGB V. Er erhält in diesem Fall als unmittelbarer Kostenschuldner des Arztes eine Rechnung entsprechend der GOÄ, die er zur Erstattung an seine Krankenkasse einreicht. Diese ist lediglich zur Erstattung desjenigen Betrags verpflichtet, den sie bei Erbringung der medizinischen Leistung als Sachleistung zu tragen hätte, so dass eine Transformation der Rechnung von GOÄ nach EBM vorzunehmen ist. Von dem sich hieraus ergebenden Betrag werden noch Abschläge für die mit dem Verfahren verbundenen Verwaltungskosten, Zuzahlungen wie die sog. Praxisgebühr und die fehlenden Wirtschaftlichkeitsprüfungen gemacht, so dass der Erstattungsbetrag zwischen 30 % und 40 % der GOÄ-Rechnung beträgt. Der Kostenerstattungspatient schließt daher in der Regel noch eine private Zusatzversicherung ab, um im Ergebnis auf eine Gesamterstattungshöhe von ca. 90 % zu gelangen. **5**

III. Die Kassen

Bis zum sog. Gesundheitsstrukturgesetz[7] wurde zwischen den *Pflicht-* bzw. *Primärkrankenkassen*[8] und den *Ersatzkassen*[9] unterschieden. Eine Überschneidung der Kassen hinsichtlich ihres Mitgliederkreises war bis dahin nicht möglich[10]. Seit dem 01.01.1996 haben nicht nur die Angestellten, sondern auch die Arbeiter ein grundsätzliches Wahlrecht unter den Kassen, §§ 173 ff. SGB V. Damit ist die bisherige Aufspaltung zwischen Primär- und Ersatzkassen aufgegeben[11]. Die Untergliederung besteht nunmehr lediglich in der unterschiedlichen Bezeichnung. Die Kassen sind rechtsfähige Körperschaften des öffentlichen Rechts mit Selbstverwaltung, § 29 Abs. 1 SGB IV. Ihr Organ hat Behördenstatus, § 31 Abs. 3 Satz 1 SGB IV. **6**

---

5 BGHZ **100**, 363, 367 f.; BSGE **59**, 172.

6 *Isensee*, VSSR 1995, 321, 330, Fn. 24; Laufs/Uhlenbruck (*Krauskopf*), § 25, Rz. 7 ff.

7 Gesetz zur Sicherung und Strukturverbesserung der gesetzlichen Krankenversicherung vom 21.12. 1992, BGBl I S. 2266.

8 §§ 4 Abs. 1, §§ 143 - 167 SGB V: Orts-, Innungs-, Betriebs-, Landwirtschaftliche-, Knappschaftliche - und Seekrankenkasse.

9 §§ 168 ff. SGB V: Die Barmer Ersatzkasse, die Deutsche Angestelltenkrankenkasse, die Techniker- Krankenkasse, die Kaufmännische Krankenkasse und die Hamburg-Münchener-Ersatzkasse.

10 *Schneider*, Rz. 155.

11 *Schneider*, Rz. 156.

IV. Voraussetzung zur Teilnahme des Arztes an der vertragsärztlichen Versorgung

7 Die Begriffe 'Kassenarzt' und 'Vertragsarzt' haben keine unterschiedliche Bedeutung. Mit In-Kraft-Treten des Gesundheitsstrukturgesetzes (GSG) am 01.01. 1993 wurde die bisherige Bezeichnung von 'Kassenarzt' auf 'Vertragsarzt' umgestellt. Um an der vertragsärztlichen Versorgung teilnehmen zu können, muss der zukünftige Vertragsarzt die Approbation (früher: Bestallung) vorweisen können, d.h. er muss die staatliche Erlaubnis zur Ausübung eines akademischen Heilberufs als Arzt, Zahnarzt, Apotheker oder Tierarzt innehaben. Die humanmedizinische Approbation ist Voraussetzung für die gesondert zu erteilende Zulassung zur vertragsärztlichen Versorgung[12]. Bei erschlichener Zulassung gelten die erbrachten Behandlungsleistungen nach dem Kassenarztrecht als nicht abrechenbar[13].

8 Die Zulassung erfordert das Vorliegen einer *objektiven,* außerhalb der Person des Arztes liegenden Zulassungsvoraussetzung. Die objektive Voraussetzung besteht darin, dass die vertragsärztliche Versorgung nicht sichergestellt werden kann und daher die Hinzuziehung weiterer Ärzte notwendig ist[14]. Durch die Zulassung darf keine Überversorgung eintreten. Um eine Überversorgung zu verhindern, sind Zulassungsbeschränkungen in Form von Richtlinien nach § 101 SGB V maßgeblich. Des Weiteren müssen die *subjektiven,* in der Person des Arztes zu erfüllenden Zulassungsvoraussetzungen vorliegen. Im Rahmen der subjektiven Zulassungsvoraussetzungen steht der Erteilung und Aufrechterhaltung der Zulassung generell alles entgegen, was den Vertragsarzt bei Wahrnehmung seiner vertragsärztlichen Pflichten in eine Interessenkollision bringen würde[15]. Beispielsweise darf der Vertragsarzt nicht in einem Beschäftigungsverhältnis stehen, das seine Eigenverantwortlichkeit[16] und die Gewährleistung der vertragsärztlichen Versorgung gefährden würde, § 20 Abs. 1 Ärzte-ZV. Subjektive Voraussetzungen sind unter anderem der Antrag an den Zulassungsausschuss, Nachweis der Eintragung ins Arztregister, Approbationsnachweis sowie die Vorlage der Urkunden, Bescheinigungen und immer häufiger der Praxisvertrag zur Überprüfung der Eignung zum Vertragsarzt[17]. Im Einzelnen sind die Voraussetzungen in den §§ 95, 95 a, 116 bis 121, 311 SGB V behandelt und in den §§ 17 bis 25 der Ärzte-ZV geregelt.

9 Unter Vorlage des Nachweises der subjektiven Voraussetzungen kann der Arzt die Zulassung beim Zulassungsausschuss beantragen, der von der KV und den Landesverbänden der Kassen in paritätischer Besetzung gebildet wird, § 96 Abs. 1, Abs. 2 SGB V. Der Zulassungsausschuss erteilt die Zulassung durch Beschluss.

---

12 *Deutsch*, Medizinrecht, Rz. 24, 27; *Liebold*, Handlexikon, S. 25, Stichwort 'Approbation'.

13 BSGE **76**, 153, 156.

14 Kass. Komm. (*Hess*), § 103, Rz. 3.

15 Kass. Komm. (*Hess*), § 95 SGB V, Rz. 42.

16 *Cramer*, MedR 1996, 567, 568; GKV-Komm. (*Wiegand*), § 95, Rz. 13.

17 Rieger (*Dahm*), Lexikon, Ordnungsziffer 1780, Rz. 28.

Der Beschluss ist ein begünstigender, weil statusbegründender Verwaltungsakt[18] und ergeht in Form eines Bescheides, §§ 19 Abs. 1, 41 Abs. 4 Ärzte-ZV. Wird der Arzt mit Gebietsbezeichnung (früher: Facharzt) zugelassen, gelten grundsätzlich nur seine auf diesem Gebiet erbrachten Leistungen als abrechnungsfähig[19]. Anders ist es nur dann, wenn zwar nicht die Ziffer zur Leistungsbeschreibung, wohl aber die Ursache und die Symptomatik im Bereich des eigenen Fachgebietes liegen. Sind diese beiden Voraussetzungen erfüllt, können auch Leistungen, die dem Fachgebiet nicht zugeordnet sind, abgerechnet werden[20].

Mit der Erteilung der Zulassung wird der Arzt Mitglied bei der für ihn zuständigen KV. Er ist dann zur Teilnahme an der vertragsärztlichen Versorgung berechtigt und verpflichtet, § 95 Abs. 3 Satz 1 SGB V. Die standesrechtliche und freiberufliche Stellung des Arztes wird durch die Mitgliedschaft ebenso wenig wie durch die vertragsarztspezifischen Regelungen tangiert. Sein berufliches Risiko trägt der Vertragsarzt allein. Trotz verschiedener Disziplinarbefugnisse ist die KV weder Dienstherrin des Vertragsarztes, noch ihm gegenüber weisungsbefugt, noch ist ihr sein etwaiges Verschulden unmittelbar zuzurechnen. Die auferlegten öffentlich-rechtlichen Beschränkungen beziehen sich ausschließlich auf die Stellung des Vertragsarztes innerhalb der gesetzlichen Krankenversicherung und auf seine Eigenschaft als Mitglied der KV[21]. 10

V. Formen der vertragsärztlichen Praxisausübung

Lediglich zugelassene oder ermächtigte Ärzte, ermächtigte ärztlich geleitete Einrichtungen und Medizinische Versorgungszentren können gemäß der abschließenden Aufzählung des Gesetzes an der vertragsärztlichen Versorgung teilnehmen und entsprechende Leistungen berechnen, § 95 Abs. 1, Abs. 2 Satz 4 SGB V[22]. Grundsätzlich hat der Vertragsarzt seinen Beruf in eigener Person, eigenverantwortlich und selbständig auszuüben, §§ 15 Abs. 1, 28 Abs. 1 SGB V; § 20 Ärzte-ZV, § 13 Abs. 1 BMV-Ä. 11

Seit dem In-Kraft-Treten des GMG[23] zum 01.01.2004 können auch *Medizinische Versorgungszentren (MVZ)* an der Versorgung teilnehmen, die sich aller zulässigen Organisationsformen bedienen können, auch einer GmbH[24]. Das MVZ rechnet gegenüber der KV unter einer einzigen Vertragsarztnummer ab, unabhän- 12

[18] BSGE **20**, 86, 90; Laufs/Uhlenbruck (*Krauskopf*), § 26, Rz. 2.

[19] BSGE **62**, 224, 226; BSG, MedR 1997, 136, 137; vgl. EBM 2000 plus, I 1.3.

[20] Vgl. BSG, B 6 KA 32/03 R; B 6 KA 27/03 R; B 6 KA 39/04 R; *Dierks*, Abrechnung aktuell 11/2004, S. 15.

[21] BVerfGE **11**, 30, 39; BSGE **2**, 201, 216 f.

[22] Kass. Komm. (*Hess*), § 95 SGB V, Rz. 4; *Laufs*, MedR 1995, 11, 16; *Plagemann*, Rz. 208; *Preißler*, MedR 1995, 110, 111.

[23] Gesetz zur Modernisierung der gesetzlichen Krankenversicherung vom 14.11.2003 (GKV-Modernisierungsgesetz – GMG), BGBl. 2003 I Nr. 55, S. 2190.

[24] Kass. Komm. (*Hess*), § 95 SGB V, Rz. 9 d.

gig von der Anzahl der dort tätigen angestellten oder freiberuflich arbeitenden Ärzte.

13 Der Vertragsarzt kann befristet einen *Assistenzarzt* anstellen, § 32 Abs. 2 Satz 3 Ärzte-ZV. Der Assistenzarzt ist kein Vertragsarzt und seine abrechenbare Tätigkeit setzt die Anwesenheit und Anleitung des Praxisinhabers voraus, vgl. § 15 Abs. 1 BMV-Ä[25]. Der Vertragsarzt kann auch einen Arzt ganztags oder (höchstens) zwei halbtags beschäftigte Ärzte *anstellen*, § 95 Abs. 9 SGB V, § 32 b Ärzte-ZV. Der angestellte Arzt ist zwar gleichfalls nicht Vertragsarzt, kann aber vergleichsweise eigenverantwortlich und selbständig vertragsärztliche Leistungen erbringen, die von dem zugelassenen Praxisinhaber abgerechnet werden können. Das Behandlungsvolumen bzw. die Praxis des Inhabers darf allerdings durch die Anstellung nicht merklich ausgedehnt werden, § 101 Abs. 1 Nr.5 SGB V, § 32 Abs. 3 Ärzte-ZV[26].

14 Das Betreiben einer *Gemeinschaftspraxis* durch Vertragsärzte gleicher oder unterschiedlicher Fachgebiete ist zulässig, § 33 Abs. 2 Ärzte-ZV[27]. Dabei schließen sich mehrere Vertragsärzte zu einer gemeinsamen Berufsausübung in einer Praxis zusammen. Diese einheitliche Praxis kann als GbR[28] oder als Partnerschaftsgesellschaft geführt werden[29]. Sie rechnet insgesamt unter einer einzigen Arztnummer gegenüber der KV ab, nicht gesondert durch die einzelnen Ärzte[30]. Unterscheidungsmerkmal zu einer bloßen Organisationsgemeinschaft, die gleichfalls als GbR geführt werden kann, ist die *gemeinsame* Berufsausübung, während Zweck der Organisationsgemeinschaft lediglich die gemeinsame Nutzung von Räumlichkeiten, Personal und / oder Gerät und damit das „Cost-Sharing" ist.

15 Eine der vertragsärztlichen Zulassung entgegenstehende *unzulässige Schein-Gemeinschaftspraxis* liegt vor, wenn nach dem Außenverhältnis eine GbR von selbständigen und gewinnbeteiligten Vertragsärzten besteht, im Innenverhältnis aber ein Arzt im Rahmen eines Dienstvertrags Angestellter des anderen Arztes ist oder nach den tatsächlichen Umständen in einem angestelltenähnlichen Verhältnis tätig ist. Ein solches Angestelltenverhältnis widerspricht dem Leitbild der Berufstätigkeit in eigener Verantwortung und Unabhängigkeit[31] in der bisherigen Form, deshalb vergüten die KVen die erbrachten Leistungen nicht. Dasselbe gilt, wenn der Vertragsarzt Räume und / oder Einrichtungsgegenstände im Miet- oder Pachtverhältnis sowie ein Gehalt zur Verfügung gestellt bekommt und sich im Gegenzug zur Honorarabführung verpflichtet (Abhängigkeitsverhältnis zu einem Nicht-Kollegen). Bei diesem verdeckten Beschäftigungsverhältnis fehlt es gleichfalls an

---

25 Kass. Komm. (*Hess*), § 98 SGB V, Rz. 30. Vgl. auch *Schallen*, Rz. 731.

26 Kass. Komm. (*Hess*), § 95 SGB V, Rz. 99; *Schallen*, Rz. 745.; *Steinhilper*, NZS 1994, 347.

27 *Ahrens*, MedR 1992, 141, 142; Laufs/Uhlenbruck (*Uhlenbruck*), § 18, Rz. 9; *Taupitz*, NJW 1996, 3033, 3039; *Wigge*, NZS 2001, 293.

28 BGH, NJW 1986, 2364; *Luxenburger*, Schriftenreihe der ARGE Medizinrecht, Band 2, S. 67, 69.

29 *Wigge*, NZS 2001, 293.

30 BSGE **23**, 170, 171; **55**, 97, 104; *Wigge*, NZS 2001, 293.

31 *Cramer*, MedR 1996, 567, 568; *Plagemann*, Rz. 200.

der Unabhängigkeit, darüber hinaus ist die Einhaltung des Wirtschaftlichkeitsgebots gefährdet[32]. Ein solches Beschäftigungsverhältnis steht der vertragsärztlichen Zulassung entgegen.

Bei der *Praxisgemeinschaft* nach § 33 Abs. 1 Ärzte-ZV liegt die Verbindung der Ärzte lediglich in der gemeinsamen Nutzung von Personal, Räumen, Einrichtungen und Geräten[33], nicht in der gemeinsamen Berufsausübung wie in der Gemeinschaftspraxis. Jeder Vertragsarzt ist rechtlich selbständig und rechnet allein mit der KV ab[34], darf aber andere Ärzte der Praxisgemeinschaft vertreten, § 32 Ärzte-ZV. **16**

Die *Leistungserbringungsgemeinschaft oder 'Apparategemeinschaft'* nach § 105 Abs. 2 SGB V ist eine partielle Praxisgemeinschaft. Es werden z.B. kostenintensive Geräte gemeinschaftlich betrieben, sei es in der Praxis eines Mitgliedes der Gemeinschaft oder in ausgelagerten Räumen. Eine konkrete Ausgestaltung hat sich in Form von Laborgemeinschaften etabliert[35]. Von allen ärztlichen Kooperationsformen sind die Laborgemeinschaften am weitesten verbreitet. Im Durchschnitt sind 20 Ärzte zu einer Laborgemeinschaft zusammengeschlossen, es gibt aber auch Gemeinschaften mit über 100 Ärzten[36]. **17**

Eine Praxisgemeinschaft lässt sich auch in Form von mehreren selbständigen Praxen gleicher oder unterschiedlicher Fachgebiete in räumlichen Einheiten wie z.B. *Ärztehäusern* oder *Ärztezentren* ausrichten. Der Gesellschaftszweck besteht darin, die Einrichtung und den laufenden Betrieb des Zentrums zu organisieren, was z.B. durch einheitlichen Einkauf, einheitliche Entsorgung, Bündelung von Dienstleistungen etwa beim Patientenempfang und der Patientenbetreuung, Verwaltung von Patientendaten durch gemeinsame EDV u.s.w. geschehen kann[37]. **18**

Die gewählte Form der Berufsausübung hängt von einer Reihe von Faktoren ab, etwa ob der Arzt den Beruf allein oder gemeinschaftlich ausüben will, welches Gewicht er haftungsrechtlichen Konsequenzen beimisst oder wie sich die Ertragssituation im GKV-Bereich darstellt. **19**

---

32 BSGE **35**, 247, 251; Kass. Komm. (*Hess*) § 95 SGB V, Rz. 43.

33 GKV-Komm. (*Wiegand*), § 95, Rz. 20; *Luxenburger*, Schriftenreihe der ARGE Medizinrecht, Band 2, S. 67, 69.

34 *Schallen*, Rz. 870 ff.

35 Kass. Komm. (*Hess*), § 98 SGB V, Rz. 49; *Luxenburger*, Schriftenreihe der ARGE Medizinrecht, Band 2, S. 67, 70. Nur für Laborleistungen ist derzeit eine Abrede getroffen, § 15 Abs. 3 BMV-Ä, für andere Leistungen nicht, Kass. Komm. (*Hess*), § 105 SGB V, Rz. 3. § 87 Abs. 2 b) SGB V schreibt in diesem Zusammenhang eine Neubewertung und Neuordnung des Labors für den EBM vor.

36 *Dietze/Brandenburg*, S. 22.

37 *Ahrens*, MedR 1992, 141, 142; *Luxenburger*, Schriftenreihe der ARGE Medizinrecht, Band 2, S. 67, 72.

VI. Pflichten des Vertragsarztes

1. Das persönliche Erbringen der Leistung

20 Der Vertragsarzt ist gegenüber dem Patienten zu einer persönlichen Leistungserbringung verpflichtet, §§ 15 Abs. 1, 28 Abs. 1 SGB V, § 32 Ärzte-ZV, § 15 Abs. 1 BMV-Ä. Fehlt es daran, gilt die Leistung ungeachtet ihrer Qualität als nicht abrechenbar[38], vgl. I 2.2 des EBM 2000 plus. Persönliche Leistungen des Vertragsarztes sind auch solche, die ein genehmigter Assistent erbringt. Zu den persönlichen Leistungen gehören darüber hinaus die Hilfeleistungen durch einen nichtärztlichen Mitarbeiter, wenn der an der ärztlichen Versorgung teilnehmende Arzt diese jeweils konkret anordnet, fachlich überwacht und der nichtärztliche Mitarbeiter für die Erbringung der jeweiligen Hilfeleistung qualifiziert ist, § 15 Abs. 1 Satz 3 BMV-Ä. Der Arzt muss im Einzelfall die Möglichkeit der Kontrolle haben und persönlich erreichbar sein[39]. Nur bei Erfüllung dieser Voraussetzung ist eine abrechnungsfähige vertragsärztliche Behandlung im Sinne des Kassenarztrechts gegeben. Das folgt aus den genannten Bestimmungen und wird auch von der Rechtsprechung und Literatur einhellig so beurteilt[40].

21 Eine Ausnahme für die persönliche Leistungserbringungspflicht besteht bei den Abschnitten O I/II EBM. Es genügt, wenn der Einsatz des Geräts von einem Mitglied der laborärztlichen Leistungserbringungsgemeinschaft vorgenommen wird. Dabei spielt es keine Rolle, wenn dieses Mitglied nicht der eigentlich die Leistung erbringende Arzt ist[41]. Der insoweit delegierende Arzt kann die Leistung gegenüber der KV als eigene abrechnen, vgl. § 25 Abs. 1 bis 3 BMV-Ä.

2. Art und Maß der ärztlichen Versorgung

22 Die vertragsärztliche Versorgung hat wirtschaftlich, ausreichend sowie zweckmäßig zu sein und darf das Maß des Notwendigen nicht überschreiten, §§ 12 Abs. 1, § 70 Abs. 1 SGB V. Sie ist unter Berücksichtigung des allgemein anerkannten Standes der medizinischen Erkenntnisse zu gewährleisten, § 72 Abs. 2 SGB V.

---

[38] Vgl. BSGE **74**, 154, 158; **76**, 153, 155 f.; **80**, 48, 54; LSG Niedersachsen-Bremen, L 3 KA 209/04 ER vom 03.10.2004; Rieger (*Steinhilper*), Lexikon, Ordnungsziffer 4060, Rz. 64. Vgl. dazu auch BSG, 16.07.2003, B 6 KA 49/02 R und B 6 KA 34/02 R.

[39] BSGE **39**, 288. Entsprechend und wie § 15 BMV-Ä sind auch alle HVMe und Abrechnungsrichtlinien gefasst.

[40] BSGE **37**, 130, 132, 133; **66**, 6, 7; LSG NRW, ArztR 1998, 132, 133; *Jörg*, Rz. 297; Kass. Komm. (*Hess*), § 98 SGB V, Rz. 51; Schnapp/Wigge (*Steinhilper*), § 16, Rz. 25; *Schneider*, Rz. 245.

[41] Vgl. auch BSGE **39**, 288; *Luxenburger*, Schriftenreihe der ARGE Medizinrecht, Band 2, S. 67, 71.

Die Wirtschaftlichkeit ist der Oberbegriff, der die übrigen Begriffe mit umfasst[42]. Alle Termini sind unbestimmte Rechtsbegriffe ohne Beurteilungsspielraum[43].

Der Begriff der *Wirtschaftlichkeit* der ärztlichen Behandlung umfasst das Prinzip, unter Einsatz geringster Mittel den größtmöglichen Erfolg zu erzielen[44]. Maßstab für die Wirtschaftlichkeit ist die medizinische Indikation einer Maßnahme oder Behandlung. Bieten sich mehrere gleichwertige Behandlungsmöglichkeiten an, ist die am wenigsten aufwändige zu wählen. Der Terminus konkretisiert Umfang und Grenzen des Versicherungsschutzes und damit die Leistungspflicht der Kassen[45]. Eine unwirtschaftliche Behandlung liegt außerhalb des gesetzlichen bzw. vertraglichen Auftrags, sie ist keine vertragsärztliche Leistung und damit nicht honorierfähig[46]. Gleiches gilt bei fehlender Zweckmäßigkeit und fehlender Notwendigkeit der Behandlung. 23

Das SGB V enthält – wie bereits die RVO – weder eine eindeutige Definition noch eine systematische Abgrenzung dieser Begriffe. Deshalb können für eine Definition nur Rechtsprechung und Literatur herangezogen werden. 24

Der Grundsatz der *ausreichenden* Versorgung besagt, dass die Leistung weder ungenügend noch mangelhaft sein darf. Welche Leistung als ausreichend anzusehen ist, lässt sich nur für den Einzelfall bestimmen[47]. Dieses Merkmal garantiert einen Mindeststandard[48]. 25

Zweckmäßig ist eine Leistung dann, wenn sie geeignet bzw. zweckdienlich, zweckentsprechend oder zweckgemäß für den Heilerfolg ist, also nicht überflüssig oder sinnlos ist[49]. Die Zweckmäßigkeit ist dann gegeben, wenn die Leistung objektiv auf den Behandlungserfolg ausgerichtet und auch hinreichend wirksam ist[50]. Die Zweckmäßigkeit ist maßgebliches Kriterium für die Auswahl, wenn im konkreten Fall verschiedene Behandlungsmöglichkeiten in Betracht kommen[51]. 26

Notwendigkeit liegt vor, wenn gerade dieses Maß an Leistungen unvermeidlich, zwangsläufig unentbehrlich bzw. erforderlich ist, um im Einzelfall ausreichend und zweckmäßig zu sein. Stehen mehrere gleichermaßen zweckmäßige Mittel der Diagnose oder Therapie zur Verfügung, ist nur das kostengünstigste als notwendig zu betrachten[52]. 27

---

42 BSGE **17**, 79, 84; **26**, 16, 20; Kass. Komm. (*Hess*), SGB V, 106, Rz. 3.

43 BSGE **11**, 102, 117; **52**, 70, 75; **65**, 157, 159; Kass. Komm. (*Höfler*), § 12 SGB V, Rz. 5.

44 BSG, SozR 2200 § 368 n Nr. 19; Schnapp/Wigge (*Jörg*), § 10, Rz. 8; *Schneider*, Rz. 1034.

45 GKV-Komm. (*Wiegand*), § 92, Rz. 4.

46 Vgl. § 12 Abs. 1 SGB V; *Jörg*, Rz. 414; *Wiegand*, Kassenarztrecht, § 106, Rz. 13.

47 GKV-Komm. (*Zipperer*), § 12, Rz. 3 ff.; Schnapp/Wigge (*Jörg*), § 10, Rz. 8; *Schneider*, Rz. 1033.

48 BSGE **55**, 188; Kass. Komm. (*Höfler*), § 12 SGB V, Rz. 22; Voß, S. 92.

49 GKV-Komm. (*Zipperer*), § 12, Rz. 3. Vgl. auch BSGE **70**, 24, 26.

50 BSGE **70**, 24, 26 ff.; Kass. Komm. (*Höfler*), § 12, Rz. 23.

51 BSGE **42**, 229, 230; *Schneider*, Rz. 1033.

52 BSG, SozR 2200, § 182 b RVO, Nr. 26 und Nr. 37; GKV-Komm. (*Zipperer*), § 12, Rz. 3 ff.

28 Als Einzelkriterium ist der Begriff der Wirtschaftlichkeit der vertragsärztlichen Leistung in erster Linie für die Relation zwischen Kosten und Heilerfolg bedeutsam. Es ist also nur diejenige Leistung wirtschaftlich, bei der das günstigste Verhältnis zwischen Aufwand und Wirkung besteht. Der Wirtschaftlichkeitsgrundsatz konkretisiert Umfang und Grenzen des Versicherungsschutzes und damit die Leistungspflicht der Kassen[53].

29 Die Wirtschaftlichkeit der vertragsärztlichen Behandlung wird durch den *Gemeinsamen Bundesausschuss* konkretisiert. Dieser wird von der KBV, der Deutschen Krankenhausgesellschaft, den Bundesverbänden der Kassen, der Bundesknappschaft und den Verbänden der Ersatzkassen gebildet, § 91 Abs. 1 SGB V. Der Gemeinsame Bundesausschuss erlässt zur verbindlichen Konkretisierung der Wirtschaftlichkeit Richtlinien, vgl. § 92 Abs. 1 und 8 sowie § 135 SGB V, und schließt Verträge, vgl. § 72 Abs. 2 SGB V[54]. Bis zur Inkorporation durch § 92 Abs. 8 SGB V wurden diese Richtlinien lediglich als Erfahrungssätze betrachtet, die im konkreten Fall die Beurteilung erleichtern sollen[55], ob die Behandlung wirtschaftlich war. Die Rechtsprechung geht nunmehr von einer bindenden Wirkung aus[56].

3. Qualifikationserfordernisse

30 Für Untersuchungs- und Behandlungsmethoden, die ihrer Eigenart nach besonderer Kenntnisse des Arztes oder einer besonderen Praxisausstattung bedürfen, werden im BMV-Ä einheitliche Qualifikationserfordernisse vereinbart, § 135 Abs. 2 SGB V. Nur Ärzte, die diese Qualifikation erfüllen, dürfen die Leistung abrechnen, § 135 Abs. 2 SGB V, § 11 Abs. 1 BMV-Ä.

4. Überweisungen

31 Die Überweisung kann zwecks Auftragsleistung, Weiterbehandlung, Mitbehandlung oder Consiliaruntersuchung erfolgen, § 24 Abs. 7 BMV-Ä. Eine über den Ziel- oder Rahmenauftrag hinaus erbrachte Leistung ist ungeachtet ihrer medizinischen Indikation regelmäßig nicht abrechnungsfähig[57].

32 Eine Überweisung auf einen namentlich bestimmten Vertragsarzt soll im Hinblick auf die freie Arztwahl des Versicherten nach § 76 Abs. 1 SGB V nicht erfolgen, § 24 Abs. 5 BMV-Ä. Eine Überweisung an einen Arzt derselben Arztgruppe

---

[53] GKV-Komm. (*Wiegand*), § 92, Rz. 4.

[54] BSGE **19**, 123, 127; **26**, 16, 20; **63**, 163, 165; **65**, 154, 155; *Schneider*, Rz. 1035.

[55] Peters (*Hencke*), § 92, Rz. 34 ff.

[56] BSG, MedR 1997, 123, 125; BSG, SGb 1999, 30, 33. Ablehnend: *Schnapp*, SGb 1999, 62, 64.

[57] BSG, ArztR 1981, 314, 315; LSG Baden-Württemberg, MedR 1991, 278, 279. Vgl. auch § 24 Abs. 2 Satz 3 BMV-Ä. Vgl. dazu auch Ärzte Zeitung, 19.10.2005, ‚Laborarzt muss sich wegen Abrechnungsbetrugs verantworten'.

ist nur ausnahmsweise zulässig, nämlich bei Inanspruchnahme besonderer Untersuchungs- und Behandlungsmethoden, die vom behandelnden Arzt nicht erbracht werden können, bei einem Wechsel des Aufenthaltsortes des Versicherten sowie zur Fortsetzung einer abgebrochenen Behandlung, § 24 Abs. 4 BMV-Ä.

VII. Organisation der Vertragsärzte

Der Vertragsarzt ist Zwangsmitglied seiner örtlichen KV, die auf Landesebene 33
Körperschaft des öffentlichen Rechts ist, § 77 Abs. 1, Abs. 5 SGB V. Die KVen bilden die Kassenärztliche Bundesvereinigung (KBV), § 77 Abs. 4 SGB V. Die KV vertritt damit einerseits die Interessen der Vertragsärzte, andererseits hat sie aber auch den gesetzlichen Auftrag nach § 72 Abs. 2 und § 75 Abs. 1 SGB V, die vertragsärztliche Versorgung sicherzustellen und mit der Kasse zusammenzuwirken, § 83 SGB V.

VIII. Abrechnungsregelungen

Mit dem Begriff der Abrechnungsregelung sind hier alle Verträge und Bestim- 34
mungen bezeichnet, die für die Vergütung der vertragsärztlichen Leistung i.S.v. § 28 Abs. 1 Satz 2 Nr.1 SGB V von Bedeutung sind. Die wichtigsten Regelungen auf Bundes- und Landesebene werden nach ihrer Rangfolge kurz dargestellt. Zunächst sind die Vorschriften der GKV zu nennen, gefolgt von den Richtlinien des Gemeinsamen Bundesausschusses der Ärzte und Kassen, dem BMV-Ä, den Gesamtverträgen und schließlich die Satzungen der KV und der Kasse[58]. Der HVV als Vertrag der KV mit der Kasse wird gesondert dargestellt.

1. Bundesmantelverträge

Die KBV schließt mit den Spitzenverbänden der Kassen zur einheitlichen Bewer- 35
tung der ärztlichen Leistungen Bundesmantelverträge (BMV-Ä) ab, § 87 Abs. 1 SGB V. Diese BMV-Äe sind als öffentlich-rechtliche Verträge[59] die oberste und bundesweit geltende Stufe innerhalb der rangverschiedenen Abrechnungsbestimmungen. Sie haben Rechtsnormcharakter[60].

---

58 *Jörg*, Rz. 31; Kass. Komm. (*Hess*), § 82 SGB V, Rz. 3.

59 Kass. Komm. (*Hess*), § 82 SGB V, Rz. 7.

60 *Engelhard* in Hauk/Noftz, SGB V, K § 87, Rz. 4; Kass. Komm. (*Hess*), § 82 SGB V, Rz. 7.

2. Einheitlicher Bewertungsmaßstab

36 Bestandteil des BMV-Ä ist der einheitliche Bewertungsmaßstab (EBM), der den Inhalt der abrechnungsfähigen Leistungen und ihr wertmäßiges, in Punkten ausgedrücktes Verhältnis zueinander bestimmt, § 87 Abs. 1 und 2 SGB V. Der EBM ist keine Gebührenordnung, sondern ein in Relation gesetztes Verzeichnis über Inhalt und Abrechnungsfähigkeit ärztlicher Leistungen. Nur die im EBM aufgeführten Leistungen sind abrechnungsfähig[61]. Leistungen, die in dem Verzeichnis des EBM nicht enthalten sind, dürfen von der KV nicht zu Lasten der Kasse abgerechnet werden. Gleiches gilt grundsätzlich für die Abrechnung des Arztes gegenüber der KV[62], weil diese den EBM als Bestandteil des HVV beschlossen haben, vgl. § 2 Abs. 9 BMV-Ä.

3. Richtlinien des Gemeinsamen Bundesausschuss

37 Die KBV, die Bundesverbände der Kassen, die Bundesknappschaft und die Verbände der Ersatzkassen bilden den Gemeinsamen Bundesausschuss für Ärzte und Kassen, der Richtlinien für die zu gewährleistende ausreichende, zweckmäßige, wirtschaftliche und damit abrechenbare ärztliche Behandlung aufstellt, § 91 Abs. 1, § 92 Abs. 1 Satz 2 SGB V. Die Richtlinien enthalten Kataloge mit den anerkannten Behandlungen[63]. Unabhängig von der Therapiefreiheit des Arztes bestimmen und konkretisieren primär die Richtlinien Umfang und Grenzen der Leistungspflicht der Kassen[64]. Die in den Richtlinien genannten Leistungen sind grundsätzlich abrechenbar und haben nach der – wenn auch umstrittenen[65] – Rechtsprechung des BSG Rechtsnormcharakter[66].

38 Die Richtlinien sind nach § 91 Abs. 8 SGB V Bestandteil der Bundesmantelverträge, diese wiederum sind nach § 81 Abs. 3 Nr. 1 und Nr. 2 SGB V durch die Satzung der örtlichen KV für den Vertragsarzt verbindlich, soweit diese Verbindlichkeit nicht schon mit der Zulassung geschaffen worden ist, § 95 Abs. 3 Satz 3 SGB V.

4. Gesamtverträge

39 Die KVen schließen mit den Landesverbänden der Krankenkassen und den Verbänden der Ersatzkassen auf Landesebene Gesamtverträge über die vertragsärztli-

---

61 BSGE **71**, 42, 47; **79**, 239; Handbuch des SozVersR (*Funk*), § 32, Rz. 19.

62 BSG, ArztR 1998, 191, 192; LSG NRW, MedR 1998, 426, 427.

63 Vgl. unter www.g-ba.de. Für die Verfahrensordnung zur Aufnahme neuer Behandlungsmethoden vgl. die Darstellung dort sowie in Abrechnung aktuell, 10/2005, S. 11.

64 Kass. Komm. (*Hess*), § 92 SGB V, Rz. 3; *Vahldiek* in Hauck/Noftz, SGB V, K § 92, Rz. 1.

65 Zu den Grundzügen der Diskussion vgl. Schnapp/Wigge (*Jörg*), § 10, Rz. 16 ff.

66 BSG, MedR 1998, 230.

che Versorgung mit Wirkung für die beteiligten Kassen ab, § 83 Abs. 1 SGB V. Der allgemeine Inhalt der Gesamtverträge ist durch den BMV-Ä festgelegt. Darüber hinaus ist auch der sonstige Inhalt des BMV-Ä Bestandteil der Gesamtverträge, § 82 Abs. 1 SGB V. Die Gesamtverträge sind öffentlich-rechtliche Verträge mit Rechtsnormcharakter[67].

Im Gesamtvertrag wird auch die Höhe der Gesamtvergütung für die vertragsärztlichen Leistungen vereinbart, § 85 Abs. 2 Satz 1 SGB V. Damit ist aber nicht ein bestimmter €-Betrag gemeint, sondern lediglich die Art der Bemessung der Gesamtvergütung[68], wofür es verschiedene Systeme gibt, die im nächsten Abschnitt dargestellt werden. **40**

5. Integrierte Versorgung

Die Regelungen zur integrierten Versorgung nach §§ 140 a ff. SGB V zielen auf die sektorübergreifende und interdisziplinäre Versorgung der Versicherten ab. Die Leistungserbringer vereinbaren mit den Kassen die Behandlung von bestimmten Krankheitsindikationsgruppen und die damit in Verbindung stehenden Behandlungsverfahren. Der Versicherte soll ein von allen Behandlungspartnern abgestimmtes Behandlungskonzept erhalten, z.B. bei endoprothetischer Versorgung einer schweren Hüftgelenksarthrose. **41**

Die Regelungen zur integrierten Versorgung weichen insofern vom oben aufgezeigten Konstrukt ab, weil die Verträge unmittelbar zwischen Kasse und Leistungserbringer geschlossen werden. Die KV ist also nicht Vertragspartner und auch nicht anderweitig involviert, vgl. §§ 140 a Abs. 1 SGB V. Die Verträge legen die Vergütung fest, § 140 c Abs. 1 SGB V. Die Leistungsanbieter vereinbaren mit den Kassen die Behandlung bestimmter Krankheitsindikationsgruppen und die entsprechenden Behandlungsverfahren. **42**

IX. Die Gesamtvergütung

1. Charakter der Gesamtvergütung

Die Vergütung der ärztlichen Leistungen aller Vertragsärzte einer KV für ein Quartal erfolgt durch Leistung einer Gesamtvergütung der Kassen an die KV. Die Kasse gleicht dadurch mit befreiender Wirkung sämtliche Leistungen der vertragsärztlichen Versorgung aus, die von den teilnahmeberechtigten Ärzten erbracht worden sind, § 85 Abs. 1 SGB V. Gläubigerin der Gesamtvergütung ist ausschließlich die KV, nicht der Vertragsarzt. Eine unmittelbare Rechtsbeziehung zwischen Kasse und Arzt gibt es außer bei der Integrierten Versorgung nicht: Zwischen Zahlung der Gesamtvergütung durch die Kasse an die KV einerseits und **43**

---

[67] Kass. Komm. (*Hess*), § 82 SGB V, Rz. 9.

[68] Kass. Komm. (*Hess*), § 85 SGB V, Rz. 12.

deren Verteilung durch die KV unter den Ärzten andererseits liegt eine gesetzliche Zäsur[69]. Die Höhe und Berechnung der Gesamtvergütung regelt nichts hinsichtlich des konkreten Anteils des einzelnen Vertragsarztes für seine Behandlungsleistungen. Die Verteilung ist allein den Regelungen des Verteilungsmaßstabes vorbehalten, § 85 Abs. 4 SGB V. Die Berechnungsweisen für die Gesamtvergütung und die Einzelvergütung nach HVV können also verschieden sein. Die Prinzipien für die Errechnung sind jedoch dieselben.

2. Errechnung der Gesamtvergütung

44 Die Errechnung der Gesamtvergütung ist strikt von der Berechnung der Einzelvergütung zu trennen. Die Höhe der Gesamtvergütung besagt nichts über den konkreten Anteil, den die KV schließlich als Honorar an den einzelnen Vertragsarzt auszahlt. Das System der Errechnung der Gesamtvergütung ist allerdings ausschlaggebend dafür, ob sich durch die Falschabrechnung des Arztes die Gesamtvergütung zu Lasten der Kasse erhöht. Die Berechnung kann gem. § 85 Abs. 2 SGB V erfolgen nach

- Einzelleistung
- Festbetrag
- Kopfpauschale
- Fallpauschale
- einem System, das die genannten oder weitere Berechnungsarten kombiniert.

45 Bei der *Einzelleistungsvergütung* ist die ärztliche Einzelleistung die Bemessungsgrundlage für die Gesamtvergütung und wird mit ihren Punkten und Punktwerten gemäß dem EBM in die Abrechnung einbezogen. Die konkrete Höhe der zu zahlenden Gesamtvergütung wird im Gesamtbetrag durch die absolute Bewertung des Punktwertes in einem €-Betrag errechnet. Daher ergibt sich die Gesamtvergütungshöhe aus der Multiplikation des absoluten €-Punktwertes mit der Summe der gegenüber ihren Versicherten erbrachten ärztlichen Leistungen[70]. Die Abrechnung nach diesem System führt zu einer Vergütung sämtlicher abgerechneten Leistungen des für die jeweilige Behandlung festgelegten Punktwerts, dieses System wurde in Reinform zwischen 1960 und 1970 praktiziert. Jetzt ist dies nur noch möglich, wenn eine Ausgabenobergrenze bestimmt worden ist und Regelungen zur Vermeidung einer Überschreitung getroffen werden, § 85 Abs. 2 Satz 7 SGB V. Die Kassen tragen das Morbiditätsrisiko, also die Gefahr vermehrter Krankheitshäufigkeit der Versicherten[71]. Alle anderen Vergütungssysteme gehen vollständig oder teilweise zu Lasten der Ärzte[72].

---

[69] BSGE **31**, 23, 28; **76**, 120, 122; *Jörg*, Rz. 377; *Schneider*, SGb 1995, 321.
[70] *Schneider*, Rz. 976.
[71] Kass. Komm. (*Hess*), § 85 SGB V, Rz. 20.
[72] Maydell (*Stiller*), § 85, Rz. 15; *Schneider*, Rz. 1183.

Das diametrale Gegenstück zur Einzelleistungsvergütung ist der *Festbetrag*. 46
Dabei wird mit jeder in den Gesamtvertrag eingebundenen Kasse ein feststehender Betrag als Gesamtvergütung vereinbart, der aus einem verstrichenen Abrechnungszeitraum entsprechend der wirtschaftlichen Entwicklung fortgeschrieben wird. Das Morbiditätsrisiko liegt bei den Ärzten, auf der anderen Seite hat die Kasse das Risiko, den starren Betrag zu zahlen, auch wenn ein geringerer Behandlungsbedarf als vorausgesehen entsteht. Die Berechnungsform des Festbetrags hat bisher keine praktische Bedeutung erlangt[73], weil die Mitgliederentwicklung einer Kasse nicht verlässlich prognostizierbar[74] und das System in sich zu starr ist.

Die *Kopfpauschale* errechnet sich aus der Mitgliederzahl der jeweiligen Kasse 47
im Quartal multipliziert mit einem festen Kopfpauschalbetrag. Die Höhe der Kopfpauschale wird vorher im Gesamtvertrag vereinbart und bestimmt sich nach dem durchschnittlichen Jahresbedarf eines Mitgliedes[75] an kassenärztlichen Leistungen. Diesem Pauschalbetrag steht die Summe der Punkte aller ärztlichen Leistungen gegenüber. Durch vermehrt erbrachte Behandlungsleistungen der Ärzte erhöht sich dieser Pauschalbetrag nicht[76]. Die Pauschale ist bezüglich der Anzahl der Mitglieder anpassungsfähig, nicht aber bezüglich eines erhöhten Behandlungsbedarfs pro Mitglied. Das Morbiditäts- und Frequenzrisiko liegt deshalb auf Seiten des Arztes. Das Frequenzrisiko bezeichnet die Häufigkeit von Leistungen in einem Behandlungsfall[77]. Gleiches gilt für das Innovationsrisiko, das die Tatsache der Verteuerung der Leistungen durch Innovation und Entdeckung neuer Heilmethoden umfasst[78].

Bei der *Fallpauschale* zahlt die Kasse einen fixen Betrag pro Behandlungsfall. 48
Behandlungsfall ist nicht der einzelne Krankheitsfall, sondern die gesamte von demselben Arzt innerhalb desselben Quartals an demselben Kranken vorgenommenen Behandlung, § 18 Abs. 2 BMV-Ä. Für die Höhe der Gesamtvergütung ist es bei der Kopf- und Fallpauschale im Prinzip unerheblich, ob die Ärzte in den jeweiligen Behandlungsfällen des auszugleichenden Quartals viel oder wenig geleistet, wirtschaftlich oder unwirtschaftlich behandelt haben[79]. Das Risiko der Mitgliederentwicklung trägt die Kasse, weil in der Regel bei wachsender Mitgliederzahl auch eine größere Anzahl von Versicherten einen Behandlungsbedarf hat und mit der Zunahme der Behandlungsfälle eine Steigerung der Gesamtvergütung verbunden ist. Das wirtschaftliche Risiko von teuren Behandlungen, nämlich teuren und / oder häufigen Leistungen im Quartal, sowie das Frequenzrisiko liegt bei

---

[73] Kass. Komm. (*Hess*), § 85 SGB V, Rz. 15.

[74] *Quaas/Zuck*, § 20, Rz. 29.

[75] Der Begriff „Versicherter" im Sinne der ursprünglichen Definition des aufgehobenen § 368 f Abs. 3 RVO ist bundesweit in der Gesamtvergütung durch „Mitglied" ersetzt worden (*Quaas/Zuck*, § 20, Rz. 30 f.).

[76] Laufs/Uhlenbruck (*Krauskopf*), Handbuch, § 32, Rz. 3

[77] *Liebold*, Handlexikon, S. 106, Stichwort 'Frequenz'.

[78] *Liebold*, Handlexikon, S. 141, Stichwort 'Innovationsrisiko'.

[79] BSGE **66**, 1, 3; Handbuch des SozVersR (*Funk*), § 32, Rz. 99; *Quaas/Zuck*, § 20, Rz. 32.

den Ärzten[80]. Sie tragen bis zur Anpassung des Fallpauschalbetrags an die eingetretenen Veränderungen auch das Risiko der Innovation[81]. Wenn auch die Berechnung des Einzelhonorars des Arztes seitens der KV aufgrund des Honorarverteilungsmaßstabes mit einer Fallpauschale erfolgt, so lässt sich grundsätzlich sagen, dass der Arzt bezogen auf die Führung seiner Praxis um so eher unwirtschaftlich arbeitet, je aufwendiger und kostenträchtiger sich der Behandlungsfall zeigt. Ein Ausgleich kann innerhalb des ordnungsgemäß geführten Praxisbetriebs dadurch erfolgen, dass im Gegenzug in einem anderen Behandlungsfall nur in geringem Umfang Leistungen erforderlich werden und damit ein sog. „Verdünnerschein" entsteht. Dort kann auch der Ansatz für den vorsätzlich falsch abrechnenden Arzt liegen, durch verschiedene Methoden einen zusätzlichen Behandlungsfall zu schaffen, bei dem er keine oder nur sehr wenige Leistungen erbringt.

49 Eine Mischform ist die *plafondierte Einzelleistungsvergütung*. Dabei werden alle Einzelleistungen vergütet. Gleichzeitig wird ein Höchstbetrag (Plafond) vereinbart, den die nach Einzelleistungen berechnete Gesamtvergütung nicht übersteigen darf. Dieser Plafond wird üblicherweise nicht vorher als Festbetrag bestimmt, sondern anhand einer im Gesamtvertrag vereinbarten Kopf- oder Fallpauschale konkret für das Quartal errechnet. Unterschreitet die Gesamtforderung der KV den Plafond, so entfaltet die Regelung keine Wirkung und es wird konkret nach Einzelleistungen abgerechnet. Bei Überschreitung zahlt die Kasse nur den Plafondbetrag.

50 Die beiden Mischsysteme lassen sich wiederum untereinander kombinieren. Bestimmte Leistungsbereiche können nach einem Pauschalsystem, andere nach Einzelleistungen vergütet werden. Für die Einzelleistungen wird ein nach Fall- oder Kopfpauschale zu errechnender Plafond vereinbart[82]. Demnach kann je nach Regelung bei einer auftretenden Plafondüberschreitung entweder ein Übergang zur Fall- bzw. Kopfpauschale vorliegen[83], oder es können Einzelleistungen nach einem reduzierten Punktwert vergütet werden[84]. Bis zur Plafonderreichung erhöht eine vermehrte Leistungsabrechnung also die Gesamtvergütung, nach Plafondüberschreitung erhöht eine vermehrte Abrechnung die Gesamtvergütung entweder nur noch mit einem reduzierten Punktwert, oder gar nicht.

51 Ab dem 01.01.2007 werden – gestützt auf den prognostizierten Behandlungsbedarf – *arztgruppenbezogene Regelleistungsvolumina* gebildet, für jede Gruppe wird ein individueller Punktwert vereinbart, § 85 a Abs. 2 und 3 SGB V. Darüber hinausgehende Leistungsmengen werden deutlich geringer vergütet, vgl. § 85 a Abs. 3 Satz 2 SGB V. Mit diesem System soll einerseits für den Arzt ein fester Punktwert innerhalb des festgestellten Behandlungsbedarfs gesichert werden, andererseits eine darüber hinausgehende Leistungsmengenentwicklung unattraktiv gemacht werden[85]. Darüber hinaus sind *arztbezogene Regelleistungsvolumina*

[80] BSGE **66**, 1, 3; GKV-Komm. (*Wiegand*), § 85, Rz. 26.
[81] *Liebold*, Handlexikon, S. 100, Stichwort 'Fallpauschale'.
[82] Maydell (*Stiller*), § 85, Rz. 27.
[83] Maydell (*Stiller*), § 85, Rz. 24 bis 26.
[84] BSGE **66**, 1, 3.
[85] Kass. Komm. (*Hess*), Vor § 85 a SGB V, Rz. 8.

möglich, § 85 b SGB V, bei denen die von einem Arzt innerhalb eines bestimmten Zeitraums abrechenbare Leistungsmenge zu einem festen (Regel-) Punktwert vergütet wird.

3. Die Verteilung der Gesamtvergütung auf die Ärzte nach dem HVM / HVV

Die KV verteilt die von der Kasse empfangene Gesamtvergütung unter die Vertragsärzte. Basis dafür ist der Honorarverteilungsmaßstab, der bis zum 30.06.2004 als *Satzung* von der jeweiligen KV beschlossen wurde (HVM). Der HVM stellt den Verteilungsschlüssel für die Gesamtvergütung auf die Ärzte dar. Gleichzeitig ist der HVM Anspruchsgrundlage für den Arzt zur Abrechnung seiner Leistungen gegenüber der KV[86]. Als Satzung war er Gesetz im materiellen Sinn[87]. Ab dem 01.07.2004 wird der HVM nicht mehr als Satzung, sondern als *Vertrag* zwischen der jeweiligen KV und den Landesverbänden der Kassen sowie den Verbänden der Ersatzkassen als Vertrag vereinbart. Daher wird allgemein vom *HVV* gesprochen, dem Honorarverteilungsvertrag, obwohl das Gesetz bei der alten Bezeichnung geblieben ist. Der HVV kann die Verteilung der Gesamtvergütung nach denselben Prinzipien vornehmen, wie sie bereits für die Errechnung der Gesamtvergütung aufgezeigt wurden, also nach Kopf-, Fallpauschale, Einzelleistungsvergütung oder einem Mischsystem. Deshalb können, müssen aber die gewählten Kriterien des HVV nicht denen des EBM oder des Gesamtvertrags gleichen. Daher kann eine Pauschale als Gesamtvergütung (im Verhältnis Kasse - KV) gezahlt werden, während die Honorarverteilung (im Verhältnis KV - Arzt) nach Mischformen erfolgt[88]. Der EBM ist derzeit in alle HVVe eingebunden, was aber nicht zwingend ist[89]. 52

Eine Leistungsabrechnung des Vertragsarztes alternativ nach der GOÄ statt nach dem HVV ist unzulässig[90]. Die GOÄ kommt beim gesetzlich Versicherten nur in Ausnahmefällen zur Anwendung, vgl. § 18 Abs. 8 BMV-Ä[91]. Leistungen, die im EBM nicht ausdrücklich aufgeführt sind, sind nicht – auch nicht analog – abrechnungsfähig[92]. 53

Der Arzt rechnet seine Behandlungsleistungen gegenüber der KV jeweils am Quartalsende über die Behandlungsausweise ab. Die Dateneinreichung kann papiergebunden, soll aber in elektronischer Form (Diskette, CD, online) erfolgen, vgl. § 42 Abs. 1 BMV-Ä. Voraussetzung ist die Verwendung einer durch die KBV zertifizierten Software, § 42 Abs. 8 BMV-Ä. Bundesweit haben zu Beginn des 54

86 GKV-Komm. (*Wiegand*), § 85 SGB V, Rz. 31.
87 BSGE **21**, 235; **22**, 218, 219.
88 Kass. Komm. (*Hess*), § 85 SGB V, Rz. 51; *Quaas/Zuck*, § 20, Rz. 49.
89 Kass. Komm. (*Hess*), § 85 SGB V, Rz. 56.
90 *Lang/Schäfer*, GOÄ Kommentar, § 1 GOÄ, Rz. 7 f; Schnapp/Wigge (*Steinhilper*), § 16, Rz. 6.
91 Vgl. auch BSGE **46**, 140, 143 f.
92 Kass. Komm. (*Hess*), § 87 SGB V, Rz. 7.

Jahres 2000 ca. 72 % der Vertragsärzte mittels EDV abgerechnet[93], die übrigen verwenden weiterhin papiergebundene Behandlungsscheine. Spätestens mit Einführung der elektronischen Versichertenkarte, vgl. § 291 a SGB V, und Ablauf etwaiger Übergangsfristen werden aber alle Praxen über eine funktionsfähige EDV-Anlage verfügen müssen.

55 Die Abrechnung wird zusammen mit einer vom Arzt zu unterzeichnenden *Sammelerklärung* oder *Vierteljahreserklärung* eingereicht. Für das Formular der Sammelerklärung gibt es kein einheitliches Muster, die jeweiligen Vertragspartner sind in der Gestaltung dazu frei, vgl. § 35 Abs. 2 BMV-Ä. Über die Homepages einiger KVen lassen sich die jeweils gültigen Vordrucke abrufen[94]. In der Regel versichert der Arzt unter anderem, dass seine Abrechnung sachlich richtig ist und die von ihm abgerechneten Leistungen persönlich bzw. unter seiner ärztlichen Aufsicht und Verantwortung durch Hilfspersonal vollständig erbracht worden sind[95]. Nach der Rechtsprechung übernimmt der abrechnende Arzt die *Garantie* der Richtigkeit der Abrechnung, die gleichzeitig eigenständige Voraussetzung für die Entstehung des Vergütungsanspruches ist[96]. Die Garantieübernahme gilt auch dann, wenn Fehler oder Unrichtigkeiten aufgrund mangelhafter Software auftreten[97]. Ist die Sammelerklärung zumindest grob fahrlässig unrichtig abgegeben, führt dies zum Übergang des Honorarrisikos auf den Arzt, d.h. dass der Arzt zur Begründung seines Honoraranspruchs detailliert darzulegen und gegebenenfalls zu beweisen hat, dass er die im Einzelnen abgerechneten Behandlungsleistungen vollständig und den Leistungsbeschreibungen der jeweiligen EBM-Ziffer entsprechend persönlich erbracht hat. Gelingt dies nicht, ist die KV berechtigt, den gesamten ursprünglichen Honorarbescheid aufzuheben und das dem Arzt zustehende Honorar neu festzusetzen, wobei ihr bei der Neufestsetzung ein weites Schätzungsermessen zusteht[98].

56 Wird die Gesamtvergütung als Pauschale gezahlt, so kann der Wert der einzelnen Leistung erst im nachhinein als Honorarverteilungspunktwert aus einer Gegenüberstellung der Pauschalen mit dem in Punktzahlen ausgedrückten Leistungsbedarf errechnet werden. Eine Falschabrechnung bei einer von der Kasse gezahlten Pauschale als Gesamtvergütung bewirkt zwar keine Erhöhung der Gesamtvergütung. Die abgerechnete Leistung wird aber mit ihren EBM-Punkten nach dem HVV berücksichtigt. Sie erhöht die gesamte Punktemenge des Arztes, durch welche die Gesamtvergütung nach dem HVV geteilt wird. Dadurch sinkt insgesamt der Punktwert. Um diese Inflationswirkung auszugleichen und zumindest denselben €-Betrag wie in der Vergangenheit zu erhalten, muss der Vertragsarzt mehr

---

93 Ärzte Zeitung, 01.02.2000, 'Ärzte sind bereit, in moderne EDV-Systeme zu investieren'.

94 Vgl. z.B. unter www.kvwl.de.

95 Vgl. das Formular der KV Westfalen-Lippe im Anhang.

96 BSG, MedR 1998, 338.

97 Beschluss des LSG Bremen, 17.02.2005, Az.: L 3 Ka 218/04 ER.

98 BSG, SozR 3-5550 § 35 Nr. 1; LSG Niedersachsen-Bremen vom 18.02.2004, L 3 KA 99/02 und vom 27.10.2004, L 3 KA 209/04 ER.

Leistungen abrechnen. Dadurch sinkt der Punktwert weiter. Dieser Mechanismus wird '*Hamsterrad-Effekt*' bzw. '*Flucht in die Menge*' genannt[99].

57 Der HVV darf Regelungen zur Stabilisierung des Honorarverteilungspunktwertes treffen und z.B. für Arztgruppen Teilbudgets einrichten mit dem Ziel, die Leistungen dazu nicht mehr nach dem EBM, sondern abhängig von der Mengenentwicklung im jeweiligen Leistungsbereich zu vergüten[100]. Des Weiteren können zur Vermeidung der übermäßigen Ausdehnung in der Praxis Abstaffelungen von Vergütungen bei Überschreiten einer Kombination aus Punktzahl- und Fallzahlgrenzwert festgesetzt werden[101]. Bei Überschreiten eines arztgruppenspezifischen Punktzahlengrenzwertes können die Leistungen gekürzt[102] oder ein Abstaffelungssystem vorgesehen werden, das sich auf das Vorliegen entweder nur einer übermäßigen Fallzahl oder nur eines übermäßigen Fallwerts bezieht[103].

X. Prüfung der Abrechnung

58 Die Abrechnung des Vertragsarztes wird verschiedenen Prüfungen unterzogen. Die Prüfungen werden teils getrennt von KV und Kasse, teils von beiden gemeinsam durchgeführt.

1. Prüfung auf sachlich-rechnerische Richtigkeit

59 Bei der Honorarprüfung werden die vom Arzt bei der KV eingereichten Abrechnungen von der KV auf sachlich-rechnerische Richtigkeit geprüft, § 75 Abs. 2 Satz 2, §§ 45 f. BMV-Ä[104]. Für jeden Arzt werden bei seiner KV Stammdaten geführt, die unter anderem seine persönlichen und apparativen Qualifikationen umfassen und die als Kontrollmaßstab dienen. Die Prüfung wird von Verwaltungsangestellten der KV durchgeführt. Nur für besondere Fälle werden zusätzlich Prüfärzte beauftragt. Das Votum der Prüfärzte hat den Charakter einer sachverständigen Meinung, bindet also den Vorstand der KV als letzten Entscheidungsträger nicht.

60 Werden die Daten papiergebunden eingereicht, müssen sie zunächst in elektronische Form gebracht, d.h. in die EDV-Anlage der KV eingepflegt werden. Dies geschieht i.d.R. durch Einscannen der Behandlungsscheine. Reicht der Arzt die Abrechnungsdaten schon in elektronischer Form ein, also per Diskette, CD oder online, genügt nach Durchlaufen der Virenprüfung das Einlesen der Daten in den

[99] Vgl. BSG, NZS 2001, S. 107, 109.
[100] BSG, SozR 3-2500 § 85 Nr. 4; BSG, SozR 3-2500 § 72 Nr. 5.
[101] BSG, NJW 1988, 2324; Kass. Komm. (*Hess*), § 106, Rz. 7.
[102] BSG, Urt. v. 28.10.1987, SozR 3-2500 § 85 Nr. 8.
[103] BSG, USK 6740; BSG, USK 6741; Kass. Komm. (*Hess*), § 85 SGB V, Rz. 65.
[104] Kass. Komm. (*Hess*), § 75 SGB V, Rz. 15; *Schneider*, Rz. 1014.

Rechner der KV. Anschließend wird jede einzelne Abrechnung mit Hilfe verschiedener EDV-Prüfprogramme kontrolliert[105].
Die Programme sortieren zunächst auffällige Positionen heraus. Das wäre etwa der Fall, wenn

- die abgerechnete Gebührennummer nicht existent ist,
- wenn sie vom Arzt nach seinen in den Stammdaten aufgeführten fachlichen und apparativen Voraussetzungen nicht erbracht werden kann,
- wenn die Daten nicht vollständig sind,
- wenn eine Gebührennummer durch die Abrechnung einer anderen bereits abgegolten ist oder
- wenn die Leistung von dem speziellen Leistungsträger nicht vergütet wird.

61 Die EDV-Programme schlagen eine Maßnahme für die herausgefilterte Position vor, beispielsweise deren Streichung. Der Angestellte der KV entscheidet, ob der Vorschlag des Programms befolgt oder anders vorgegangen werden soll. Das kann z.B. der Fall sein, wenn ein Ausnahmetatbestand greift, nach dem die Gebühr doch abrechenbar ist. Der Angestellte prüft des Weiteren, ob und wenn ja welche Begründungen der Arzt für die Abrechnung einer Gebührennummer angegeben hat, weil das EDV-Programm hierzu keine Entscheidung vorschlagen kann. In Zweifelsfragen wendet sich der Angestellte an den Teamleiter, der die Frage gegebenenfalls an den Vorstand weiterreichen kann.

62 Welche Punkte in der sachlich-rechnerischen Richtigkeit mittels der Programme kontrolliert werden, ist von KV zu KV entsprechend der abweichenden Verträge mit den Kassen unterschiedlich. Die Regelwerke können zwischen 400 und 2.000 Regeln enthalten und werden von Quartal zu Quartal aktualisiert. Regelmäßig werden z.B. folgende Punkte geprüft:

- Fehlende Berechtigung zur Leistungsabrechnung im Rahmen der Zulassung.
- Falsche Zuordnung der Behandlungsscheine auf die richtigen Kostenträger
- Abrechnung nicht erbrachter Leistungen[106]
- Abrechnung nicht selbst erbrachter Leistungen[107]
- Ansatz der falschen Gebührennummer[108]
- Nichtbeachtung der Abrechnungsbestimmungen der EBM, § 45 Abs. 1 Satz 2 BMV-Ä. Darunter fällt die richtige Subsumtion, Einhaltung von Leistungsausschlüssen, Überschreitung von Höchstbetragsregelungen[109]
- Fehlende Kongruenz von Diagnose und Leistung[110]

---

[105] Schnapp/Wigge (*Steinhilper*), § 16, Rz. 19 f.
[106] BSGE **61**, 19, 20.
[107] BSGE **61**, 19, 20; Kass. Komm. (*Hess*), § 75 SGB V, Rz. 15 f.
[108] Laufs/Uhlenbruck (*Krauskopf*), § 32, Rz. 33.
[109] Laufs/Uhlenbruck (*Krauskopf*), § 32, Rz. 46 f.; Kass. Komm. (*Hess*), § 75 SGB V, Rz. 16.
[110] *Etscheit*, S. 79; Jörg, Rz. 408; *Schneider*, Rz. 1015.

- Abrechnung einer fachfremden Tätigkeit[111]
- Fehlen der fachlichen und apparativen Voraussetzungen (einheitliche Qualifikationserfordernisse)[112]
- Nichteinhaltung von Qualitätsanforderungen, wenn die Leistungserbringung die erfolgreiche Teilnahme an Maßnahmen der Qualitätssicherung voraussetzt[113]
- Nichteinhaltung des Überweisungsauftrags[114].

Der KV-Vorstand kann Abrechnungskorrekturen vornehmen, wenn diese Korrekturen geringen Umfang haben oder offensichtliche Fehler vorliegen und die Abrechnung auf den richtigen und reduzierten Betrag heruntersetzen, § 45 Abs. 2 BMV-Ä. 63

Die Prüfung, ob die abgerechnete Leistung tatsächlich erbracht worden ist, kann mit der computergestützten Kontrolle nur in wenigen Ausnahmefällen und mittelbar erfolgen, wenn z.B. das auf Mindestzeiten gestützte Tagesprofil ergibt, dass die abgerechneten Leistungen auch bei einem 24-Stunden-Tag nicht erbracht werden könnten[115]. Ansonsten fällt eine Falschabrechnung an dieser Stelle regelmäßig auch deshalb nicht auf, weil es sich bei der Abrechnung um ein Massengeschäft handelt und eine genaue Kontrolle der Einzelrechnung in diesem Prüfstadium nicht möglich ist[116]. 64

2. Plausibilitätsprüfung

Im Rahmen der Prüfungen wird von der KV und der Kasse eine Plausibilitätskontrolle durchgeführt, § 106 a SGB V, § 46 BMV-Ä, § 3 Abs. 2 der Richtlinien der KBV und der Spitzenverbände der Kassen (Richtlinie zur Abrechnungsprüfung)[117]. Die Plausibilitätsprüfung geht zurück auf eine seit etwa 1985 zunehmende Zahl staatsanwaltschaftlicher Ermittlungsverfahren mit dem Vorwurf betrügerischer Abrechnung[118]. Diese Prüfung ist kein zusätzliches Korrekturverfahren neben der Prüfung auf sachlich-rechnerische Richtigkeit und Wirtschaftlichkeit, sondern stellt eine besondere Überprüfungsmethode dar, die in beiden Prüfungen zum Zug kommen kann[119]. Es geht dabei nicht um die ggf. durchzuführende Korrektur der Abrechnung, sondern um Feststellung von Abrechnungsauffäl- 65

[111] Laufs/Uhlenbruck (*Krauskopf*), § 32, Rz. 48.

[112] Laufs/Uhlenbruck (*Krauskopf*), § 32, Rz. 49; Kass. Komm. (*Hess*), § 75 SGB V, Rz. 16.

[113] Kass. Komm. (*Hess*), § 75 SGB V, Rz. 16.

[114] *Jörg*, Rz. 410; Laufs/Uhlenbruck (*Krauskopf*), § 32, Rz. 50; Kass. Komm. (*Hess*), § 75 SGB V, Rz. 16.

[115] Laufs/Uhlenbruck (*Krauskopf*), § 32, Rz. 47.

[116] Rieger (*Dahm*), Lexikon, Ordnungsziffer 1780, Rz. 6.

[117] DÄBl. 2004, A 2555.

[118] Rieger (*Steinhilper*), Lexikon, Ordnungsziffer 4160, Rz. 7.

[119] *Steinhilper*, MedR 2004, 597.

ligkeiten[120]. Der Katalog der Methoden im Rahmen der Plausibilitätsprüfung ist offen[121]. Die Prüfungen sind grundsätzlich regelmäßig durchzuführen, können aber auch anlassbezogen erfolgen. Seit dem 01.01.2004 sind die dazugehörigen Aufgaben zwischen KV und Kasse folgendermaßen verteilt:

66 Die *KV* prüft insbesondere die Plausibilität der je Tag abgerechneten Leistungen im Hinblick auf den damit notwendigerweise verbundenen Zeitaufwand, und zwar nach der sachlich-rechnerischen Richtigstellung, aber vor mengen- oder honorarbegrenzenden Steuerungs- und Budgetregelungen und vor der Wirtschaftlichkeitsprüfung[122]. Für die meisten Leistungen sind jetzt[123] im EBM bundeseinheitlich verbindliche *Mindestzeiten* fixiert, vgl. Anlage 3 zum EBM und die Richtlinien zur Abrechnungsprüfung. Nur diese spielen bei der Plausibilitätsprüfung eine Rolle, nicht die gleichfalls zu findenden Kalkulationszeiten für die Honorarkalkulation oder die Durchschnittszeiten. Der Arzt muss die im EBM aufgeführten Mindestzeiten einhalten, soweit sie für eine Leistung vorgegeben sind.

Beispiel für die unterschiedlichen Zeiten:
Für die Ziffer 03120 (Beratung, Erörterung und / oder Abklärung) ist z.B. die Dauer von mindestens zehn Minuten vorgesehen. Ist diese vorgegebene Zeitspanne nicht erbracht, ist die Leistung nicht abrechenbar. Gleiches gilt bei einer nur teilweisen Leistungserbringung[124]. Davon zu trennen sind die Zeitvorgaben aus der Anlage 3 des EBM. Diese Zeitvorgaben (z.B. bei der Bronchoskopie 19 Minuten, EBM-Ziffer 09315) werden als Basis für die Plausibilitätsprüfung verwendet[125].

67 Anhand der abgerechneten Ziffern wird geprüft, welche und wie viele Leistungen pro Tag bzw. im Quartal laut eigener Abrechnung erbracht wurden. Bei der Prüfung wird nach Tages- und Quartalsprofilen unterschieden. Beträgt die so ermittelte arbeitstägliche Zeit bei Tageszeitprofilen an mindestens drei Tagen im Quartal mehr als zwölf Stunden, ist die Abrechnung auffällig und es erfolgen weitere Überprüfungen nach § 12 der Richtlinie zur Abrechnungsprüfung. Dasselbe gilt bei einem Quartalszeitprofil von mehr als 780 Stunden.

68 Weiterer Auslöser für eine Plausibilitätskontrolle können folgende Punkte sein, wobei die Aufzählung nicht vollständig ist:

- Auffällige Mengenentwicklung, insbesondere im Hinblick auf Fallzahlvermehrung und Leistungsausweitung bei Notdienstleistungen, Leistungen außerhalb von Sprechstundenzeiten,
- Überschreitung des Leistungsumfangs bei Auftragsleistungen,

---

[120] *Pollandt*, ArztR 2005, 99; Schnapp/Wigge (*Steinhilper*), § 16, Rz. 26.
[121] Quaas/Zuck, § 20, Rz. 76, Fn. 120.
[122] *Steinhilper*, MedR 2004, 597.
[123] Bis zur Implementierung des EBM unterschieden sich die jeweils von den KVen festgelegten Zeitvorgaben. Teilweise (Schnapp/Wigge [*Steinhilper*] § 16, Rz. 31).
[124] Vgl. EBM 2000 plus, I 2.1.2.
[125] Vgl. EBM 2000 plus, I 1.7. Vgl. dazu kritisch *Beeretz*, ZMGR 2004, 103, 105.

- Auffällige Leistungskombinationen,
- Verletzung der Dokumentationspflichten nach dem EBM,
- Abrechnung fachfremder Leistungen[126].

Die Feststellung einer Implausibilität bedeutet die realistische Möglichkeit einer unwirtschaftlichen Behandlung, nicht bereits die positive Feststellung. Es wird dann eine eingehendere Untersuchung vorgenommen und gegebenenfalls ein kollegiales Fachgespräch geführt[127]. Die von der KV errechnete konkrete Arbeitszeit und der Leistungsumfang kann den Anfangsverdacht begründen, dass die abgerechneten Leistungen in ihrer Gesamtheit nicht erbracht worden sind[128]. Sind Leistungen zeitlich nicht erbringbar im Sinne des Gesetzes und der Richtlinien, ist das Honorar des Vertragsarztes insoweit zu berichtigen. Verfahren und Richtlinien zur Schadensberechnung sind uneinheitlich und bundesweit unterschiedlich[129]. **69**

Aufgrund des erheblichen Aufwandes können Plausibilitätskontrollen nicht quartalsgleich, also nicht vor Erlass der Honorarbescheide und Zahlung der Honorare an die Ärzte abgeschlossen werden. Deshalb wird jeweils ein Abschlag gezahlt bzw. der Bescheid ergeht unter Vorbehalt seiner Richtigstellung und eventueller Rückforderung nach Prüfungsabschluss. Ein quartalsgleicher Prüfungsabschluss wird zusätzlich dadurch erschwert, dass gewisse Unstimmigkeiten wie eine erhebliche Leistungsausweitung einer Fachgruppe erst nach Erlass aller Honorarbescheide feststellbar sind. Daher ist es möglich, dass erst zu einem späteren Zeitpunkt ein Anlass für eine Plausibilitätsprüfung entsteht. Vorher verteilen sich die Gebührennummern auf zu viele Behandlungsscheine und zu viele Ärzte, als dass sich bereits zu diesem Zeitpunkt Besonderheiten erkennen ließen. **70**

Die *Kassen* prüfen innerhalb der Plausibilitätsprüfung nach § 106 a Abs. 3 SGB V insbesondere **71**

- das Bestehen und den Umfang ihrer Leistungspflicht,
- die Stimmigkeit von Diagnose, Behandlung und Arzneimittelverordnung,
- die Plausibilität der Zahl der vom Versicherten in Anspruch genommenen Vertragsärzte unter Berücksichtigung der Fachgruppe, vgl. § 106 a Abs. 3 SGB V und
- die vom Versicherten an den Arzt zu zahlende Zuzahlung nach § 28 Abs. 4 und die Beachtung des damit verbundenen Verfahrens nach § 43 b Abs. 2 SGB V[130].

Bei festgestellter Implausibilität wegen der Art und des Umfangs der abgerechneten Leistungen können KV und Kasse jeweils eine Wirtschaftlichkeitsprüfung beantragen. **72**

---

[126] Vgl. dazu die Verfahrungsgrundsätze der KBV für Plausibilitätsprüfungen, DÄBl. 2001, S. A 1027, A 1520. Vgl. auch Schnapp/Wigge (*Steinhilper*), § 16, Rz. 32.

[127] *Wigge*, A + R 1998, 3.

[128] Rieger (*Steinhilper*), Lexikon, Ordnungsziffer 4160, Rz. 16; Schneider, Rz. 1020 f.

[129] *Steinhilper*, MedR 2004, 597, 598. Vgl. zur Problematik bei Schadenshochrechnungen *Traut*, A + R, 2002, 164.

[130] Kass. Komm. (*Hess*), § 106 a SGB V, Rz. 12 ff.

3. Wirtschaftlichkeitsprüfung

73 Bei der Wirtschaftlichkeitsprüfung wird kontrolliert, ob die ärztlichen Leistungen gemäß den gesetzlichen Voraussetzungen zweckmäßig und ausreichend waren und das Maß des Notwendigen nicht überschritten haben. Eine planmäßige Nachkontrolle der sachlich-rechnerischen Richtigkeit umfasst die Wirtschaftlichkeitsprüfung nicht, denn eine nicht erbrachte oder nicht abrechnungsfähige Leistung kann nicht wirtschaftlich sein[131]. Wird aber bei der Wirtschaftlichkeitsprüfung z.B. eine so gehäufte Abrechnung bestimmter Positionen festgestellt, dass Zweifel an der sachlich-rechnerischen Richtigkeit auftauchen, wird die Abrechnung an das Gremium der KV zur erneuten Prüfung der sachlich-rechnerischen Richtigkeit zurückgeleitet. Trotz ihrer begrifflichen Trennung sind die Prüfungen also miteinander verwoben.

74 Die von Amts wegen durchgeführte Prüfung erfolgt durch eigenständige, gemeinsame, paritätisch gebildete Ausschüsse der Kassen und KVen, § 106 Abs. 4 Satz 2 SGB V. Die Landesverbände der Kassen und die Verbände der Ersatzkassen vereinbaren den Inhalt und die Durchführung der Wirtschaftlichkeitsprüfung, so dass ein einheitliches Prüfverfahren für alle Kassenarten besteht. Die Prüfung beginnt mit einer *Vorab-Prüfung*, § 106 Abs. 5 a Satz 1 SGB V, bei der das Verordnungsvolumen des Arztes in einem Kalenderjahr am Richtgrößenvolumen gemessen wird. Die Richtgrößen liegen in vielen Fällen unter dem bislang maßgeblichen Fachgruppendurchschnitt.

75 Eröffnet der Prüfungsausschuss anschließend das Prüfverfahren, hat der Arzt die Wirtschaftlichkeit seiner Verordnungsweise anhand von Praxisbesonderheiten nachzuweisen. Gelingt der Nachweis nicht, stellt der Prüfungsausschuss die Unwirtschaftlichkeit der Verordnungsweise fest und beschließt entsprechende Maßnahmen zur Rückführung des Mehraufwandes an die Kassen, § 106 Abs. 5 a SGB V[132]. Die Höhe einer Honorarkürzung oder eines Verordnungskostenregresses kann durch Schätzung ermittelt werden[133].

76 Die Arten der Wirtschaftlichkeitsprüfung bestehen aus einer Auffälligkeitsprüfung oder einer Zufälligkeitsprüfung, weitere Prüfungsarten können vertraglich vereinbart werden, § 106 Abs. 2 SGB V. Eine Kumulation beider Prüfarten ist allerdings ausgeschlossen[134].

77 Der *Auffälligkeitsprüfung* liegt regelmäßig eine statistische Methode zugrunde[135]. Grundlage ist entweder der aktuell und individuell ermittelte durchschnittliche Aufwand pro Behandlungsfall in dem Gebiet des geprüften Arztes (Ist-Werte), oder es werden Richtgrößen herangezogen (Soll-Werte). Es wird verglichen, in welchem Umfang der zu überprüfende Arzt den Durchschnitt in der gesamten Praxis oder in einzelnen Bereichen im Vergleich mit seinen Kollegen bzw. mit

---

131 BSGE **60**, 69, 74.

132 Vgl. auch Kass. Komm. (*Hess*), § 106, Rz. 32.

133 BSGE **11**, 102, 112; **19**, 123, 130.

134 Kass. Komm. (*Hess*), § 106, Rz. 9.

135 BSGE **19**, 123, 128; **62**, 18, 24.

den Richtgrößen überschritten hat (Horizontalprüfung)[136]. Subsidiär zur Horizontalprüfung kann die Vertikalprüfung vorgenommen werde, welche die Behandlungswerte des Arztes aus seinen eigenen früheren Abrechnungsquartalen berücksichtigt und damit einen Vergleich mit der Anzahl von Leistungen vornimmt, die der Arzt in der Vergangenheit abgerechnet hat[137].

Bei der Auffälligkeitsprüfung gilt ein Überschreiten von bis 20 % des Fachgruppendurchschnitts als tolerabler Streubereich[138]. Beim Überschreiten dieser Grenze verdichtet sich die Vermutung einer unwirtschaftlichen Behandlungs- oder Verordnungsweise. Damit ist eine Beweiserleichterung des Prüfungsausschusses verbunden[139], der die Unwirtschaftlichkeit dann anhand von Beispielsfällen nachweisen kann[140]. **78**

Besteht ein offensichtliches Missverhältnis zur Vergleichsgruppe, kehrt sich die Beweislast um und liegt auf Seiten des Arztes. Kann dieser den Mehraufwand nicht rechtfertigen, können die Prüfinstanzen allein auf der Grundlage einer statistischen Vergleichprüfung Honorarkürzungen oder Verordnungskostenregresse aussprechen und deren Höhe anhand von Schätzung festlegen[141]. Ein offensichtliches Missverhältnis besteht, wenn die Werte der Vergleichsgruppe um mehr als 50 % überschritten werden. Diese Grenze ist aber lediglich ein Orientierungsmaßstab und muss nicht erreicht werden, um ein offensichtliches Missverhältnis festzustellen[142]. **79**

Bei der *Zufälligkeitsprüfung* werden mindestens zwei Prozent der Vertragsärzte durch eine Stichprobe für die Wirtschaftlichkeitsprüfung ausgewählt, § 106 Abs. 2 Nr. 2 SGB V. Die Stichprobenprüfung ist auf eine Einzelfallprüfung ausgerichtet[143]. Dabei wird entweder eine genügende Anzahl von repräsentativen Einzelfällen überprüft und anschließend hochgerechnet, oder – subsidiär – ein konkreter Behandlungsfall in Bezug auf Diagnose und Therapie untersucht[144]. Die verschiedenen Prüfungsarten und -methoden stehen im Spannungsfeld zwischen Einzelfallsgerechtigkeit und Praktikabilität[145]. Einzelfallprüfungen werden zwar dem Individualfall gerecht, bringen aber einen hohen Aufwand mit sich, weil eine große Menge von Abrechnungen und Verordnungen kontrolliert werden muss. Diese Prüfungsform hatte daher bislang in der Praxis wenig Bedeutung[146]. In der **80**

---

136 *Broglie*, Brennpunkte des Sozialrechts 1994, 59, 68; Schnapp/Wigge (*Steinhilper*), § 16, Rz. 42. Vgl. dazu auch BSG, MedR 2000, 99.

137 BSGE **75**, 220, 221.

138 BSG, NJW 2000, 900.

139 BSGE **46**, 136, 138; Kass. Komm. (*Hess*), § 106, Rz. 14.

140 BSG, ArztR 1999, 45, 46.

141 BSGE **11**, 102, 112; **19**, 123, 130; Kass. Komm. (*Hess*), § 106, Rz. 15.

142 BSG, ArztR 2004, 397, 399.

143 Schnapp/Wigge (*Steinhilper*), § 16, Rz. 44 f.

144 *Funk*, Wirtschaftlichkeitsprüfung, S. 25 ff.; *Jörg*, Rz. 453 ff.

145 *Schneider*, Rz. 1028.

146 Kass. Komm. (*Hess*), § 106, Rz. 34.

Regel kann die Wirtschaftlichkeitsprüfung erst nach Erlass des Honorarbescheides und Auszahlung des Honorars abgeschlossen werden[147].

4. Honorarbescheid der KV an den Arzt

81 Die KV entscheidet durch Verwaltungsakt (Honorarbescheid) gegenüber dem Arzt über dessen Honorar, selbst wenn die Wirtschaftlichkeitsprüfung oder die Plausibilitätsprüfung noch nicht abgeschlossen ist. Der Bescheid richtet sich nach den Ergebnissen der dargestellten Prüfungen und berücksichtigt die Verteilungskriterien des HVV, d.h. ob beispielsweise die akzeptierten Behandlungsfälle eine Obergrenze (Fallzahlzuwachsbegrenzung) oder einen Plafond überschritten haben, welche Budgets zur Vergütung herangezogen werden, und welche Höhe der Punktwert für jeden einzelnen Arzt in diesem Quartal beträgt. Des Weiteren wird der konkrete Honorarbetrag bezeichnet und über Anlagen die Form der Errechnung ausgewiesen.

82 Dieser Entscheidungsvorgang wird mittels EDV-Programm durchgeführt und stichprobenartig von einem Verwaltungsangestellten der KV geprüft, wobei dieser Angestellte nicht derjenige ist, der die Abrechnungen der Ärzte geprüft hat. Der sich ergebende konkrete €-Betrag wird von der Buchhaltung der KV an den Arzt angewiesen.

83 Der Honorarbescheid wird nach Eintritt der Bestandskraft zwischen KV und Arzt bindend[148]. Die Bindungswirkung erstreckt sich vorbehaltlich abweichender gesamtvertraglicher Regelungen nicht auf die Kasse[149]. Der Honorarbescheid kann grundsätzlich für die Vergangenheit geändert oder aufgehoben werden, da er in seinem bewilligenden Teil ein begünstigender Verwaltungsakt ist. Der Bescheid wird vorbehaltlich des Ergebnisses einer späteren Wirtschaftlichkeitsprüfung wirksam und steht damit unter dem Vorbehalt der Rücknahme[150]. So werden der Vergütungsanspruch der Vertragsärzte und der Anspruch der KVen und Kassen auf dezidierte Prüfung gleichzeitig gesichert. Erfolgt eine Rücknahme, kann sich der Arzt prinzipiell nicht auf den Wegfall der Bereicherung berufen. Das BSG hat entschieden, dass der Anspruch auf Überprüfung der Wirtschaftlichkeit der KV gegenüber dem Arzt einer zweijährigen Verjährungsfrist unterliegt, die mit Schluss desjenigen Jahres zu laufen beginnt, in das die Abrechnung fällt[151].

5. Stellen zur Bekämpfung von Fehlverhalten

84 Die KVen und die KVB sind seit dem 01.01.2004 verpflichtet, organisatorische Einheiten für die Prüfung von Fällen und Sachverhalten einzurichten, die auf

---

[147] *Beeretz*, ZMGR 2004, 103, 108.
[148] *Jörg*, Rz. 26, 399.
[149] BSG, DOK 1970, 307.
[150] BSGE **74**, 44, 47; *Beeretz*, ZMGR 2004, 103, 108; *Pickel*, § 45 X, Rz. 191.
[151] BSGE **68**, 97, 101; *Jörg*, Rz. 399.

Missbrauch und Korruption im Zusammenhang mit den Aufgaben der jeweiligen KV oder der KBV hindeuten, vgl. § 81 a SGB V. An diese Einheiten kann sich jede Person wenden und die Einheit hat den Hinweisen nachzugehen, wenn diese glaubhaft erscheinen, § 81 a Abs. 2 SGB V. Ergibt die Prüfung, dass ein Anfangsverdacht auf strafbare Handlungen mit nicht nur geringfügiger Bedeutung für die GKV bestehen könnte, soll die KV bzw. die KBV die Staatsanwaltschaft unverzüglich unterrichten, § 81 a Abs. 4 SGB V. Bagatellfälle sind ausgenommen, damit kein allgemeines Misstrauen in das komplexe Verhandlungssystem der GKV erzeugt wird[152]. Die Vorschrift enthält eine Reihe von Unschärfen, zum Teil wird die Effizienz auch kritisch hinterfragt[153]. Jedenfalls aber ist mit dieser Norm eine lange diskutierte und bisher nicht gegebene Pflicht jetzt gesetzlich festgeschrieben.

XI. Abrechnung der KV gegenüber der Kasse

Die KV übergibt die Daten elektronisch oder maschinell verwertbar an die Kasse, 85
vgl. § 295 Abs. 2 SGB V, § 56 Abs. 5 BMV-Ä. Die vormals anonymisierte fallbezogene Abrechnung wurde zum 01.01.2004 in eine versichertenbezogene geändert. Die Kassen können jetzt also bei ihren Versicherten die entsprechenden Diagnosen und ärztlichen Leistungen direkt zuordnen. Die Kasse hat dann erneut Gelegenheit zur Prüfung, Beanstandung oder Beantragung einer nochmaligen Kontrolle durch die Prüfinstanzen.

Bis etwa 1990 wurde die Richtigkeit der von den KVen abgerechneten Leistun- 86
gen regelmäßig unterstellt[154], die Behandlungsausweise wurden etwa zwei Jahre aufbewahrt und dann vernichtet[155]. Grund dafür waren der Mangel an Personal überhaupt sowie der Mangel an qualifiziertem Personal. Inzwischen sind die Kassen über die Plausibilitäts- und Wirtschaftlichkeitsprüfung unmittelbar und verstärkt in die Kontrollen integriert.

Einige Kassen prüfen aber noch umfassender. So hat als erste die AOK Nieder- 87
sachsen zu Beginn des Jahres 1998 eine interne sogenannte 'Task-Force' für eine zusätzliche Kontrolle aufgestellt[156], andere Kassen haben nachgezogen. Solche Einheiten prüfen die Sachkosten- und Honorarabrechnungen. Zur Zielgruppe gehören nur bestimmte, den ‚Task-Forces' verdächtig erscheinende Ärzte. Geprüft werden etwa die Gesamtabrechnung und die gesamte Verordnungsweise, es werden ambulante und stationäre Leistungsabrechnungen verglichen[157] und kosten-

---

152 BT-Dr. 15/1525.

153 Kass. Komm. (*Hess*), § 81 a SGB V, Rz. 6 ff.; *Steinhilper*, MedR 2005, 131, 134.

154 *Etscheit*, S. 84.

155 *Broglie*, Brennpunkte des Sozialrechts 1994, 59, 70.

156 Ärzte Zeitung, 02.02.1999, 'Abrechnungsbetrug - Kasse ermittelt in 150 Fällen'.

157 Ärzte Zeitung, 15.02.1999, 'Fast jeder dritte Abrechnungsbetrug ging aufs Konto eines Arztes'.

trächtige Medikamentationen und Sachkosten überprüft[158]. Ziel dieser zusätzlichen Kontrolle ist nicht lückenlose Prüfung, sondern Abschreckung[159].

88 Soweit die Kasse unberechtigte Abrechnungen eines Arztes erst feststellt, nachdem sie die Gesamtvergütung bereits an die KV gezahlt hat und die Vergütung von der KV an die Ärzte verteilt wurde, können disziplinar- und strafrechtliche Verfahren eingeleitet werden. Zusätzlich kann die Kasse die überzahlte Gesamtvergütung von der KV nach § 53 BMV-Ä zurückfordern.

89 Die *Abwicklung der Schadensersatzansprüche* und das Vorgehen gegen den Arzt obliegt Kasse und KV primär gemeinsam.

> **Praxishinweis:**
> In der Praxis wenden sich die Kassen nach festgestellten Unregelmäßigkeiten der Ärzte oft an diese allein und ohne Einbeziehung der KV, um – zum Teil auch mit erheblichem Druck – Schuldanerkenntnisse und Vergleiche zu erreichen. Für ein alleiniges Vorgehen der Kasse gegen den Arzt ist aber zunächst kein Raum.

90 Zwar kann es nach § 823 Abs. 2 BGB, § 263 StGB einen unmittelbaren Schadensersatzanspruch der Kasse gegen den Vertragsarzt geben, wenn die Gesamtvergütung durch die Falschabrechnung erhöht und der Kasse damit ein Schaden entstanden ist. Dieser Anspruch steht der Kasse gegen den Arzt allein zu. Er ist jedoch subsidiär zu dem vertraglichen Anspruch aus § 53 BMV-Ä gegen die von der KV verwaltete Gesamtvergütung und erst dann zu verfolgen, wenn dieser über die Schlichtungsstelle und KV nicht durchzusetzen ist. Dies ergibt sich aus dem Gesetz und dem BMV-Ä:

91 Der Prüf- und Rückabwicklungsauftrag ist durch §§ 85, 106 SGB V ausnahmslos zunächst beiden Seiten und damit Kassen und KV gemeinsam übertragen worden. Eine Ausklammerung der KV, die nach § 75 Abs. 1 SGB V den Sicherstellungsauftrag hat, verstößt nicht nur gegen den Gesetzeswortlaut, sondern verzögert auch möglicherweise notwendige disziplinarrechtliche Maßnahmen, die allein von der KV gegenüber ihren Mitgliedern ergriffen werden können.

92 Dementsprechend ist in § 49 Abs. 4 BMV-Ä festgehalten, dass insbesondere die Schadensersatzansprüche, die aus der Abrechnung nicht oder nicht persönlich erbrachten Leistungen resultieren, durch eine bei der KV zu implementierende Schlichtungsstelle geprüft und festgestellt werden. Diese Schlichtungsstelle wird gemeinsam und paritätisch durch Vertreter der KV und Kassen besetzt. Ihr mit einfacher Mehrheit zu treffender Vorschlag wird durch einen verbindlichen Bescheid der KV gegenüber dem Arzt festgestellt, § 49 BMV-Ä. Die Kasse tritt erst dann allein und unmittelbar an den Arzt heran, wenn über die Schlichtungsstelle kein Vorschlag erarbeitet werden kann oder die Stelle nicht angerufen wurde. Dass sie angerufen werden soll, ergibt sich aus § 49 Abs. 1 BMV-Ä, in dem es

---

158 Vgl. Ärzte Zeitung, 14.12.1999, 'Ernährungsflüssigkeit abgerechnet, doch Patienten lebten nicht mehr'.

159 Ärzte Zeitung, 27./28.07.2001, ‚Luft für Abrechnungsbetrüger wird dünner'.

heißt, „Schadensersatzansprüche (...) *werden*[160] (...) durch eine Schlichtungsstelle geprüft (...)“. Die KV setzt die Ansprüche dann mittels Aufrechnung gegenüber Honorarforderungen des Arztes um, § 52 Abs. 2 BMV-Ä, nur wenn solche Honorarforderungen nicht mehr bestehen, tritt die KV die Ansprüche an die Kasse ab. Auch dort ist die Subsidiarität stringent eingehalten. Dieses Verfahren entspricht dem umgekehrten Lauf der Abrechnung bzw. dem umgekehrten Zahlungsfluss und damit gleichzeitig dem Gedanken des „actus contrarius“ des Verwaltungsrechts.

Des Weiteren spricht ein praktischer Grund für die Subsidiarität, nämlich dass 93
die KV auch das Erfahrungswissen haben muss, das sich aus diesen Fällen erschließen und für die künftigen Prüfungen umsetzen lässt. Schließlich liegt es auch so, dass die Stellen zur Bekämpfung von Fehlverhalten im Gesundheitswesen von der KBV und den KVen allein einzurichten sind, aber eine Zusammenarbeit für die KVen mit den Kassen dabei obligatorisch ist, § 81 a Abs. 3 SGB V. Im umgekehrten Fall muss eine Zusammenarbeit deshalb in gleicher Weise erfolgen.

[160] Hervorhebung durch den Bearbeiter.

B. Die private Krankenversicherung

I. Wesentliche Grundsätze der Privatliquidation

Patient und Arzt sind hier wie im GKV-System durch den Behandlungsvertrag nach den §§ 611 ff. BGB miteinander verbunden[1], allerdings ohne die Entkoppelung von Vergütungs- und Leistungsebene, wie es im GKV-System der Fall ist. Die Parteien stehen sich autonom gegenüber. Der Patient ist also selbst Zahlungsverpflichteter gegenüber dem Arzt, allerdings i.d.R. kein Selbstzahler im eigentlichen Sinn, weil der ganz überwiegende Teil der Privatpatienten einen Versicherer hinter sich hat, der ihm die Kosten erstattet. Die Kostenerstattung ist also in der PKV die Regel, während sie in der GKV die Ausnahme ist. Bundesweit sind ca. 8,1 Millionen Personen privat versichert bzw. haben sonstige Erstattungsansprüche wie z.B. aus dem Beihilferecht des öffentlichen Dienstes. Etwa 7,9 Millionen gesetzlich Versicherte haben eine zusätzliche private Krankenversicherung abgeschlossen, insbesondere zur Deckung der Kosten für die privatärztliche Behandlung im Krankenhaus[2]. Seit Einführung des Standardtarifes im Jahr 2000 haben sich darüber ca. 16.000 Personen versichert. Nur ca. 140.000 Personen sind echte Selbstzahler, die weder freiwillig versichert sind noch sonstige Erstattungsansprüche haben[3]. Die Anzahl der gesetzlich Versicherten, die nach § 13 Abs. 2 SGB V die Kostenerstattung gewählt haben, ist derzeit vergleichsweise gering, wenn auch kontinuierlich wachsend. Insgesamt ergibt sich damit eine Summe von ca. 16 Millionen Personen, die prinzipiell als Privatpatienten auftreten können. Bei ca. 70,2 Millionen über die GKV versicherte Personen[4], d.h. Mitglieder und ihre mitversicherten Angehörigen, entspricht das einem Bevölkerungsanteil von ca. 22,7 %[5]. 94

Der Arzt erstellt gegenüber dem Patienten seine Liquidation nach der *Gebührenordnung für Ärzte (GOÄ)*, soweit nicht durch Bundesgesetz etwas anderes bestimmt ist, § 1 Abs. 1 GOÄ. Damit gilt die GOÄ zwingend und unabdingbar für alle privat Krankenversicherten und Beihilfeberechtigten. Gegenüber den GKV-Patienten gilt die GOÄ, wenn eine entsprechende private Zusatzversicherung 95

---

1 BGHZ **76**, 259, 261; Palandt (*Weidenkaff*), Vor § 611 BGB, Rz. 18; Laufs/Uhlenbruck (*Uhlenbruck/Laufs*), § 40, Rz. 2.

2 Die private Krankenversicherung im Jahre 2003, Rechenschaftsbericht, S. 10 ff.

3 *Brück*, Kommentar zur GOÄ, Stichwort „Die private Krankenversicherung“.

4 Vgl. BVerfG, 06.12.2005, 1 BvR 347/98, Seite 2 des Umdrucks.

5 Vgl. Statistik des Bundesministeriums für Gesundheit und soziale Sicherung, GKV-Statistik KM 1, 02.11.2004, S. 37.

besteht, Kostenerstattung gewählt wurde, die Versichertenkarte nicht vorgelegt wird oder vor Behandlungsbeginn schriftlich gegenüber dem Arzt die Behandlung auf eigene Kosten gewünscht wird, vgl. § 18 Abs. 8 BMV-Ä. Letzteres kann insbesondere bei den sog. *IGeL-Leistungen*[6] der Fall sein. Dies sind nach der Definition der KBV[7] solche ärztlichen Leistungen,

- die bei GKV-Patienten nicht zum Leistungsumfang der GKV gehören, weil
  - sie nicht im EBM aufgeführt sind
  - oder sie dort zwar aufgeführt, aber für den konkreten Behandlungsfall nicht zweckmäßig / nicht erforderlich im Sinne des Wirtschaftlichkeitsgebotes sind,
- die dennoch von den Patienten nachgefragt werden
- und die ärztlich empfehlenswert sind oder je nach Intensität des Patientenwunsches jedenfalls ärztlich vertretbar sind[8].

96 Grundsätzlich kann auch der Privatpatient IGeL-Leistungen in Anspruch nehmen, wenn z.B. eine erweiterte Gesundheitsprüfung vorgenommen werden soll, so dass IGeL an sich nicht auf GKV-Patienten beschränkt sind. IGeL können klassische Selbstzahlerleistungen sein, aber ebenso gut über einen zusätzlichen Tarif bei einer privaten Krankenversicherung abgesichert werden.

97 Abweichende bundesgesetzlichen Bestimmungen für eine andere Liquidationsgrundlage als die GOÄ sind:

- der EBM nach § 87 Abs. 1 SGB V
- die zwischen KVen und Kassen geschlossenen Gesamtverträge nach § 83 SGB V
- Vergütungsregelungen zwischen der KBV und den Berufsgenossenschaften auf der Grundlage des § 557 Abs. 3 Reichsversicherungsordnung (RVO)
- Vergütungsregelungen nach § 75 Abs. 3 SGB V über die ärztliche Versorgung durch Vertragsärzte im Bereich der freien Heilfürsorge
- Regelungen nach § 75 Abs. 4 SGB V über die Vergütung bei ärztlicher Notfallversorgung von Gefangenen in Justizvollzugsanstalten durch Vertragsärzte
- Vergütungsregelungen nach § 73 Abs. 3 des Bundessozialhilfegesetzes (BSHG) für die Krankenhilfe im Rahmen der Sozialhilfe
- Vergütungsregelungen für ärztliche Leistungen im Rahmen der Heil- oder Krankenbehandlung nach dem Bundesversorgungsgesetz

---

[6] Individuelle Gesundheitsleistung. Der Begriff geht auf ein erstmals 1998 erarbeitetes Konzept der KBV zurück, zur Orientierung solche Leistungen in einem Katalog zusammenzustellen, die von den gesetzlichen Krankenkassen nicht übernommen wurden. Für einen Überblick vgl. *Krieger*, ZMGR 2005, 173.

[7] DÄBl. 13.03.1998, C-445.

[8] Vgl. dazu auch *Krieger*, ZMGR 2005, 173 ff.

- Vergütungsanspruch nach Maßgabe des Gesetzes über die Entschädigung von Zeugen und Sachverständigen (ZSGG)[9].

Darüber hinaus gelten für die Vergütung ärztlicher Leistungen aufgrund von Verträgen mit der KBV Sonderregelungen für **98**

- Mitglieder der Beitragsklassen I, II und III der Krankenversorgung der Bundesbahnbeamten (KVB) sowie die mitversicherten Angehörigen[10],
- Versicherte eines brancheneinheitlichen Standardtarifes nach § 257 Abs. 2 a SGB V, vgl. § 5 b GOÄ.
- Mitglieder der Gruppe A und B der Postbeamtenkrankenkasse (PBeakK) für die Erstattung[11], die Abrechnung des Arztes gegenüber dem Patienten bemisst sich nach den üblichen Sätzen der GOÄ.

Im ersten Fall (*KVB*) handelt es sich rechtssystematisch um eine abweichende Honorarvereinbarung der besonderen Art, mittels derer die Gebührensätze der GOÄ abgesenkt werden. Die Vereinbarung gilt nur für die an der Versorgung nach diesen Verträgen teilnehmenden Ärzte. Das sind die einer KV als Mitglied angehörenden Vertragsärzte und solche Ärzte, die den Verträgen durch ausdrückliche Erklärung beitreten[12]. Der nach dem *brancheneinheitlichen Standardtarif* Versicherte hat den Arzt vor Behandlungsbeginn auf diesen Versicherungsschutz hinzuweisen, ansonsten ist der Arzt auch hier an die reduzierten Erstattungssätze nicht gebunden und kann damit die in der GOÄ aufgeführten Steigerungssätze anwenden[13]. Für Mitglieder der *Postbeamtenkrankenkasse* gilt dies nicht, dort kann der Arzt in üblicher Höhe liquidieren, der Patient bekommt allerdings nur geringere Sätze erstattet[14]. A-Mitglieder haben die freie Wahl unter den am Vertrag mit der KBV beteiligten Ärzten, Psychologischen Psychotherapeuten und Kinder- und Jugendlichenpsychotherapeuten (Vertragsbehandler). Die Abrechnung der ärztlichen Leistungen erfolgt mittels der Krankenversichertenkarte über die KV nach den Richtlinien der Ersatzkassengebührenordnung (E-GO). A-Mitglieder können privatärztliche Leistungen nur dann in Anspruch nehmen, wenn sie zu Selbstbehalten bereit sind oder wenn die Leistungen im Zusammenhang mit Unfällen oder durch Überweisung eines Vertragsarztes an einen Privatarzt erfolgen. In diesem Fall die Leistungen sind im Rahmen der Beihilfevorschriften des Bundes und der Satzung der PBeakK nach der GOÄ bis zur Höhe der Beihilfesätze erstattungsfähig. B-Mitglieder haben freie Wahl unter den Ärzten, Psychologischen Psychotherapeuten und Kinder- und Jugendlichenpsychotherapeuten. B1-Mitglieder erhalten für ärztliche und psychotherapeutische Leistungen Beihilfe- und Kassenleistungen im Rahmen der Beihilfevorschriften des Bundes und nach **99**

9 *Hoffmann*, GOÄ Kommentar, § 1 GOÄ, S. 2.

10 Vgl. Anlage A, dort III, zum Vertrag KVB/VLK vom 13.09.1983, Stand: 01.01.2002.

11 Vgl. *Lang/Schäfer*, GOÄ Kommentar, § 1, Rz. 8.

12 *Lang/Schäfer*, GOÄ Kommentar, § 1, Rz. 8.

13 *Brück*, GOÄ-Kommentar, § 5 b GOÄ, Rz. 3.1

14 *Wetzel/Liebold*, Handkommentar EBM und GOÄ, S. 6.

der Satzung. Die Höhe der Erstattung begrenzt also nur in den ersten beiden oben genannten Fällen (KVB, Standardtarif) zwingend auch die Liquidation gegenüber dem Patienten, ansonsten trägt dieser die Differenz selbst.

100 Der Anspruch des GKV-Versicherten gegenüber dem Kassenarzt ist auf die notwendige, zweckmäßige und ausreichende, kurz die wirtschaftliche Leistung gerichtet. Gegenstand des Vertrags zwischen Arzt und Privatpatient ist dagegen regelmäßig die Leistung, die für eine *notwendige* ärztliche Versorgung *erforderlich* ist, § 1 Abs. 2 GOÄ. Darüber hinausgehende Leistungen können nur dann berechnet werden, wenn der Zahlungsverpflichtete sie verlangt hat und dazu vor Erbringung eine schriftliche Vereinbarung getroffen wurde, § 1 Abs. 2, § 2 Abs. 2 GOÄ. Die in der GOÄ formulierte medizinisch notwendige Versorgung ist nicht deckungsgleich mit dem Wirtschaftlichkeitsbegriff des SGB V[15], der den Anspruch auf die kostengünstigste Alternative beschränkt[16]. Denn die GOÄ verwendet nicht die Begriffe des „Wirtschaftlichen“ und „Ausreichenden“, sondern ausschließlich des „Notwendigen“ und „Erforderlichen“. Das bedeutet, dass die Verfahren und Grundsätze der Wirtschaftlichkeitsprüfung des Kassenarztrechtes nicht auf das Privatliquidationsrecht übertragbar sind. Trotzdem lässt sich nicht argumentieren, es seien auch solche Leistungen liquidationsfähig, die eindeutig kostengünstiger hätten erbracht werden können. Dem steht der Grundsatz von Treu und Glauben nach § 242 BGB[17] sowie die teleologischen Auslegung entgegen, weil in der amtlichen Begründung zur GOÄ 1982 auch das Bestreben erkennbar ist, den Arzt zur wirtschaftlichen Leistungserbringung anzuhalten[18].

101 Ob für den Arzt auch im Rahmen der Privatbehandlung *eine Bindung an die Grenzen seines medizinischen Fachgebietes* besteht, wird unterschiedlich beurteilt[19]. Die GOÄ schreibt zwar kein Weiterbildungszertifikat vor und hat nicht die strenge Regelung des § 11 Abs. 1 BMV-Ä, verlangt aber für die Abrechnung die Erbringung der Leistung nach den Regeln der ärztlichen Kunst, § 1 Abs. 2 GOÄ, so dass die gute Behandlungsqualität ohnehin zu den Abrechnungsvoraussetzungen gehört. Zusätzlich legen die Weiterbildungsordnungen fest, dass die Ärzte grundsätzlich nur in ihrem Fachgebiet bzw. innerhalb ihres Schwerpunktes tätig werden dürfen, vgl. § 22 Weiterbildungsordnung Ärzte Bremen. Die Leistungen sind deshalb nur dann abrechenbar, wenn der aktuelle Qualitäts- und Fachkundestandard de facto erreicht ist. Ob das der Fall ist, lässt sich am einfachsten durch den Fachkundenachweis der Ärztekammer erschließen. Allerdings ist dies nicht die einzige Möglichkeit, sondern es sind auch etwa im Bereich der Laboratoriumsmedizin die jahrelange erfolgreiche Leitung eines entsprechenden Labors

---

15 *Hoffmann*, GOÄ Kommentar, § 1, S. 18/5.

16 Vgl. BSGE **17**, 79, 84; **70**, 246, 248.

17 *Brück*, GOÄ Kommentar, § 1, Rz. 7.1; *Hoffmann*, GOÄ Kommentar, § 1, Rz. 6, Seite 18/4; *Lang/Schäfer*, GOÄ Kommentar, § 1, Rz. 15.

18 *Hoffmann*, GOÄ Kommentar, § 1, S. 18/4.

19 Für eine Beschränkung *Brück*, GOÄ Kommentar, § 1, Rz. 7. Dagegen *Hoffmann*, GOÄ Kommentar, § 4, Rz. 2, S. 37 f.; ähnlich auch *Taupitz*, MedR 1996, 498.

unter Begleitung der Ringversuche und auch nachgewiesene Fortbildungen mit dokumentierten Abschlüssen anerkannt[20].

Der Patient erhält nach Abschluss der Behandlung die *Rechnung* des Arztes, die entsprechend § 12 GOÄ spezifiziert sein muss, um die Fälligkeit der Forderung zu begründen. Dazu gehören: 102

- die Leistungsdaten,
- die Bezeichnung der einzelnen Leistungen, GOÄ-Ziffern einschließlich des Multiplikators, der Endbetrag sowie ggf. die erforderliche Mindestdauer der Leistung,
- bei stationären Leistungen die Minderung nach § 6 a Abs. 1 GOÄ,
- bei Entschädigungen (Wegegeld und Reiseentschädigung nach §§ 8, 9 GOÄ) den Betrag, die Art und die Berechnung der Entschädigung,
- bei Auslagen den Betrag und die Art der Auslage einschließlich eines Nachweises (Beleges), wenn die einzelne Auslage den Betrag von 25,56 € überschreitet,
- bei Überschreitung der unterschiedlichen Regelsteigerungssätze eine verständliche und nachvollziehbare Begründung,
- die Bezeichnungen der Leistungen, die über das Maß einer medizinisch notwendigen ärztlichen Versorgung hinausgehen.

Selbständige ärztliche Leistungen, die im Gebührenverzeichnis nicht aufgenommen sind, können – anders als in der GKV[21] – über eine *Analogziffer* abgerechnet werden, § 6 Abs. 2 GOÄ. Auf diese Weise hat der Verordnungsgeber das Problem gelöst, dass die GOÄ aus 1996 lediglich den damaligen medizinischen Stand abbilden konnte. Über den Analogabgriff lassen sich neu entwickelte Behandlungsmethoden und „Außenseitermethoden" abrechnen, nicht aber in der GOÄ bereits abgebildete Leistungen modifizieren[22]. Die Analogziffern sind in der Rechnung als solche zu kennzeichnen, § 12 Abs. 4 GOÄ. 103

Eine Unterscheidung des Abrechnungsweges bezüglich *ambulanter und stationärer Behandlung* besteht beim selbstzahlenden Privatpatienten nicht. In beiden Fällen wird gegenüber dem Patienten und in der Regel ungeachtet der Frage liquidiert, ob und wenn ja welche Erstattungsansprüche gegenüber dem Kostenträger bestehen und ob wahlärztliche Leistungen zum Versicherungsumfang gehören. Das Krankenhaus berechnet die maßgebliche DRG[23] nach § 17 Abs. 1 KHEntgG sowie die wahlärztlichen Leistungen nach GOÄ gegenüber dem Patienten. Teilweise haben die Privatversicherungen mit den Krankenhäusern und den Versicherten entsprechende Vereinbarungen getroffen, dass die in der Police versicherten Leistungen nicht wahlärztlichen Leistungen unmittelbar zwischen dem Versicherer und dem Krankenhaus abgerechnet werden. Der Versicherte tritt seine gegenüber dem Versicherer dazu bestehenden Ansprüche an das Krankenhaus ab, in diesem Fall erfolgt die entsprechende Liquidation ohne seine Zwischenschaltung. 104

[20] *Hoffmann*, GOÄ Kommentar, Abschnitt M, S. 10/11.

[21] Vgl. EBM 2000 Plus, I 1).

[22] *Quaas/Zuck*, § 13, Rz. 55.

[23] Diagnosis Related Group = behandlungs- und aufwandbezogene Fallpauschale.

Ist diese Vereinbarung nicht getroffen, werden dem Patienten sowohl die allgemeinen Krankenhausleistungen (DRG's), vgl. § 7 Abs. 1 KHEntgG, als auch bei entsprechender Vereinbarung die wahlärztlichen Leistungen nach GOÄ in Rechnung gestellt. Letztere werden *stets* gegenüber dem Patienten abgerechnet. Bei der wahlärztlichen Leistung sichert sich der Patient bei der stationären Behandlung die persönliche Leistungserbringung durch den liquidationsberechtigten (Chef-)Arzt seiner Wahl. Schließt er eine solche Vereinbarung nicht ab, wird die Leistung durch den jeweils diensthabenden Arzt erbracht. Der gute medizinische Behandlungsstandard ist jedoch in beiden Fällen Pflicht.

105 Unterschiede zwischen GKV-Abrechnung und GOÄ sind im Wesentlichen

- der Patient als Schuldner der Liquidation, mit dem Versicherer bzw. der Beihilfestelle als Kostenträger im Hintergrund,
- der feste Punktwert von 5,8 €-Cent, § 5 Abs.1 Satz 3 GOÄ,
- die Budgetfreiheit, weil es keine der GKV vergleichbare Leistungs- und Honorarbeschränkung bzw. Deckelung gibt,
- die Möglichkeit, den Gebührensatz der Ziffern nach § 5 Abs. 2 GOÄ individuell der Schwierigkeit und dem Zeitaufwand der Leistung entsprechend zu steigern,
- die Direktabrechnung mit dem Patienten, während in der GKV
  - die ambulante Behandlung vom Arzt gegenüber der KV und von der KV mit der Kasse,
  - die stationäre Behandlung vom Krankenhaus unmittelbar mit der Kasse abgerechnet wird.

106 Die *Formen der privatärztlichen Praxisausübung* entsprechen denen des GKV-Bereiches mit folgender Ausnahme. Die Vertragsarztzulassung nach § 3 Abs. 2 Ärzte-ZV kann nur dem Vertragsarzt persönlich erteilt werden. § 23a MBO-Ä[24] hat jetzt zwar auch die Berufsausübung in Form einer juristischen Person eröffnet. Die ärztlichen Landesberufsordnungen, welche die Berufsausübung verbindlich regeln[25], haben diese Regelung aber bislang nicht alle übertragen. Im privatärztlichen Sektor besteht aber ansonsten grundsätzlich die Möglichkeit, die Heilkunde in der Rechtsform einer GmbH auszuüben[26]. Allerdings ist auch dort die Attraktivität diese Form der Berufsausübung beschränkt, weil die privaten Krankenversicherer nach § 4 Abs. 2 Satz 1 MB/KK nur zur Kostenerstattung bei Leistungserbringung durch niedergelassene approbierte Ärzte verpflichtet sind. Daran fehlt es bei einer Leistungserbringung z.B. durch eine Heilkunde GmbH, weil die

[24] MBO-Ä 1997 in der Fassung nach dem 107. Deutschen Ärztetag in 2004. Die MBO beschlossene Musterberufsordnung hat für die Landesärztekammer, die für den Erlass der Berufsordnungen auf Landesebene zuständig sind, keine verbindliche Wirkung. Es handelt sich um eine Art Empfehlung, mit der das Berufsordnungsrecht möglichst einheitlich gestaltet werden soll. Die Berufsordnungen der einzelnen Länder entsprechend jedoch im Wesentlichen der MBO-Ä.

[25] Laufs/Uhlenbruck (*Laufs*), § 5, Rz. 4.

[26] BGHZ **124**, 224.

GmbH selbst mangels Approbation nicht Arzt sein kann und der bei der GmbH angestellte Arzt nach einhelliger Meinung nicht niedergelassen ist[27]. Es besteht also für die Kostenträger keine Erstattungspflicht[28] und damit bei Patienten kein Interesse daran, sich in die Behandlung z.B. einer Ärzte-GmbH zu begeben.

Insgesamt ist die Privatabrechnung im Vergleich zur GKV-Abrechnung für den Patienten merklich transparenter, schon deshalb, weil er stets selbst die Leistungsabrechnung erhält. Eine ähnliche Option, nämlich den Anspruch auf eine schriftliche Quittung, hat der GKV-Versicherte zwar auch, vgl. § 305 Abs. 2 SGB V[29]. Dieser Anspruch wird aber nach aller Erfahrungen kaum geltend gemacht, weil die Quittung für den GKV-Patienten nur informative, aber keine praktische Bedeutung hat. Weder muss er wie der Privatpatient vorfinanzieren bzw. ist er unmittelbarer Kostenschuldner, noch wirken sich Art und Maß der ärztlichen Inanspruchnahme auf seine persönliche Kosten- oder Prämienstruktur aus – von der Praxisgebühr einmal – abgesehen. Des Weiteren sind die €-Beträge oft zu hoch und damit unrichtig dargestellt[30]. Eine flächendeckende Kosteninformation der Versicherten ist bislang an den damit verbundenen Kosten gescheitert[31]. 107

Soweit nicht Unstimmigkeiten oder sonstiger Klärungsbedarf bestehen, reicht der Privatpatient seine Rechnungen bei seiner privaten Krankenversicherung zwecks Erstattung ein. Die Privatversicherungen prüfen seit Jahren zunehmend und mit zunehmendem Aufwand die zur Erstattung eingereichten Rechnungen[32], so dass der Patient immer öfter zunächst die Erstattung abwartet, bevor er die Rechnung ausgleicht. Ansonsten besteht für ihn die Gefahr, in Vorleistung zu gehen und anschließend zwischen Arzt und Kostenträger in der Diskussion zu stehen, ob die medizinischen Leistungen korrekt fakturiert worden sind. 108

II. Die privaten Kostenträger

Die privaten Krankenversicherungen sind als Kapitalgesellschaften des Privatrechts organisiert. Gängige Rechtsformen sind die Aktiengesellschaft oder der Versicherungsverein auf Gegenseitigkeit. Zum Teil hat auch der jeweilige Verein für das operative Geschäft eine Tochter als AG gegründet. Kontrolliert werden die privaten Krankenversicherungen von der Bundesanstalt für Finanzdienstleistungsaufsicht. 109

Bei der privaten Krankenversicherung können sich Personen versichern, deren Einkommen über der in § 6 SGB V definierten Pflichtversicherungsgrenze liegt oder die nicht angestellt sind. Ist das nicht der Fall, besteht die Pflicht zur Versi- 110

[27] Laufs/Uhlenbruck (*Uhlenbruck/Schlund*), § 18, Rz. 14.

[28] *Bach/Moser*, § 4 MB/KK, Rz. 21 f.

[29] Vgl. auch BSG, ArztR 2005, 333.

[30] Ärzte Zeitung, 05.10.2005, ‚Falsche Beträge auf Patientenquittungen sorgen für Ärger'.

[31] Rieger (*Dahm*), Lexikon, Ordnungsziffer 1780, Rz. 9.

[32] Vgl. dazu dezidiert *Fortmann*, Schriftenreihe der ARGE Medizinrecht, Band 5, S. 225 ff.

cherung in der GKV und nur die gesetzlichen Krankenkassen stehen zur Wahl. Vor Abschluss eines privaten Versicherungsvertrages prüft das Unternehmen das konkrete Risiko mittels einer ärztlichen Voruntersuchung oder jedenfalls einer Selbstauskunft. Vorerkrankungen können zu Prämienzuschüssen oder auch zur Ablehnung des Vertragsabschlusses führen, während in der GKV die Versicherung vom Vorliegen gesetzlicher Voraussetzungen nach §§ 5 ff. SGB V abhängt.

111 In der PKV muss sich jeder selbst versichern, in der GKV dagegen sind Familienmitglieder regelmäßig mitversichert, §§ 3, 10 SGB V. In der PKV wird das individuelle Risiko über Prämien abgebildet (Äquivalenzprinzip) und es werden Altersrückstellungen zur Verminderung der Beiträge im Alter gebildet. Die GKV dagegen wird solidarisch und durch ein Umlageverfahren finanziert. Die Prämie dort richtet sich nach dem Einkommen des Versicherten, §§ 220 ff. SGB V. Dort gibt es also keine Verbindung zwischen Prämie und versichertem Leistungsumfang.

112 Die Versicherungsverträge zwischen den Unternehmen und den Versicherungsnehmern unterfallen dem Zivilrecht und sind in den § 178 a bis § 178 o Versicherungsvertragsgesetz (VVG) spezialgesetzlich geregelt. Einzelheiten zur Vereinfachung standardisierter Vertragsabschlüsse sind von Versichererseite in den Allgemeinen Versicherungsbedingungen für die Krankheitskosten- und Krankenhaustagegeldversicherung/Teil 1 – Musterbedingungen des Verbandes der privaten Krankenversicherung (MB/KK) festgelegt. Diese Bedingungen sind allgemeine Geschäftsbedingungen im Sinne der §§ 305 ff. BGB und deshalb an diesen Vorschriften ausgerichtet bzw. daran zu messen[33]. Die Erstattungshöhe der dem Versicherten entstandenen Behandlungskosten ist unterschiedlich und hängt von den individuellen Versicherungsbedingungen wie z.B. Selbstbehalten, aber auch von den Einwänden der Kostenträger mit den Rechnungen selbst zusammen. Die Versicherungen scannen die Rechnungen in der Regel ein und überprüfen sie dann computergestützt[34].

---

[33] *Bach/Moser*, Einleitung, Rz. 13 ff.

[34] Vgl. dazu dezidiert *Fortmann*, Schriftenreihe der ARGE MedR, Band 5, S. 225 ff.; Ärzte Zeitung, 26.03.2004, ‚Rechnungsprüfung ist bei der Allianz obligatorisch'.

C. Kategorien der Begehungsweisen und Beispiele

I. Abrechnung nicht erbrachter Leistungen

Diese Form der Falschabrechnung ist die offenkundigste und häufigste. Darunter fällt die Abrechnung einer Leistung, die **113**

- gar nicht, oder
- nicht vollständig, oder
- an einem anderen Datum

erbracht wurde. Die erste Form ist die oft beschriebene „Luftleistung“, die zwar nicht im Einzelfall, wohl aber bei einer gewissen Regelmäßigkeit zu deutlich höheren Einnahmen sowohl im GKV-Bereich[1] als auch in der Privatliquidation führen kann. Im GKV-Bereich fällt dies in der Regel nur bei der Plausibilitätsprüfung oder der Wirtschaftlichkeitsprüfung auf, weil der Patient keine Rechnung erhält und insofern als unmittelbare Kontrollinstanz wegfällt. Bei der Privatliquidation kann der Patient die Rechnung nur auf solche Leistungen prüfen, die er selbst beurteilen kann bzw. die für ihn plastisch sind, wie z.B. eine Blutentnahme. Er kann aber in der Regel nicht bewerten, ob z.B. tatsächlich eine Projektionsperimetrie mit Marken verschiedener Reizwerte (Ziffer 1226 GOÄ, 182 Punkte) oder eine objektive Refraktionsbestimmung mittels Skiaskopie (Ziffer 1202 GOÄ, 74 Punkte) vorgenommen wurde. Insofern kommt die Luftleistung sowohl bei der vertragsärztlichen wie auch der privatärztlichen Abrechnung vor. Unter die Kategorie „nicht erbrachte Leistung“ muss letztlich auch die falsch subsumierte Leistung bzw. die Abrechnung einer höher dotierten Ziffer eingeordnet werden, weil der in der abgerechneten Ziffer bezeichnete Leistungsinhalt nicht oder nicht vollständig erbracht worden ist[2].

Bis 2003 bestand bei der GKV-Abrechnung verstärkt die Gefahr, dass mobile Kartenlesegeräte für die Abrechnung von Luftleistungen benutzt wurden, nämlich um bereits abgerechnete Daten nochmals anzusetzen. Dazu wurden die z.B. auf Hausbesuchen eingelesenen Chipkartendaten und die Leistungsdaten im nächsten **114**

---

1 Vgl. dazu Ärzte Zeitung, 09.03.2005, ‚Falsche AU-Bescheinigung – Hoher Schaden für Kassen'.

2 Vgl. dazu Ärzte Zeitung, 19.10.2005, ‚Laborarzt muss sich wegen Abrechnungsbetrugs verantworten'.

Quartal nochmals auf den Praxiscomputer gezogen[3]. Inzwischen ist diese Gefahr deutlich eingegrenzt worden, weil die neuen Geräte, bei denen die Daten nach Übertragung oder jedenfalls zum Quartalsende gelöscht werden, jetzt verbindlich sind, vgl. § 19 Abs. 6 BMV-Ä. Schließlich soll eine verbesserte Praxissoftware die Veränderungen in der Dokumentation sichtbar machen können, so dass bei Verdacht auf Falschabrechnung die entsprechenden Protokolle der Änderungen in der Dokumentation vorgelegt werden könnten[4].

115 Unverändert bleibt jedoch die Möglichkeit, dass bei Praxisgemeinschaften mit zentraler Rezeption die GKV-Karte des Versicherten ohne dessen Wissen für alle beteiligten Ärzten eingelesen wird. Auf diese Weise kann ein Arzt nicht erbrachte Leistungen abrechnen und zusätzlich „Verdünnerscheine" schaffen, also Behandlungsfälle mit geringem medizinischen Aufwand. Der Verdünnerschein trägt dazu bei, dass der Durchschnitt von ärztlichen Leistungen pro Behandlungsfall – und damit der Falldurchschnitt – gesenkt wird[5]. Auf diese Weise kann der eigene Falldurchschnitt demjenigen der Fachgruppe angepasst werden, um in der Wirtschaftlichkeitsprüfung unauffälliger zu erscheinen. Hintergrund kann aber auch die Schaffung weiterer budgetrelevanter Behandlungsfälle sein.

116 Eine andere Variante des Abrechnungsbetrugs in Verbindung mit dem Chipkartenmissbrauch ist das Sammeln von gestohlenen oder ungültigen Krankenversichertenkarten, über die sowohl Luftleistungen abgerechnet als auch Medikamente verordnet werden. Bei dieser Variante sind in der Regel Arzt und Patient beteiligt, zum Teil auch die Apotheker, bei denen die Rezepte gegen Geld oder gut verkäufliche Waren eingelöst werden[6]. Der Einsatz von ungültigen Versichertenkarten erhöht die Fallzahlen und lässt zugleich den durchschnittlichen Punktwert sinken. Für die Kassen bedeutet der Missbrauch merkliche Schäden, weil unberechtigt Medikamente und Krankenhausaufenthalte bezahlt werden. Das Täterprofil umfasst neben Ärzten und Apothekern auch illegal in Deutschland lebende Ausländer, Drogen- und Medikamentenabhängige sowie Privatversicherte, die sowohl medizinische Versorgung (GKV) als auch Beitragsrückerstattungen (PKV) in Anspruch nehmen wollen. Der Chipkartenmissbrauch war bislang kaum oder nur schwer prüfbar. Inzwischen haben Kassen jedoch eine Prüfsoftware für die Praxen entwickelt, die sogenannte *Verax-Liste*. Diese Software wird auf die Praxiscomputer geladen und regelmäßig aktualisiert. Sie umfasst eine Datei der aktivierten und gesperrten bzw. ungültigen Karten der Kassen. Werden dann Patientendaten in der Praxis über die Chipkarte eingelesen, prüft die Software diese Daten automatisch und unmittelbar mit dem hinterlegten Stamm ab und warnt das Praxispersonal,

---

[3] Ärzte Zeitung, 16.01.2003, ‚Ärzte ohne Computer müssen umstellen; Ärzte Zeitung, 19.10.2005, ‚Laborarzt muss sich wegen Abrechnungsbetrugs verantworten'.

[4] Ärzte Zeitung 19.12.2005, ‚Die Kassenärztliche Vereinigung Bayerns will dem Abrechnungsbetrug einen Riegel vorschieben'.

[5] Handelsblatt, 14.03.2000, S. 14, ‚Detektive in Weiß'; vgl. zum Begriff auch: Cardio News, 5/2004, S. 4, ‚Rasseln viele Kollegen in die Richtgrößenprüfung hinein?'.

[6] Vgl. DÄBl., 17.06.2005, A 1701, ‚Abrechnungsbetrug – Neue Dimension'.

wenn die eingelesene Karte als ungültig erkannt wird[7]. Der nächste Schritt wird voraussichtlich die online-Prüfung der in der Praxis eingelesenen Karten sein. Auf diese Weise wäre die Verwendung tagesaktueller Daten möglich[8].

Die Sozialgerichte betrachten auch die für einen anderen als den bezeichneten Versicherten erbrachte Leistung als Nichtleistung[9]. Dabei wird z.B. eine Leistung für den Versicherten nicht für diesen, sondern für eines seiner Familienmitglieder abgerechnet, die nach § 10 Abs. 1 SGB V mitversichert sind[10]. So kann der Vertragsarzt eine zusätzliche Fallpauschale abrechnen bzw. einen „Verdünner“ schaffen. Als Nichtleistung gilt auch die Abrechnung einer Leistung unter einem falschen Datum, insbesondere wenn der EBM durch die Verbindung mit einer anderen Leistung diese Leistung als nicht vergütungsfähig bezeichnet. So ist z.B. die Punktion eines Hämatoms (Ziffer 02340 EBM 2000 plus) innerhalb von 21 Tagen nach Erbringung einer Leistung des Abschnitts 31.2 (ambulante und belegärztliche Operationen) nicht neben einer Befundkontrolle und -besprechung abrechenbar (Ziffer 31601 EBM 2000 plus). 117

In gleicher Weise kann bei der Privatliquidation die falsche Zeit- oder Datumsangabe die Möglichkeit einer Leistungsabrechnung eröffnen. So ist z.B. die systematische sensomotorische Behandlung von zentralbedingten Sprachstörungen (GOÄ-Ziffer 726) neben der systematischen sensomotorischen Entwicklungs- und Übungsbehandlung von Ausfallerscheinungen am Zentralnervensystem (GOÄ-Ziffer 725) an demselben Tage unter anderem nur dann berechnungsfähig, wenn beide Behandlungen zeitlich getrennt voneinander erbracht wurden. Schließlich erlaubt die Abrechnung einer anderen als der tatsächlich erbrachten Behandlungsziffer die Abrechnung einer höher bepunkteten Leistung. Für diese Beispiele gilt jeweils, dass zwar eine Leistung erbracht wurde, aber eben die abgerechnete Leistung nicht. 118

II. Falschberechnung zukünftiger Gesamtvergütungen im Gesamtvertrag und HVV

Die Falschabrechnung kann im GKV-Bereich über die konkrete Quartalsabrechnung hinausgehende Folgen haben, wenn sie in einen Zeitraum fällt, anhand dessen die Höhe einer zukünftigen Gesamtvergütung bestimmt wird (Ausgangszeitraum). Die Falschabrechnung kann dazu führen, dass seitens der Kasse und / oder der KV ein Durchschnitt und darauf gestützt eine zukünftige Vergütung für einen Abrechnungszeitraum zu hoch berechnet wird. Es kann auch die Höhe einer zukünftigen Gesamtvergütung oder eines zukünftigen Einzelhonorars beeinflusst 119

[7] DÄBl., 08.10.2004, A 2727, ‚Chipkartenmissbrauch: Firewall gegen Sozialbetrug‘; Ärzte Zeitung, 22.06.2005, ‚Die Verax-Liste ist ein wirksames Mittel gegen Kartenmißbrauch‘.

[8] Ärzte Zeitung, 23.08.2005, ‚Gültigkeit der Chipkarten wird online geprüft‘.

[9] LSG Baden-Württemberg, MedR 1992, 303, 305.

[10] Vgl. Handelsblatt, 14.03.2000, S. 14, ‚Detektive in Weiß‘

werden. Denkbar ist dies durch ein abgestimmtes Vorgehen einer Fachgruppe oder durch eine einzelne Praxis, die ein entsprechendes Volumen hat, um die Durchschnitte zu beeinflussen. Diese Fallgruppe ist zu trennen zwischen der Vereinbarung einer zukünftigen überhöhten Gesamtvergütung (Verhältnis Kasse-KV[11]) und der Vereinbarung eines HVV, aufgrund dessen der Arzt einen überhöhten Anteil aus der Gesamtvergütung zugewiesen erhält (Verhältnis KV-Vertragsarzt[12]). Bei beiden Fallgruppen wird in der Zukunft für richtig abgerechnete Leistungen eine höhere Vergütung ausgezahlt, als es ohne die ursprüngliche Falschabrechnung des Täters oder der Täter geschehen wäre.

120 Wenn für die Praxen ein Individualbudget gilt (Verhältnis KV-Vertragsarzt)[13], genügt für diese Konstellation beim HVV die wesentlich einfacher zu erreichende Anhebung des eigenen Durchschnitts wie z.B. bei der Fallzahlzuwachsbegrenzung. Der Hintergrund dazu könnte wie folgt sein: Der Arzt erkennt, das er seine Fallzahlzuwachsbegrenzung im aktuellen Quartal nicht erreicht, weil ihn nicht genügend Patienten aufsuchen. Er rechnet daher nicht gegebene Behandlungsfälle und nicht erbrachte Leistungen ab, um seine maximale Zuwachsrate auszuschöpfen. Wenn im Folgequartal wieder vermehrt Patienten seine Praxis aufsuchen, kann er ein größeres Leistungsvolumen erbringen und abrechnen, bevor er eine Kürzung seiner Vergütung hinnehmen muss. Der Arzt erhält also im Folgequartal für diegleiche Gesamtleistung ein höheres Honorar, als er ohne die Falschabrechnung des Vorquartals erhalten haben würde. In gleicher Weise kann auch einer Budgetkürzung im Klinikbereich entgegengewirkt werden, die bei Nichterreichen einer bestimmten Fallzahl oder bei Unterschreitung einer bestimmten Kostengrenze droht[14].

121 Soweit ersichtlich, hat diese Fallgruppe zwar bislang keine praktische Bedeutung erlangt, die Thematik wurde bisher lediglich am Rande von Entscheidungen und Beiträgen erwähnt[15]. Das hängt aller Wahrscheinlichkeit nach mit der Schwierigkeit des tatsächlichen Nachweises der entsprechenden Tatumstände und des Vorsatzes in der Praxis zusammen. Darüber hinaus ist die Finanzierung der GKV an die Entwicklung der Grundlohnsumme gekoppelt, wo sich kaum Zuwächse zeigen, so dass die Gesamtvergütung de facto gedeckelt ist. Gleichwohl besteht grundsätzlich die Möglichkeit, dass Falschabrechnungen nicht nur die aktuelle, sondern auch eine zukünftige Gesamtvergütung bzw. die Vergütung über den HVV anheben.

---

11 Siehe unten unter Rz. 170 ff.

12 Siehe unten unter Rz. 185 ff.

13 Vgl. dazu LSG Nordrhein-Westfalen, Urteil vom 16.02.2005, L 11 KA 108/03; Ärzte Zeitung, 18.06.2003, ‚Wer künftig mehr leistet als erlaubt, schaut in die Röhre'; Ärzte Zeitung, 26.07.2004, ‚Zu knappes Primärkassen-Budget macht vielen Hausärzten zu schaffen'. Vgl. auch § 7 des HVV der KV Nordrhein unter http://www.kvno.de/importiert/hvv.pdf.

14 Vgl. Ärzte Zeitung, 14.10.1999, ‚Anklage gegen zwei Ex-Klinikgeschäftsführer'; *Bruns*, ArztR 1998, 237, 239.

15 Vgl. BGH, wistra 1992, 95, 97; Ärzte Zeitung, 04.03.1999, ‚Staatsanwälte ermitteln gegen Laborzuweiser wegen Betrugsverdachts'.

III. Abrechnung nicht persönlich erbrachter Leistungen

Hier geht es um die Abrechnung medizinisch indizierter und – unterstellt – im 122
Ergebnis sogar erfolgreicher Leistungen, die nicht der Arzt, sondern sein nichtärztliches Hilfspersonal erbracht hat bzw. deren Ausführung der Arzt nicht ausreichend überwacht hat. Bei der Privatliquidation von wahlärztlichen Leistungen / Chefarztleistungen und Speziallaborleistungen spielt die persönliche Erbringung eine noch größere Rolle. Dort kann nicht nur die Leistungserbringung durch nichtärztliches Personal, sondern auch durch Ärzte problematisch sein[16].

IV. Arzt im verdeckten Anstellungsverhältnis

Bei dieser Variante geht es um die Problematik der Erbringung einer ordnungs- 123
gemäßen medizinischen Leistung durch einen Arzt, der sowohl vertrags- als auch privatärztlich tätig ist, aber trotz etwaiger anderslautender Verträge seinen Beruf de facto angestelltenähnlich ausübt[17]. Ein Angestelltenverhältnis oder angestelltenähnliches Verhältnis kann vorliegen, wenn der Arzt z.B. ein fixes Gehalt bezieht, Lohnfortzahlung im Krankheitsfall erhält und feste Urlaubsvereinbarungen wie bei einem Arbeitsverhältnis bestehen. Die Beteiligung am Gewinn und Verlust der Praxis und die eingeräumte Weisungsbefugnis gegenüber dem Personal spielen gleichfalls eine Rolle.

Der Grund für eine solche Konstellation kann darin liegen, dass die Seniorpart- 124
ner einer Gemeinschaftspraxis (GbR) nicht bereit sind, einen in die Praxis eintretenden Berufsanfänger als Juniorpartner sofort am Gesellschaftsvermögen zu beteiligen. Oft handelt es sich bei dieser Fallgruppe auch um Praxen mit einem hohen Invest wie z.B. bei der Radiologie und der Labormedizin, bei denen der Neueintretende nicht sofort Gesellschaftsanteile erwerben kann oder will[18]. Immerhin handelt es sich bei solchen und vergleichbaren Praxen um ein erhebliches wirtschaftliches Risiko und eine hohe persönliche Verantwortung, die angestellte Ärzte oder Ärzte in anstellungsähnlichen Positionen in dieser Form nicht auf sich nehmen müssen.

Konkret wurden diese Vorwürfe von staatsanwaltschaftlicher Seite u.a. gegen 125
Laborärzte erhoben, die zum Teil bundesweit „Strohpartner" placiert und „Satellitenpraxen" aufgebaut haben sollten, um Bestimmungen des EBM und des Hono-

---

16 Ärzte Zeitung, 09.11.2005, ‚M III und M IV – bei 1000 Kollegen klingelt der Staatsanwalt'.

17 Für die weitere Orientierung zum Thema „Scheinpartnerschaft" wird verwiesen auf OLG Koblenz, MedR 2001, 144; OLG Koblenz, MedR 2001, 144; LSG Niedersachsen-Bremen, GesR 2002, 21, 25; *Butzer*, MedR 2001, 604; *Goette*, MedR 2002, 1; *Grunst*, NStZ 2004, 533; *Herffs*, wistra 2004, 281; *Preißler/Soz. Rehborn*, Ärztliche Gemeinschaftspraxis versus Scheingesellschaft; *Möller*, MedR 2003, 195; *Quaas/Zuck*, § 14, Rz. 9 ff.; *Stein*, MedR 2002, 124; *Volk*, NJW 2000, 3385.

18 *Möller*, MedR 1999, 493; *Wigge*, NZS 2001, 293, 294.

rarverteilungsmaßstabes zu umgehen[19]. Der Betrugsvorwurf wird hier darauf gestützt, dass es sich bei einem angestellten oder in einem anstellungsähnlichen Verhältnis befindlichen Arzt nicht um einen freiberuflichen, selbständigen und niedergelassenen Arzt handelt, was jedenfalls in der Vergangenheit klare Voraussetzung für die Zulassung als Vertragsarzt und die vertragsärztliche Leistungsabrechnung war.

126 Eine vergleichbare Situation kann sich ergeben, wenn zwei nach außen vollständig unabhängige, räumlich getrennte und die KV gegenüber getrennt abrechnende zugelassene Praxisinhaber in einem verdeckten Innenverhältnis stehen, das dem der beschriebenen Gemeinschaftspraxis gleicht. Ein solches Abhängigkeitsverhältnis kann sich ergeben, wenn liquide Ärzte für Berufsanfänger oder weniger solvente Kollegen Räume und Geräte gegen Abtretung bzw. Abführung von Honorarforderungen bereitstellen, ohne selbst in dieser Praxis zu arbeiten[20].

127 Bei dieser Konstellation kann ein Betrug zum Nachteil der Kassen gegeben sein, wenn sich die Gesamtvergütung durch die Abrechnung erhöht hat, was in der Regel der Fall sein wird. Darüber hinaus kommt ein Betrug gegenüber den Berufskollegen in Betracht, wenn die Praxis in einem Gebiet mit Zulassungsbeschränkung liegt und diese Berufskollegen einen Antrag auf Zulassung zur vertragsärztlichen Versorgung gestellt haben.

128 Bei der Privatliquidation ergibt sich die Betrugsproblematik durch die Musterbedingungen der Privatversicherer, wonach ambulante Leistungen nur dann erstattungsfähig sind, wenn sie durch einen niedergelassenen Arzt erbracht wurden[21], vgl. § 4 Abs. 2 MB/KK.

V. Abrechnung unwirtschaftlicher bzw. medizinisch nicht notwendiger Leistungen

129 Unwirtschaftliches Verhalten des Arztes wurde bislang mit Blick auf den Betrug nur vereinzelt behandelt[22]. Der Oberbegriff „Unwirtschaftlichkeit“ umfasst die Behandlung und Abrechnung

- einer nicht gegebenen Krankheit
- eine unwirtschaftliche Behandlungsart einer Erkrankung sowie
- das unwirtschaftliche Behandlungsmaß einer Krankheit.

---

[19] OLG Koblenz, MedR 2001, 144; *Haft*, ZRP 2002, 457, 461 f.; Ärzte Zeitung, 14.12.2004, ‚Von Großlaborbetreibern in Deutschland wird der Ruf nach Industrialisierung des Labors immer lauter'.

[20] Kass. Komm. (*Hess*), § 85 SGB V, Rz. 43. Vgl. auch Ärzte Zeitung, 05.03.1998, ‚Der Labormarkt im Zwielicht – Das Motto etlicher KVen ist: Nichts hören und nichts sehen.'.

[21] Vgl. auch *Schallen*, Rz. 373.

[22] *Dahm*, MedR 2003, 268, 273; *Herffs*, S. 183 ff.; Laufs/Uhlenbruck, (*Ulsenheimer*), Handbuch des Arztrechts, § 151, Rz. 17; *Hess* bei Steinhilper, S. 46.

Um eine unwirtschaftliche *Behandlungsart* handelt es sich beispielsweise, wenn der Vertragsarzt für die Applikation eines Medikamentes statt einer medizinisch ausreichenden, in der Bewertung aber nur gering veranschlagten Injektion, die höher bepunktete Infusion wählt. Ein anderes Beispiel ist das Ausschreiben von „Blanco-Überweisungsscheinen", bei denen niedergelassene Ärzte undifferenziert Laborleistungen wie „Immunstatus erstellen" oder „Hormonanalyse" in Auftrag geben. Denn so kann der beauftragte Laborarzt nach eigenem Ermessen auch medizinisch nicht indizierte Leistungen erbringen und abrechnen. Der überweisende Arzt wird in der Regel an den Gewinnen beteiligt[23]. Der Vorwurf der Unwirtschaftlichkeit kann aber auch durch eine überdurchschnittlich hohe Zahl von Patienten gegeben sein, die gemeinsam von Ärzten einer Praxisgemeinschaft behandelt werden, insbesondere wenn die Zahl der gemeinsam behandelten Patienten bei 30 % anstatt wie sonst durchschnittlich bei 15 % liegt. Hieraus kann sich der nur schwer auszuräumende Verdacht ergeben, dass die Patienten ohne medizinischen Anlass von beiden Ärzten behandelt wurden[24]. 130

Um ein unwirtschaftliches *Behandlungsmaß* handelt es sich, wenn beispielsweise zehn Bestrahlungssitzungen durchgeführt werden, wenn auch fünf für das Behandlungsziel ausgereicht hätten. 131

Das hinter diesem Vorgehen stehende Motiv kann die gezielte Ausreizung des Fallwertes sein oder auch ein bestimmtes Budget zu erweitern[25] oder nicht schrumpfen zu lassen. Es kann sich des Weiteren um eine „Flucht in die Menge" handeln, wenn der Punktwert abgesunken ist. Eine solche „Flucht in die Menge" wurde zum Teil 1996 nach Einführung des damaligen neuen EBM vermutet, als alle Vertragsärzte im ersten Quartal 1996 etwa 30 % mehr als im Vorjahreszeitraum abgerechnet hatten[26]. 132

Die Grenze zwischen der vertragsärztlich medizinisch ausreichenden bzw. privatärztlich medizinisch notwendigen Leistung und der lediglich medizinisch sinnvollen Selbstzahlerleistung, der sogenannten IGeL-Leistung[27], ist in der Praxis gelegentlich schwer zu ziehen[28]. 133

VI. Fehlende Weitergabe von Zuwendungen

Bei dieser Fallgruppe geht es um die Auslagenerstattung von Sprechstundenbedarf des Arztes, den dieser eingekauft und dabei eine Zuwendung wie z.B. Rabatt oder 134

23 Ärzte Zeitung, 27.10.1998, ‚Die Berufsordnung normiert – Koppelgeschäfte sind untersagt!'.

24 LSG Rheinland-Pfalz, MedR 2005, 614, 616. Vgl. dazu auch Dahm, MedR 2005, 616, 617.

25 Vgl. LSG Rheinland-Pfalz, MedR 2005, 614.

26 Ärzte Zeitung, 30.10.1996, ‚Ehrliche Ärzte wehren sich'.

27 Individuelle Gesundheitsleistung. Der Begriff geht auf ein erstmals 1998 erarbeitetes Konzept der KBV zurück, zur Orientierung solche Leistungen in einem Katalog zusammenzustellen, die von den Kassen nicht übernommen wurden.

28 Ärzte Zeitung, 05.02.2003, ‚Dumpingpreise sind nicht erlaubt'.

eine vergünstigte Dienstleistungen erhalten hat. Es stellt sich die Frage, ob die Zuwendung die Höhe des Erstattungsanspruches mindert bzw. wie es nach § 263 StGB zu bewerten ist, wenn der Arzt dazu keine Angaben macht und den vollen Preis weitergibt.

135 Unter Sprechstundenbedarf werden Arzneimittel, Verbandsmittel, Materialien, Instrumente und sonstige Gegenstände und Stoffe verstanden, die in der Arztpraxis bei Patienten zur Anwendung gelangen, nicht als allgemeine Praxiskosten in den ärztlichen Leistungsziffern enthalten und daher gesondert abzurechnen sind. Gesetzliche Regelungen für die Durchführung des Erstattungsverfahrens bestehen nicht. Die Erstattung ist daher in natura denkbar oder - und so auch in der Regel gegeben - als Kostenerstattung, die der Arzt z.B. einmal pro Quartal zu Lasten der federführenden Kasse per Verordnung vornimmt[29]. Der Sprechstundenbedarf kann im GKV-Bereich je nach Vereinbarung nach Pauschalen[30] oder nach tatsächlich entstandenen Kosten abgerechnet werden[31]. Bei der Privatliquidation ist die Berechnung von Pauschalen grundsätzlich nicht zulässig, § 10 Abs. 1 Satz 2 GOÄ, so dass stets die tatsächlichen Kosten weitergegeben werden müssen, sofern die Auslage nicht Bestandteil der Praxiskosten ist[32]. Gleiches gilt entsprechend für die Privatliquidation der Zahnärzte nach § 9 GOZ[33].

136 Soweit die Verpflichtung zur Abrechnung lediglich der tatsächlich entstandenen Kosten besteht, ergibt sich die Frage, ob Rabatte, Preisnachlässe, Umsatzbeteiligungen, Rückvergütungen, Bonifikationen, Gewinnbeteiligungen (im folgenden: *Zuwendungen*), die dem Arzt vom Hersteller / Verkäufer bei der Bestellung gewährt werden, weitergeleitet werden müssen. Denn die Einräumung solcher Zuwendungen kann bedeuten, dass der Preis de facto niedriger ist als auf der jeweiligen Rechnung ausgewiesen und die Differenz letztlich dem Arzt zufließt. Solche Rückvergütungen bzw. sogenannte *kick-backs* können vielgestaltig sein und reichen von der unmittelbaren Barzahlung über die Finanzierung von Kongressen bis hin zur Übernahme von Verbindlichkeiten jeder Art[34].

137 Der Betrug im Rahmen der Rückvergütungsgewährung ist verknüpft mit der Problematik von Zuwendungen und Rabatten im Gesundheitswesen an sich. In diesem Zusammenhang ist auch die Erfüllung weiterer Tatbestände wie Untreue, Vorteilsannahme und Bestechlichkeit möglich[35].

---

29 Rieger (*Dahm*), Lexikon, Ordnungsziffer 4940, Rz. 4 ff.

30 Vgl. § 44 Abs. 5 Satz 7 BMV-Ä.

31 Vgl. BGH, MedR 2002, 36; *Steinhilper* zu AG Minden, MedR 2004, 165.

32 *Brück*, GOÄ Kommentar, § 10, Rz. 13, § 12, Rz. 2.3; *Lang/Schäfer*, GOÄ Kommentar, § 10, Rz. 9.

33 Vgl. OLG Köln, MedR 2003, 460.

34 BGH, wistra 2004, 422; *Bernsmann*, GesR 2005, 193; *Dahm*, MedR 2003, 268, 274; Laufs/Uhlenbruck (*Ulsenheimer*), § 151, Rz. 13; *Noak*, MedR 2002, 76.

35 Vgl. *Dahm*, MedR 1992, 250.

VII. Honorarverzicht

Der Honorarverzicht spielt bei den Kostenerstattungsvarianten und damit bei der 138 privatärztlichen Liquidation nach GOÄ eine Rolle. Das Grundmuster besteht darin, dass der Patient die privatärztliche Abrechnung seinem Kostenträger vorlegt, dieser aus unterschiedlichen Gründen nur einen Teilbetrag erstattet und der Arzt sich mit der vom Patienten weitergeleiteten Summe zufrieden gibt, also auf die zum Rechnungsbetrag bestehende Differenz verzichtet. Dies an sich ist unbedenklich, weil die Beanstandung des Kostenträgers korrekt sein kann, also die Forderung in der ursprünglich angegebenen Höhe gar nicht besteht. Darüber hinaus erlauben die ärztlichen Berufsordnungen ausdrücklich den Verzicht auf Forderungen. So besagt § 12 Abs. 2 MBO-Ä, dass der Arzt Verwandten, Kollegen, deren Angehörigen und mittellosen Patienten das Honorar ganz oder teilweise erlassen kann.

Die in dieser Fallgruppe ausschließlich behandelte Variante umfasst das *Umgehen des Eigenanteils des Patienten* bzw. die Vorteilsverschaffung zu dessen Gunsten durch Verzicht des Arztes auf einen bestimmten Anteil des Rechnungsbetrages schlechthin[36]. Dazu setzt der Arzt eine korrekte Rechnung entsprechend der GOÄ auf, die der Kostenträger abzüglich der in der Police vereinbarten Eigenbeteiligung übernimmt. Der Arzt streicht sodann die Differenz oder überweist diesen Betrag dem Patienten zurück, so dass für diesen eine volle Kostenübernahme erreicht ist. 139

Hiervon zu trennen ist die Variante, bei der *lediglich nach außen* ein Verzicht 140 erklärt wird. Dabei setzt der Arzt im Einvernehmen mit dem Patienten in der Rechnung nicht erbrachte Ziffern oder nicht gerechtfertigte Steigerungsfaktoren an, um die Rechnung in Höhe des Eigenanteils zu überziehen. Der Kostenträger erkennt die Falschabrechnung nicht und überweist den Betrag abzüglich des Eigenbehaltes an den Patienten, der die Summe an den Arzt weiterleitet. Der Arzt streicht die Differenz oder überweist diese an den Patienten zurück. So wird nicht nur der Eigenanteil des Patienten umgangen, sondern der Arzt erhält (anders als in der soeben geschilderten Variante) im Ergebnis denjenigen €-Betrag, der seinen erbrachten Leistungen entspricht, macht also bei diesem Vorgehen keinen Verlust. Die wiederum gesteigerte Variante besteht in der noch weitergehenden Überziehung der Rechnung. Die Überzahlung wird entsprechend der Absprache zwischen Arzt und Patient geteilt, d.h. der Patient reicht nur einen Teil der Erstattung an den Arzt weiter. Die beiden letztgenannten Vorgehen sind nicht nur in Bezug auf den herkömmlichen Privatpatienten denkbar, sondern auch auf den GKV-Patienten, der nach § 13 Abs. 2 SGB V die Kostenerstattung gewählt hat. Zwar erhält dieser von seiner gesetzlichen Krankenkasse lediglich den GKV-Anteil der Privatliquidation. Auch der GKV-Anteil kann sich aber erhöhen, wenn z.B. nicht erbrachte Ziffern angesetzt werden. Zusätzlich kommt es dann zur Überzahlung der privaten Zusatzversicherung. Ob es sich um eine gesetzliche oder private Krankenkasse

36 *Dahm*, MedR 2003, 268, 275; Ratzel/Lippert (*Ratzel*), MBO, § 12, Rz. 12.

oder eine Beihilfestelle handelt, muss also beim letztgenannten Vorgehen keinen Unterschied ausmachen.

141 Hiervon wiederum zu trennen ist die „*vorweggenommene Kompensation*" voraussehbarer berechtigter Einwendungen, indem die Abrechnung z.B. durch Ansatz nicht erbrachter Leistungen oder die Erhöhung des Steigerungsfaktors ohne überdurchschnittlichen Behandlungsaufwand von vornherein hochgetrieben wird[37]. Nach außen zeigt sich die Hinnahme der Einwendungen dann als Honorarverzicht.

142 Alle drei zuletzt geschilderten Vorgehensweisen sind letztlich Spielarten der Abrechnung nicht erbrachter Leistungen und werden deshalb nicht gesondert dargestellt. Das Beispiel der Umgehung des Eigenanteils des Patienten ist jedoch insofern eine Besonderheit, weil dort ein echter Verzicht des Arztes vorliegt und dies gleichwohl betrugsrelevant sein kann.

VIII. Fehlende Minderung nach § 6 a GOÄ

143 Bei stationärer Behandlung kann der Patient – gleich ob er GKV- oder PKV-Patient ist – wahlärztliche Leistungen in Anspruch nehmen, die ihm gegenüber privatärztlich nach der GOÄ liquidiert werden. Im Gegenzug hat der Patient grundsätzlich Anspruch auf persönliche Behandlung durch den Chefarzt. Hat sich der Patient entsprechend entschieden, liquidieren ihm gegenüber auch Ärzte außerhalb des Krankenhauses[38], die in seine Behandlung mit eingebunden sind, vgl. § 22 Abs. 3 BPflV, § 17 Abs. 3 KHEntgG (sog. „Wahlarztkette"). Allerdings werden sowohl durch BPflVO / KHEntgG wie auch durch die GOÄ Personal- und Sachkosten ärztlicher Leistungen abgegolten. Der Verordnungsgeber war daher gehalten, beide Verordnungen aufeinander abzustimmen, um bei stationären privatärztlichen Leistungen eine doppelte Kostenberechnung zu vermeiden. § 6 a Abs. 1 GOÄ formuliert deshalb eine pauschale Minderungspflicht bei voll-, teil-, vor- und nachstationären Leistungen: Liquidationsberechtigte Krankenhausärzte haben ihre Rechnung um 25 %, Belegärzte und niedergelassene andere Ärzte um 15 % zu mindern.

144 An dieser Stelle geht es um die Minderungspflicht der Belegärzte und niedergelassenen Ärzte um 15 %. Zunächst hatte der BGH in Bezug auf zwei konkrete Fälle entschieden, die Minderungspflicht greife dann, wenn die niedergelassenen Ärzte bei der für die konkrete Behandlung medizinisch gebotenen Vor- und Nachsorge die Dienste des Krankenhauses in Anspruch nehmen mussten[39], d.h. wenn ihre Leistung als solche nicht ambulant hätte erbracht werden können. Auch wenn der BGH sich nicht grundsätzlich zur Problematik geäußert hatte, wurden unter Berufung auf die Entscheidungen vielfach ungeminderte Rechnungen erstellt und akzeptiert. In 2002 hat der BGH grundsätzlich Stellung genommen und im We-

---

37 *Dahm*, MedR 2003, 268, 275.

38 Zur stationären Behandlung gehören auch die vom Krankenhaus veranlassten Leistungen Dritter, § 2 Abs. 2 Nr. 2 BPflV, § 2 Abs. 2 Nr. 2 KHEntgG.

39 BGH, NJW 1998, 1790, 1791; BGH, NJW 1999, 868.

sentlichen mit Blick auf den Patientenschutz auf eine grundsätzliche Minderungspflicht erkannt[40].

Detailfragen sind aber weiterhin umstritten, z.B. ob auch dann eine Minde- 145
rungspflicht besteht, wenn die Leistungen des niedergelassenen Arztes grundsätzlich nicht in den Krankenhausentgelten kalkuliert sind, wie es z.B. bei Leistungen von niedergelassenen Ärzten der Fall ist, die von einem Belegarzt angefordert werden. Bezüglich einzelner Fragen dauert die Diskussion also noch an[41], so dass zum Teil von niedergelassenen Ärzten trotz stationärer Behandlung des Patienten weiterhin keine 15 %-ige Minderung angesetzt wird. Es wird untersucht, ob dies einen Betrugsvorwurf rechtfertigt.

IX. Nichtbeachtung des Zielleistungsprinzips

In § 4 Abs. 2 a GOÄ ist festgehalten, dass eine Leistung nicht gesondert bere- 146
chenbar ist, wenn sie

- ein Bestandteil oder
- eine besondere Ausführung

einer anderen Leistungsziffer ist. So umfasst die Blinddarmentfernung nach GOÄ-Ziffer 3200 auch die vorangehende Eröffnung der Bauchhöhle. Dieser Schritt kann nicht gesondert über die GOÄ-Ziffer 3135 in Ansatz gebracht werden[42], ebenso wenig wie die Naht und der Verband[43]. Setzt also die Erreichung des vollständigen Leistungsziels einer im Gebührenverzeichnis beschriebenen Leistung notwendigerweise flankierende Hilfs- oder Begleitverrichtungen voraus, sind diese mit der Gebühr für die umfassende Leistung grundsätzlich auch dann abgegolten, wenn einzelne dieser Hilfs- oder Begleitvorrichtungen als Gebührenpositionen im Verzeichnis aufgeführt sind[44]. Die Regelung des § 4 Abs. 2 a GOÄ wird mit dem Begriff „Zielleistungsprinzip“ umschrieben, der sich nicht im Paragraphenteil der GOÄ, sondern in den Allgemeinen Bestimmungen zum Abschnitt L, Chirurgie, Orthopädie findet. Ansonsten spricht der Verordnungsgeber bei der Ziffernlegende regelmäßig von „selbständiger Leistung“, vgl. etwa die GOÄ-Ziffer 1621, „Plastische Rekonstruktion der hinteren Gehörgangswand, als selbständige Leistung“[45]. Das Zielleistungsprinzip ist ein allgemeiner gebühren-

[40] BGH, NJW 2002, 2948. Bestätigt durch das BVerfG, NJW 2004, 3172.

[41] Vgl. LG Fürth, Az: 5 S 1171/04, 22.07.2004; *Dahm*, MedR 2003, 268, 275; *Henkel*, MedR 2002, 573; *Hoffmann*, GOÄ Kommentar, § 6 a, Rz. 6, S. 21.

[42] *Brück*, GOÄ Kommentar, § 4, Rz. 4

[43] *Hoffmann*, GOÄ Kommentar, § 4, Rz. 1 a, S. 13.

[44] *Lang/Schäfer*, GOÄ Kommentar, § 4, Rz. 33.

[45] Vollständige Aufzählung aller Ziffern mit ausdrücklichem Hinweis bei *Lang/Schäfer*, GOÄ Kommentar, § 4, Rz. 34.

rechtlicher Grundsatz und gilt deshalb ungeachtet der Frage, ob sich in der konkreten Ziffer ein entsprechender Hinweis findet.

147 Die Anwendung im Einzelnen ist jedoch streitig, insbesondere wenn die seit 1983 im Text unveränderten operativen Ziffernabschnitte der GOÄ betroffen sind. Denn der medizinische Aufwand bezüglich bestimmter Leistungsziffern hat sich innerhalb der letzten 20 Jahre zum Teil ganz erheblich erweitert, ohne dass der Verordnungsgeber diese Entwicklung damals erkennen und in die Bepunktung einfließen lassen konnte[46]. Es stellt sich in diesem Zusammenhang die Frage, ob die Abrechnung einer Ziffer, die Bestandteil oder besondere Ausführung einer anderen Ziffer ist, einen Betrugsvorwurf rechtfertigt.

---

[46] BGH, MedR 2005, 228, 229 f.; *Hoffmann*, GOÄ Kommentar, § 4 GOÄ, Rz. 1 a, S. 24/2.

D. Materiellrechtliche Problematiken der GKV-Kategorien

Die Darstellung des Abschnitt D) und E) orientiert sich am Aufbau des § 263 Abs. 1 StGB. Die in Rechtsprechung und Literatur umstrittenen Punkte werden vertieft behandelt, wobei der Schwerpunkt auf dem objektiven Tatbestand liegt, weil sich dort die wesentlichen Problematiken ergeben. 148

Die Formulierung des Tatbestandes des § 263 Abs. 1 StGB gilt als wenig glücklich[1] und zum Teil als sachlich falsch, etwa weil es keine falschen Tatsachen geben kann. Die juristische Praxis unterscheidet die folgenden *objektiven* Tatbestandsmerkmale, die kausal miteinander verknüpft sein müssen: 149

- Täuschung
  ↓
- Irrtum
  ↓ *Verbindung durch Kausalität*
- Vermögensverfügung
  (ungeschriebenes Tatbestandsmerkmal)
  ↓
- Vermögensschaden

Der *subjektive* Tatbestand setzt Eventualvorsatz in Bezug auf alle objektiven Tatbestandsmerkmale und deren kausale Verknüpfung voraus, d.h., der Täter muss mit dem Taterfolg zumindest rechnen und sich damit abfinden. Zusätzlich muss der Täter in der Absicht handeln, sich oder einem Dritten einen rechtswidrigen Vermögensvorteil zu verschaffen. Es genügt, wenn der Täter ihn neben anderen Zielen oder nur als Mittel für einen anderweitigen Zweck anstrebt[2]. 150

Die Täuschung über Tatsachen als Tathandlung muss also bei einer anderen Person zu einem Irrtum über diese Tatsachen führen, worauf diese eine Verfügung über Vermögensbestandteile vornehmen muss, die bei ihr oder einem Dritten zu einem Vermögensschaden führen. Hinsichtlich dieser Komponenten des objek- 151

---

[1] *Tröndle/Fischer*, § 263, Rz. 5.

[2] BGHSt **4**, 107; **16**, 1; *Lackner/Kühl*, § 263, Rz. 58; Schönke/Schröder (*Cramer*), § 263, Rz. 176; *Tröndle/Fischer*, § 263, Rz. 110.

tiven Tatbestandes muss der Täter mit Eventualvorsatz handeln, also mit dem Tatbestandserfolg zumindest rechnen und sich mit ihm abfinden. Gleichzeitig muss er in der Absicht handeln, sich oder einem Dritten einen rechtswidrigen Vermögensvorteil zu verschaffen. Das bedeutet, dass es ihm auf diesen Taterfolg ankommen muss[3].

I. Abrechnung einer nicht erbrachten Leistung

1. Täuschung

152 Die Abrechnung einer nicht erbrachten Leistung ist eine Tatsache im Sinne des § 263 Abs. 1 StGB, da es sich um konkretes vergangenes Ereignis handelt, das objektiv zur Gewissheit festgestellt werden kann[4] und dem gerichtlichen Beweis zugänglich ist[5]. Die Erklärung erfolgt ausdrücklich, weil mit der Abrechnung die Sammelerklärung eingereicht wird, mit welcher der Arzt die sachlich-rechnerische Richtigkeit postuliert.

2. Irrtum

153 Irren im Sinne des § 263 StGB kann sich nur ein Mensch[6]. Im Zuge der verschiedenen Prüfstufen durch die KV und die Kasse werden ganz umfänglich Computerprogramme genutzt und aufgrund der Vielzahl der abgerechneten Positionen einerseits und des begrenzten Personals andererseits ist es unwahrscheinlich, dass der KV-Angestellte seine Aufmerksamkeit gerade auf die EBM-Ziffern richtet, die de facto nicht erbracht wurden. Die Rechnerprogramme dagegen durchlaufen jede einzelne Ziffer, so dass statt des Betrugs nach § 263 StGB der Computerbetrug nach § 263 a StGB in Betracht kommen könnte.

154 Denn eine Verwendung von unrichtigen Daten im Sinne dieses Tatbestandes kann vorliegen, wenn Daten mittelbar durch außenstehende Dritte eingeführt werden[7]. Dies könnte durch KV-Mitarbeiter geschehen, wobei der Arzt in mittelbarer Täterschaft handeln würde. Maßgeblich für die Unterscheidung ist hier, welchen Kontrollauftrag die in den EDV-Vorgang einbezogene Person hat. Wenn die Person allein das Funktionieren der EDV-Anlage sicherstellen soll, kommt ein Computerbetrug in Frage[8]. Die KV-Angestellten haben aber den konkreten Auftrag, die Abrechnung auf nicht erbrachte Leistungen zu prüfen[9]. Ein *Computerbetrug nach § 263 a StGB* scheidet deshalb regelmäßig aus.

---

3 *Tröndle/Fischer*, § 263, Rz. 109.

4 Vgl. RGSt **24**, 387, 388; BGHSt **2**, 324, 326; *Tröndle/Fischer*, § 263, Rz. 2.

5 Vgl. RGSt **24**, 387, 388; BGHSt **6**, 357, 359; *Tiedemann*, LK, § 263, Rz. 9 f.

6 RGSt **68**, 65, 66; *Tiedemann*, LK, § 263, Rz. 92.

7 *Lackner/Kühl*, § 263 a, Rz. 9.

8 OLG Düsseldorf, NJW 1989, *Tiedemann*, LK, § 263, Rz. 92.

9 Vgl. BSGE **61**, 19, 20; BSG, ArztR 1999, 78; Kass. Komm. (*Hess*), § 75, Rz. 15.

Das Programm wird als Hilfsmittel benutzt und schlägt lediglich Entscheidungen vor. Die Entscheidung trifft der Angestellte letztlich selbst. Der KV-Angestellte setzt sich gedanklich nicht mit jeder einzelnen Prüfungsposition auseinander, dazu ist das Datenmaterial zu umfangreich. Zwar kann aus der Prüfungspflicht allein noch nicht automatisch auf einen Irrtum geschlossen werden, sonst würden die tatsächlichen Umstände bei der Tatbestandsprüfung nicht berücksichtigt und auch wenn der KV-Angestellte im konkreten Fall *Tatsachen ignorieren* würde, ein Irrtum unterstellt[10]. Die sogenannten ignorantia facti, das Ignorieren von Tatsachen, werden vom Betrugstatbestand aber gerade nicht erfasst[11]. In der vorliegenden Konstellation fehlt es jedoch nicht an einer gedanklichen Vorstellung und damit an einem Irrtum. Denn es liegt ein sachgedankliches Begreifen bzw. ein Mitbewusstsein vor, wie es bei Geschäften des täglichen Lebens der Fall ist, bei der sich Vorgänge sozialtypisch unter bestimmten Prämissen wiederholen. 155

Hinweis:
Ein **sachgedankliches Mitbewusstsein** ist insbesondere bei zahlreichen Geschäften des täglichen Lebens gegeben, die sich in sozialtypischer Weise ständig wiederholen und nach bestimmten Verhaltensmustern und Erwartungen ablaufen[12].

Beispiel:
Es wird in der Gastronomie nicht geprüft oder auch nur vorab erfragt, ob der bestellende Gast zahlungsfähig und zahlungswillig ist. Gleichwohl gehen der Wirt und sein Personal aber davon aus, dass diese beiden Komponenten beim Gast gegeben sind.

Ansonsten müsste der Betrug stets entfallen, wenn die Vorgänge des täglichen Lebens insbesondere bei Massengeschäften Prüfmöglichkeiten ausschließen oder sie dort jedenfalls lebensfremd wären. Der KV-Angestellte ignoriert also in der Regel nicht Tatsachen, sondern bildet sich aufgrund des anerkannten sozialrechtlichen Rahmens eine Grundvorstellung. Dieser sozialrechtliche Rahmen gründet sich zum einen auf die Notwendigkeit eines bestimmten Vertrauens bei diesem System der Abrechnung, weil trotz aller Kontrollen keine absolute Sicherheit möglich ist[13]. Zum anderen liegt die Sammelerklärung des Arztes vor, der damit konkret die Erbringung der abgerechneten Ziffern versichert und damit gleichzeitig zum Ausdruck bringt, das systemimmanente Vertrauen in Anspruch nehmen und rechtfertigen zu wollen. Dieses Vertrauen des KV-Angestellten führt zu einer Grundannahme, die nach unauffälligem Abschluss der Kontrollen bestätigt ist, so 156

10 Vgl. *Tiedemann*, LK, § 263, Rz. 87.

11 *Lackner/Kühl*, § 263, Rz. 18; *Tiedemann*, LK, § 263, Rz. 78; *Tröndle/Fischer*, § 263, Rz. 33 f.

12 BGHSt 2, 325, 326; Schönke/Schröder (*Cramer*), § 263, Rz. 36; *Tiedemann*, LK, § 263, Rz. 83; *Tröndle/Fischer*, § 263, Rz. 35.

13 Vgl. BSGE **15**, 177, 181, 184; Laufs/Uhlenbruck (*Ulsenheimer*), § 151, Rz. 3 f.

dass eine unrichtige Vorstellung von der Wirklichkeit und damit ein Irrtum vorliegt. Gleiches gilt für die Prüfer auf der Kassenseite[14].

> **Praxishinweis:**
> Mit der Weitergabe von Abrechnungsdaten von der KV an die Kasse und damit einer überhöhten Gesamtforderung ist das Delikt keinesfalls vollendet!

157 Denn zu diesem Zeitpunkt ist noch keinerlei Vermögensverfügung erfolgt, so dass das dritte objektive Tatbestandsmerkmal nicht erfüllt ist[15]. Wenn man an dieser Stelle diskutieren will, dass der Täter alles aus seiner Sicht erforderliche getan hat, um das Delikt zu vollenden, so kennzeichnet dies lediglich die Vollendung des *Versuches*.

3. Kausalität des Irrtums für die Vermögensverfügung

158 Zur Erfüllung des objektiven Tatbestandes müssen die entsprechenden Elemente miteinander kausal verbunden sein, d.h., die Täuschung muss kausal für den Irrtum, dieser kausal für die Vermögensverfügung und diese kausal für den Vermögensschaden sein. Ist diese Kausalitätskette unterbrochen, bleibt in Bezug auf § 263 StGB lediglich die Möglichkeit des versuchten Deliktes.

159 Bei der Kausalität zwischen Irrtum und Vermögensverfügung gilt es hier zu unterscheiden zwischen

- der Verfügung der Kasse an die KV und der Verfügung der KV an den Arzt,
- sowie bei der Verfügung von der Kasse an die KV dahingehend, ob sich durch die Abrechnung der nicht erbrachten Leistungen die Höhe der Gesamtvergütung ändert.

160 Ist die Gesamtvergütung pauschaliert, ändert sich die Höhe der Gesamtvergütung nicht, weil die Kasse den fraglichen Betrag auch dann gezahlt hätte bzw. hätte zahlen müssen, wenn nur die tatsächlich erbrachten Leistungen abgerechnet worden wären[16]. In diesem Fall fehlt es an der notwendigen Kausalität von Irrtum und Verfügung und auch am Schaden der Kasse. Ansonsten ist der Irrtum auf Seiten der Kasse kausal.

161 Im zweiten Schritt stellt sich die Frage, ob die KV mit Anweisung des Vergütungsanteils an den falsch abrechnenden Arzt ihr eigenes Vermögen oder das ihrer Mitglieder mindert. Zwar steht juristisch allein der KV die Verfügungsmacht bezüglich des Bankguthabens zur Gesamtvergütung zu. Einen wirtschaftlichen

---

14 Vgl. dazu im Einzelnen *Herffs*, S. 68 ff.

15 So aber Laufs/Uhlenbruck (*Ulsenheimer*), § 151, Rz. 14. Gleichermaßen unrichtig für die Privatliquidation *Schubert*, ZRP 2001, 154, 155.

16 Vgl. BSGE **66**, 1, 6.

Wert, den alle Vermögenstheorien im Rahmen des § 263 StGB verlangen[17], hat diese Forderung allerdings für sie nicht. Denn mit der Forderung ist gleichzeitig die Pflicht verbunden, die Gesamtvergütung entsprechend den Bestimmungen des HVV unter Abzug der Verwaltungskostenumlage und eventueller Rücklagen an die teilnehmenden Vertragsärzte auszuschütten. Die KV kann die Forderungen nicht frei nach ihrem Willen wirtschaftlich einsetzen bzw. für sich verbrauchen. Sie kann die Forderung nicht belasten oder auf Dritte übertragen. Für die KV hat die Forderung keinerlei Tausch- oder Handelswert[18]. Folgerichtig basieren deshalb auch staatsanwaltschaftliche Vorwürfe gegen Verantwortliche der KV, die Abrechnungen seien nicht ordnungsgemäß geprüft worden mit der Folge der Honorarzahlung an unberechtigte Ärzte, auf dem Tatbestand der Untreue nach § 266 StGB[19], der die Verletzung einer Befugnis zur Betreuung von *fremdem* Vermögen sanktioniert. Eine Minderung des KV-Vermögens erfolgt also nicht[20].

Durch die Verfügung der KV kommt somit nur die Minderung des Vermögens **162**
der ordnungsgemäß abrechnenden Ärzte in Betracht. Dazu muss zunächst festgestellt werden, wann bei diesen Ärzten ein Vermögenswert entstanden ist. Die ganz überwiegende Meinung geht davon aus, dass Exspektanzen zum geschützten Rechtsgut gehören, wenn sie unter dem Schutz der Rechtsordnung stehen und einen nicht bloß flüchtigen, hinreichend sicher zu erwartenden Vermögenszuwachs darstellen[21]. Die Ansprüche der Vertragsärzte entstehen mit Einreichung der vollständigen und prüfbaren Abrechnung bei der KV[22], weil zu diesem Zeitpunkt alles von Seiten des Arztes Erforderliche getan ist, um die Auszahlung des Honorars zu veranlassen. Durch einseitige Handlungen der KV oder der Kasse kann die Konkretisierung des Anspruchs nicht mehr beeinträchtigt werden. Mit Anwendung des HVV, d.h. mit der unrichtigen Bestimmung der Honoraransprüche bzw. der unrichtigen Bezifferung der konkreten €-Beträge, wird dieser Vermögenswert der ordnungsgemäß abrechnenden Ärzte gemindert. Die Bekanntmachung per Honorarbescheid und die anschließende Überweisung der einzelnen Honorare stellt lediglich die konsequente Verfestigung der bereits erfolgten Verfügung dar.

Daher gehört die vom GKV-Versicherten gewählte Kostenerstattung nach § 13 **163**
Abs. 2 SGB V zu den wenigen Konstellationen, in denen bei einer Falschabrechnung tatsächlich eine Vermögensminderung der Kassen entsteht. In nahezu allen anderen Fallvarianten durch Falschabrechnung in Folge der budgetierten Gesamtvergütungen nur die Gesamtheit der Vertragsärzte betroffen[23].

---

17 Vgl. RGSt **44**, 230, 233; BGHSt **2**, 364, 365; weitere Nachweise bei *Herffs*, S. 77, Fn. 404.

18 Vgl. auch *Herffs*, S. 79 f.

19 Vgl. Ärzte Zeitung, 27.09.2004, ‚Anklage gegen KV-Vorsitzenden Klaus Bittmann'; Ärzte Zeitung, 12.06.2002, ‚Über Untreue-Klage ist noch nicht entschieden'.

20 Daher unrichtig formuliert in BGH MedR 2004, 613, 615, dort unter 1 b).

21 BGHSt **16**, 220, 221; **34**, 199, 202; OLG Stuttgart, wistra 2001, 398, 399. Weitere Nachweise bei *Herffs*, S. 84, Fn. 444. A.A.: *Gallas*, FS-Schmidt, S. 401, 411, 416.

22 BSG, SozR 2500, § 295 Nr. 1; LSG Schleswig-Holstein, MedR 1995, 515, 516.

23 Rieger (*Dahm*), Lexikon, Ordnungsziffer 1780, Rz. 19.

4. Vermögensschaden der ordnungsgemäß abrechnenden Vertragsärzte

164 Bei der Bestimmung des Schadens wird die durch die Verfügung ausgelöste Vermögensbewegung betrachtet und die Vermögenslage vor und nach der Verfügung saldiert[24]. Die hier bestehenden vielfältigen Definitionsprobleme für das vom Tatbestand des § 263 StGB geschützte Vermögen[25], z.B.:

- Abgrenzung zur *Dispositonsfreiheit*: Wann ist noch das geschützte Vermögen, wann die nicht mehr geschützte Dispositionsfreiheit / das „Recht auf Wahrheit" betroffen bzw. inwieweit darf die objektive Wertung (z.B. erhaltenes Wirtschaftsgut ist an sich funktionsfähig) die subjektive Wertung des Betroffenen aufgreifen (z.B. wenn dieser das Wirtschaftsgut für sich nicht nutzen und nur schwer wieder verkaufen kann)?
- Wertbestimmung bei *fehlendem Markt*: Wie erfolgt die Wertbestimmung für eine Leistung, wenn kein Markt für die vergleichbare Wertbildung existiert (z.B. bei individuellen Großprojekten wie dem Bau einer Schifffahrtsrinne)?
- Umfang der *rechtlichen Anerkennung*: Ist die betrugsrelevante Position nicht allein wirtschaftlich werthaltig, sondern auch rechtlich zumindest nicht missbilligt, also kein illegales (z.B. Schlägerdienste) oder sittenwidriges (früheres Beispiel der entgeltlichen Liebesdienste) Wirtschaftsgut? Wieweit und in welcher Form muss die Position rechtlich anerkannt sein?
- Umfang des *wirtschaftlichen Wertes*: Besteht eine Vermögensposition, wenn sie nur juristisch gegeben ist (unstreitige Forderung), auch wenn sie keinerlei wirtschaftlichen Wert hat (insolventer Schuldner)?
- Maß der *Bestimmbarkeit/Konkretheit*: Wann ist eine Rechtsposition soweit konkretisiert, dass sie einen wirtschaftlichen Vermögenswert (z.B. konkrete Anwartschaft) hat und nicht lediglich eine zu unbestimmte / flüchtige Exspektanz darstellt (ungeschützte Erwartung)?

sind in dieser Fallgruppe nicht relevant. Hier ist der Schaden evident. Es erfolgt keinerlei Kompensation des geminderten Vermögens seitens des falsch abrechenden Arztes, auch nicht durch zivilrechtliche Schadensersatz- oder Rückforderungsansprüche, die unmittelbar aufgrund der Verfügung bzw. des Schadens entstehen.

165 Ein anderes Ergebnis wäre zum einen ein dogmatischer Widerspruch, der in jedem denkbaren Fall dem vollendeten Betrug entgegenstehen würde. Zum anderen sind die Ansprüche den Betroffenen weder bekannt noch ist es trotz aller Prüfungen wahrscheinlich, dass sie erkannt werden. Schließlich ist es auch zweifelhaft, ob sich diese Ansprüche letztlich vollstrecken lassen. Der Schaden tritt nicht zu einem früheren Zeitpunkt ein, etwa bei Einreichung der falschen Abrechnung bei

---

[24] BGH, wistra 1999, 299, 300.

[25] Für eine Übersicht vgl. *Kindhäuser/Neumann/Paeffgen*, § 263, Rz. 16 ff.; *Tiedemann*, LK, § 263, Rz. 127 ff.

der KV[26] oder bei Weiterleitung der Abrechnung von der KV an die Kasse[27], da zu diesem Zeitpunkt noch keine Vermögensverfügung erfolgt ist.

Die Tatsache, dass die Angestellten der KV Getäuschte und Verfügende, die korrekt abrechnenden Ärzte jedoch die Geschädigten sind, steht der Erfüllung des Tatbestandes mit Blick auf die Figur des *Dreiecksbetrugs* nicht im Wege. Der Konstruktion des Dreiecksbetruges liegt der Umstand zugrunde, dass zwar Irrender und Verfügender identisch sein müssen, nicht aber Verfügender und Geschädigter. Voraussetzung für den Dreiecksbetrug ist, dass die Verfügung des Irrenden dem Geschädigten zuzurechnen ist. Für diese Zurechenbarkeit müssen bestimmte Voraussetzungen gegeben sein, die je nach Theorie unterschiedlich sind. Nach der *Ermächtigungstheorie*[28] muss der Verfügende rechtlich über das Vermögen des Geschädigten verfügen können. Das ist hier der Fall, die KV-Angestellten können dies nicht nur, sondern sollen auch über das Vermögen der korrekt abrechnenden Ärzte verfügen, vgl. § 85 Abs. 4 SGB V. 166

Die Theorie, die ein *Näheverhältnis* zwischen Verfügendem und Geschädigtem verlangt, das eine unmittelbare räumliche Einwirkungsmöglichkeit unabhängig vom Willen des Gewahrsamsinhabers verlangt[29], kann nur im übertragenen Sinne auf die vorliegende Konstellation angewandt werden. Denn mit Anwendung des HVV wird über einen Anspruch verfügt, nicht über eine Sache. Die von anderer Seite dazu geforderte besondere Nähe zum betroffenen Vermögen zum Beispiel durch das Gesetz ist gegeben, weil die KV die Aufgabe hat, die Vertragsärzte und deren Pflichteinhaltung zu überwachen, § 75 Abs. 2 Satz 2 SGB V. Dies dient auch dem Zweck, die korrekt abrechnenden Ärzte vor falsch abrechnenden Kollegen zu schützen[30]. Über die Figur des Dreiecksbetruges ist also die Verfügung der KV-Angestellten nach jeder Theorie den korrekt abrechenden Vertragsärzten zuzurechnen. 167

Wenn die Gesamtvergütung durch die Falschabrechnung erhöht wird, ist der Irrtum auf Seiten der Kasse für deren Vermögensverfügung kausal[31]. Hinsichtlich des Schadens liegt es zwar so, dass die Kasse kein Insolvenzrisiko bezüglich des vertraglichen Ausgleichsanspruches nach § 53 BMV-Ä hat, der ihr gegenüber der KV zusteht. Insoweit ist diese Rückgriffssituation wirtschaftlich höher zu bewerten als diejenige, die den korrekt abrechnenden Vertragsärzten zusteht. Eine Kompensation des Schadens wird aber dennoch nicht erreicht, weil 168

- auch hier die Falschabrechnung entdeckt werden muss,
- eine vergleichsweise kurze Verjährungsfrist von vier Jahren für die Geltendmachung solcher Ansprüche besteht[32],

26 LG Koblenz, ArztR 2000, 204; *Gaidzik*, wistra 1998, 329, 331.
27 Laufs/Uhlenbruck (*Ulsenheimer*), § 151, Rz. 14.
28 *Kindhäuser*, ZStW 1991, 398, 417.
29 BGHSt **18**, 221, 223.
30 Kass. Komm. (*Hess*), § 75 SGB V, Rz. 35.
31 S.o. unter IV. 1. c.
32 BSGE **69**, 158, 160.

- ein Prozess zur Durchsetzung der Ansprüche denkbar und dessen Ausgang ungewiss ist[33].

169 Mit Überweisung der Gesamtvergütung von der Kasse an die KV entsteht auf Seiten der KV der Schaden, der mit der Verteilung der Gelder von der KV an die Vertragsärzte vertieft wird.

II. Falschberechnung zukünftiger Gesamtvergütungen

1. Täuschung durch den Arzt und Irrtum der Kasse

170 Die Täuschungshandlung des Arztes durch Abrechnung nicht erbrachter Leistungen wie in der Kategorie 1. liegt auch dieser Kategorie zugrunde, d.h., es muss keine weitere Täuschungshandlung erfolgen.

171 Die Angestellten der Kasse und der KV irren sich wie in der Kategorie 1. beschrieben über die fehlende Leistungserbringung und zwar dann, wenn die Gesamtvergütung zwischen Kasse und KV nach § 85 Abs. 2 SGB V neu vereinbart wird. Bei diesen Kalkulationen werden Abrechnungen aus der Vergangenheit, dem Ausgangszeitraum, mit einbezogen. In die Menge der korrekten Daten fließen dann auch die unrichtigen Abrechnungen mit ein. Werden die Ergebnisse nach oben verändert, weil die Falschabrechnung aus dem Bemessungszeitraum ein erhebliches Maß hat bzw. Bereinigungsmaßnahmen nicht gegriffen haben, kommt es zu einer unrichtigen Vorstellung der Angestellten von KV und Kasse z.B. über einen durchschnittlichen Aufwand pro Versicherten oder Aufwand pro Behandlungsfall. Anders liegt es, wenn zwar Falschabrechnungen in den Bemessungszeitraum einfließen, dies aber zu keiner Veränderung des korrekten Wertes für die zukünftige Vergütung führt. Dann kommt für den Vertragsarzt in dieser Fallgruppe nicht das vollendete, sondern nur das versuchte Delikt in Betracht. Voraussetzung dafür ist, dass der Vertragsarzt die entsprechende Auswirkung zum Tatzeitpunkt wenigstens für möglich gehalten und in der Absicht gehandelt hat, sich oder einem Dritten einen rechtswidrigen Vermögensvorteil zu verschaffen. Die weiteren Ausführungen setzen voraus, dass es durch die unberechtigten Leistungsabrechnungen im Bemessungszeitraum zu einer Erhöhung der zukünftigen Gesamtvergütung kommt.

2. Vermögensverfügung

172 Mit dem Abschluss des Gesamtvertrages wird eine Verbindlichkeit für die Kasse begründet, bei Fälligkeit der Forderung eine entsprechende Überweisung vorzunehmen. Eine solche rechtliche Disposition stellt eine Vermögensverfügung dar[34].

---

33 Vgl. *Herffs*, S. 91 f.

34 Vgl. RGSt **16**, 1, 3; BGHSt **14**, 170, 171; BGH, NStZ 1998, 85.

Die Anweisung ist unrichtigerweise überhöht, und zwar dadurch, dass z.B. bei der Kopf- oder Fallpauschale jeweils ein erhöhter Betrag gezahlt wird. Betroffen von der Verpflichtung zur zukünftigen überhöhten Überweisung ist bei Erhöhung der Gesamtvergütung das Vermögen der Kasse.

3. Vermögensschaden

Gelangt man im Zuge der Saldierung der Vermögenslagen vor und nach der Verfügung zu dem Ergebnis, dass die erbrachte und abgerechnete ärztliche Leistung weniger wert ist als die gezahlte Vergütung, liegt ein Vermögensschaden der Kasse vor. 173

An dieser Stelle liegt einer der größten Streitpunkte beim Tatbestand des § 263 StGB, nämlich die Frage nach der Definition des durch die Vorschrift geschützten Vermögens bzw. wie das Materielle und Immaterielle bewertet werden soll, das beim Austausch von Leistungen vom Täter an den möglichen Geschädigten vermittelt wurde[35]. Sind gleichrangige Werte ausgetauscht worden, ist kein Schaden eingetreten. 174

Zentraler Ausgangspunkt nahezu aller Theorien ist im Wesentlichen die Entscheidung, ob die Bewertung des Vermögens aus juristischer oder wirtschaftlicher Sicht erfolgen soll oder ob eine vermittelnde Position gewählt wird. So würde der veraltete juristische Vermögensbegriff[36] als das eine Extrem etwa eine juristisch bestehende Forderung als Vermögen ansehen, auch wenn diese wegen Vermögenslosigkeit des Anspruchsgegners keinen wirtschaftlichen Wert hat. Der im Wesentlichen von der Rechtsprechung früher vertretene wirtschaftliche Vermögensbegriff[37] als das andere Extrem umfasst auch solche wirtschaftlichen Werte, die jemand aufgrund einer strafbaren Handlung besitzt, so dass der Dieb auch um sein Diebesgut betrogen werden könnte. Im Folgenden werden jeweils die praktisch relevanten Ansätze skizziert. 175

Hier stellt sich also die Frage, wie der Wert der ordnungsgemäß erbrachten ärztlichen Leistung zu bemessen ist. Bei der Prüfung des Submissionsbetruges ist dieses Problem durch Bildung eines *hypothetischen Marktwertes* gelöst worden. Beim Submissionsbetrug schließen sich mehrere Bewerber – meist im Baugewerbe – bei einer Ausschreibung verdeckt zusammen und vereinbaren, welcher von ihnen das günstigste Angebot abgeben solle. Auf diese Weise sollen einerseits ruinöse Preiskämpfe verhindert und andererseits soll sichergestellt erreicht werden, dass alle Beteiligten der Reihe nach ein wirtschaftliches Auskommen haben[38]. Der hypothetische Marktwert ist dort derjenige Preis, der sich bei ordnungsgemäßem Ausschreibungsverlauf durch die Wettbewerbssituation gebildet hätte. 176

Dieser Lösungsweg lässt sich allerdings nicht ohne weiteres auf die Wertbemessung der vertragsärztlichen Leistung bei der Gesamtvergütung übertragen. 177

---

35 Vgl. Rz. 164 f.

36 *Binding*, BT 1, S. 237 ff.

37 BGHSt **2**, 364, 365; **8**, 254, 256; OLG Düsseldorf, NJW 1988, 922, 923.

38 Vgl. BGH, NJW 1992, 921, 923; BGH, wistra, 2001, 103, 104.

Denn im Kassenarztrecht gab es jedenfalls bis zum 31.12.2003 kein echtes marktwirtschaftliches System[39], das sich durch eine Vielzahl von Anbietern auszeichnet, die zueinander im Wettbewerb stehen. Unter anderem mit der Option der Integrierten Versorgung nach den §§ 140 a ff. SGB V hat sich dies zwar zum Teil verändert, weil dadurch Direktverträge zwischen Leistungserbringern und Kassen jetzt ohne Einbeziehung der KVen geschlossen werden können und – soweit die Versorgung der Versicherten nach diesen Verträgen durchgeführt wird – der Sicherstellungsauftrag nach § 75 Abs. 1 SGB V eingeschränkt ist, § 140 a Abs. 1 SGB V[40]. Da die Teilnahme an der Integrierten Versorgung aber für alle Seiten freiwillig und nur bei der leistungssektorübergreifenden Versorgung möglich ist, sind marktwirtschaftliche Züge im GKV-System weiterhin nur begrenzt vorhanden[41] und es lässt sich nicht für jede Situation eine Konkurrenzsituation mit daraus resultierender Preisbildung nachempfinden. Die objektive Wertermittlung wird zusätzlich dadurch erschwert, dass sich die Berechnung der Gesamtvergütung nicht allein an der betriebswirtschaftlichen Leistungsbewertung ausrichtet, denn dies wird bereits über die Leistungsbeschreibung und Punktezuordnung durch den EBM abgebildet. Vielmehr sollen die Gesamtvergütung und der HVV auch eine Steuerungsfunktion des Leistungsverhaltens bewirken[42], um die durch den Beitragssatzstabilitätsgrundsatz begrenzten Ressourcen bestmöglich auszuschöpfen. Insofern kann auch die GOÄ nicht für die Bewertung herangezogen werden. Erschwerend kommt weiter hinzu, dass die Situation in zeitlicher und örtlicher Hinsicht stets einmalig ist, weil die Gesamtzahl der Vertragsärzte, der Versicherten und der Patienten sowie das angeforderte Leistungsspektrum nicht konstant ist. Insgesamt führen die besonderen Umstände des vertragsärztlichen (Vergütungs-) Systems also dazu, dass eine hypothetische Marktwertbildung kaum nachempfunden werden kann.

178 Wertmaßstab kann deshalb meines Erachtens nur der in § 72 Abs. 2 SGB V festgelegte Grundsatz der *angemessenen Vergütung* sein. Die Angemessenheit der Vergütung ist zwar ein unbestimmter Rechtsbegriff[43], der sich trotz vielfältiger Ansätze[44] nicht exakt definieren lässt. Es spricht aber viel dafür, als objektiv angemessen diejenige Vergütung anzusehen, die ohne die falschen Werte von Kasse und KV festgelegt worden wäre:

---

39 BVerfG, NJW 2001, 1779, 1780; Laufs/Uhlenbruck (*Krauskopf*), Handbuch des Arztrechts, § 34, Rz. 2.

40 Vgl. *Kluth*, MedR 2003, 123, 126.

41 Vgl. auch *Quaas/Zuck*, § 16, Rz. 18.

42 BSG, NZS 2001, 107, 111; *Wimmer*, NZS 2001, 287, 288.

43 BSGE **20**, 73, 84; **68**, 291, 296.

44 BSG, NZS 1998, 194, 197; *Schiller/Steinhilper*, MedR 2001, 29; *Maaß*, NJW 1999, 2719; *Wimmer*, MedR 1998, 533, 535.

- Für die Findung einer angemessenen Gesamtvergütung wird der Kasse und der KV ein autonomer und weiträumiger Entscheidungsspielraum zugebilligt, von dem gleichzeitig grundsätzlich vermutet wird, dass er eingehalten wird[45]. **179**
- Die Entscheidungsfindung kann nicht ohne weiteres von Dritten vorgenommen werden, weil sie dann losgelöst vom Ergebnis langjähriger vertraglicher Beziehungen zwischen Kasse und KV erfolgen müsste, was nur unter schwierigsten Ermittlungen außergewöhnlichen Umfangs möglich wäre[46].
- Kasse und KV stehen sich in ihren Interessen diametral gegenüber. Die Kasse ist bestrebt, ärztliche Leistungen für ihre Versicherten so preiswert wie möglich erlangen, die KV versucht ein möglichst hohes Honorar für ihre ärztlichen Mitglieder zu erreichen. Am Ende des dazugehörigen Vereinbarungsprozesses kann deshalb von einer ausgewogenen Entscheidung ausgegangen werden[47].

Die Objektivität der Wertbestimmung, die nach allen Schadenstheorien als maßgeblich angesehen wird, wird also durch die unbeeinflusste Entscheidung der vom Gesetz vorgesehenen Parteien sichergestellt. Im Ergebnis stellt sich damit diejenige Vergütung als die angemessene dar, die Kasse und KV ohne Berücksichtigung der unberechtigten Abrechnung vereinbart hätten. Ist diese Vergütung geringer als die ausgehandelte, liegt ein Schaden zum Nachteil der Kasse vor. **180**

4. Der Eingehungsbetrug

Der Schaden am Vermögen der Kasse tritt ein, wenn aufgrund dieser Vereinbarung die überhöhte Gesamtvergütung von der Kasse an die KV gezahlt wird, oder aber bereits mit Vereinbarung der überhöhten Gesamtvergütung. Letzteres würde einem Eingehungsbetrug entsprechen. **181**

> **Hinweis:**
> Beim Eingehungsbetrug tritt schon bei Abschluss der schuldrechtlichen Verpflichtung und noch vor dem eigentlichen Leistungsaustausch ein Schaden ein, weil die beiden durch das Rechtsgeschäft begründeten Ansprüche nicht gleichwertig sind und eine konkrete Gefahr des Vermögensverlustes besteht[48].

Wenn also die mit der Vereinbarung der Gesamtvergütung verbundene Gefährdung des Vermögens der Kasse bereits so konkret ist, dass sie einem Schaden gleichkommt, ist die Tat bei entsprechendem Vorsatz bereits zu diesem Zeitpunkt vollendet, ansonsten erst mit Auszahlung der Gesamtvergütung. Für die Feststel- **182**

---

[45] BSGE **20**, 73, 84; **46**, 140, 143; BSG am 09.12.2004, B 6 KA 44/03 R, GesR 2005, 101, 166; *Schneider*, SGb 1995, 321, 322.

[46] BSGE **20**, 73, 84; **46**, 140, 144.

[47] BSGE **58**, 35, 37.

[48] Vgl. BVerfG, NJW 1998, 2589, 2580; BGH, NJW 1999, 1485, 1486; *Krey/Hellmann*, BT 2, Rz. 448, *Tröndle/Fischer*, § 263, Rz. 103.

lung des Schadenseintritts muss hier unterschieden werden, welches Honorarsystem für die Berechnung der Gesamtvergütung maßgeblich ist.

183 Bei der *Kopfpauschale* erhöht sich die künftige Gesamtvergütung ohne weiteres Zutun des Vertragsarztes, weil für jeden Versicherten ungeachtet der für ihn erbrachten Leistung eine erhöhte Pauschale veranschlagt wird. Bei Erhöhung der *Fallpauschale* muss zwar zusätzlich der Behandlungsfall eintreten, aber schon eine einzelne Leistung für einen Kassenpatienten löst die überhöhte Pauschale von der Kasse an die KV aus. Bei beiden Varianten besteht die konkrete Gefahr, dass die auf den endgültigen Schaden zulaufende Entwicklung ungestört fortschreitet[49], weil nach Abschluss der Vereinbarung die zugrunde liegenden Werte später regelmäßig nicht erneut hinterfragt werden.

184 Bei einem überhöhten *Fallwert* liegt es insoweit anders, als Art und Umfang der Behandlungen bei Vereinbarung der Gesamtvergütung nicht feststehen können und jeweils von Quartal zu Quartal unterschiedlich sind[50]. Eine Überschreitung des Fallwertes tritt erst dann ein, wenn der Leistungsbedarf, der ohne die vorangegangenen Falschabrechnungen korrekt ermittelt worden wäre, überschritten wird. Ob das geschieht, hängt von den Umständen des Einzelfalles ab und es lässt sich nicht mit ausreichender Sicherheit vorhersagen. Deshalb ergibt sich keine hinreichend konkrete Gefährdung des Vermögens der Kasse. Der Schaden tritt also beim überhöhten Fallwert erst dann ein, wenn die überhöhte Zahlung von der Kasse an die KV veranlasst wird. Vorher kommt lediglich der Versuch des Delikts in Betracht.

III. Falschberechnung zukünftiger Honorare im HVV

1. Täuschung, Irrtum

185 Für die Täuschung der Mitarbeiter der KV und der Kasse gelten dieselben Überlegungen wie im Zusammenhang mit der Beeinflussung der Höhe der Gesamtvergütung. Die Einzelhonorare werden nicht gesetzlich festgelegt, sondern sie werden über die Parameter, die im Honorarverteilungsvertrag von Kasse und KV gemeinsam vereinbart werden, individuell errechnet. Bei der Festlegung dieser Parameter werden unter anderem die innerhalb bestimmter Zeiträume abgerechneten ärztlichen Leistungen berücksichtigt.

186 Die Falschabrechnung des Arztes führt also, wie schon in der vorangegangenen Fallkonstellation, nicht allein zum Zeitpunkt der Abrechung und Vergütung selbst zu einem Irrtum, sondern erneut zu einem späteren Zeitpunkt, wenn der HVV vereinbart wird. Die Entscheidungsträger der KV und der Kasse entwickeln unter anderem gestützt auf diese Falschabrechnungen eine unrichtige Vorstellung von einem bestimmten Bedarf oder Aufwand pro Versichertem oder pro Behandlungsfall oder pro Leistung für Ärzte bestimmter Fachgruppen. Voraussetzung für eine

49 Vgl. *Mitsch*, BT 2.1, S. 458.

50 Vgl. *Amelung*, NJW 1975, 624, 625; *Lenckner*, JZ 1971, 320, 322.

Verwirklichung des Tatbestandes nach § 263 StGB ist, dass das Gesamtbild durch die unberechtigte Leistungsabrechnung des falsch abrechnenden Arztes beeinflusst wird. Wäre dies nicht der Fall, würde es an einem durch die Täuschung hervorgerufenen Irrtum fehlen, weil die Falschabrechnung sich de facto an dieser Stelle nicht auswirkt. In diesem Fall kommt lediglich der versuchte Betrug in Betracht. Daher wird bei dieser Kategorie vorausgesetzt, dass die Parameter des HVV ohne die Falschabrechnung weniger günstig für den Täter festgelegt worden wären.

2. Vermögensverfügung

Eine Vermögensverfügung kann durch eine rechtsgeschäftliche Disposition erfol- 187
gen, mit denen Ansprüche oder Verbindlichkeiten begründet werden[51]. Für die KV wird durch die Vereinbarung des HVV die Verbindlichkeit begründet, die Gesamtvergütung nach diesem System und den festgelegten Parametern zu verteilen. Zu unterscheiden ist lediglich, ob die Vermögensminderung zu Lasten der ordnungsgemäß abrechnenden Ärzte schon zum Zeitpunkt der Vereinbarung des HVV eintritt, oder erst später mit seiner ersten konkreten Anwendung.

Wird der HVV im laufenden Quartal mit sofortiger Wirkung vereinbart, sind 188
von der Regelung bereits die aktuell auflaufenden Abrechnungspositionen betroffen. Die bis dato erbrachten Leistungen begründen bereits vermögenswerte Ansprüche gegenüber der KV, weil die Leistungen schon erbracht sind und zum vollständigen Honoraranspruch lediglich die Einreichung der Abrechnung zum Quartalsende fehlt. In diesem Fall wäre die Vermögensminderung der ordnungsgemäß abrechnenden Ärzte schon zu diesem Zeitpunkt gegeben.

In der Regel entfaltet der HVV jedoch erst für die in zukünftigen Quartalen zu 189
erbringenden Leistungen seine Wirkung[52]. Die Ansprüche, auf die er anwendbar ist, müssen also erst noch durch zu erbringende Leistungen begründet werden. Diese Positionen sind tatsächliche, rechtlich noch nicht verdichtete Anwartschaften bzw. *Exspektanzen*. Sie stellen die begründete Aussicht dar, in der Zukunft einen bestimmten Ertrag zu erwirtschaften und werden zu Recht ganz überwiegend als Vermögenswert im Sinne des § 263 StGB betrachtet[53], wenn eine hinreichende Wahrscheinlichkeit zur Vermögensmehrung vorliegt[54] bzw. nach dem gewöhnlichen Verlauf der Dinge der Vermögenszuwachs regelmäßig zu erwarten[55] bzw. nach der Verkehrsanschauung ein messbarer Vermögenswert gegeben

---

51 BGH, NStZ 1998, 85; *Tröndle/Fischer*, § 263, Rz. 41; *Tiedemann*, LK, § 263, Rz. 99.

52 Vgl. HVV der KV Westfalen-Lippe mit den genannten Kassen vom 25.01.2005 mit Wirkung ab dem 01.04.2005.

53 BGH, JR 1988, 125, 126; OLG Stuttgart, NJW 1999, 1566; *Tröndle/Fischer*, § 263, Rz. 56. A. A. nur: *Gallas*, FS-Schmidt, S. 401, 411, 416.

54 *Tiedemann*, LK, § 263, Rz. 135.

55 *Krey/Hellmann*, BT 2, § 11, Rz. 440.

ist[56]. Diese Exspektanz wird also dadurch charakterisiert, dass ihre spätere vollumfängliche Realisierung

- hinreichend wahrscheinlich ist und
- sie bereits zum aktuellen Zeitpunkt objektiv als werthaltig betrachtet wird.

190 Das ist hier der Fall, wenn die Praxis auch in Zukunft in vergleichbarer Form betrieben wird, d.h., wenn erwartbar ist, dass GKV-Patienten auch in Zukunft die Praxis aufsuchen werden und damit Potenzial für zukünftige abrechenbare medizinische Behandlungen vorliegt. Diese Chance wird auch objektiv als werthaltig angesehen, was sich aus der grundsätzlichen Anerkennung des „Goodwill" als Kaufpreisbestandteil ablesen lässt. Der Goodwill einer Praxis ist der ideelle Praxiswert, der sich aus der Zusammenfassung aller Möglichkeiten und Beziehungen einer gut eingeführten, allgemein bekannten Praxis mit einem festen Patientenstamm ergibt[57]. Damit wird letztlich auch die Chance zur Begründung zukünftiger weiterer Honorarforderungen gegenüber der KV durch ärztliche Leistungen umfasst[58]. Dem „good will" wird zivilrechtlich ein eigenständiger Marktwert zugesprochen[59]. Insgesamt handelt es sich also bei diesen Exspektanzen um einen Vermögenswert im Sinne des § 263 StGB.

191 Um festzustellen, ob dieser Vermögenswert durch den HVV gemindert wird, muss im Einzelfall geprüft werden, ob sich zum Zeitpunkt der Vereinbarung des HVV bereits eine Regelungswirkung für die Exspektanz ergibt. Entfaltet die manipulierte Regelung des HVV erst bei Hinzukommen anderer, zum Zeitpunkt der Vereinbarung noch nicht absehbarer Umstände ihre Wirkung, so tritt eine verfügende Wirkung zum Zeitpunkt der Vereinbarung noch nicht ein. Anders liegt es, wenn etwa die Berechnungsbasis für ein Teilbudget ungerechtfertigt erhöht wird[60]. Dann steht die Relevanz des HVV bereits zum Zeitpunkt seiner Vereinbarung fest und die Exspektanz der korrekt abrechnenden Vertragsärzte wird durch diese Verfügung gemindert.

192 Die Vereinbarung des HVV stellt also dann eine Vermögensverfügung dar, wenn die Relevanz der Regelung nicht vom Hinzutreten weiterer Umstände abhängt, also in jedem Fall maßgeblich sein wird.

3. Vermögensschaden

193 Durch die Manipulation des HVV wird die Gesamtvergütung anders verteilt, als es ohne die Falschberechnung geschehen wäre. Der falsch abrechnende Arzt erhält zukünftig einen größeren Anteil von der Gesamtvergütung und übervorteilt da-

---

56 BGH, NJW 1991, 2573.

57 Vgl. BGH, NJW 1973, 98, 100; BGH, NJW 1999, 784, 785; Laufs/Uhlenbruck (*Uhlenbruck/Schlund*), § 19, Rz. 7.

58 BGH, NJW 1973, 98, 100; *Möller*, MedR 1999, 493, 494.

59 BGH, NJW 1999, 784, 785; Laufs/Uhlenbruck (*Uhlenbruck/Schlund*), § 19, Rz. 6.

60 Vgl. LSG Baden-Württemberg, ArztR 2000, 129, 130.

durch alle oder einen Teil seiner Kollegen in seinem KV-Bezirk. Bei der Saldierung ergibt sich wiederum die Frage nach der Wertbestimmung der ärztlichen Leistung. Es liegt nahe, entsprechend des Ergebnisses zum manipulierten Gesamtvertrag bei der Saldierung der Vermögenslagen den maßgeblichen Wert der ärztlichen Leistung in der von den Mitarbeitern der KV und Kasse durch den HVV intendierten Vergütungsverteilung zu sehen. Dazu müssen beim HVV ähnliche Kriterien vorliegen, wie sie für die gesamtvertraglich vereinbarte Gesamtvergütung festgehalten wurden. Hier ist zwischen dem bis zum 31.12.2003 geltenden Instrument des Honorarverteilungsmaßstabes (HVM) und dem ab dem 01.01.2004 maßgeblichen Honorarverteilungsvertrag (HVV) zu unterscheiden:

Bis zum 31.12.2003 wurde die Gesamtvergütung entsprechend des *Honorarverteilungsmaßstabes (HVM)* aufgeteilt. Dieser hatte Satzungscharakter[61] und wurde von der KV allein festgesetzt. Mit den Kassen war lediglich ein Benehmen herzustellen, § 85 Abs. 4 Satz 2 SGB V a.F. Bei unüberbrückbaren Meinungsverschiedenheiten gab der Wille der KV den Ausschlag[62]. Insofern ergab sich durchaus ein Unterschied zur Vereinbarung der gesamtvertraglichen Vergütung. Zwar bildete der HVM die regionalen individuellen Werteinschätzungen ab, aber aufgrund der allein bei der KV liegenden Entscheidungsmacht lässt sich hinterfragen, ob diese Wertbestimmung tatsächlich objektiv ist. Denkbar wäre, dass die im HVM intendierte Vergütungshöhe objektiv falsch gewesen wäre, die durch den Irrtum hervorgerufene Höherbewertung dagegen objektiv richtig. 194

Für die Objektivität spricht, dass ein wesentlicher Teil der Wertbemessung schon mit Abschluss des Gesamtvertrags erfolgt ist, weil dort die Höhe der Gesamtvergütung und damit der monetäre Wert aller ärztlichen Leistungen bemessen ist. Diese Bemessung ist in der Regel die objektive Einschätzung eines unabhängigen Dritten[63]. 195

Darüber hinaus ist regelmäßiger Bestandteil des HVM der EBM. Der EBM ist das wertmäßige, in Punkten ausgedrückte Verhältnis der vertragsärztlichen Leistungen zueinander, § 87 Abs. 2 Satz 1 SGB V. Die Vorschrift und entsprechend der Charakter des EBM ist unverändert geblieben, d.h., es handelt sich um die Bewertung der aufgeführten Leistungen, die in den HVM einfließt und von diesem nicht außer Kraft gesetzt werden darf[64]. Ein wesentlicher Teil der Werteinschätzung ist daher schon durch den EBM und den Gesamtvertrag vorgegeben, denen mit Blick auf die Koordination diametraler Interessen regelmäßig eine objektivierte Wertung zugrunde liegt. Durch den HVM erfolgt zwar eine weitere Bewertung der Leistungen[65], weil etwa entschieden werden muss, welche Arztgruppe aus der begrenzten Gesamtvergütung welchen Anteil erhalten soll und wie die Verteilungsparameter gestaltet sein sollen. Der Schwerpunkt des HVM liegt aber ausgehend vom Wortlaut auf der Verteilung des Honorars, nicht auf der Neubewertung der ärztlichen Leistungen. 196

61 BSGE **21**, 235; **22**, 218, 219.
62 BSG, SozR 3-2500 § 85 Nr. 7.
63 Vgl. Rz. 178 ff.
64 BSGE **78**, 98, 106; **81**, 86, 92; LSG Baden-Württemberg, MedR 1995, 377, 378.
65 Kass. Komm. (*Hess*), § 85, Rz. 56.

197 Soweit durch die Verteilung dennoch eine eigenständige Bewertung impliziert wird, spricht für die Objektivität der Bewertung, dass die KV nicht Inhaberin der geschützten Vermögensposition ist, sondern die Gesamtvergütung nur treuhänderisch verwaltet und verteilt. Von Seiten der KV besteht kein Interesse daran, Leistungen unrichtig einzustufen. Des Weiteren wird der KV als Normgeber des HVM innerhalb der aufgezeigten Grundsätze ganz überwiegend ein breites und nicht justitiables Gestaltungsermessen eingeräumt[66], ähnlich wie es bei der Bestimmung der Gesamtvergütung durch den Gesamtvertrag seitens KV und Kasse der Fall ist. Die Gestaltungsfreiheit endet erst, wenn eine ungleiche Behandlung als willkürlich anzusehen ist[67]. Diese Entscheidungsweite ist unter anderem damit begründet worden, dass Gegenstand des HVM nicht Honorarkürzungen sind, sondern dass es um die gerechte Verteilung einer begrenzten Gesamtvergütung geht. Die KV soll eine eigenverantwortliche Regelung treffen[68] und der Sozialgesetzgeber hat durch die Implementierung des weiten Gestaltungsermessens festgelegt, dass die sich innerhalb dieses Gestaltungsspielraums bewegende HVM-Regelung nicht nachprüfbar sein sollte.

198 Insgesamt ist deshalb davon auszugehen, dass bis auf die bezeichneten Ausnahmefälle die Parameter des HVM auch die objektive Wertbemessung darstellen, die irrtumsbedingte Abweichung also zu einer falschen Höherberechnung und damit zu einem Schaden der korrekt abrechnenden Vertragsärzte führt.

199 Beim *Honorarverteilungsvertrag (HVV)* gelten die soeben aufgeführten Argumente erst recht, weil die entsprechenden Verteilungsparameter ab dem 30.04. 2004 nach der dann geltenden Fassung des § 85 Abs. 4 SGB V nicht mehr alleinige Angelegenheit der ärztlichen Selbstverwaltung ist, sondern wie die Vereinbarung der Gesamtvergütung in einem Vertrag mit der Kasse geregelt werden muss. Die Einbindung der Kasse in die Honorarberechnungs- und Verteilungsseite ist damit konsequent bis in den letzten Zug der Honorarverteilung erfolgt. So wird gleichzeitig die diametrale Abwägung der Interessen konsequent fortgesetzt und damit die Objektivität der Wertbestimmung noch untermauert.

200 Im Ergebnis erhält der falsch abrechnende Vertragsarzt durch Beeinflussung des HVM/HVV für seine vertragsärztlichen Leistungen zukünftig mehr, als sie tatsächlich wert ist. Dadurch entsteht den korrekt abrechnenden Vertragsärzten ein Schaden, weil sie von der zu verteilenden Gesamtvergütung einen geringeren Anteil erhalten, als ihnen bei richtiger Bemessung zufließen würde.

---

66 BVerfGE, **33**, 125, 156; **33**, 171, 185, 189; BSGE **73**, 131, 136; **77**, 288, 291; *Maaß*, NZS 1998, 13, 14.

67 BSGE **46**, 140, 143; **58**, 35, 38; *Maaß*, NZS 1998, 13, 14.

68 BVerfGE **33**, 125, 156.

IV. Abrechnung nicht persönlich erbrachter Leistungen

1. Täuschung, Irrtum und Vermögensverfügung

Diese Begehungsvariante umfasst die Abrechnung von Leistungen, die zwar medizinisch indiziert sind und zum gewünschten Heilerfolg führen, aber nicht vom Vertragsarzt selbst erbracht werden, sondern von seinem nicht ärztlichen Hilfspersonal. Die Abrechnung dieser Leistungen führt zu einer Erhöhung des Honoraranteils des Arztes aus der Gesamtvergütung. 201

Der Arzt erklärt in der von ihm unterzeichneten Sammelerklärung in der Regel ausdrücklich, die abgerechneten Leistungen persönlich erbracht zu haben. Über diese Tatsache irren sich die Angestellten bei der KV, so dass es basierend auf diesem Irrtum zur Vermögensverfügung kommt, nämlich von der Kasse an die KV und von dort an den Arzt. Über welches Vermögen irrtumsbedingt verfügt wird, hängt davon ab, ob sich die Gesamtvergütung durch diese Abrechnung erhöht oder nicht. Insoweit gilt dasselbe wie in der Kategorie der unberechtigten Leistungsabrechnung[69]: Wenn sich die Gesamtvergütung durch die Falschabrechnung erhöht, ist das Vermögen der Kasse betroffen, ansonsten ist das Vermögen der ordnungsgemäß abrechnenden Ärzte beeinträchtigt. Hier soll unterstellt werden, dass sich die Gesamtvergütung erhöht, so dass möglicher Geschädigter die Kasse wäre. 202

2. Kompensation der Vermögensminderung

a) Befreiung der Kasse von einer Verbindlichkeit gegenüber dem versicherten Patienten

Ein Schaden wäre abzulehnen, wenn die Vermögensminderung im Gegenzug durch ein wertgleiches Äquivalent kompensiert wurde. Dieses Äquivalent könnte in der medizinisch indizierten und im Ergebnis erfolgreichen Behandlung liegen, die der Arzt veranlasst hat. Ist dies der Fall, bleibt das Vermögen der Kasse in der Saldierung ausgeglichen. 203

Die strafgerichtliche Rechtsprechung hat der nicht persönlich erbrachten und deshalb nicht abrechenbaren Leistung keine kompensierende Wirkung zugesprochen. Ob die Erfüllung der Abrechnungsvoraussetzungen auch im medizinischen Sinn zur Ausschaltung etwaiger Risiken für den Patienten erforderlich wäre, sei unbeachtlich. Die Aufwendungen, die der Kasse bei Inanspruchnahme eines anderen Arztes durch den versicherten Patienten entstanden wären, seien allerdings in der Rechtsfolgenbestimmung mildernd zu berücksichtigen[70]. Das bedeutet, dass zwar der Tatbestand als erfüllt angesehen wird, die Strafe aber weniger streng zu bemessen ist. 204

---

[69] Vgl. Rz. 162 ff.

[70] BGH, NStZ 1995, 85, 86. Zustimmend *Hellmann*, NStZ 1995, 232, 233.

205 Teile der Literatur[71] lehnen das Ergebnis der Rechtsprechung ab und gelangen mit folgender Argumentation zum Ergebnis der Kompensation:

- Neben der Beziehung zwischen Arzt und KV bzw. Kasse sei noch die Verbindung von Kasse und versichertem Patient zu beachten. Die vorgenommene Behandlung sei die sozialrechtlich geschuldete synallagmatische Leistung und die Kasse von ihrer Verbindlichkeit gegenüber dem Patienten befreit worden.
- Das persönliche Leistungsgebot entspringe letztlich dem Haftungsrecht, nach dessen Prinzipien bei einer möglichen Gesundheitsgefährdung des Patienten eine Delegation der ärztlichen Leistung ausscheiden muss. Die Gesundheit des Patienten sei jedoch kein Schutzgut des § 263 StGB.
- Die Rechtsqualität und -verbindlichkeit verschiedener Richtlinien und Übereinkünfte zur persönlichen Leistungserbringung sei nicht geklärt.
- Das Vertrauen des Patienten in die ordnungsgemäße Leistungserbringung sei strafrechtlich nicht nur irrelevant, sondern auch unverletzt. Insgesamt handele es sich daher um einen lediglich formalen Verstoß.

206 Zur Frage eines *Vergütungsanspruches der KV gegenüber der Kasse* für eine nicht persönlich erbrachte Leistung ist unstreitig, dass ein solcher Anspruch nicht entsteht, vgl. I 2.2 des EBM 2000 plus, §§ 15 und 25 BMV-Ä[72]. Ähnlich liegt es bei der erforderlichen Qualifikation des Arztes für eine Behandlung. Soweit die Qualifikation für das Fachgebiet fehlt, werden die Leistungen als grundsätzlich nicht abrechenbar eingestuft[73]. Teilweise wird ausdrücklich vertreten, dass es nichts ändere, wenn der Arzt im Einzelfall tatsächlich das fachspezifische Wissen haben sollte[74]. Bei der Prüfung des § 263 StGB muss in einem gewissen Rahmen auch eine juristische Betrachtung der vermögenswerten Positionen einfließen, um Widersprüche mit der Gesamtrechtsordnung zu vermeiden. Das Kriterium der juristischen Berechtigung muss folgerichtig sowohl bei der Bewertung des geschützten Rechtsguts selbst gelten, wie auch für diejenigen Positionen, die der möglicherweise Geschädigte (hier: die Kasse) im Gegenzug erhalten hat. Ein Anspruch der KV gegen die Kasse bzw. des Arztes gegen die KV entsteht nach dem Kassenarztrecht also nicht. Zu diesem Ergebnis gelangt auch die kritische Ansicht[75].

207 Der Hauptansatz der Kritik ist die *Befreiung der Kasse von einer Verbindlichkeit gegenüber dem versicherten Patienten*. Es wird also nicht die Vergütungsschiene zwischen Arzt und KV oder KV und Kasse als werthaltiges Äquivalent angeführt, sondern der Anspruch des versicherten Patienten gegen die Kasse (unten hervorgehoben), der nach dieser Ansicht erfüllt sein soll.

---

71 *Gaidzik*, wistra 1998, 329, 332 unter Zustimmung von Laufs/Uhlenbruck (*Ulsenheimer*), § 151, Rz. 25 a, 14 b mit Verweis auf die Argumentation von *Stein*, MedR 2001, 124, 131 und *Volk*, NJW 2000, 3388.

72 Vgl. auch BSGE 29, 27, 29; 80, 1, 6; LSG NRW, ArztR 1998, 132, 134; *Dahm*, MedR 1998, 70, 71 f; Kass. Komm. (*Hess*), § 98 SGB V, Rz. 51.

73 BSGE **23**, 97, 98; **30**, 83, 86; **36**, 155, 159; **38**, 204, 206.

74 LSG Baden-Württemberg, MedR 1995, 418, 421.

75 *Gaidzik*, wistra 1998, 329, 332.

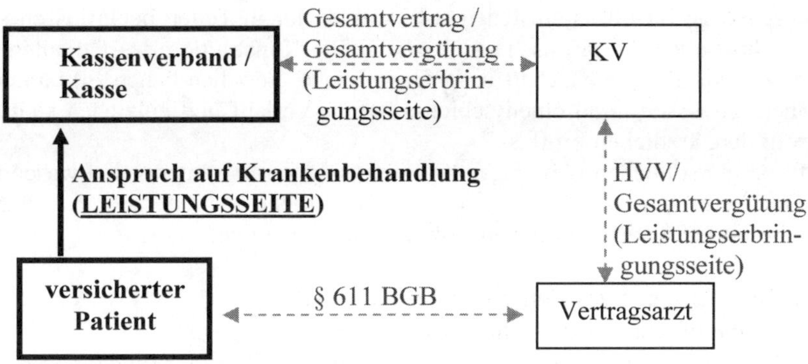

Dieser Ansatz erscheint auf den ersten Blick einleuchtend. Die Vermögensmehrung der Kasse würde unmittelbar eintreten, weil der Anspruch des Versicherten durch die Heilung oder Linderung der Erkrankung sofort erlischt. Die Abrechnung des Arztes gegenüber der KV muss dagegen erst noch erfolgen. Es kann also nicht argumentiert werden, dass es sich lediglich um ein „reparatio damni[76]" handelt, um die nachträgliche Reparatur des Schadens, die bei der Prüfung des § 263 StGB nicht berücksichtigt wird, weil die Vollendung des Tatbestandes bereits eingetreten ist. **208**

Allerdings muss bei objektiver und individueller Betrachtung bedacht werden, dass der Anspruch des Versicherten an die Kasse *nicht erfüllt*, sondern lediglich aufgrund eines außerhalb des Versicherungsverhältnisses liegenden Umstandes *weggefallen* ist. Denn der Anspruch des versicherten Patienten gegen die Kasse richtet sich nicht auf irgendeine Form der medizinischen Behandlung, solange diese nur einen Heilerfolg zeigt. Vielmehr steht dem Versicherten eine Krankenbehandlung durch ärztliche Behandlung zu, § 11 Abs. 1 Nr. 4, § 27 Abs. 1 Nr. 1, § 28 Abs. 1 SGB V. Eine ärztliche Behandlung liegt nur vor, wenn sie vom Arzt persönlich erbracht wird, vgl. § 15 Abs. 1, § 28 Abs. 1 Satz 2 SGB V, §§ 32, 32 a, 32 b Ärzte-ZV, § 15 BMV-Ä, § 19 Abs. 1 MBO-Ä. **209**

Es wäre ein dogmatischer Bruch, einerseits den Arztvertrag als Dienstvertrag einzustufen[77] und über §§ 76 Abs. 4 SGB V, 613 BGB, die persönliche Leistungspflicht einzufordern, andererseits aber die Vergütung nicht an die Erfüllung dieser Voraussetzungen zu koppeln, sondern quasi hilfsweise an den Behandlungserfolg, der aber aus dem Vertragsverhältnis im Gegenzug nicht gefordert werden könnte. Die Kasse würde ohne Grund benachteiligt, wenn sie auf der einen Seite für ihren Versicherten nur das fachgerechte Bemühen und nicht den Behandlungserfolg verlangen kann, sich aber auf der anderen Seite diesen Erfolg als vollwertige Leistung entgegenhalten lassen müsste. Die Zuordnung des Arztvertrags als Dienstver- **210**

[76] Vgl. zur „reparatio damni" bei *Krey/Hellmann*, BT 2, § 11, Rz. 449.

[77] BVerfGE **16**, 286, 298; BGHZ **76**, 249, 261; **100**, 363, 367; Laufs/Uhlenbruck (*Uhlenbruck/Laufs*), § 39, Rz. 10; *Peikert*, MedR 2000, 352, 353; *Quaas/Zuck*, § 13, Rz. 1 ff.

trag dient auch gerade der Entlastung des Arztes, der nicht unter dem Druck der Erfolgsgarantie für etwas einstehen soll, was er nur in Teilen beeinflussen kann. Dazu gehört etwa die physische und psychische Konstitution des Patienten oder dessen Mitwirkungsbereitschaft bzw. Compliance. Letztlich haben Erkrankungen zu einem gewissen Grad einen schicksalhaften Verlauf und entziehen sich auch insoweit dem ärztlichen Einfluss[78].

211 Mit der persönlichen Leistungserbringung sind darüber hinaus drei wesentliche Faktoren verknüpft, welche die Leistung als ärztliche charakterisieren und damit deren besonderen wirtschaftlichen Wert schaffen, nämlich

- die Rechtfertigung des Vertrauens des Patienten,
- die Freiberuflichkeit der ärztlichen Tätigkeit,
- die Gewährleistung des Einbringens der medizinischen Sachkunde.

212 Die Zweckerreichung des ärztlichen Handelns setzt unerlässlich voraus, dass der Patient dem Arzt ein besonderes Vertrauen entgegenbringt[79], das naturgemäß an die Person des Arztes gebunden ist und sich nicht durch beliebige Verwendung von Hilfskräften vervielfältigen lässt.

213 Das korreliert mit der Tatsache, dass der ärztliche Beruf ein freier Beruf und kein Gewerbe ist, was grundsätzlich auch für die Tätigkeit des Vertragsarztes gilt[80]. Freiberufler zeichnen sich unter anderem dadurch aus, dass sie selbst gegenüber dem Auftraggeber im Vordergrund stehen; Sachkapital sowie Einsatz fremder Arbeitskraft stellen für sie kein gewichtiges Produktionsmittel dar. Darin liegt der Unterschied zum Gewerbebetrieb[81].

214 Schließlich sollen durch den Arztvorbehalt[82] – d.h. ärztliche Behandlung ist staatlich approbierten Ärzten vorbehalten – die Erkenntnisse der medizinischen Wissenschaft und die erlangte Expertise zur Grundlage der medizinischen Versorgung gemacht werden. Denn nur so besteht die *Gewähr* für eine übergreifende Sachkunde bei der Durchführung der krankenversicherungsrechtlichen Heilversorgung, deren Sicherstellung den Kassen, KVen und Ärzten obliegt, § 72 Abs. 1 SGB V. Die Behandlung durch einen Nichtarzt kann zwar zur Heilung des versicherten Patienten führen, gewährleistet sie aber nicht.

215 Die Anforderungen an die Leistungen des Arztes im Verhältnis gegenüber der KV können nicht anders sein als die Verpflichtungen der Kasse gegenüber ihren Versicherten, was sich auch mit dem Begriff der *sachnotwendigen Wechselbezüglichkeit* oder der *Systemsymmetrie* umschreiben lässt[83]. Daher muss in dieser Fallgruppe auch nicht differenziert werden, ob sich die Falschabrechnung zum Nach-

---

78 Laufs/Uhlenbruck (*Uhlenbruck/Laufs*), § 39, Rz. 10.

79 BVerfGE **16**, 286, 298; BGHSt **32**, 367, 379; BVerwG, NJW 1993, 806; *Quaas*, MedR 2001, 34, 36.

80 BVerfGE **11**, 30 42; **16**, 286, 298; BSGE **56**, 295, 297; **70**, 167, 173.

81 BFG, BStBl. 1953 III, 142, 143; *Greif*, DStR 1977, 560, 562; *Schallen*, Rz. 700.

82 Kass. Komm. (*Höfler*), § 12 SGB V, Rz. 3.

83 *Ossenbühl*, NZS 1997, 497, 499; vgl. auch BSG, SGb 1999, 30, 34.

teil der ordnungsgemäß abrechnenden Vertragsärzte oder zum Nachteil der Kasse auswirkt.

Ergänzend lässt sich noch überlegen, ob durch die Leistung zumindest ein geringerer Wert geschaffen worden ist. Das wäre dann der Fall, wenn zwar nicht die abgerechnete, aber eine *andere geringer bewertete EBM-Ziffer* durch die Leistung erfüllt ist. Diese geringer dotierte EBM-Ziffer wäre dann in die Saldierung einzubeziehen, auch wenn diese Ziffer nicht abgerechnet wurde und daher noch kein fälliger Vergütungsanspruch entstanden ist. Denn mit der Leistungserbringung wurde bereits die Anwartschaft und damit eine Verbindlichkeit für die KV begründet, deren Erstarkung zum Vollrecht lediglich die formelle Abrechnung fehlt. Damit ist durchaus schon zu diesem Zeitpunkt ein wirtschaftlicher Wert entstanden. Ist jedoch keine andere geringer bewertete EBM-Ziffer erfüllt, gibt es keinen Anhaltspunkt für einen wirtschaftlichen Wert. **216**

b) Definition der persönlichen Leistungserbringung

Wie schon erwähnt, gibt es eine Vielzahl von Theorien zu der Frage, inwieweit ein Vermögensgegenstand auch durch die gesetzlichen Wertordnung ausgeformt und zugeordnet sein muss, um als wirtschaftlicher Wert im Sinne des § 263 StGB zu gelten. Die vorangegangenen Ausführungen haben gezeigt, dass nur eine solche Betrachtungsweise zu ausgewogenen Ergebnissen ohne Wertungswidersprüche zur Rechtsordnung führt, die eine wirtschaftliche Betrachtung im Kontext mit den gesetzlichen Normen vornimmt. So verfährt auch die strafrechtliche Rechtsprechung, die trotz des oft betonten streng wirtschaftlichen Vermögensbegriffs[84] bei der Prüfung des Abrechnungsbetruges auf den Bundesmantelvertrag, den EBM und die von der KBV erlassenen Richtlinien und den Gesamtvertrag zurückgreift[85], also auf das gesamte kassenärztliche Regelungswerk. In jüngster Zeit verweist der BGH ausdrücklich auf die streng formale Betrachtungsweise des Sozialversicherungsrechts, die für die strafrechtliche Wertung übertragen wird[86] bzw. die Notwendigkeit, bei der Prüfung des § 263 StGB die tatsächlichen und rechtlichen Besonderheiten des kassenärztlichen Abrechnungs- und Sachleistungssystems zu beachten[87]. **217**

[84] BGHSt **2**, 364, 365; **8**, 254, 256; BGH bei Dallinger, MDR 1975, 23.
[85] BGH, MedR 1992, 36, 38; BGH, NStZ 1993, 388, 389; BGH, NStZ 1995, 85, 86.
[86] BGH, NStZ 1993, 388, 389; BGH, NStZ 1995, 85, 86; BGH, MedR 2003, 298, 300.
[87] BGH, MedR 2004, 268.

Praxistipp:
Die Strafgerichte können erfahrungsgemäß eine andere Auslegung vornehmen als etwa die KBV / KV / Landesärztekammer dies jahrelang publiziert hat und die betroffenen Ärzte sich hieran orientiert haben[88]. Es kann in diesem Fall neben der objektiven Tatbestandsseite nur über den fehlenden Vorsatz argumentiert werden.

218 Im Kassenarztrecht gibt es eine Reihe von Bestimmungen zur persönlichen Leistungserbringung, deren Verbindlichkeit unstreitig ist. Dazu zählt über § 76 Abs. 4 SGB V die Vorschrift des *§ 613 Satz 1 BGB* mit dem dort festgelegten Grundsatz, dass der zur Dienstleistung Verpflichtete die Dienste im Zweifel in Person zu leisten hat. Die Formulierung „im Zweifel" deutet auf mögliche Ausnahmen des Grundsatzes „in eigener Person" hin, ohne dass diese Ausnahmen allerdings im BGB konkretisiert würden.

219 *§ 15 Abs. 1 Satz 2 und § 28 Abs. 1 Satz 3 SGB V* bestimmten etwas genauer, dass auch solche Hilfeleistungen anderer Personen zur ärztlichen Behandlung gehören, die vom Arzt angeordnet wurden und von ihm zu verantworten sind. Diese Vorschriften wie auch die speziell für das Röntgen gefassten Bestimmungen in § 23 Nr. 4 *Röntgenverordnung* sind gleichfalls verbindlich.

220 In *I 2.2 EBM 2000 plus* wird verwiesen auf *§§ 15, 25 BMV-Ä*. Die Bestimmungen des BMV-Ä sind nach § 82 Abs. 1 SGB V für den Vertragsarzt maßgeblich. In § 15 BMV-Ä wird ausgeführt, dass persönliche Leistungen auch die ärztlichen Leistungen durch genehmigte Assistenten und angestellte Ärzte gemäß § 32 b Ärzte-ZV sind, soweit sie dem Praxisinhaber als Eigenleistung zugerechnet werden können.

221 § 15 BMV-Ä besagt weiter, dass Vertragsärzte sich bei gerätebezogenen Untersuchungsleistungen zur gemeinschaftlichen Leistungserbringung mit der Maßgabe zusammenschließen können, dass die ärztlichen Untersuchungsleistungen nach fachlicher Weisung durch einen der beteiligten Ärzte persönlich in seiner Praxis oder in einer gemeinsamen Einrichtung durch einen gemeinschaftlich beschäftigten angestellten Arzt nach § 32 b Ärzte-ZV erbracht werden können. Die Leistungen gelten als persönliche Leistungen des jeweils anweisenden Arztes, der an der Leistungsgemeinschaft beteiligt ist. Diese Vorschrift umfasst die Erbringung von gerätebezogenen Leistungen wie Röntgenaufnahmen, Computertomographie und Magnetresonanztomographie[89].

222 Persönliche Leistungen sind nach § 15 BMV-Ä ferner die Hilfeleistungen nichtärztlicher Mitarbeiter, die der an der vertragsärztlichen Versorgung teilnehmende Arzt, der genehmigte Assistent oder ein angestellter Arzt anordnet und fachlich überwacht, wenn der nichtärztliche Mitarbeiter zur Erbringung der jewei-

---

[88] Vgl. LG Lübeck, das § 15 Abs. 3 S. 2 BMV-Ä anders als die KBV/KV/Landesärztekammer ausgelegt und den betroffenen Arzt wegen Betrugs wegen nicht persönlich erbrachter Leistung erstinstanzlich verurteilt hat (Medical Tribune, 12.08.2005, S. 17, ‚Betrugs-Urteil verunsichert Ärzte').

[89] Rieger (*Steinhilper*), Lexikon, Ordnungsziffer 4060, Rz. 31 ff.

ligen Hilfeleistung qualifiziert ist. Damit ist die *Delegation* beschrieben. Die Delegation ärztlicher Leistungen bedeutet die einseitige Übertragung von Aufgaben und hier konkret die Inanspruchnahme von vorbereitenden, unterstützenden, ergänzenden oder allenfalls mitwirkenden Tätigkeiten zur eigentlichen ärztlichen Leistung[90]. Nicht gemeint ist damit die selbständige Ausführung durch nichtärztliches Personal, die Entscheidungshoheit muss beim Arzt verbleiben. Die Gebührenordnung sieht zum Teil selbst vor, dass sich der Arzt der Mithilfe qualifizierten nichtärztlichen Personals bedienen darf[91]. Dies bedeutet allerdings nicht, dass die Delegation von Leistungen oder Teilleistungen stets ausgeschlossen ist, wenn eine solche ausdrückliche Erlaubnis fehlt. Zur Beurteilung der Delegierbarkeit ärztlicher Leistungen ist entscheidend darauf abzustellen, ob sich dadurch für den Patienten ein Gefährdungsrisiko durch die ärztliche Heilbehandlung ergibt[92]. Der *Kernbereich der ärztlichen Leistung*, welcher der ärztlichen Behandlung ihr Gepräge gibt und der spezielle Kenntnisse, Erfahrungen und auch Genehmigungen voraussetzt, ist nicht delegationsfähig. Dazu gehören Diagnose, Indikation sowie Therapie und dort insbesondere die chirurgischen Eingriffe einschließlich der ärztlichen Beratung des Patienten[93].

Für laborärztliche Leistungen innerhalb einer Leistungsgemeinschaft (z.B. Apparategemeinschaft) stellt § 25 BMV-Ä gesonderte Bestimmungen auf, d.h. erklärt **223**
bestimmte im EBM 2000 plus aufgeführte Leistungen als beziehbar, so dass sie trotz anderweitiger Erbringung als eigene abrechenbar sind.

Eine weitergehende und genauere Konkretisierung der allgemeinen persönlichen Leistungspflicht erfolgt im BMV-Ä nicht. Dies würde auch dem Wortlaut **224**
des § 82 Abs. 1 SGB V widersprechen, wonach nur der allgemeine Inhalt der Gesamtverträge festzulegen ist. Darüber hinaus ist es einleuchtend, dass es stets auf die medizinisch-wissenschaftlichen Erfordernisse im konkreten Einzelfall ankommt[94] und dass es aufgrund der Vielzahl von medizinischen Fachgebieten, der Leistungsbeschreibungen und ihrer Fortentwicklung keinen abschließenden Katalog geben kann.

Sofern die KBV zur Konkretisierung der persönlichen Leistungspflicht eine **225**
Richtlinie erlassen würde, wäre von deren Verbindlichkeit über § 81 Abs. 3 SGB V auszugehen. Nach dieser Vorschrift müssen die KVen über ihre Satzungen die Verträge und Richtlinien der KBV verbindlich machen. Zwar haben kritische Stimmen eingewandt, § 81 Abs. 3 SGB V verstoße gegen das Demokratiegebot, weil ein Gremium eine Normsetzungsbefugnis erhalte, das nicht aus unmittelbaren Wahlen derer hervorgegangen ist, die von dieser Normsetzungsbefugnis betroffen

---

90 Laufs/Uhlenbruck (*Uhlenbruck/Laufs*), § 47, Rz. 1 ff.

91 Vgl. Ziffer 30420 EBM 2000 plus, dazu 30.4 Nr.2 EBM 2000 plus.

92 *Gaidzik*, wistra 1998, 329, 333; *Peikert*, MedR 2000, 352, 356; Rieger (*Steinhilper*), Lexikon, Ordnungsziffer 4060, Rz. 53.

93 Laufs/Uhlenbruck (*Uhlenbruck/Laufs*), § 47, Rz. 2; Rieger (*Steinhilper*), Lexikon, Ordnungsziffer 4060, Rz. 53.

94 BSGE **36**, 146; **39**, 288; **48**, 47; *Hahn*, NJW 1981, 1977, 1980, 1984; *Peikert*, MedR 2000, 352, 355; Rieger (*Steinhilper*), Lexikon, Ordnungsziffer 4060, Rz. 53 f.

sind[95]. Die sozialgerichtliche Rechtsprechung hält die Vorschrift allerdings für verfassungsrechtlich unbedenklich, weil solche – die Mitglieder der Vertragsschließenden bindenden – Rechtsnormen im Rechtssystem bekannt und verfassungsrechtlich anerkannt seien, beispielsweise im Tarifvertragsrecht[96]. Die Richtlinien wären also Teil der Rechtsordnung und damit für die Wertbeurteilung der Behandlung im Rahmen des § 263 StGB maßgeblich.

226 Im Gegensatz zu solchen Richtlinien kommt Verlautbarung von Fachgesellschaften, Grundsätzen, Übereinkünften und *Stellungnahmen der ärztlichen Berufsorganisationen* trotz ihrer Praxisrelevanz keinerlei Verbindlichkeit zu[97]. Das gilt beispielsweise für die von der Bundesärztekammer und der KBV in Abstimmung mit den Spitzen der Kassen gemeinsam beschlossenen Richtlinien zur persönlichen Leistungserbringung[98]. Der entsprechende Text führt zunächst die Rechtsgrundlagen auf und unterteilt sodann in

- nicht delegierbare Leistungen
- im Einzelfall delegationsfähige Leistungen
- grundsätzlich delegationsfähige Leistungen
- Delegation psychotherapeutischer Leistungen an Diplom-Psychologen[99].

227 So ist denn die Formulierung, dass diese Richtlinie auch von den Vertragsärzten einzuhalten sei[100], wohl eher als Empfehlung zur Orientierung anzusehen denn als juristische Einordnung zur Verbindlichkeit[101], solange keine lokale Umsetzung im jeweiligen KV-Bezirk erfolgt[102]. Gegen die Verbindlichkeit spricht auch die Beteiligung der Bundesärztekammer, die gegenüber dem Arzt keine Normsetzungsbefugnis hat. Ihre auf dem Deutschen Ärztetag[103] gefassten Beschlüsse entfalten keine Bindungswirkung. Es handelt sich vielmehr um Empfehlungen, über deren Annahme die Vertreterversammlungen der Landesärztekammern autonom entscheiden[104]. Keine Verbindlichkeit kommt des Weiteren den Rundschreiben einer KV zu, weil sie lediglich deren individuelle Auffassung wiedergeben[105].

---

95 *Schimmelpfeng-Schütte*, SGb 1999, 530, 535; *Wimmer*, NJW 1995, 1577, 1581.

96 BSGE **67**, 251, 254; **71**, 42, 48 f.; **72**, 15, 18 f.; BSG, MedR 1998, 230, 232. Vgl. dazu auch *Herffs*, S. 130 ff.

97 *Hart*, MedR 1998, 8, 12 f.; Laufs/Uhlenbruck (*Laufs*), § 5, Rz. 11; *Wienke*, MedR 1998, 172, 173.

98 Kass. Komm. (*Hess*), § 98 SGB V, Rz. 52.

99 DÄBl., 1998, A-2604 ff.; im Internet abrufbar auf der Homepage der Bundesärztekammer (www.bundesaerztekammer.de).

100 *Plagemann*, Kassenarztrecht, Rz. 290.

101 So aber *Gaidzik*, wistra 1998, 329, 333.

102 Rieger (*Steinhilper*), Lexikon, Ordnungsziffer 4060, Rz. 52.

103 Der Deutsche Ärztetag ist die Hauptversammlung und das oberste beschlussfassende Gremium der Bundesärztekammer, dem die Delegierten der Landesärztekammern angehören (Laufs/Uhlenbruck [*Laufs*], § 13, Rz. 16).

104 Laufs/Uhlenbruck (*Laufs*), § 13, Rz. 17.

105 *Hess* bei Steinhilper, S. 43.

Die bezeichneten Empfehlungen *können* zwar die Anforderungen bezeichnen, die an eine persönliche vertragsärztliche Leistung im konkreten Einzelfall zu stellen sind. Zwingend ist dies jedoch nicht, weil die Möglichkeit besteht, dass die Empfehlung die aus medizinischer Sicht beste und umfassendste mögliche Leistung bezeichnet und insofern überhöhte Anforderungen stellt. Die Empfehlungen können deshalb nicht unreflektiert übernommen werden. Ansonsten bestünde die Gefahr, dass nicht ein objektive, sondern eine subjektive Wertung gilt und dadurch letztlich die Dispositionsfreiheit geschützt wird[106], die nicht vom Schutzbereich des § 263 StGB umfasst ist[107]. Es würde sonst auch der unhaltbare Widerspruch entstehen, dass durch das Strafrecht solche Empfehlungen verbindlich und strafbewehrt gemacht werden, die im GKV-System keine Verbindlichkeit haben und haben sollen[108]. 228

Praxistipp:
Obwohl den Empfehlungen der KBV, der KV, der Fachverbände, u.s.w. keine Verbindlichkeit zukommt, sollte davon ausgegangen werden, dass die Gerichte sich aufgrund der Indizwirkung hieran orientieren. Bei Zweifeln im Vorfeld sollte deshalb die Grundregel des § 613 Satz 1 BGB beachtet werden, d.h., im Zweifel gilt die persönliche Leistungspflicht.

Als *Ergebnis* ist festzuhalten, dass sich die Wertbemessung im Rahmen der Saldierung bei der Schadensprüfung danach richtet, ob die Leistung persönlich erbracht wurde. Fehlt es daran, ist der Leistung trotz möglicherweise gegebenen Behandlungserfolgs kein Wert zuzumessen, der in die Saldierung einfließen könnte. Der Anspruch des versicherten Patienten wurde nicht erfüllt, sondern ist durch nicht zu berücksichtigende Umstände weggefallen, also mit der Situation vergleichbar, dass sich der Patient etwa mit einem Hausmittel selbst heilt, ohne ärztliche Hilfe in Anspruch zu nehmen. 229

Wann eine persönliche Leistungserbringung vorliegt, wird z.T. im BMV-Ä, im EBM 2000 plus, im Gesamtvertrag und in den Richtlinien der KBV verbindlich bestimmt, die insofern auch Wirkung für die Wertbestimmung der Leistung im Rahmen des § 263 StGB haben. Soweit Leitlinien und Empfehlungen für die Beurteilung herangezogen werden, darf die dort vorgenommene Wertung nicht unreflektiert in die strafrechtliche Beurteilung einfließen, sondern es muss eine individuelle Feststellung für den konkreten Fall getroffen werden. 230

---

106 *Herffs*, S. 134 f.

107 Dies ist im Wesentlichen unstreitig, vgl. nur BGHSt **16**, 220, 221, 321, 325; BGH, StV 1995, 254; *Lackner/Kühl*, § 263, Rz. 1; Schönke/Schröder (*Cramer*), § 263, Rz. 1; *Tröndle/Fischer*, § 263, Rz. 3.

108 *Herffs*, S. 135.

V. Arzt im verdeckten Angestelltenverhältnis

1. Täuschung über die Zulassungsvoraussetzungen der freien Praxisausübung

231 Eine Erklärung zu den Zulassungsvoraussetzungen seitens des Arztes erfolgt in der Regel während des laufenden Praxisbetriebes nicht, jedenfalls nicht ausdrücklich. Der Vertragsarzt wendet sich lediglich zur Abwicklung seiner Quartalsabrechnung an die KV. Die dazu notwendige Sammelerklärung führt keinen Passus etwa des Inhalts, dass die Praxis weiterhin im Rahmen der erteilten Zulassung ausgeübt wird und dass sich an den Voraussetzungen zur Zulassung nichts verändert hat. Es kommt also nur eine Erklärung durch *schlüssiges Verhalten* in Betracht. Was schlüssig erklärt wird, ist nach der jeweiligen Verkehrsauffassung zu ermitteln[109]. Inhalt der konkludenten Erklärung ist regelmäßig, dass die den jeweiligen Geschäftstyp bzw. die jeweilige Geschäftsgrundlage objektiv ausmachenden Umstände gegeben sind[110]. Das unveränderliche Fortbestehen der Voraussetzungen zur vertragsärztlichen Zulassung gehört zweifellos zu den Umständen, welche die Geschäftsgrundlage ausmachen. Denn ohne die Erfüllung dieser Prämisse wäre die Zulassung nicht erteilt worden, bzw. es müsste zwingend die Zulassung bei Bekanntwerden der veränderten Umstände wieder entzogen werden[111], vgl. § 27 Ärzte-ZV, § 95 Abs. 6 SGB V. Zu den hier relevanten Zulassungsvoraussetzungen gehört, dass

- die Ausübung der ärztlichen Tätigkeit in freier Praxis erfolgt, § 98 Abs. 2 Nr. 13 SGB V, § 32 Abs. 1 Ärzte-ZV,
- die Tätigkeit am Ort der ärztlichen Niederlassung ausgeübt wird, § 95 Abs. 1 Satz 4 SGB V, § 24 Abs. 1 Ärzte-ZV,
- die Grundlagen der seinerzeit gewählten Form der Berufsausübung, hier der Gemeinschaftspraxis, unverändert geblieben sind.

a) Täuschung über Berufsausübung in freier Praxis

232 Zulassungsvoraussetzung ist zunächst die Entfaltung der Tätigkeit in freier Praxisausübung. Aus § 98 Abs. 2 Nr. 13 SGB V und den berufsrechtlichen Grundsätzen ergibt sich, dass ein Merkmal der freien Praxisausübung die freiberufliche Tätigkeit ist[112]. Es handelt sich um eine gewichtige Prämisse, weil die ambulante vertragsärztliche Versorgung grundsätzlich von freiberuflich tätigen Ärzten erbracht

---

109 BGHSt **3**, 69, 71; **16**, 120, 121; **29**, 165, 167; BGH, NJW 1995, 539; *Tiedemann*, LK, § 263, Rz. 42; *Tröndle/Fischer*, § 263, Rz. 12.

110 BGH, NStZ 1982, 70; *Kindhäuser/Neumann/Paeffgen*, § 263, Rz. 125 ff.; Schönke/Schröder (*Cramer*), § 263, Rz. 16 e; *Tiedemann*, LK, § 263, Rz. 31; *Tröndle/Fischer*, § 263, Rz. 12.

111 *Schallen*, Rz. 589.

112 Vgl. nur § 1 Abs. 1 MBO-Ä.

wird[113]. Dabei ist „Freiberuflichkeit“ zunächst ein soziologischer Begriff, der von der Berufsrealität geprägt wird[114]. Zu den wichtigsten Merkmalen gehören nach überwiegender Meinung

- ein hohes Maß an Verantwortung,
- ein eigenes Risiko in wirtschaftlicher Beziehung,
- eigene Verantwortlichkeit insbesondere bei der Berufsausübung selbst,
- eine unabhängig und eigenverantwortliche Stellung sowie
- eine spezielle Sachkunde[115].

Steht der Arzt in einem verdeckten Anstellungsverhältnis, ist von den genannten Komponenten i.d.R. die wirtschaftliche und / oder die ärztliche Unabhängigkeit betroffen. Damit stellt sich die Frage, ob diese beiden Aspekte so wesentliche Bestandteile der über die Geschäftsgrundlage ausmachenden Freiberuflichkeit sind, dass der Arzt ihr unverändertes Vorliegen nach der Verkehrsauffassung stillschweigend miterklärt, wenn die Quartalsabrechnung eingereicht wird. **233**

Die ***wirtschaftliche Unabhängigkeit*** des Freiberuflers, also das individuelle Wagnis ohne materielle Sicherheit[116] bzw. das eigenständige Tragen eines wirtschaftlichen Risikos[117], bildet den Gegensatz zu weisungsgebundenen Diensten der Beamten und Arbeitnehmer[118]. Allerdings wird davon nicht zwingend das finanzielle Risiko bzw. Eigentum am Praxisgebäude, Geräten und Material verlangt[119], insbesondere nicht beim Vertragsarzt[120]. Dies korreliert mit der Auffassung, dass es der Freiberuflichkeit nicht entgegensteht, wenn innerhalb einer ärztlichen Kooperation für einen der Partner in einer „Kennenlernphase“ von bis zu zwei Jahren ein fixes Gehalt vereinbart wird[121]. Das BSG versteht unter der Übernahme des wirtschaftlichen Risikos, dass es von der Arbeitskraft des Arztes abhängen muss, in welchem Umfang seine freiberufliche Tätigkeit Einkünfte einbringt[122]. Auf den ersten Blick scheint die Vereinbarung einer fixen Vergütung dieser Anforderung entgegenzustehen. Allerdings stammt die Definition der freiberuflichen selbständigen Berufsausübung ursprünglich aus den Jahren 1963[123] **234**

---

[113] BVerfGE **11**, 30, 40 f.; **16**, 286, 296, 298.

[114] BVerfGE **10**, 354, 364; **11**, 105, 117; Laufs/Uhlenbruck (*Laufs*), § 3, Rz. 3.

[115] BVerfGE **9**, 339, 351; **16**, 286, 289; **33**, 367, 381; Laufs/Uhlenbruck (*Laufs*), § 3, Rz. 4; *Sodan*, NZS 2001, 169, 173; *Taupitz*, S. 38 ff.

[116] *Sodan*, S. 84.

[117] BVerfGE **16**, 286, 294 f.; *Saenger*, NZS 2001, 234, 237.

[118] BVerfGE **9**, 339, 351; **33**, 367, 381; OLG Koblenz, MedR 2001, 144; *Taupitz*, S. 46, Fn. 18.

[119] BSGE **35**, 247, 250; **80**, 130, 131 ff.; LSG Niedersachsen-Bremen, GesR 2002, 21, 26.

[120] BSGE **35**, 247, 252; *Preißler/Soz. Rehborn*, S. 58.

[121] BGH, NJW 2002, 3536; BGH, NJW 2002, 3538; *Saenger*, NZS 2001, 234, 238; *Schallen*, Rz. 835. Vgl. auch LSG Niedersachsen-Bremen, GesR 2002, 21, 25.

[122] BSGE **35**, 247, 252.

[123] Vgl. BVerfGE **16**, 286, 294 f.

bzw. 1973[124] und damit aus einer Zeit, als Vertragsärzte noch überwiegend in Einzelpraxis tätig waren und im Vertragsarztrecht regelmäßig noch das System der Einzelleistungsvergütung vorherrschte[125]. Durch die inzwischen gängige Budgetierung führt ein überdurchschnittliches Leistungsvermögen nicht mehr automatisch proportional zu höheren Einkünften, weil bei einer Überschreitung etwa der Regelleistungsvolumina nur eine geringere oder gar keine Vergütung erwirtschaftet wird[126].

235 Schließlich muss auch bedacht werden, dass mit der berufsordnungsrechtlichen Formulierung, der ärztliche Beruf sei „seiner Natur nach" ein freier Beruf, die Freiheit der Berufsausübung selbst verstanden wird[127], nicht aber die wirtschaftliche Basis, von der aus der Beruf ausgeübt wird[128]. Dem steht die Feststellung des Bundesverfassungsgerichtes nicht entgegen, Krankenhausärzte würden als Angestellte des Krankenhausträgers keinen freien Beruf ausüben[129], Denn die Freiberuflichkeit als primär soziologischer Begriff muss im Lichte der Berufsrealität gesehen werden[130], die sich seit dieser Entscheidung des Bundesverfassungsgerichtes von vor über 40 Jahren deutlich gewandelt hat.

236 Dies zeigt insbesondere die mit dem GMG geänderte Fassung des § 95 Abs. 1 SGB V. Bis zum 31.12.2003 war es für Ärzte nicht zulässig, als Angestellter einer Kapitalgesellschaft an der vertragsärztlichen Versorgung teilzunehmen. Voraussetzung bis dato war die Tätigkeit in niedergelassener Praxis. Ab dem 01.01.2004 wurde durch das GMG[131] die Vorschrift des § 95 Abs. 1 SGB V dahingehend geändert, dass auch Medizinische Versorgungszentren (MVZ) an der vertragsärztlichen Versorgung teilnehmen. Die dort tätigen Ärzte können als Angestellte oder Vertragsärzte tätig sein, wobei sich das MVZ aller zulässigen Versorgungsformen bedienen kann. Die Gesetzesbegründung dazu formuliert:

> *Medizinische Versorgungszentren können als juristische Personen, z.B. als GmbH oder als Gesamthandsgemeinschaft (BGB-Gesellschaft) betrieben werden*[132].

---

[124] Vgl. BSGE **35**, 247, 250.

[125] *Schulin*, § 33, Rz. 6.

[126] Vgl. LSG Niedersachsen-Bremen, GesR 2002, 21, 25; *Preißler*, MedR 2002, 84, 87 f.; *Quaas/Zuck*, § 16, Rz. 18.

[127] *Bachmann*, NJW 2001, 3385; Laufs/Uhlenbruck (*Laufs*), § 3, Rz. 8; *Pfalzgraf*, MedR 2000, 257, 260; *Quaas*, MedR 2001, 4, 36 f.

[128] So im Ergebnis auch Beschluss des LSG Brandenburg, 25.10.2004, L5B 106/04, KA ER; *Bachmann*, NJW 2001, 3385; 283; *Möller*, MedR 1999, 493, 497; *Preißler/Soz. Rehborn*, S. 56 f.

[129] BVerfG **16**, 286, 294 f. So auch Schnapp/Wigge (*Wigge*), § 2, Rz. 7.

[130] BVerfGE **10**, 354, 364; **11**, 105, 117; Laufs/Uhlenbruck (*Laufs*), § 3, Rz. 3.

[131] Gesetz zur Modernisierung der gesetzlichen Krankenversicherung vom 14.11.2003 (GKV-Modernisierungsgesetz – GMG), BGBl. 2003 I Nr. 55, S. 2190.

[132] BT-Drucks. 15/1525, S. 107.

Ziel dieser Gesetzesänderung war es unter anderem, insbesondere jungen Ärzten eine weitere Möglichkeit zur Teilnahme an der vertragärztlichen Versorgung zu eröffnen, ohne die mit einer Praxisgründung verbundenen wirtschaftlichen Risiken eingehen zu müssen[133]. Der Gesetzgeber selbst geht also davon aus, dass Freiberuflichkeit nicht zwingend mit wirtschaftlicher Selbständigkeit verbunden sein muss.

Im Ergebnis bedeutet dies, dass der Arzt mit Einreichung der Quartals- 237
abrechnung nicht konkludent behauptet, unverändert wirtschaftlich unabhängig zu sein, so es eine schlüssige Täuschung über diese Tatsache nicht erfolgt.

Die ***ärztliche bzw. fachliche Unabhängigkeit*** als Voraussetzung der freiberuf- 238
lichen Tätigkeit erfordert, dass der Arzt seiner ärztlichen Berufstätigkeit in voller eigener Verantwortung nachgehen kann. Er muss in medizinischen Fragen weisungsfrei sein und darf nur nach seiner Sachkunde, nach seinem Gewissen und entsprechend der ärztlichen Sitte handeln[134]. Insgesamt soll durch diese Unabhängigkeit gewährleistet werden, dass der Mediziner nicht in eine Interessen- und Pflichtenkollision gerät, die zu einer Gefährdung der freien Arztwahl oder der Sicherstellung der qualitativ und organisatorisch ordnungsgemäßen vertragärztlichen Versorgung führt[135]. Denn diese Interessenkollision könnte sich zum Nachteil der Kostenträger auswirken, weil Leistungen aus nicht sachgerechten Gründen von einem ärztlichen Bereich zu einem anderen verlagert werden können[136] und / oder das vertragsärztliche Gebot der Wirtschaftlichkeit nicht beachtet wird[137]. Deshalb baut das Kassenarztsystem auf dem Arztberuf als freien Beruf auf[138]. Insgesamt stellt damit die ärztliche Unabhängigkeit eine *wesentliche objektive Grundlage* für das Bestehen der Zulassung zur vertragsärztlichen Versorgung dar[139].

Ob diese Tatsache tatsächlich unrichtig ist, beurteilt sich nicht pauschal danach, 239
ob der Vertragsarzt in einem verdeckten und der KV nicht angezeigten Beschäftigungsverhältnis steht, denn diese Tatsache allein steht der ärztlichen Unabhängigkeit keinesfalls zwangsläufig entgegen[140]. Das zeigt der Blick auf den neu formulierten § 95 Abs. 1 SGB V bezüglich der MVZ, aber auch der Vergleich zum privatärztlichen und krankenhäuslichen Bereich, wo unumstritten ist, dass die entsprechenden organisatorischen Weisungsbefugnisse der Freiberuflichkeit solange

[133] BT-Drucks. 15/1170, S. 82.

[134] BVerfGE **9**, 338, 351; BSGE **35**, 247, 250; **76**, 59, 64; Kass. Komm. (*Hess*), § 95 SGB V, Rz. 42. Vgl. dazu auch insbesondere den neu eingefügten § 23 b MBO-Ä zur medizinischen Kooperationsgemeinschaft zwischen Ärztinnen / Ärzten und Angehörigen anderer Fachberufe, dort Absatz 1 Lit. a) bis g).

[135] BSGE **21**, 118, 123 f.; **81**, 143, 146; *Möller*, MedR 1999, 493, 497.

[136] BSGE **81**, 143, 147; *Ratzel/Lippert*, MBO-Kommentar, § 23, Rz. 6.

[137] BSGE **80**, 130, 131 ff.; Kass. Komm. (*Hess*), § 95 SGB V, Rz. 43.

[138] BVerfGE **11**, 30, 42; **16**, 286, 298; Laufs/Uhlenbruck (*Uhlenbruck/Laufs*), § 3, Rz. 9.

[139] Vgl. auch *Preißler/Soz. Rehborn*, S. 57. Anders ohne Begründung das OLG Koblenz, MedR 2001, 144.

[140] Anderer Ansicht: OLG Koblenz, MedR 2001, 144; *Stein*, MedR 2001, 124; *Volk*, NJW 2000, 3385, 3387.

nicht entgegenstehen, wie der angestellte Arzt in seiner eigentlichen Tätigkeit unabhängig und weisungsfrei bleibt[141]. Die freie Berufsausübung wird nicht durch die Organisationsform der Berufstätigkeit konstituiert, sondern durch die konkrete Ausgestaltung der Kooperationsform[142]. Folgerichtig ist die Heilbehandlungs-GmbH zivilrechtlich schon lange anerkannt[143]. Dass sie sich in der Praxis bislang wenig durchgesetzt hat, beruht im Wesentlichen auf der bisherigen Subsidiarität der Zulassung einer Kapitalgesellschaft (ärztlich geleitete Einrichtung) zur vertragsärztlichen ambulanten Versorgung und auch darauf, dass die Versicherer nach § 4 Abs. 2 MB/KK 94 nur die Behandlungskosten eines niedergelassenen approbierten Arztes übernehmen. Eine GmbH ist nicht approbiert, der dort angestellte Arzt ist nicht niedergelassen, so dass eine Erstattungsfähigkeit der Kosten jedenfalls nach bisherigem Stand entfällt[144]. Das Gros der versicherten Patienten hat selbstverständlich nur Interesse an einer erstattungsfähigen Leistung.

240 Ein Anstellungsverhältnis steht der Freiberuflichkeit also nicht per se entgegen. Dieses Ergebnis lässt sich auf das Kassenarztrecht übertragen, weil sich die Pflichten des Arztes gegenüber dem Selbstzahler und dem Kassenpatienten nicht grundsätzlich unterscheiden[145].

Praxistipp:
Es ist auf den konkreten Fall abzustellen, ob die ärztliche bzw. fachliche Unabhängigkeit nach den tatsächlich gelebten Umständen gewahrt ist.

241 Dabei können die ansonsten im Kassenarztrecht herangezogenen Indizien für die fehlende ärztliche Unabhängigkeit nicht ohne weiteres verwandt werden, weil diese sich lediglich auf die Niederlassung beziehen. Im Vertragsarztrecht wird es als Indiz für das Fehlen der ärztlichen Unabhängigkeit angesehen, dass die tatsächliche Stellung des Arztes im Innenverhältnis gegenüber einem anderen Praxisträger derjenigen eines abhängigen Gehaltsempfängers gleicht, weil sich der Arzt zur Honorarabführung gegen Gehaltszahlung verpflichtet hat[146]. Diese Umstände

---

141 BAGE **11**, 225, 227 f.; BGH, NJW 1978, 589; BGH, MedR 1994, 152; Beschluss des LSG Brandenburg, 25.10.2004, L5B 106/04, KA ER; *Heberer*, S. 151 f.; *Henssler*, ZIP 1994, 844, 845; *Katzenmeier*, MedR 1998, 113, 115; Laufs/Uhlenbruck (*Laufs*), § 3, Rz. 10; *Rieger*, MedR 1995, 87.

142 BGHZ **70**, 159, 166; *Henssler*, ZIP 1994, 844, 845; *Katzenmeier*, MedR 1998, 113, 115. Vgl. dazu insgesamt auch Beschluss des LSG Brandenburg, 25.10.2004, L5B 106/04, KA ER. Folgerichtig ist inzwischen für Rechtsanwälte, deren Tätigkeit gleichfalls zu den freien Berufen gehört, auch die Berufsausübung in Form einer Aktiengesellschaft anerkannt (BGH, NJW 2005, 1568).

143 BGH, MedR 1994, 152; *Kamps*, NJW 1995, 2384, 2386.

144 *Bach/Moser*, § 4 MB/KK, Rz. 21 f.; *Preißler*, MedR 1995, 110, 111; *Taupitz*, VersR 1992, 1064, 1066f.

145 Laufs/Uhlenbruck (*Uhlenbruck/Laufs*), § 40, Rz. 31.

146 Kass. Komm. (*Hess*), § 95 SGB V, Rz. 43; *Schlarmann/Buchner*, NJW 1998, 3401, 3403.

sprechen aber lediglich gegen eine selbständige Praxisführung in eigener Niederlassung, nicht jedoch automatisch gegen die ärztliche Unabhängigkeit[147].

Kann also der angestellte Arzt die Patienten frei nach eigener medizinischer 242 Entscheidung behandeln, ist diese in der Abrechnung und in der Sammelerklärung konkludent behauptete Tatsache korrekt und insofern keine Täuschung erfolgt.

b) Ärztliche Niederlassung

Der abrechnende Arzt erklärt zudem konkludent, er habe die ärztliche Tätigkeit 243 am Ort der Niederlassung erbracht. Die Behauptung, es sei eine mit den notwendigen räumlichen, sächlichen und personellen Mitteln ausgestattet Sprechstelle eingerichtet zur Ausübung ärztlicher Tätigkeit an einem frei gewählten Ort unter gleichzeitiger Ankündigung gegenüber dem Publikum, dass der Arzt in Ausübung seiner Tätigkeit an diesen Ort gebunden ist[148], lässt sich ohne weiteres auch bei einem verdeckten Beschäftigungsverhältnis als korrekt einordnen.

Für die Niederlassung in eigener Praxis gelten jedoch Anforderungen, die über 244 den Kernbereich der freiberuflichen Arzttätigkeit hinausgehen. Der in einem Beschäftigungsverhältnis stehende Arzt ist grundsätzlich nicht niedergelassen[149]. Es fehlt i.d.R. an der vollen Dispositionsmöglichkeit über personelle, räumliche und sachliche Mittel über das hinausgehend, was zur fachlichen und ärztlichen Unabhängigkeit erforderlich ist. Es fehlt des Weiteren an der Möglichkeit der Realisierung eines Goodwill nach Ausscheiden des Arztes[150].

Die Täuschung darüber erfolgt also konkludent mit Einreichung der Abrech- 245 nung.

c) Vorliegen einer GbR als Form der Berufsausübung

Sofern es sich um die in Praxi öfter auftretende Konstellation handelt, dass das 246 verdeckte Anstellungsverhältnis in einer GbR besteht, kommt auch eine konkludente Täuschung über das Bestehen einer GbR in Betracht, wenn dies wegen der damit verbundenen objektiven Bedeutung zur Geschäftsgrundlage für die Abrechnung gehört. Falls das Abhängigkeitsverhältnis in der wohl seltenerer Form besteht, dass ein Arzt in Einzelpraxis von einem Kollegen verdeckt wirtschaftlich abhängig ist, spielt diese Komponente natürlich keine Rolle.

---

147 *Herffs*, wistra 2004, 281, 284.

148 Vgl. § 17 MBO-Ä.

149 BVerfGE **16**, 286, 296; BGH, MedR 1994, 152, 153; OLG München, NJW-RR 1998, 1441, 1442; *Bach/Moser*, § 4 MB/KK, Rz. 22; *Henssler*, ZIP 1994 844, 847; *Laufs*, MedR 1995, 11, 14, 16; Laufs/Uhlenbruck (*Uhlenbruck/Schlund*), § 18, Rz. 14; *Meyer/Kreft*, GmbHR 1997, 193, 196; *Taupitz*, NJW 1996, 3031, 3034. Kritisch: *Preißler/Soz. Rehborn*, S. 58 f.

150 Vgl. *Ahrens*, MedR 1992, 141, 144; *Laufs*, MedR 1995, 11, 16; *Taupitz*, NJW 1996, 3033, 3035.

247 Die bloße Äußerung der Rechtsauffassung, es sei eine GbR gegeben, ist für § 263 StGB irrelevant, weil eine Täuschung über Tatsachen erforderlich ist[151]. Deshalb kommt nur eine Täuschung über die tatsächlichen Umstände, aus denen sich das Vorliegen einer GbR ergibt, in Betracht. Hier eröffnet sich ein weites Feld, weil nicht alle Voraussetzungen der §§ 705 ff. BGB zwingend, sondern zum Teil disponibel sind. Darüber hinaus besteht Streit darüber, welche Voraussetzungen zwingend und welche disponibel sind, so dass je nach Vertragsgestaltung auch Zweifel am Betrugsvorsatz angebracht sind. Für die aus den Streitigkeiten zum Gesellschaftsrecht resultierende Unsicherheit gibt es kein Patentrezept – es sei denn, die Gesellschaftsverträge erfüllen alle in den §§ 705 ff. BGB genannten Voraussetzungen, d.h. auch die disponiblen.

Praxistipp:
Es kann für Rechtsanwälte vorteilhaft sein, eine Liste der Mandate anzulegen, in deren Zuge zur Ausgestaltung der GbR und Gemeinschaftspraxis anwaltlich beraten wurde. Bei Änderung der relevanten Rechtsprechung lässt sich so ein schneller Überblick der möglicherweise betroffenen Mandanten schaffen, die dann gezielt unterrichtet werden können[152].

248 Zu den ***überwiegend als disponibel*** angesehenen und damit nicht zu den wesentlichen die Geschäftsgrundlage ausmachenden Umständen gehören

- die Leistung von Gesellschaftsbeiträgen
- der Haftungsmaßstab im Innenverhältnis nach § 708 BGB
- die gemeinsame Geschäftsführung
- das Vertretungsrecht für die Gesellschaft nach außen
- in begrenzter Form das Stimmrecht
- die Beteiligung am Gewinn und Verlust / vermögensmäßige Teilhabe

249 Die Leistung von *Gesellschaftsbeiträgen* ist disponibel, da § 706 Abs. 3 BGB ausdrücklich besagt, dass diese Beiträge auch und ausschließlich in Dienstleistungen bestehen können[153]. Die Erbringung dieser Dienstleistung kann so gestaltet sein, dass sie sich äußerlich nicht von einem Angestelltenverhältnis unterschei-

---

[151] BGH, NStZ 1986, 556; LG München, NJW 2003, 1570; Schönke/Schröder (*Cramer*), § 263, Rz. 8 f.; *Tiedemann*, LK, § 263, Rz. 8 ff.; *Tröndle/Fischer*, § 263, Rz. 6.

[152] Zum Problem „Scheinpartnerschaft" wird verwiesen auf OLG Koblenz, MedR 2001, 144; LSG Niedersachsen-Bremen, GesR 2002, 21, 25; *Butzer*, MedR 2001, 604; *Goette*, MedR 2002, 1; *Grunst*, NStZ 2004, 533; *Herffs*, wistra 2004, 281; *Preißler/Soz. Rehborn*, Ärztliche Gemeinschaftspraxis versus Scheingesellschaft; *Möller*, MedR 2003, 195; *Quaas/Zuck*, § 14, Rz. 9 ff.; *Stein*, MedR 2002, 124; *Volk*, NJW 2000, 3385.

[153] BGH, NJW 1987, 3124; BAG, NJW 1993, 2460; *Goette*, MedR 2002, 1, 2; *Preißler/Soz. Rehborn*, S. 14; *Saenger*, NZS 2001, 234, 236. So auch die KVB im Arbeitspapier „Gemeinsame und arbeitsteilige Berufsausübung in der vertragsärztlichen Versorgung", Stand: 15.01.2003, S. 13 (bekannt als sog. „Schirmer Papier") abrufbar im Internet unter: http://kvno.arzt.de/importiert/ftproot/presse/meldungn/anlage-kv.pdf.

det[154], und somit kein Unscheidungskriterium zum Angestelltenverhältnis bildet. Teilweise wird sogar das Fehlen jeglicher Beitragsleistung als unerheblich betrachtet, weil bereits die indisponible Außenhaftung für Verbindlichkeiten der Gesellschaft der Förderpflicht genüge[155]. Dieser Gedanke wird gestützt durch die Entscheidung des BGH, dass neu eintretende Gesellschafter nunmehr auch für Altverbindlichkeiten einer GbR haften[156].

Disponibel ist zudem der in § 708 BGB formulierte *Haftungsmaßstab im Innenverhältnis*, der variiert und bis zur völligen Haftungsfreistellung umgewandelt werden kann[157]. 250

Die *gemeinsame Geschäftsführung* kann auf das Recht reduziert werden, durch Widerspruchserhebung die Durchführung eines geplanten Geschäfts zu verhindern[158]. Nach einer Ansicht kann sogar einem der Gesellschafter in der Weise die Geschäftsführung anvertraut werden, dass die übrigen Gesellschafter auf das Recht der Entziehung der Geschäftsführungs- und Vertretungsbefugnis aus wichtigem Grund verzichten[159]. 251

Das *Vertretungsrecht für die Gesellschaft nach außen* wird gleichfalls als nicht wesentlich angesehen[160]. 252

Das *Stimmrecht* ist verzichtbar, solange nicht in die vertraglich begründete Stellung des Gesellschafters – also den Kernbereich der Mitgliedschaft – eingegriffen wird[161]. 253

Eine *Beteiligung des Gesellschafters am Gewinn und Verlust* sowie seine vermögensmäßige Teilhabe[162] sind – insoweit entspricht das Ergebnis dem zur wirtschaftlichen Selbständigkeit bei der Freiberuflichkeit – gleichfalls nicht zwingend[163]. Die Gewinnbeteiligung kann auch in einem Fixum bestehen, ohne dass dies einer GbR entgegenstehen würde[164]. 254

---

154 *Diller*, Anmerkungen zu BAG, AP ArbGG 1979 § 5 Nr. 22; *Preißler/Soz. Rehborn*, S. 15.

155 *Goette*, MedR 2002, 1, 2.

156 BGH, NJW 2003, 1803.

157 *Goette*, MedR 2002, 1, 2.

158 *Goette*, MedR 2002, 1, 3.

159 MüKo/*Ulmer*, § 712, Rz. 23, § 715, Rz. 4.

160 *Preißler/Soz. Rehborn*, S. 44.

161 *Goette*, MedR 2002, 1, 3. Vgl. auch BGHZ **20**, 363, 369; BGH, NJW 1985, 972, 974; MüKo/*Ulmer*, § 709, Rz. 63 f.

162 *Preißler/Soz. Rehborn*, S. 23.

163 BGH, NJW 1987, 3124, 3125; LSG Niedersachsen-Bremen, GesR 2002, 21, 25; *Goette*, MedR 2002, 1, 3; KBV, Schirmer-Papier, S. 15; *Saenger*, NZS 2001, 234, 237. Vgl. auch BAG 1993, 2458, 2460 f.; BSGE **83**, 246, 253.

164 KBV, Schirmer-Papier, S. 18.

255 Zu den ***nicht disponiblen Grundzügen*** einer GbR gehören dagegen:

- das Verbot der Beitragserhöhung gegen den Willen des Gesellschafters[165],
- die Beendigungsbestimmungen der §§ 723 Abs. 3, 724 BGB sowie das Kontrollrecht nach § 716 Abs. 2 BGB[166],
- die gemeinsame Berufsausübung[167],
- eigene Geschäftsführungs- und -vertretungsberechtigung im originären Kernbereich der ärztlichen Berufsausübung,
- die Gleichbehandlung der Gesellschafter[168] bzw. das Verbot der nicht gerechtfertigten willkürlichen Ungleichbehandlung.

256 Diese Aspekte gehören damit objektiv zu den die Geschäftsgrundlage ausmachenden Umständen. Da sie i.d.R. beim angestelltenähnlichen Verhältnis nicht erfüllt sind, wird darüber mit Abgabe der Quartalsabrechnung konkludent getäuscht. Zusätzlich wird konkludent erklärt, dass alle zur Gemeinschaftspraxis gehörenden Ärzte Dispositionsbefugnis über personelle, räumliche und sachliche Mittel haben, dass sie beim Ausscheiden Goodwill realisieren können.

2. Irrtum und kausale Vermögensverfügung

257 Die mit der Abrechnung befassten Angestellten der KV und der Kasse gehen davon aus, dass die notwendigen Voraussetzungen für eine vertragsärztliche Tätigkeit weiterhin vorliegen, irren also über diesen Umstand. Sowohl die Anweisung der Kasse bezüglich der Gesamtvergütung an die KV als auch die Anweisung des Honorars an die Praxis wäre nicht erfolgt, wenn den Angestellten die wahren Umstände bekannt gewesen wären, so dass die Tatbestandsmerkmale insoweit kausal miteinander verknüpft sind.

3. Schaden

258 Im Rahmen der für die Schadensprüfung vorzunehmenden Saldierung gelangen Teile der Literatur[169] und der strafrechtlichen Rechtsprechung[170] zu dem Ergebnis, dass die Leistungen eines verdeckten Angestellten keinerlei Ansprüche gegenüber

---

[165] *Goette*, MedR 2002, 1, 2.

[166] *Goette*, MedR 2002, 1; *Preißler/Soz. Rehborn*, S. 48, 49; MüKo/*Ulmer*, § 705, Rz. 133, § 716, Rz. 18. Vgl. zu Kündigung der Mitgliedschaft eines Gesellschafters gegen dessen Willen auch BGHZ **68**, 212; **81**, 263.

[167] *Preißler/Soz. Rehborn*, S. 48, 49.

[168] *Goette*, MedR 2002, 1, 4; *Preißler/Soz. Rehborn*, S. 19; *Saenger*, NZS 2001, 234, 235; MüKo/*Ulmer*, § 705, Rz. 134, 244 ff.

[169] *Heberer*, S. 510.

[170] OLG Koblenz, MedR 2001, 144; LG Würzburg, 6 KLs 155 Js 704/97, Urteil vom 15.12.1998.

der KV begründe. Stimmen in der Literatur kritisieren die Übernahme der formalstrengen sozialrechtlichen Wertung in das Strafrecht[171]. Eine Entscheidung des BGH zu dieser Problematik steht noch aus. Zwar hat der BGH wiederholt auf die streng formale Betrachtungsweise für den Bereich des Sozialversicherungsrechts hingewiesen[172], gleichzeitig aber auch angemerkt, dass je nach Fallumständen bei einem verdeckten Anstellungsverhältnis durchaus ein Schaden abzulehnen sein könnte[173].

BGH, MedR 2003, 298, 300: Abrechnungsbetrug durch Beschäftigung eines „Strohmanns"
„Die Notwendigkeit von Einschränkungen wird diskutiert für Fälle des Abrechnungsbetrugs begangen durch Ärzte, die sich als Partner einer zugelassenen Gemeinschaftspraxis ausgaben, in Wahrheit aber lediglich Angestellte waren und denen deshalb vorgeworfen wurde, sich die Zulassung erschlichen zu haben (vgl. OLG Koblenz, MedR 2001, 144 f.). In ***solchen Fällen mag tatsächlich zweifelhaft sein****, ob der Irrtum der Verantwortlichen bei der KV nicht allein eine ‚Statusfrage', nicht aber die Abrechnungsvoraussetzungen betrifft und* ***ob nicht die Auszahlung des Honorars deswegen auch keinen Vermögensschaden begründet****."*[174]

Bei Betrachtung der schadensrelevanten Vermögensflüsse zeigt sich, dass der 259
ärztlichen Leistung durchaus ein eigenständiger wirtschaftlicher Wert zukommt.

a) Anspruch auf die Gesamtvergütung

Allerdings wird dieser die Vermögensminderung kompensierende Wert nicht 260
durch einen Anspruch begründet. Für das Verhältnis zwischen Kasse und KV geht das BSG davon aus, dass ein Anspruch bei gesetz- oder vertragswidrig erbrachten Leistungen vollständig entfällt. Ein Arzt könne grundsätzlich nicht unter Berufung auf den erschlichenen formalrechtlichen Status kassenärztliche Leistungen erbringen oder bewirken. Eine Herleitung über §§ 812 Abs. 1, 818 Abs. 2 BGB würde zum Unterlaufen der Vorschriften führen, die unter anderem auch die Funktionsfähigkeit des GKV-Systems sichern[175]. Diese zutreffende Sicht wird durch die Regelungen nach §§ 32 b, 33 Ärzte-ZV gestützt, aus denen sich ergibt, dass keine – auch keine fingierbaren[176] – Verbindlichkeiten entstehen.

---

[171] *Grunst*, NStZ 2004, 533; *Herffs*, wistra 2004, 281, 287; *Stein*, MedR 2001, 124, 126; *Volk*, NJW 2000, 3385, 3387, 3388; *Wagner/Hermann*; NZG 2000, 520, 525.

[172] BGH, NStZ 1995, 85, 86; BGH, MedR 2003, 298, 300.

[173] BGH, MedR 2003, 298, 300. Insofern ist der Hinweis von *Ratzel*, ZMGR 2005, 143, 147, nicht vollständig.

[174] Hervorhebung durch den Bearbeiter. Weitere Fundstellen: ArztR 2004, 42; GesR 2003, 87; NJW 2003, 1198; NStZ 2003, 313; wistra 2003, 142.

[175] BSGE **30**, 83, 87; **74**, 154, 158; **80** 48, 54.

[176] So aber *Stein*, MedR 2001, 124, 130.

261 Dieses Ergebnis darf aber nicht unreflektiert ins Strafrecht übertragen werden. Ansonsten würde de facto der nicht mehr vertretene juristische Schadensbegriff wieder aufleben, der einen Wert im Sinne des § 263 StGB nur dann annimmt, wenn ein Anspruch nach der jeweiligen Rechtsordnung besteht. Daher muss eine umfassende und somit auch wirtschaftliche Betrachtung und Bewertung der Position erfolgen.

b) Wert der erbrachten Leistung

262 Denkbar ist, dass die Kasse einen Vermögenswert in Form der Befreiung von der Verbindlichkeit gegenüber ihrem Versicherten auf Bereitstellung ärztlicher Leistung erlangt. Für diesen Ansatz gilt erneut die unten hervorgehobene Beziehung zwischen versichertem Patienten und Kasse:

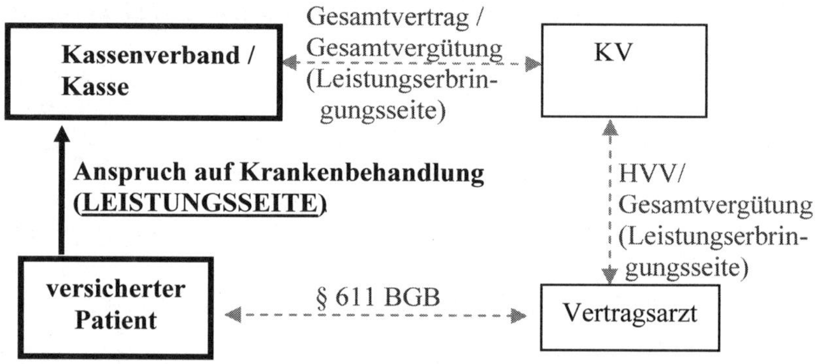

263 Wenn es sich bei der Tätigkeit des Vertragsarztes um eine Leistung handeln würde, welche die Kasse ihrem Versicherten schuldet und mittels der KV bzw. des Vertragsarztes zu erbringen verpflichtet ist, ist die Kasse von einer Verbindlichkeit befreit worden und ein Schaden nicht eingetreten. Dafür sprechen zusammengefasst folgende Punkte:

- Der Anspruch des Versicherten umfasst die Leistung eines zugelassenen Vertragsarztes. Die Form der Berufsausübung spielt *für das Leistungsrecht* in Bezug auf den GKV-Patienten keine Rolle!
- Würde die Leistung eines im Status angestelltenähnlichen Vertragsarztes als nicht werthaltig im Sinne des § 263 StGB verstanden werden, stünde dies im Wertungswiderspruch zu den durch das GMG etablierten *Medizinischen Versorgungszentren (MVZ)*, bei denen vertragsärztliche Leistungen durchaus von angestellten Ärzten erbracht werden können.
- Die *Niederlassung eines Arztes* bildet keinen gesonderten Wertfaktor in Bezug auf die erbrachte Leistung.

264 Im Einzelnen gilt Folgendes: Für den *Anspruch des versicherten Patienten* ist zunächst das Dritte Kapitel SGB V (Leistungen der Krankenversicherung) maß-

geblich, §§ 11 bis 66 SGB V. Nach § 2 Abs. 1 SGB V stellen die Kassen den Versicherten die dort genannten Leistungen zur Verfügung. Hierzu schließen sie nach § 2 Abs. 2 SGB V mit den Leistungserbringern Verträge nach den Vorschriften des Vierten Kapitels SGB V (Beziehungen der Krankenkassen zu den Leistungserbringern), §§ 69 bis 140 SGB V. Nach § 15 Abs. 1 und § 27 Abs. 1 Nr. 1 SGB V wird die vertragsärztliche Leistung bzw. die Krankenbehandlung durch eine ärztliche Behandlung von Ärzten erbracht. Eine ärztliche – und zudem freiberufliche – Leistung erbringt auch der angestellte Arzt. Nach § 28 Abs. 1 SGB V umfasst die ärztliche Behandlung die Tätigkeit des Arztes, die zur Verhütung, Früherkennung und Behandlung von Krankheiten nach den Regeln der ärztlichen Kunst ausreichend und zweckmäßig ist. Auch diese Voraussetzungen sind erfüllt.

Des Weiteren hat der Versicherte unter den zugelassenen Vertragsärzten und 265
den weiteren in § 76 Abs. 1 SGB V genannten Einrichtungen – und nur unter diesen – die freie Arztwahl. Der scheinselbständige Arzt ist zugelassen, weil seine Zulassung als begünstigender[177] Verwaltungsakt zwar rechtswidrig, aber wirksam und damit nicht etwa nichtig ist[178].

Die erbrachten Leistungen sind also von einem zugelassenen Vertragsarzt er- 266
bracht worden, so dass der Anspruch des Versicherten auch insoweit erfüllt worden ist[179]. Weitere Voraussetzungen des Anspruchs des Versicherten, insbesondere zur Form der gemeinsamen Berufsausübung des Arztes mit anderen Ärzten, gibt es im Leistungsrecht nicht[180].

Alle im Vierten Kapitel des SGB V (§§ 69 – 140) genannten Anforderungen, 267
auch die bezüglich der Voraussetzungen zur Teilnahme an der Leistungserbringung, legt der Verordnungsgeber fest, vgl. etwa § 98 SGB V. Das BSG hat in ständiger Rechtsprechung entschieden, dass das Leistungserbringungsrecht das Leistungsrecht konkretisiert. Gemeint war und ist damit jedoch ausschließlich die Entscheidung des Vertragsarztes im akuten Krankheitsfall, wodurch der Anspruch des Patienten auf eine bestimmte medizinische Leistung konkretisiert wird[181]. Die Entscheidungen beziehen sich aber nicht auf die gesellschaftsrechtliche Ausgestaltung von Gemeinschaftspraxen, was auch folgerichtig ist, weil diesem Ansatz erhebliche Bedenken entgegenstehen. Denn die §§ 95 Abs. 9, 101 Abs. 1 Nr. 5, 98, Abs. 2 Nr. 13 SGB V sind keine ausreichende Grundlage für eine berufsrechtliche Regelung in der Ärzte-ZV. Die Gesetzgebungskompetenz des Bundes nach Art. 74 Abs. 1 Nr. 19 GG ist auf die Zulassung zu ärztlichen Berufen beschränkt. Der Begriff „Zulassung" ist dabei eng auszulegen, d.h. umfasst die Berufsausübung nicht mit[182]. Zur Gesetzgebungskompetenz des Bundes gehört des Weiteren die „Sozialversicherung", Art. 74 Abs. 1 Nr. 12 GG. Dieser Begriff ist als weitge-

---

177 BSGE **20**, 86, 90; Laufs/Uhlenbruck (*Krauskopf*), § 27, Rz. 2; *Pickel*, § 31 SGB X, Rz. 106; *Wagner/Herrmann*, NZG 2000, 520, 522.

178 *Herffs*, S. 151, 159.

179 *Herffs*, wistra 2004, 281, 286.

180 So im Ergebnis auch die KBV im Schirmer-Papier, S. 38 ff.

181 BSGE **73**, 271, 280; **92**, 300, 307 f.; BSG, 20.01.2005, B 3 KR 9/03 R; *Quaas/Zuck*, § 16, Rz. 19 f.

182 Vgl. BVerfGE **98**, 265, 305 f.; *Quaas/Zuck*, § 16, Rz. 9.

fasster verfassungsrechtlicher Gattungsbegriff zu verstehen und umfasst nach einer Ansicht auch das Vertragsarztrecht[183]. Dem ist jedoch entgegenzuhalten, dass ein Gegenstand, der sowohl unter eine spezielle Bezeichnung als auch unter eine umfassende allgemeine Bezeichnung eingeordnet werden kann, nur der speziellen Bestimmung zu unterstellen ist[184]. Da das Vertragsarztrecht nur Teil des allgemeinen Rechts der Krankenversicherung ist, fällt es nicht unter die allgemeine Gesetzgebungskompetenz des Bundes nach Art. 74 Abs. 1 Nr. 12 GG[185]. Bei einem anderen Verständnis würde auch die von Art. 74 Abs. 1 Nr. 19 GG intendierte Kompetenzabgrenzung ins Leere laufen[186]. Die Kompetenz zur Regelung des ärztlichen Berufsrechts einschließlich der Kooperation mit anderen Ärzten liegt also allein bei den Ländern. Deshalb fehlt dem Verordnungsgeber die erforderliche Kompetenz zur Festlegung des § 33 Abs. 1 und 2 Ärzte-ZV[187], der Praxisgemeinschaft oder Gemeinschaftspraxis als die allein zulässige ärztliche Kooperationsform festlegt[188]. Diese Regelungen des Leistungserbringungsrechts sind folglich verfassungswidrig und somit unbeachtlich, insbesondere wenn es um die Konkretisierung der Ansprüche der Versicherten gegen die Kasse geht.

268 Ein anderes Ergebnis hätte auch einen dogmatischen Bruch zur Folge, weil

- das durch die Länder bestimmte Berufsordnungsrecht den Inhalt des Leistungsanspruches des GKV-Patienten ausformen würde, was im Widerspruch zu Art. 74 Abs. 1 Nr. 12 GG stehen würde,
- das Berufsrecht nicht bundeseinheitlich ist[189], d.h. die Versicherten also je nach Land unterschiedlich ausgeformte Leistungsansprüche hätten bzw. haben könnten.

Es gilt also zu unterscheiden:
Das Berufsrecht ist für die Ärzte grundsätzlich verbindlich, muss aber strikt von der Definition des Leistungsrechts für den GKV-Patienten getrennt werden und entfaltet dort keine Wirkung!

269 Schließlich spricht auch die Implementierung der *MVZ* dafür, dass die Tätigkeit des angestellten Arztes vom Sozialgesetzgeber als vollwertig angesehen wird. Mit den MVZ sollte keine neue Rechts- oder Gesellschaftsform geschaffen werden, sondern auf das gewachsene Gesellschaftsrecht und die dortigen Möglichkeiten verwiesen werden[190]. Das Bundesministerium für Gesundheit und Soziales hat dazu ausführen lassen, damit sei die Arzt- oder Zahnarzt-GmbH sozialversicherungsrechtlich vorgegeben; berufsrechtliche Regelungen, die dem noch entgegen-

---

183 BVerwGE **65**, 362, 365.
184 BVerfGE **7**, 29, 44.
185 *Sodan*, NZS 2001, 169, 171.
186 *Schneider*, MedR 1995, 175, 179; *Sodan*, NZS 2001, 169, 171.
187 *Herffs*, wistra 2004, 281, 287; *Sodan*, NZS 2001, 169, 172.
188 *Sodan*, NZS 2001, 169, 172.
189 Vgl. nur das (noch) bestehende Verbot zur Berufsausübung im Rahmen einer GmbH, Art. 18 Abs. 1 Satz 2 Bayerisches Kammer-Gesetz, das in anderen Berufsordnungen fehlt.
190 *Dahm/Möller/Ratzel*, Rechtshandbuch MVZ, V Rz. 8; *Klose*, BB 2003, 2702.

stünden, seien anzupassen[191]. Die Aufsichtsbehörden haben zwar richtig darauf hingewiesen, dass die jetzt geltende Vorschrift des § 95 Abs. 1 Satz 2 SGB V nur die *berufsrechtlich zulässigen* Organisationsformen erfasse[192], an der Wertung des Gesetzgebers an sich gibt es jedoch keinen Zweifel. Gleiches muss für den 107. Deutschen Ärztetag in 2004 gelten, der in Reaktion auf diese Änderungen § 22 i.V.m. Kap. D II Nr. 8 Abs. 1 MBO-Ä (Stand 2003) gestrichen hat. Dort war postuliert, dass die gemeinsame Berufsausübung von Vertragsärzten nur in Form einer GbR bzw. Partnerschaftsgesellschaft erfolgen dürfe. § 22 wurde unter anderem durch § 23 a MBO-Ä ersetzt, in dem festgehalten ist, dass Ärzte auch in der Form der juristischen Person des Privatrechts ärztlich tätig sein können, d.h. als Angestellte. Diejenigen Länder, in denen die Heilberufs-Kammergesetze die Ausübung der ambulanten ärztlichen Heilkunde in Form einer Kapitalgesellschaft expressis verbis untersagen[193], gehen daran, diese Haltung aufzugeben[194] bzw. erlauben dies nun ausdrücklich[195]. Langfristig wird sich daher aller Voraussicht nach die Kapitalgesellschaft auch in diesem Rahmen etablieren[196]. All dies spricht für den gleichrangigen Wert der Leistung eines angestellten, medizinisch weisungsfreien Arztes im Vergleich zur Leistung eines in eigener Praxis niedergelassenen Arztes.

Für einen eigenständigen *Wert der ärztlichen Niederlassung* scheint zu spre- **270**
chen, dass ein angestellter Arzt – im Gegensatz zu seinem selbständigen Kollegen – überwiegend im Interesse seines Arbeitgebers handelt und damit seiner Verpflichtung als Vertragsarzt nicht gerecht wird, allein im Interesse der Versicherten tätig zu werden[197], wie § 20 Abs. 1 Ärzte-ZV es fordert. Allerdings ist der mehrfach erwähnten Implementierung der MVZ zu entnehmen, dass – anders als bislang[198] – die vertragsärztliche Leistung nicht mehr unbedingt im Rahmen eines Ein-Mann-Betriebes erfolgen soll. Schon vorher lag es so, dass der überwiegende Teil der approbierten Mediziner nicht in niedergelassener Praxis, sondern im Rahmen eines Angestelltenverhältnisses[199] bzw. innerhalb einer Kooperationsform[200] tätig war.

Schließlich sah auch das Gesetz schon vorher Ausnahmen vom Grundsatz der **271**
ambulanten vertragsärztlichen Versorgung durch niedergelassene Ärzte vor. Nach § 95 Abs. 1 und Abs. 4, §§ 117, 118, 119 SGB V kann die Versorgung gegebenen-

191 *Orlowski*, MedR 2004, 201, 202.
192 Vgl. *Dahm/Möller/Ratzel*, Rechtshandbuch MVZ, V Rz. 9.
193 Vgl. § 18 Heilberufe-Kammergesetz Bayern i.d.F.v. 06.02.2002, Art. 18 Abs. 1 Satz 2.
194 *Ratzel*, ZMGR 2005, 143, 146. Vgl. § 29 Abs. 2 Satz 3 Heilberufsgesetz Nordrhein-Westfalen i.d.F. vom 01.03.2005.
195 Vgl. die von der Delegiertenversammlung am 27.06.2005 beschlossenen Änderungen für die Berufsordnung für Ärztinnen und Ärzte im Lande Bremen (Bremer Ärztejournal 09/05, S. 19).
196 Vgl. auch *Schallen*, § 33, Rz. 854.
197 BSGE **35**, 247, 251.
198 Vgl. BVerfGE **11**, 30, 39 f.; **16**, 286, 296, 298.
199 Laufs/Uhlenbruck (*Laufs*), § 1 Fn. 8, § 3 Rz. 10.
200 *Sodan*, NZS 2001, 169.

falls durch ermächtigte ärztlich geleitete Einrichtungen und nach § 116 SGB V durch ermächtigte Krankenhausärzte erbracht werden. Es ist offenkundig, dass die in solchen Einrichtungen tätigen Ärzte mittelbar, nämlich aufgrund des Anstellungsvertrages oder der beamtenrechtlichen Dienststellung an der vertragsärztlichen Versorgung teilnehmen[201]. Der Gesetzgeber hatte schon länger durch die Aufzählung eines neben den zugelassenen Vertragsarzt tretenden weiteren Kreises verdeutlicht, dass er die medizinische Versorgung nicht ausschließlich den niedergelassenen Vertragsärzten vorbehalten wollte[202]. Diese Leistungserbringer sollten zwar in die vertragsärztliche Versorgung nur nachrangig eingebunden werden, ausgeschlossen waren sie aber schon vormals nicht[203].

272 Es kann auch nicht eingewandt werden, nur der niedergelassene Arzt biete aufgrund seiner Selbständigkeit die Gewähr für eine qualitativ ausreichende, sich auf das medizinisch notwendige beschränkende Behandlung[204]. Diese Überlegung spricht vielmehr für den angestellten Arzt[205], weil er frei von wirtschaftlichen Zwängen entscheiden kann und keinen Vorteil hat, wenn er zusätzliche, medizinisch nicht notwendige Leistungen erbringt[206].

273 Insgesamt führt daher m.E. ein verdecktes angestelltenähnliches Verhältnis innerhalb einer Gemeinschaftspraxis keineswegs generell zu einem Schaden im Sinne des § 263 StGB bei den Kostenträgern bzw. anderen Vertragsärzten. Voraussetzung für die Kompensation der Vermögensminderung durch eine gleichwertige Leistung ist, dass der Vertragsarzt in seiner fachlichen Entscheidung stets frei und unabhängig ist. Es gibt dazu eine rechtskräftige strafgerichtliche Entscheidung, die diese Sichtweise ausdrücklich stützt[207]. Darüber hinaus deutet auch das obiter dictum des BGH aus 2002[208] dessen Bereitschaft an, sich diesen Überlegungen nicht zu verschließen.

274 Ergänzend ist darauf hinzuweisen, dass die Gefahr besteht, dass es zu Anordnungen des *Verfalls nach §§ 73, 73 a und 73 d StGB* und des *dinglichen Arrestes, §§ 111 d, 111 f StPO* auch gegenüber dem scheinselbständigen Strohpartner kommt. Der verdeckte Angestellte trägt also auch unter diesem Gesichtspunkt ein erhebliches Risiko. Das Bundesverfassungsgericht hat allerdings entsprechende gerichtliche Beschlüsse des Verfalls und des Arrestes unter anderem aus folgenden Gründen aufgehoben:

- Die Honoraransprüche des verdeckten Angestellten wurden an den beherrschenden Arzt abgetreten.

---

[201] *Schneider*, Rz. 791; Rieger (*Jansen*), Lexikon, Ordnungsziffer 1280, Rz. 4.
[202] OLG Frankfurt a.M., MedR 1990, 88, 89; *Taupitz*, VersR 1992, 1064, 1065.
[203] *Herffs*, wistra 2004, 281, 288.
[204] Vgl. BGHZ **70**, 158, 161; OLG Düsseldorf, VersR 1994, 207.
[205] Vgl. *Ahrens*, MedR 1992, 141, 144; *Taupitz*, VersR 1992, 1064, 1065.
[206] *Herffs*, wistra 2004, 281, 288.
[207] LG Lübeck; 25.08.2005, 720 Js 9427/02, rechtskräftig.
[208] BGH, MedR 2003, 298, 300.

- Der verdeckte Angestellte war zwar auch Kontoinhaber und hatte im Rahmen der Vollmacht eine Verfügungsbefugnis, ihm stand aber nicht die volle wirtschaftliche Verfügungsmacht zu[209].

Insofern hat das BVerfG der beschränkten Entscheidungsgewalt konsequent Rechnung getragen. 275

VI. Abrechnung unwirtschaftlicher Leistungen

1. Täuschung

a) Wirtschaftlichkeit als Tatsache

Die Abrechnung einer erbrachten, aber nicht wirtschaftlichen Leistung ist eine Tatsache im Sinne des § 263 Abs. 1 StGB, weil es sich um ein konkretes vergangenes Ereignis handelt, das objektiv zur Gewissheit festgestellt werden kann[210] und das dem gerichtlichen Beweis zugänglich ist[211]. Zwar wäre es denkbar, die Wirtschaftlichkeit oder Unwirtschaftlichkeit als Schlussfolgerung aus dem Vergleich von erbrachten mit alternativ möglichen Leistungen zu betrachten. Dann wäre dieser Aspekt nicht täuschungstauglich i.S.v. § 263 StGB, weil Schlussfolgerungen von der Rechtsprechung als Werturteil und nicht als Tatsache betrachtet werden[212]. Richtigerweise muss aber folgendermaßen unterschieden werden: Die Aussage der Wirtschaftlichkeit steht als Begriff nicht für sich allein, sondern ist auf einen Tatsachenkern[213] zurückzuführen, nämlich dass 276

- überhaupt eine bestimmte zu therapierende *Krankheit* gegeben war und
- es keine gleichermaßen effektive Behandlung gab, also
  - keine andere gleich wirksame *Behandlungs**art*** und / oder
  - kein geringeres *Behandlungs**maß*** bzw. keinen geringeren Behandlungsumfang, wodurch geringere Kosten ausgelöst worden wären.

---

209 BVerfG, 07.06.2005, 2 BvR 1822/04.

210 Vgl. RGSt **24**, 387, 388; BGHSt **2**, 324, 326; *Tröndle/Fischer*, § 263, Rz. 2.

211 Vgl. RGSt **24**, 387, 388; BGHSt **6**, 357, 359; *Tiedemann*, LK, § 263, Rz. 9 f.

212 BGH, NJW 1978, 751, 752; BGH, NJW 1989, 774; OLG Hamm, NJW-RR 1990, 765, 766.

213 Vgl. RGSt **56**, 227, 231; BGH JR 1958, 106; *Tröndle/Fischer*, § 263, Rz. 8.

Beispiel für eine unwirtschaftliche Behandlungs*art*:
Der Arzt erbringt eine hoch bepunktete Leistung, obwohl im konkreten Fall auch eine andere, geringer bepunktete Leistung zum gleichen Behandlungsziel geführt hätte. Oder der Arzt erbringt eine Leistung, die nicht oder noch nicht im EBM bzw. in den Richtlinien nach § 135 SGBV aufgeführt ist, z.B. den PSA-Test[214].

Beispiel für ein unwirtschaftliches Behandlungs*maß*:
Der Arzt erbringt eine Bestrahlungstherapie in zehn Sitzungen. Zu der Therapieart gibt es keine kostengünstigere Alternative, allerdings ist der Behandlungserfolg schon nach fünf Sitzungen erreicht, so dass die weiteren fünf Sitzungen überflüssig sind[215].

277 Weil der Tatsachenkern „keine gleich effektive und dabei günstigere Behandlungsalternative“ so eng und zwingend das Werturteil „Wirtschaftlichkeit“ nach sich zieht, wirken die beiden Punkte auf den ersten Blick identisch, sind aber tatsächlich voneinander zu trennen in Tatsachenbehauptung einerseits und darauf gestütztes Werturteil andererseits. So hat im Ergebnis letztlich auch der BGH entschieden[216], der diesen Aspekt in seiner jüngsten Entscheidung allerdings nicht problematisiert hat[217].

278 Zusätzlich kommt die Erklärung einer *inneren Tatsache* in Frage, was nach ganz überwiegender Ansicht grundsätzlich möglich ist[218]. Dabei handelt es sich hier um die Überzeugung des Arztes, dass es keine andere kostengünstigere und dabei gleich effektive Behandlungsalternative gegeben hat. Diese Tatsache ist dann nicht wahr, wenn der Arzt in Wirklichkeit diese Überzeugung nicht gehabt hat. Allerdings wird in der Praxis die entsprechende Beweisführung schwierig sein, zumal es jedem Arzt unbenommen bleibt, an seiner entsprechenden Überzeugung selbst dann festzuhalten, wenn er in der Vergangenheit bereits auf die Unwirtschaftlichkeit seiner Behandlungsweise hingewiesen und seine Abrechnung gekürzt wurde.

b) Form der Erklärung

279 Die Erklärung des Arztes erfolgt in einigen Fällen ausdrücklich über die Sammelerklärung[219]. Wenn eine Mitteilung dazu auf den Sammelerklärungen nicht aufge-

[214] PSA: Prostata-Spezifisches-Antigen (Tumormarker bei der Krebsfrüherkennung, vgl. dazu LG Essen, ZMGR 2005, 234; OLG Hamm, ZMGR 2005, 235).
[215] Laufs/Uhlenbruck (*Ulsenheimer*), § 151, Rz. 13.
[216] BGH, NStZ 1993, 388, 389.
[217] BGH, MedR 2004, 613, 615.
[218] RGSt **24**, 405; BGH, wistra 1998, 179; *Tröndle/Fischer*, § 263, Rz. 7.
[219] Vgl. Nachtrag zu § 4 Abs. 7 der HVV der KV Nordrhein, gültig ab dem 01.04.2005, dort unter 1).

führt und auch ansonsten vom Arzt nicht abgegeben wird, erfolgt die Erklärung konkludent.

Konkludent wird regelmäßig bei Abschluss eines Rechtsgeschäftes erklärt, dass die den jeweiligen Geschäftstyp bzw. die Geschäftsgrundlage objektiv ausmachenden Umständen erfüllt und gegeben sind[220].

Das Wirtschaftlichkeitsprinzip gehört objektiv zur Geschäftsgrundlage und seine Beachtung wird konkludent miterklärt, weil es sich um ein eminentes Prinzip der GKV handelt. Denn einerseits müssen die Kassen alles medizinisch Zweckmäßige in der fachlich gebotenen Qualität und nach dem allgemein anerkannten Stand der medizinischen Erkenntnisse bereitstellen, § 70 Abs. 1 Satz 2 SGB V, andererseits sollen aber die das System finanzierenden Beiträge der Versicherten möglichst stabil bleiben, § 71 SGB V. Dies ist nur möglich bei einem möglichst effizienten Einsatz der Mittel, so dass das Wirtschaftlichkeitsgebot eine allgemeine Stellungnahme des SGB V zu einem der wichtigsten Probleme der GKV bildet[221] und letztlich der Aufrechterhaltung der Funktions- und Leistungsfähigkeit des GKV-Systems dient[222]. Deshalb wird der Wirtschaftlichkeitsgrundsatz auch mehr als 70 Mal im SGB V erwähnt, unter anderem an folgenden zentralen Stellen: **280**

- Allgemeine Vorschriften, dort § 2 Abs. 1 SGB V,
- Vorschriften zur Krankenversicherungsleistung, dort § 12 SGB V,
- Allgemeine Grundsätze der Beziehungen der Krankenkassen zu den Leistungserbringern, §§ 69, 70 Abs. 1 Satz 2, 72 Abs. 2 SGB V
- und den umfänglichen Bestimmungen zur Ausgestaltung der Wirtschaftlichkeitsprüfung, § 106 SGB V.

Insbesondere § 12 Abs. 1 Satz 2 SGB V verdeutlicht das Gewicht des Wirtschaftlichkeitsgebotes. Dort ist explizit ausgeführt, dass unwirtschaftliche Leistungen von Versicherten nicht beansprucht werden können, von Leistungserbringern nicht bewirkt und von Krankenkassen nicht bewilligt werden dürfen. So wird der Bogen von der Beziehung von Versicherten und Kassen weiter zu den Leistungserbringern gespannt. Weil § 12 SGB V das Wirtschaftlichkeitsgebot ausformuliert, wird diese Vorschrift – wenn auch relativiert durch die Rechtsprechung des BSG zum ausfüllungsbedürftigen Rahmenrecht[223] und die Vorschriften zur Qualitätssicherung – als Leitnorm für die einzelnen Anspruchsgrundlagen betrachtet[224]. Der Grundsatz durchdringt also das gesamte Konstrukt der GKV, was seine überragende Bedeutung unterstreicht. **281**

---

[220] BGH, NStZ 1982, 70; *Kindhäuser/Neumann/Paeffgen*, § 263, Rz. 125 ff.; *Tiedemann*, LK, § 263, Rz. 31; *Tröndle/Fischer*, § 263, Rz. 12 f.

[221] Kass. Komm. (*Hess*), § 12 SGB V, Rz. 2.

[222] BSGE **66**, 1, 6; **69**, 147, 149.

[223] BSGE **81**, 54 (aufgehoben und an das BSG zurückverwiesen vom BVerfG am 06.12.2005, 1 BvR 347/98).

[224] Kass. Komm. (*Hess*), § 12 SGB V, Rz. 2.

282 Da also das Wirtschaftlichkeitsgebot zu den wesentlichen Charakteristika des Vertragsgeflechtes gehört, erklärt der Vertragsarzt konkludent mit Einreichung seiner Quartalsabrechnung, dass die abgerechneten Leistungen diesem Gebot genügen und entsprechen.

2. Irrtum

283 Die Angestellten der KV und der Kasse haben in der Regel eine unrichtige Vorstellung von allen soeben dargestellten Tatsachen, auch wenn sie sich dessen nicht ständig aktiv bewusst sind und sich nicht mit jeder abgerechneten Position gedanklich befassen. Denkbar ist jedoch auch die Konstellation, dass aufgrund von vorangegangenen Auffälligkeiten und Prüfungen bei den entscheidenden Angestellten die Überzeugung besteht, dass erneut eine unwirtschaftliche Leistungsabrechnung vorliegt. Die Auszahlung des Honorars ohne Einbehalt würde nur deshalb erfolgen, weil ein Vorbehalt der Rückforderung nach erfolgter Wirtschaftlichkeitsprüfung ausgesprochen wird[225]. In diesem Fall würde es allerdings an einem Irrtum fehlen und es käme lediglich das versuchte Delikt in Betracht.

3. Vermögensverfügung und Vermögensschaden

284 Die maßgebliche Vermögensverfügung erfolgt wie in den anderen Fällen auch durch Überweisung der Gesamtvergütung an die KV, wenn durch die Abrechnung die Gesamtvergütung erhöht wird, ansonsten durch Anweisung des überhöhten Honorars von der KV an den Arzt.

285 Wenn ein wertgleiches Äquivalent durch die ärztliche Leistung geflossen wäre, wäre die mit der Zahlung verbundene Vermögensminderung im Rahmen der Saldierung ausgeglichen mit der Folge, dass kein Schaden eintritt. Im Gegensatz zu den anderen Fallgruppen ist hier nicht ein „Zuwenig“, sondern ein „Zuviel“ an Leistung erbracht worden. Ob hierin ein Schaden zu sehen ist, wird unterschiedlich beurteilt[226]. Es wäre denkbar, dass lediglich eine nicht unter § 263 StGB fallende Beeinträchtigung der Dispositionsfreiheit vorliegt, weil die ärztliche Leistung sowohl persönlich als auch nach den Regeln der ärztlichen Kunst ausgeführt wurde und deshalb das Vermögen der Kasse lediglich in seinem Bestand verändert worden sein könnte. Zur korrekten Ergebnisfindung muss unterschieden werden zwischen der Behandlung einer nicht gegebenen Krankheit, der unwirtschaftlichen Behandlungsart einer Krankheit und dem unwirtschaftlichen Behandlungsmaß.

---

225 Vgl. BSGE **74**, 44, 47; BSG, MedR 1990, 363; Pickel, § 45 SGB X, Rz. 191. Vgl. auch § 11 Nr. 2 HVV Nordrhein vom 01.04.2005.

226 Kein Schaden: Laufs/Uhlenbruck (*Ulsenheimer*), § 151, Rz. 17; Schaden bejahend: *Rieger*, DMW 1987, 1184, 1185.

a) Behandlung einer nicht gegebenen Krankheit

Bei der Behandlung eines insoweit gesunden Versicherten spricht nichts dafür, dass ein Gegenwert geschaffen worden wäre. Der Versicherte hat aus § 28 Abs. 1 Satz 1 SGB V keinen Anspruch gegenüber der Kasse, weil keine behandlungsbedürftige Krankheit vorliegt, die aber Voraussetzung für die Einordnung als ärztliche Tätigkeit ist[227]. Nicht jede Handlung, deren Ausübung eine auf medizinisch-wissenschaftlichen Erkenntnissen beruhende ärztliche Sachkunde erfordert, stellt auch gleichzeitig eine ärztliche Tätigkeit dar. Das wird bestätigt durch den Vergleich mit den Prämissen der privatärztlichen Tätigkeit bzw. der privaten Krankenversicherung. Dort wird gleichfalls davon ausgegangen, dass der ärztliche Beruf auf spezifisches Helfen ausgerichtet ist, das heilen will, vgl. § 1 Abs. 1 Bundesärzteordnung (BÄO)[228]. Damit wird begriffsnotwendig die Behandlung einer Krankheit vorausgesetzt. Gleiches gilt mangels anderweitiger Legaldefinition zum Begriff der Heilkunde nach dem Heilpraktikergesetz, auf das trotz der deutlichen Unterschiede zwischen Arzt und Heilpraktiker zurückgegriffen werden kann[229]. § 1 Heilpraktikergesetz formuliert für die Tätigkeit der Heilkunde unter anderem, dass sie als Tätigkeit zur Feststellung, Heilung und / oder Linderung von Krankheiten, Leiden oder Körperschäden bei Menschen zu verstehen ist. Insgesamt besteht also kein wertmäßiges Äquivalent, so dass ein Schaden im Sinne des § 263 StGB eingetreten ist. Bei dieser Konstellation wird der Vorwurf vorsätzlichen Handelns nur schwer widerlegbar sein. **286**

b) Unwirtschaftliche Behandlungsart einer Krankheit

Im Rahmen der Saldierung stellt sich die Frage, welche Leistung als wirtschaftlich im Sinne der GKV anzusehen ist, d.h., es geht an dieser Stelle um die Auswahl unter den Behandlungsmöglichkeiten, nicht das Maß bzw. die Menge der Leistungen. Bei der Abrechnung kommt hier lediglich die Variante in Betracht, dass eine unrichtige EBM-Ziffer für die Behandlung bzw. eine unrichtige Diagnose in der Dokumentation angegeben wird, damit die Erbringung einer nicht zum GKV-Spektrum gehörenden Leistung verdeckt wird. Ansonsten fehlt es bereits an der Täuschung über die erbrachte Leistung. **287**

An dieser Stelle ergibt sich die Frage, von welcher Seite und mit welcher Verbindlichkeit das Leistungsrecht des Versicherten ausgeformt wird, das in §§ 2, 15, 27 und 28 SGB V lediglich mit einer allgemeinen Formulierung umrissen ist. Denn wenn keine Verbindlichkeit gegeben ist, muss ein Fehlen der Leistungsbeschreibung im GKV-Katalog nicht zwingend bedeuten, dass der Leistung keinerlei Wert zukommt. **288**

---

[227] Kass. Komm. (*Höfler*), § 28 SGB V, Rz. 6. Vgl. auch BSGE **48**, 47, 51.

[228] Laufs/Uhlenbruck (*Laufs*), § 1, Rz. 3, 9.

[229] BVerwG, NJW 1972, 350; Rieger (*Rieger*), Lexikon, Ordnungsziffer 2410, Rz. 1 ff.

289 Bezüglich der Seite der Leistungs***erbringung***

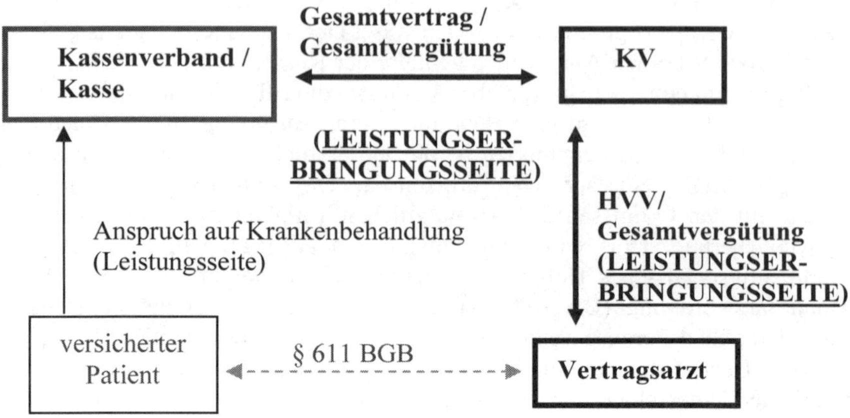

ist in § 92 SGB V festgehalten, dass der Gemeinsame Bundesausschuss (früher: Bundesausschuss der Ärzte und Krankenkassen) durch Richtlinien die Ausformung des Leistungserbringungsrechtes vornimmt. Des Weiteren legt § 135 SGB V fest, dass neue Untersuchungs- und Behandlungsmethoden in der vertragsärztlichen Versorgung zu Lasten der Kassen nur erbracht werden dürfen, wenn der Gemeinsame Bundesausschuss in Richtlinien Empfehlungen zur Anerkennung und zur notwendigen Qualifikation abgegeben hat. Entsprechendes regelt § 12 BMV-Ä. Diese Richtlinien entfalten gegenüber dem Vertragsarzt Verbindlichkeit, d.h. im Leistungserbringungsrecht (Kasse/KV/Arzt), da sie nach § 91 Abs. 8 SGB V Bestandteil der Bundesmantelverträge sind, diese wiederum sind nach § 81 Abs. 3 Nr. 1 und Nr. 2 SGB V durch die Satzung der örtlichen KV für den Vertragsarzt verbindlich, soweit diese Verbindlichkeit nicht schon mit der Zulassung geschaffen worden ist, § 95 Abs. 3 Satz 3 SGB V. Soweit also die Richtlinien die entsprechende Leistungsart nicht zur vertragsärztlichen Versorgung zählen, kann kein Anspruch des Vertragsarztes gegenüber der KV auf Vergütung entstehen. Gleiches gilt für Leistungen, die nicht im EBM aufgeführt sind, weil nur die dort aufgeführten Leistungen abrechenbar sind, § 87 Abs. 2 Satz 1 SGB V. Der EBM ist Bestandteil der Bundesmantelverträge, § 87 Abs. 1 SGB V, die wiederum nach § 81 Abs. 3 Nr. 1 SGB V durch die Satzungen der örtlichen KVen verbindlich für die Vertragsärzte gemacht werden.

290 Es sprechen auch keine anderweitigen Gründe dafür, dass in diesem Leistungserbringungsverhältnis ein Wert geschaffen würde, der im Rahmen der Saldierung zu berücksichtigen wäre.

Bezüglich der ***Leistungsseite*** 291

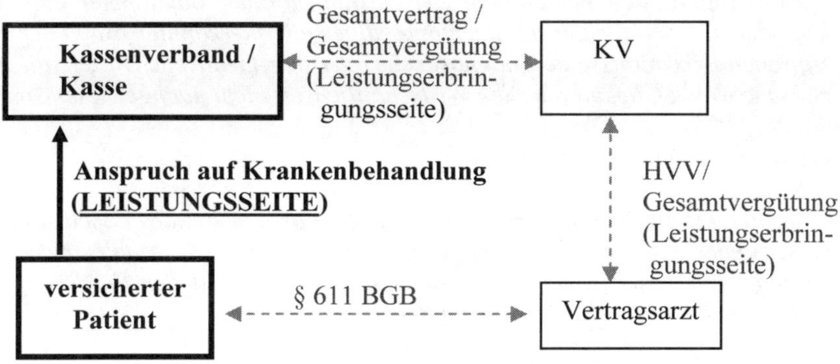

stellt sich die Frage, ob Richtlinien und EBM auch im Verhältnis zwischen Kasse und Versichertem maßgeblich sind. Anders ausgedrückt geht darum festzustellen, ob der Versicherte einen Anspruch gegen seine Kasse auf ärztliche Behandlung hat, der über das hinausgehen kann, was nach dem EBM, den Richtlinien und sonstigen vertraglichen Vereinbarungen zum Spektrum der Kassenleistung gehört. Dies als richtig unterstellt wäre es möglich, dass die Erbringung einer Leistung zwar nicht im Einklang mit diesen Richtlinien und dem EBM stehen, aber durchaus einen Anspruch des Versicherten gegenüber der Kasse erfüllen würde, z.B. weil der Gemeinsame Bundesausschuss noch keine Entschluss gefasst hat, eine bestimmte Behandlungsart in den Richtlinien zu berücksichtigen. Wenn aber das Gegenteil richtig ist, also der Anspruch des Versicherten gegen die Kasse prinzipiell erst dann entsteht, wenn die Leistung in den EBM bzw. die Richtlinien aufgenommen worden ist, kann außerhalb dieser Bestimmungen keine Verbindlichkeit zu Lasten der Kasse gegenüber dem Versicherten gegeben sein. Die davon abweichende Behandlung des Arztes würde die Kasse nicht von einer Verbindlichkeit gegenüber dem Versicherten befreien können, so dass im Rahmen der Saldierung ein Schaden festzustellen wäre.

Zu der Verbindlichkeit von Richtlinien und EBM für den Leistungsanspruch des Versicherten durch das *Gesetz* gilt Folgendes: Die Position des Gemeinsamen Bundesausschusses als Nachfolger des Bundesausschusses der Ärzte und Krankenkassen ist durch das GMG verstärkt worden, indem der Gemeinsame Bundesausschuss noch deutlichere Kompetenzen für die Normgebung erhalten hat. Nachdem die Richtlinien vormals die Qualität von Erfahrungssätzen hatten, von denen im konkreten Einzelfall abgewichen werden konnte[230], ist § 92 Abs. 1 Satz 1 SGB V mit Blick auf die beiden Entscheidungen des BSG[231] ergänzt worden. 292

---

230 Vgl. BSGE **35**, 10, 13; **38**, 35, 38; **52**, 70, 73; **63**, 163, 165.

231 BSGE **78**, 70 (Methadon-Entscheidung) und BSGE **81**, 54 (Bioresonanztherapie [aufgehoben und zurückverwiesen durch das BVerfG am 06.12.2005, 1 BvR 347/98.]).

Jetzt kann der Gemeinsame Bundesausschuss durch die Richtlinien

die Erbringung und Verordnung von Leistungen oder Maßnahmen einschränken oder ausschließen, wenn nach dem allgemein anerkannten Stand der medizinischen Erkenntnisse der diagnostische oder therapeutische Nutzen, die medizinische Notwendigkeit oder die Wirtschaftlichkeit nicht nachgewiesen sind.

293 In der Begründung dazu heißt es:

„Die Ergänzung dieser Vorschrift präzisiert das den Bundesausschüssen vom Gesetzgeber aufgegebene Normsetzungsprogramm nach Inhalt, Zweck und Ausmaß klarer als bisher. Der Gesetzgeber trägt damit der Forderung nach engmaschigeren Gesetzesvorgaben Rechnung." [232]

294 In § 135 Abs. 1 Satz 2 und 3 SGB V heißt es mit Ausnahme der Ersetzung der Bundesausschüsse durch den jetzigen Gemeinsamen Bundesausschuss weiterhin:

Der Gemeinsame Bundesausschuss überprüft die zu Lasten der Krankenkassen erbrachten vertragsärztlichen und vertragszahnärztlichen Leistungen daraufhin, ob sie den Kriterien nach Satz 1 Nr. 1 entsprechen. Falls die Überprüfung ergibt, dass diese Kriterien nicht erfüllt werden, dürfen die Leistungen nicht mehr als vertragsärztliche oder vertragszahnärztliche Leistungen zu Lasten der Krankenkassen erbracht werden.

295 Das Gesetz ist insofern eindeutig und spricht EBM und Richtlinien eine verbindliche Ausformung des Leistungsanspruches des Versicherten zu. Gleichwohl muss die Verbindlichkeit hinterfragt werden.

296 Die *höchstrichterliche Sozialrechtsprechung* war ursprünglich davon ausgegangen, dass durch die Richtlinien lediglich eine Selbstbindung der beteiligten Körperschaften geschaffen, aber im Prinzip keine normative Bedeutung für das Rechtsverhältnis des Versicherten zur Krankenkasse entstehen würde[233]. So durfte der Vertragsarzt grundsätzlich etwa auch die durch die Arzneimittelrichtlinien ausgeschlossenen Arzneimittel verordnen, wenn er nachweisen konnte, dass die dem Ausschluss zugrundeliegenden Erfahrungssätze nicht dem gegenwärtigen Kenntnisstand entsprachen[234]. Mit dem sog. Methadon-Urteil wurde eine Wende eingeleitet und der 6. Senat des BSG stellte fest, dass die nach § 92 Abs. 1 Satz 1 SGB V erlassenen Richtlinien als Rechtsnormen – nämlich *Satzungsrecht* – und

---

232 Umsetzungshilfe zum SGB V nach dem GMG, 2003 Asgard-Verlag Sankt Augustin, S. 105. Mit „Forderungen" sind im Wesentlichen die Entscheidungen des BSG aus 1996 (BSGE **78**, 70) und 2003 gemeint (BSGE **81**, 54).

233 BSGE **35**, 10, 13; **52**, 70, 73.

234 BSGE **63**, 133, 166 f.

für Vertragsärzte, Kassen und Versicherte normativ verbindlich seien[235]. Der 1. Senat des BSG knüpfte hieran an, begründete jedoch dogmatisch abweichend und ordnete die Richtlinien als *Kollektiv- bzw. Normsetzungsverträge* ein. Übereinstimmend waren die Entscheidungen nur insoweit, als dem Versicherten ein ausfüllungsbedürftiges Rahmenrecht auf Behandlung zugesprochen wurde, das sich erst nach der Konkretisierung durch den Leistungserbringer zu einem durchsetzbaren Einzelanspruch verdichtet[236]. Diese Rechtsprechung führt letztlich dazu, dass das Leistungserbringungsrecht Vorrang gegenüber dem Leistungsrecht hat[237]. An dieser Stelle ist auf zwei Punkte hinzuweisen, nämlich auf

- die verfassungsrechtlichen Bedenken bezüglich der Verbindlichkeit der Richtlinien gegenüber den Versicherten und
- die vom BSG selbst formulierten Ausnahmesituationen von der Bindungswirkung.

297

Zum einen stehen der Ansicht des BSG, die Richtlinien seien gegenüber den Versicherten zwingend verbindlich, eine Vielzahl von *verfassungsrechtlichen Bedenken* entgegen[238], die der Sache nach in gleicher Weise auf den Bewertungsausschuss und damit auf den EBM zutreffen[239]. Hierauf kann an dieser Stelle nicht im Detail eingegangen werden. Es soll aber hingewiesen werden auf die unverändert fragwürdige verfassungsrechtliche Legitimation des Ausschusses[240] und die kritische Länge der Legitimationskette für das Gremium, das letztlich die Leistungsansprüche der Versicherten konkretisiert. Grundsätzlich gilt: Je länger die Legitimationskette, umso weniger darf es sich um eine schwer wiegende Regelung handeln[241]. Selbst das BSG räumt ein, dass diese Kette hier eine bedenkliche Länge erreicht[242]. Es können daher auf diese Kette gestützt nur solche Regelungen getroffen werden, die keine bedeutenden und weitreichenden Folgen haben. Die Bestimmung der Ansprüche der Versicherten, die letztlich auf den Grundrechten auf Leben und körperliche Unversehrtheit nach Art. 2 Abs. 2 Satz 1 GG fußen, geht darüber aber weit hinaus. In aller Kürze lässt sich hierzu zusammenfassen, dass die Einheitlichkeit von Leistungsrecht und Leistungserbringungsrecht zwar sinnvolles Ziel, aber keine Selbstverständlichkeit ist. Damit die Richtlinien den An-

235 BSGE **78**, 70, 76. Weitere Fundstellen: ArztR 1997, 90; MedR 1997, 123; NJW 1997, 823.

236 BSGE **81**, 54.

237 *Franke*, SGb 1999, 5, 6; Schnapp/Wigge (*Neumann*), S. 296. So im Ergebnis auch *Quaas/Zuck*, § 11, Rz. 107. Vgl. dazu auch BSG, 20.01.2005, B 3 KR 9/03 R und LSG Nordrhein-Westfalen, 17.03.2005, L 16 KR 110/03.

238 Vgl. dazu *Boecken*, MedR 2000, 165, 168; *Di Fabio*, NZS 1998, 449, 452; *Franke*, SGb 1999, 5, 8; *Herffs*, S. 201 ff.; *Schimmelpfeng-Schütte*, SGb 1999, 530, 534; *Wimmer*, MedR 1997, 225, 227; *ders.*, NZS 1999, 113, 118.

239 *Wimmer*, NZS 2001, 287, 291, Fn. 43.

240 Offen gelassen in BVerfG am 06.12.2005, 1 BvR 347/98, Seite 12 des Umdrucks.

241 *Clemens*, MedR 1996, 432, 436; *Sodan*, NZS 1998, 305, 309.

242 BSG, MedR 1997, 123, 129.

spruch der Versicherten verbindlich ausformen, bedarf es der Transformation, an deren Wirksamkeit erhebliche Zweifel bestehen.

298 Zum anderen *hat das BSG selbst eine Ausnahme formuliert* von den sich aus § 135 Abs. 1 Satz 1 SGB V ergebenden Zwängen. Danach kommt ein Kostenerstattungsanspruch des Versicherten ausnahmsweise dann in Betracht, wenn die fehlende Anerkennung der neuen Methode auf einem Mangel des gesetzlichen Leistungssystems beruht[243]. Dieser Ansatz ist für die strafrechtliche Beurteilung von erheblicher Bedeutung, weil es ansonsten denkbar wäre, dass der Arzt wegen Abrechnung einer von den Richtlinien als unwirtschaftlich bezeichneten Leistungen nach § 263 StGB verurteilt wird, während der versicherte Patient seine Kasse später erfolgreich auf Kostenerstattung für die verweigerte Leistung nach § 13 Abs. 3 SGB V verklagt. Eine Ausnahme von der Verbindlichkeit der Richtlinien aufgrund eines Mangels des gesetzlichen Leistungssystems besteht nach den Ausführungen des BSG, wenn einer der folgenden Aspekte gegeben ist:

- Als formelles Kriterium gilt, dass der Gemeinsame Bundesausschuss bei Vorlage der benötigten Unterlagen in *vertretbarer Zeit* eine Entscheidung über die Anerkennung der neuen Methode erreicht. Wird dies willkürlich oder aus sachfremden Erwägungen blockiert oder verzögert und kann deshalb eine für die Behandlung benötigte Therapie nicht eingesetzt werden, widerspricht das dem Auftrag des Gesetzes[244].
- Als Sachkriterium gilt, dass zwar grundsätzlich die Beurteilung einer Methode nach wissenschaftlich statistischer Erfahrung erfolgen kann. Das BSG hat jedoch anerkannt, dass es Behandlungsmethoden geben kann, bei denen dieser *statistische Wirksamkeitsnachweis schwierig* ist[245]. Das kann der Fall sein, wenn
  - die erforderlichen Untersuchungen noch nicht abgeschlossen sind,
  - die statistische Nachweisverfahren als solche noch nicht festgelegt werden konnten oder
  - die Methode einem statistischen Nachweisverfahren gar nicht zugänglich ist, z.B. weil die Krankheit zu selten auftritt oder sich etwa wegen ihres meist tödlichen Ausgangs die Erforschung mittels Placebos verbietet[246].

299 Das BSG hat für den letzten Fall, bei denen der Gemeinsame Bundesausschuss nicht in angemessner Zeit entscheidet und die wissenschaftliche Anerkennbarkeit nicht per Statistik messbar ist, die Prüfung vorgeschlagen, ob die neue Methode in der medizinischen Fachdiskussion schon ein solches Gewicht erhalten hat, dass eine Überprüfung und Entscheidung durch den Bundesausschuss veranlasst gewesen wäre. Dies richte sich nach der tatsächlichen Verbreitung in der Praxis und in

[243] BSGE **81**, 54, 65 f.
[244] BSGE **81**, 54, 66.
[245] BSGE **81**, 54, 67.
[246] *Quaas/Zuck*, § 11, Rz. 115.

der fachlichen Diskussion[247]. Anders ausgedrückt lässt sich dies umschreiben mit Akzeptanz und Resonanz, wobei die Akzeptanz die medizinische Binnenanerkennung, die Resonanz die Nachfrage der Patientenseite bezeichnet[248]. Aus strafrechtlicher Sicht ergibt sich an dieser Stelle jedoch eine Vielzahl von Unbestimmtheiten.

Zunächst stellt sich die Frage, wie eine Resonanz einer Behandlung bei GKV-Patienten bestehen und wie sie objektiv festgestellt werden kann, wenn die Behandlung nicht zum Spektrum der Kassenleistung gehört und auch nicht z.B. über ein Modellvorhaben nach § 63 Abs. 2 SGB V getestet wird. Denn in diesem Fall müssen die Versicherten die Kosten selbst tragen, was je nach Höhe die Nachfrage und damit die Resonanz zweifellos beeinflussen wird. Die durch das BSG erwähnte Ausnahmesituation ist in der Sache durch das Bundesverfassungsgericht jüngst nicht nur bestätigt, sondern merklich weiter gezogen worden. Das BVerfG hat festgestellt, dass die Übernahme der Kosten durch die gesetzlichen Krankenkassen auch in Fällen einer lebensbedrohlichen oder vorhersehbar tödlich verlaufenden Krankheit ausgeschlossen ist, für die 300

- ein dem allgemein anerkannten medizinischen Standard entsprechende Behandlungsmethode nicht existiert[249],
- der behandelnde Arzt jedoch eine Methode zur Anwendung bringt, die nach seiner Einschätzung im Einzelfall den Krankheitsverlauf positiv zu Gunsten des Versicherten beeinflusst.

Dies, so das BVerfG weiter, verstoße gegen das Recht des Versicherten auf Leben und körperliche Unversehrtheit nach Art. 2 Abs. 2 GG in Verbindung mit dem Sozialstaatsprinzip. Die Sozialgerichte hätten in diesen Fällen ggf. mit sachverständiger Hilfe zu prüfen, ob es nicht ernsthafte Hinweise auf eine spürbare positive Einwirkung auf den Krankheitsverlauf im konkreten Einzelfall gäbe[250]. Mit dieser Entscheidung wird das gefundene Ergebnis gestützt, dass die Entscheidungen des Gemeinsamen Bundesausschusses nicht zwingend rechtsverbindlich sein müssen, also der EBM-Katalog und die Richtlinien den Leistungsanspruch des Versicherten nicht zwingend verbindlich definieren und somit für eine Beurteilung des Schadens im Sinne des § 263 StGB gleichfalls nicht zwingend verbindlich sein können.

Dies Ergebnis wird noch durch weitere Überlegungen gestützt: So ist in Bezug auf die Ausführungen des BSG[251] denkbar, dass es bereits an einem Antrag zur Prüfung durch den Gemeinsamen Bundesausschuss fehlt, weil die nach § 135 Abs. 1 Satz 1 SGB V allein Antragsberechtigten ihn nicht stellen. Der Grund dafür kann durchaus darin liegen, dass die mit der neuen Behandlungsmethode verbun- 301

[247] BSGE **81**, 54, 68. So auch BVerfG am 06.12.2005, 1 BvR 347/98, Seite 14 des Umdrucks.
[248] BSGE **81**, 54, 68.
[249] Vgl. BSGE **86**, 54, 66.
[250] BVerfG am 06.12.2005, 1 BvR 347/98, Seite 13 des Umdrucks.
[251] Siehe oben unter Rz. 298.

denen Kosten vermieden werden sollen[252]. Zwar ließe sich eine Verschleppung der Antragstellung danach bemessen, ob die zuständigen ärztlichen Berufsverbände intensiv auf eine Antragstellung hingewirkt haben[253]. Es ist aber nicht hinreichend sicher bestimmbar, wann genau ein „intensives Bemühen zur Antragstellung" vorliegt, zumal dies gleichfalls nur Indizwirkung haben kann.

302 An dieser Stelle muss erneut deutlich davor gewarnt werden, die sozialversicherungsrechtlichen Formalstrenge ungeprüft ins Strafrecht zu übertragen, wie es bereits 1993 mit der Entscheidung des BGH eingeleitet wurde:

BGH, NStZ 1993, 388:
Der BGH hatte der Stellungnahme des KBV-Ausschusses für Untersuchungs- und Heilmethoden (UHM-Ausschuss) für die Auswahl der Behandlungsleistungen de facto eine Verbindlichkeit auch im Rahmen des Verhältnisses Kasse-Versicherter zugesprochen, obwohl dem BGH bewusst war, dass die Stellungnahme in dieser Rechtsbeziehung eine geringere Verbindlichkeit besaß und es dem Versicherten offen stand, seine Kasse im Klagewege bezüglich der gewünschten Leistung in Anspruch zu nehmen. Der Arzt hatte eine Behandlung erbracht und abgerechnet, die in der UHM-Stellungnahme nur für vier Krankheiten anerkannt war, wozu die im konkreten Fall behandelte Krankheit nicht gehörte.

303 Neben den verfassungsrechtlichen Bedenken zur Legitimation des Gemeinsamen Bundesausschusses zur Bestimmung des Leistungsanspruchs der GKV-Versicherten ist es zweifelhaft, ob der Tatbestand des § 263 StGB im Sinne des Art. 103 Abs. 2 GG hinreichend genug bestimmt ist, um die hier diskutierte Variante noch erfassen zu können. Es spricht viel dafür, in diesem Zusammenhang dem fragmentarischen Charakter des Strafrechts Rechnung zu tragen, wonach nur gewisse Formen sozialethischen Unrechts zu Straftaten erklärt werden können. Insofern kommt den Richtlinien und dem EBM im Leistungsverhältnis zwischen Kasse und Versichertem durchaus Indikationswirkung, nicht aber zwingende Verbindlichkeit zu. Es ist also im Ergebnis Tatfrage, ob die Kasse durch die ärztliche Leistung von einer Verbindlichkeit gegenüber dem Versicherten befreit worden ist.

304 Dies muss umso mehr gelten, als bereits fraglich ist, ob ein zivilrechtlicher Schadensersatz- und Schmerzensgeldanspruch gegen den Arzt wegen eines ärztlichen Behandlungsfehlers gegeben sein kann, wenn die unterlassene Art der Befunderhebung nicht oder noch nicht zum GKV-Leistungskatalog gehört. Hierzu ist richtig angemerkt worden, dass für den Fall eines Fehlers des GBA (vorwerfbare Nichtaufnahme einer bestimmten Behandlungsart in den GKV-Katalog) dieser und nicht der behandelnde Arzt belangt werden müsse, und zwar nach den Grundsätzen der Amtshaftung[254]. Wenn schon im Haftungsrecht korrekterweise die Entscheidungen des GBA hinterfragbar sind, muss dies auch für das Strafrecht gelten. Dies zum einen, weil das Strafrecht mit einschneidenderen Sanktionen bewehrt ist,

[252] *Quaas/Zuck*, § 11, Rz. 109, Fn. 124.
[253] *Quaas/Zuck*, § 11, Rz. 109, Fn. 124.
[254] *Cramer/Dahm*, ZMGR 2005, 237, 238.

zum anderen weil sonst ein Bruch in der Gesamtrechtsordnung entstünde. Es könnte sonst nämlich der Arzt haftungsrechtlich die Klage zu Fall bringen, während er sich strafrechtlich nach § 263 StGB wegen Erbringung und Abrechnung einer Leistung verantworten müsste, die fehlerhafter Weise noch nicht zum GKV-Spektrum gehört.

Liegt es also so wie beschrieben, ist *kein Schaden* im Sinne des § 263 StGB eingetreten. Schließlich wird auch zweifelhaft sein, ob sich bei dieser Konstellation ein entsprechender *Vorsatz* für die Tat beim Arzt feststellen lässt. 305

c) Unwirtschaftliches Behandlungsmaß einer Krankheit

Das unwirtschaftliche Behandlungsmaß hat die Erbringung von Kassenleistungen zum Inhalt, die den Umfang übersteigen, der für die ordnungsgemäße Diagnose und / oder Therapie notwendig wäre. Aus der Sicht des GKV-Systems wird die Tätigkeit des Arztes nur dann als ärztliche Behandlung angesehen, wenn sie auf die Verhütung, Früherkennung oder Behandlung von Krankheiten gerichtet ist und die in § 27 Abs. 1 SGB V genannten Behandlungsziele verfolgt[255]. Weil es an Letzterem fehlt, ist die Zuvielbehandlung mit GKV-Leistungen im Vertragsarztrecht wie eine nicht-ärztliche Leistung einzuordnen und daher nicht zu vergüten[256]. Der Blick in das private Krankenversicherungsrecht und die zivilrechtliche Beziehung zwischen Arzt und Privatpatient bestätigt dieses Ergebnis[257]. 306

Die Leistung des Arztes kommt auch aus keinem anderweitigen Gesichtspunkt ein Wert zu. Zwar muss ein Vermögenswert nicht allein deshalb fehlen, weil er „aufgedrängt“ wurde und der Betroffene bei Kenntnis der wahren Sachlage die Verfügung nicht genommen hätte. Dies ist die Konsequenz aus dem Grundsatz, wonach § 263 StGB nur das Vermögen, nicht aber die Dispositionsfreiheit schützt. Aber selbst wenn man im überschießenden Behandlungsmaß einen Wert erkennen wollte, so würde dieser doch ausschließlich dem Versicherten, nicht aber der Kasse zufließen. Gerade hierauf käme es aber an, wenn die Befreiung der Kasse von einer Verbindlichkeit eine Rolle spielen würde. Das Vermögen der Kasse wird durch die ärztliche Leistung nur dann ausgeglichen, wenn die Behandlung den Anspruch des Versicherten auf wirtschaftliche ärztliche Behandlung gegen die Kasse zum Erlöschen bringt. Bis zu dieser Stufe erfolgt der Vermögenszuwachs bei Versichertem und Kasse simultan. Jeder darüber hinausgehende und auf die ärztliche Behandlung zurückzuführende mögliche Vorteil tritt jedoch allein auf Seiten des Versicherten ein und vermehrt ausschließlich sein Vermögen, nicht mehr jedoch das der Kasse. Die Konstellation ist also nicht mit den Fällen vergleichbar, in denen das Opfer das Geschäft bei Kenntnis der wahren Umstände zwar nicht abgeschlossen hätte, jedoch einen nach objektivierten Gesichtspunkten ausgeglichenen Wert erhält[258]. 307

---

255 Kass. Komm. (*Höfler*), § 27, Rz. 48 ff., § 28 SGB V, Rz. 7. Vgl. auch BSGE **28**, 199, 201; **48**, 47, 51.

256 *Jörg*, Rz. 414.

257 Vgl. dazu unter Rz. 437 ff.

258 Vgl. BGHSt **16**, 321, 326; BGH, BB 1962, 198; OLG Hamm, wistra 1982, 152.

308 Zusammenfassend muss bei der Abrechnung von unwirtschaftlichen Leistungen unterschieden werden, ob sich der Vorwurf auf die ausgewählte Behandlungsart oder auf das Behandlungsmaß bezieht. Ob die Behandlungsart unwirtschaftlich ist, wird nach diesseitiger Auffassung - und insofern abweichend von den Entscheidungen des BSG - nicht verbindlich durch den EBM und die Richtlinien des Gemeinsamen Bundesausschusses geregelt. Diese Bestimmungen haben allerdings Indizcharakter. Ist die Leistung im konkreten Fall also trotz Nichtaufführung im EBM oder in den Richtlinien medizinisch notwendig, hat der versicherte Patient einen entsprechenden Anspruch gegenüber der Kasse, von der diese durch die ärztliche Leistung befreit wird, so dass es am Schaden im Sinne des § 263 StGB fehlt.

309 Erbringt der Arzt die Leistungen jedoch in einem unwirtschaftlichen Maße, ist ein Schaden stets gegeben.

VII. Keine Weitergabe von Zuwendungen

1. Täuschung

310 Die Höhe des rabattierten Preises für Sprechstundenbedarf und solche Materialien, die nicht schon in den berechnungsfähigen Leistungen enthalten und somit gesondert in Rechnung zu stellen sind[259], ist eine Tatsache im Sinne von § 263 StGB. Soweit dazu bei der Abrechnung gegenüber der Kasse[260] keine ausdrückliche Behauptung durch den Arzt im Rahmen der Sammelerklärung erfolgt[261], ist eine konkludente Tatsachenbehauptung möglich, es sei insgesamt kein Rabatt eingeräumt worden. Konkludent wird jeweils das erklärt, was zu denjenigen Umständen gehört, die den jeweiligen Geschäftstyp bzw. die jeweilige Geschäftsgrundlage

---

[259] Vgl. 7.3 Allgemeine Bestimmungen EBM 2000 plus: In den berechnungsfähigen Leistungen sind – soweit nichts anderes bestimmt ist – nicht enthalten Kosten für Arzneimittel, Verbandmittel, Materialien, Instrumente, Gegenstände und Stoffe, die nach der Anwendung verbraucht sind oder die der Kranken zur weiteren Verwendung behält, Kosten für Einmalinfusionsbestecke, Einmalinfusionskatheter, Einmalinfusionsnadeln und Einmalbiopsienadeln, Telefonkosten, die entstehen, wenn der behandelnde Arzt mit dem Krankenhaus zu einer erforderlichen stationären Behandlung Rücksprache nehmen muss. Diese sind nach § 44 Abs. 5 BMV-Ä gesondert abzurechnen.

[260] Die Problematik entspricht den Konstellationen bei der zahnärztlichen Abrechnung, wenn auch die Abrechnung der anteiligen Kosten für Zahnersatz gegenüber der KZV und den Patienten zu erfolgen hat (vgl. dazu LG Duisburg, 22.09.2004, 34 KLs 6/04; Ärzte Zeitung, 24.09.2004, ‚Globudent-Manager müssen wegen Betrugs in den Knast').

[261] Vgl. dazu jedoch das Muster der Sammlerklärung der KV Baden-Württemberg und der KV Bremen, mittels dessen eine spezifische und ausdrückliche Erklärung zur Materialkostenabrechnung unter Verweis auf § 44 Abs. 5 BMV-Ä erfolgt.

objektiv ausmachen[262]. Das Nichtfließen von Zuwendungen gehört in der Regel dann zu den maßgeblichen Umständen, wenn eine Abrechnung nicht über Pauschalen, sondern auf der Grundlage der tatsächlichen Kosten erfolgt[263], vgl. 7.4 der Allgemeinen Bestimmungen des EBM 2000 plus, § 5 Abs. 4 Gesamtvertrag KV Westfalen-Lippe und der AOK Westfalen-Lippe u.a. Es gibt zwei Varianten, Zuwendungen fließen zu lassen, nämlich

- *offen*, so dass die Belege die Preise einschließlich Rabatt und damit korrekt ausweisen – soweit diese Belege nicht von ärztlicher Seite manipuliert werden.
- *verdeckt,* wobei dem Arzt ein marktüblicher Preis berechnet wird, den er mit entsprechendem Beleg weiterberechnen kann. Im zweiten Zug erhält der Arzt dann eine Rückvergütung[264] oder anderweitige Vorteile, indem z.B. andere Verbindlichkeiten des Arztes kostenreduziert / gratis
  - entweder durch die Verkäuferseite unmittelbar übernommen werden oder
  - indem der Vorteil einem anderen Dienstleistungsanbieter zufließt, der auf diese Weise wiederum seine Leistungen gegenüber der Praxis vergünstigt erbringen kann. Beispielsweise wird bei Bestellung von Röntgenkontrastmittel bei der Firma A die kostenfreie Entsorgung von Praxissondermüll durch die Firma B vermittelt[265].

Denkbar ist auch die Übernahme von Kongressaufenthalten oder Leasingraten für **311** Medizingroßgeräte[266]. Letztlich kann die verdeckte Rückvergütung als Übernahme von Verbindlichkeiten oder Gewährung von Vorteilen jeder Art ausgestaltet werden.

Die verdeckten Zuwendungen sind deutlich schwerer festzustellen, weil die **312** Preisbildung und -findung nachvollzogen werden muss. Zusätzlich erschwerend wäre es, wenn die Rückvergütung nicht über die Preisvergünstigung bei nur einem, sondern bei mehreren Unternehmen erfolgt. Dann würden keine auffälligen und wirtschaftlich kaum begründbaren Gratisleistungen einer einzigen Drittfirma angeboten wie die kostenfreie Entsorgung von Sondermüll[267], sondern der Rabatt würde durch Verteilung auf die Rechnungen mehrerer Firmen unauffälliger gestaltet. Dann wäre die Problematik der Preisfindung nicht nur bezüglich des Materialverkäufers, sondern auch bezüglich einer ganzen Reihe von Firmen gegeben.

---

262 BGH, NStZ 1982, 70; *Kindhäuser/Neumann/Paeffgen*, § 263, Rz. 125 ff.; Schönke/ Schröder (*Cramer*), § 263, Rz. 16 e; *Tiedemann*, LK, § 263, Rz. 31; *Tröndle/Fischer*, § 263, Rz. 12.

263 BGH, MedR 1992, 36; AG Minden, MedR 2004, 165; *Dahm*, MedR 1992, 250, 254. Im vom BGH zu entscheidenden Fall war von der einen zur anderen Abrechnungsweise übergegangen worden, so dass sich auch die strafrechtliche Beurteilung änderte.

264 BGH, wistra 2004, 422; LG Duisburg, 22.09.2004, 34 KLs 6/04, S. 7 des Umdrucks; Laufs/Uhlenbruck (*Ulsenheimer*), §151, Rz. 13.

265 OLG Hamm, GesR 2005, 175.

266 *Dahm*, MedR 1992, 250; *Noak*, MedR 2002, 76.

267 OLG Hamm, GesR 2005, 175.

313 Von diesen durchzureichenden Rabatten sind allerdings *Skonti* abzugrenzen, also Nachlässe für vorzeitige Zahlung eines Rechnungsbetrages[268] („Belohnung für schnelles Zahlen"). Das ist schlüssig, denn im Gegensatz zu einem etwa aufgrund hoher Bestellmenge erreichten Rabatt wird die mittels Skonto erreichte Preisreduktion allein durch ein dem Arzt zuzurechnendes Wirtschaftsgut, nämlich seiner Liquidität, erreicht und finanziert[269]. Also steht dieser Vorteil auch allein ihm zu. Folgerichtig ist in § 44 Abs. 5 Satz 5 BMV-Ä geregelt:

> *Der Vertragsarzt ist verpflichtet, die tatsächlich realisierten Preise in Rechnung zu stellen und ggf. vom Hersteller bzw. Lieferanten gewährte Rückvergütungen, wie Preisnachlässe, Rabatte, Umsatzbeteiligungen, Bonifikationen und rückvergütungsgleiche Gewinnbeteiligungen mit Ausnahme von Barzahlungsrabatten bis zu 3 % weiterzugeben*[270].

314 Die bezeichnete Obergrenze von 3 % orientiert sich am Rabattgesetz, das bis zum 31.07.2001 Gültigkeit hatte[271]. Skonti bis zu dieser Höhe stehen also dem Arzt allein zu, er ist zur Weitergabe nicht verpflichtet[272] und somit gehört die Tatsache von Skonto nicht zu den die Geschäftsgrundlage ausmachenden Umständen. Dazu wird folglich keine konkludente Erklärung abgegeben. Um Skonto im Sinne der Darstellung handelt es sich nur dann, wenn die Skontofrist auch regelmäßig eingehalten wird[273]. Ansonsten besteht Grund für die Überlegung, dass es sich tatsächlich um eine verdeckte Bonifikation handelt, die weiterzugeben oder jedenfalls mitzuteilen wäre.

315 Skonti, die über die genannte Größenordnung von 3 % hinausgehen, *können* verdeckte Rabatte darstellen. Ob dies so ist, hängt davon ab, ob das gewährte Skonto in Relation zur anderweitigen Finanzierung des Verkäufers steht, denn letztlich entspricht das Skonto einem kurzfristigen Kredit, den der Verkäufer sich grundsätzlich auch anderweitig finanzieren könnte. Je nach Liquidität und Bonität

---

[268] *Lück*, S. 610, Stichwort „Skonto".

[269] Vgl. BSG, NZS 1993, 35, 37; *Dahm*, MedR 1992, 250, 252. Kritisch *Ullmann*, MedR 1996, 341, 344 ff.

[270] Vgl. dazu das Formular zur Sammelerklärung der KV Baden-Württemberg. Ähnlich zu diesem Punkt die Feststellung Nr. 837 der AG Ärzte / Ersatzkassen (bei *Noak*, MedR 20002, 76, 79).

[271] § 2 Rabattgesetz lautete: „Der Preisnachlass für Barzahlung (Barzahlungsnachlass) darf drei vom Hundert des Preises der Ware oder Leistung nicht überschreiten. Er darf nur gewährt werden, wenn die Gegenleistung unverzüglich nach der Lieferung der Ware oder der Bewirkung der gewerblichen Leistung durch Barzahlung oder in einer der Barzahlung gleichkommenden Weise, insbesondere durch Hingabe eines Schecks oder durch Überweisung, erfolgt."

[272] BGH, MedR 1992, 36; BSG, NZS 1993, 35, 37; OLG Nürnberg, VersR 1988, 1262; *Dahm*, MedR 1992, 250, 252; *Pohl*, ZM 1982, 2085, 2089 f.; Rieger (*Dahm*), Lexikon, Ordnungsziffer 4940, Rz. 6.

[273] So auch ausdrücklich Dahm, MedR 1992, 250, 252. Von in Praxi regelmäßiger Nichteinhaltung der Skontofrist ausgehend und daher offenbar kritisch *Ullmann*, MedR 1996, 341, 343, 346. Vgl. auch *Müller/Wabnitz*, NJW 1984, 1785, 1788.

des Verkäufers sowie seiner individuellen Zinskonditionen kann sich dies ganz unterschiedlich gestalten. Tendenziell wäre eine Überschreitung der 3 % -Grenze umso problematischer, je liquider die Verkäuferseite ist, da ein Skonto von 3 % bereits einen sehr hohen Zinsvorteil für den Käufer darstellt, der anderweitige Finanzierungskosten des Verkäufers merklich übersteigt. Denn bei Zahlung innerhalb von z.B. acht Tagen nach Rechnungserhalt errechnet sich bei Ansatz einer sonstigen Zahlungsfrist von 30 Tagen (vgl. § 286 Abs. 3 BGB) eine Vorfinanzierungszeit für den Käufer von 22 Tagen. Bei 3 % Skonto bedeutet dies, dass der gewährte Zinssatz für die Finanzierung des Verkäufers bei 49 % p.a. (!) liegt. Selbst bei 1 % Skonto sind es noch über 16 % p.a. Aus diesem Grund und unabhängig von dieser Fallgruppe ist es daher für Unternehmen oft grundsätzlich ratsam, für die Nutzung von Skonto sogar eigenen Kredit aufzunehmen. In diesem Licht erscheint die 3 %-Grenze kaum überschreitbar, selbst wenn sie nicht ausdrücklich im BMV-Ä oder anderen Bestimmungen auf exakt 3 % beziffert wäre.

Hintergrund der Skonti-Regelung ist also, dass immer solche Preisnachlässe an 316
den Kostenträger weiterzugeben sind, die letztlich nicht durch den Arzt, sondern durch die Kostenschuldnerseite generiert und finanziert werden und daher dieser als Wirtschaftsgut zustehen. Denn z.B. ein Mengenrabatt ist für den Arzt selbst nicht mit Kosten verbunden, jedenfalls nicht mit solchen, die gesondert berechenbar wären (z.B. Lagerungskosten). Gleiches muss etwa für den Dauerbezug- bzw. Treue-Rabatt gelten. Denn hier erfolgt über die Praxis lediglich eine Bündelung von Bedürfnissen, die – anders als im sonstigen Wirtschaftsleben - vom Arzt nicht gesteuert werden können und nicht gesteuert werden sollen. Die Notwendigkeit medizinischer Versorgung soll für den Arzt in diesem Zusammenhang kein Wirtschaftsgut sein, ihm keine gesonderte Verdienstmöglichkeit und keine zusätzliche Marktmacht[274] eröffnen, weil sein Berufsfeld, nämlich die Gesundheit der Patienten, keine Ware im herkömmlichen Sinne ist[275].

Als *Zwischenergebnis* ist festzuhalten, dass der Nichterhalt von Rabatten und 317
Zuwendungen zu den wesentlichen Umständen der Geschäftsgrundlage gehört, also zumindest konkludent bei der Abrechnung durch den Vertragsarzt miterklärt wird, sofern dies nicht bereits über den Sammelerklärungsvordruck ausdrücklich behauptet wird.

Zwar lässt sich überlegen, ob in dem abweichenden Fall, dass der *Hersteller die* 318
Verordnungen unmittelbar mit der Kasse abrechnet und damit vom Arzt selbst dazu gar keine Preise mehr realisiert werden und keine Abrechnung mehr eingereicht wird, eine ärztliche Garantenpflicht fehlt und damit keine Täuschung des Arztes durch Unterlassen erfolgt[276]. Für diese Überlegung spricht zwar, dass die Kassen unmittelbar die Preise verhandeln, also insoweit eine Transparenz besteht. Dabei wird jedoch übersehen, dass das Kernproblem (Kenntnis über Rabattgewäh-

[274] Vgl. OLG Köln, MedR 2003, 460. Dementsprechend auch die Regelung des § 31 MBO-Ä zum Verbot der unerlaubten Zuweisung von Patienten gegen Entgelt, vgl. dazu Ratzel/Lippert (*Lippert*), MBO, § 31, Rz. 1.

[275] Vgl. *Dahm*, MedR 1994, 13.

[276] *Noak*, MedR 2002, 76, 79 für die dort diskutierte Feststellung Nr. 837 der Arbeitsgemeinschaft Ärzte/Ersatzkassen". Zustimmend *Bernsmann/Schoß*, GesR 2005, 193, 195.

rung bzw. des tatsächlichen Preises) auf diese Weise keineswegs gelöst ist, insbesondere nicht bei den verdeckten Rückvergütungen. Denn die Kasse erhält exakt dieselben Unterlagen wie beim üblichen Verfahren, bei dem der Arzt die Belege zur Erstattung vorlegt. Ob Rabatte gewährt wurden, wird ohne Erklärung des Arztes bei diesem Ablauf genauso wenig kenntlich gemacht wie es sonst auch der Fall wäre. Das Dilemma, dass Verordnungs- und Zahlerseite zwei unterschiedliche Parteien sind, ändert sich durch diese Variante gerade nicht. Daher heißt es in der entsprechenden Formulierung dazu auch

> *„Der Vertragsarzt ist verpflichtet, die tatsächlich realisierten Preise in Rechnung zu stellen und[277] ggf. vom Hersteller / Lieferanten gewährte (...) Rabatte (...) Bonifikationen weiterzugeben[278].“*

319 Diese zitierte Formulierung ist sinngemäß deckungsgleich mit der entsprechenden Passage in § 44 Abs. 5 BMV-Ä. Erst wenn beides erfüllt ist, nämlich

- die Vorlage der Belege (gleich durch die Verkäuferseite oder durch den Arzt) und
- die Weitergabe der Zuwendungen und Rückvergütungen (gleich ob verdeckten oder offenen)

kann die zahlende Seite berechtigt davon ausgehen, dass der ausgewiesene auch der tatsächliche Preis ist.

320 Zu diesem Ergebnis führt auch der Grundsatz, dass Willenserklärungen und Verträge nicht nach ihrem Wortlaut, sondern nach dem tatsächlichen Willen der Beteiligten entsprechend auszulegen sind, § 61 SGB X, §§ 133, 157 BGB. Die Intention bei der geschilderten Variante kann schlechterdings nicht sein, dass sich der Kostenträger entgegen der ansonsten durchgängig üblichen Regelung der Rabatte begeben bzw. auf die entsprechende Mitteilung verzichten wollte. Ziel ist es allein, die Abwicklung der Abrechnung zu beschleunigen. Etwas anderes wäre mit Blick auf die dargestellte, ansonsten unveränderte Situation nicht begründbar.

321 Daher gehört die Erklärung bezüglich des Nichterhalts von Rabatten / Bonifikationen / Rückvergütungen / Zuwendungen auch bei dieser Variante zu den Grundlagen der vertragsärztlichen Abrechnung, die konkludent mit der Abgabe der Quartalsabrechnung erklärt wird.

2. Irrtum, Vermögensverfügung, Schaden

322 Wird ohne Offenlegung die im BMV-Ä verankerte Grenze von 3 %-Grenze beim Skonto überschritten oder werden anderweitige Rückvergütungen in Anspruch genommen, irren die zuständigen Mitarbeiter bei der Kasse täuschungsbedingt, so dass die ungeminderte Zahlung der Auslagen und damit eine Vermögensminde-

---

277 Hervorhebung durch den Bearbeiter.
278 Vgl. *Noak*, MedR 2002, 76, 79.

rung erfolgt. An dieser Stelle ist zu prüfen, ob die Kasse aufgrund der Rückvergütung im Ergebnis tatsächlich mehr bezahlt als das, wozu sie verpflichtet wäre. Anders ausgedrückt geht es um die Frage, ob die Bonifikation oder ein Skonto von mehr als den bezeichneten 3 % tatsächlich kalkulations- und preisrelevant war, also ob sich ohne dies ein geringerer Preis ergeben hätte. Ist dies der Fall, liegt ein Schaden vor, weil keine Kompensation erfolgt.

Das Argument, der Anreiz zum Kauf der Produkte müsse doch geradezu dem 323
Arzt zufließen, da dieser und eben nicht die Kasse verschreibe[279], macht das Dilemma deutlich, das durch Trennung von Verordnungs- und Zahlungsseite entsteht, weil die Abrechnungsbestimmungen eben gerade das Gegenteil festlegen. Der Arzt ist über das Wirtschaftlichkeitsgebot ohnehin verpflichtet, bei vergleichbaren Materialien das kostengünstigere zu wählen, so dass es gar keines zusätzlichen Anreizes gleich welcher Art bedürfte, um zum Kauf eines bestimmten Produktes beim Sprechstundenbedarf zu bewegen – es sei denn, es müsste die Entscheidung bei gleicher Qualität zu gleichem Preis erfolgen. Das Argument, der Anreiz müsse geradezu dem Arzt zufließen, führt also in der Sache nicht weiter und erscheint sogar missverständlich. Hilfreich ist dagegen eine Größenordnung, anhand derer sich eine Preisrelevanz der Zuwendung zumindest vermuten lässt. Denn für die Preisbildung ist eine ganze Reihe von Faktoren bestimmend[280], so dass sich eine Preisrelevanz von Rabatten / Zuwendungen keinesfalls pauschal unterstellen lässt. Beispielsweise kann es im Verkäuferunternehmen üblich sein, den Rückvergütungswert intern den Budgets der entsprechenden Abteilung zu belasten, so dass sich dies zu Lasten der Mitarbeiterprovisionen auswirkt[281]. In diesem Fall wird die Rückvergütung letztlich durch Einbußen der verkäuferseitigen Mitarbeiter finanziert und hätte keine Preisrelevanz. Nach dem BGH spricht es gegen eine Preisrelevanz, wenn es Motiv des Leistenden ist, den Empfänger für weitere Geschäfte geneigt zu machen[282], oder die Zahlung der allgemeinen und üblichen Kundenpflege dient[283].

Indizien für eine solche bloße Kundenpflege und damit gegen die Preisrelevanz 324
sind:

- Eine *klare Trennung* von Preiskalkulation und Provisions- bzw. Zuwendungspaket[284].
- *Einheitliche Preise* der Hauptleistung, gleich ob die Praxis die Zuwendung in Anspruch genommen hat oder nicht[285].
- Die *Relation der Zuwendung zum georderten Umsatzwert*. Je höher die Zuwendung im Vergleich, umso wahrscheinlicher ist eine Preisrelevanz und umso unwahrscheinlicher ist dies der allgemeinen Kundenpflege zuzuordnen. Der

279 *Bernsmann/Schoß*, GesR 2005, 193, 195. Vgl. auch *Dahm*, MedR 1992, 250, 252.
280 BGH, wistra 2001, 267, 270.
281 BGH, NJW 2002, 2801, 2803.
282 BGH, NJW 1983, 1807, 1809.
283 BGH, wistra 2001, 267, 270.
284 Vgl. BGH, NJW 2005, 300, 305 f.
285 BGH, NJW 2002, 2801, 2802. So auch *Bernsmann/Schoß*, GesR 2005, 193, 195.

BGH formuliert dabei eine Grenze ab *5 %* des Umsatzwertes, bei deren Überschreitung eine Preisrelevanz indiziert ist[286].

325 Diese Grenze von 5 % in Bezug auf den georderten Umsatz kann zu beeindruckenden Beträgen führen. So betrug etwa im entschiedenen Fall das Umsatzvolumen 60 Mio. DM. Der Angeklagte hatte über einen Zeitraum vom fünf Jahren Zuwendungen über ca. 220.000 DM erhalten, was letztlich einen Anteil von 0,37 % des Umsatzes ausmachte, also deutlich unter der formulierten Grenze von 5 % lag. Bei 3 % hätte sich ein Betrag von 1,8 Mio. DM insgesamt bzw. 360.000 DM im Schnitt p.a. ergeben. Es muss betont werden, dass es sich bei dieser vom BGH erwähnten Grenze um ein *Indiz* handelt, das sich im konkreten Fall nicht bestätigen muss. Das bedeutet für die Beraterseite in der Praxis, dass die knappe Unterschreitung der 5 %-Grenze keine Rechtssicherheit gewährleisten kann, zumal mit disziplinarrechtlichem Vorgehen der Kasse über die KV gerechnet werden muss, selbst wenn der Betrugstatbestand nicht erfüllt ist. Bei mittleren Grenzwerten wird neben der Preisrelevanz zusätzlich zu prüfen sein, ob der erforderliche *Vorsatz* für den Betrug vorgelegen hat. Dass jedenfalls ab der 5 %-Grenze die Darlegung der Preisneutralität schwierig ist, zeigt ein Beschluss des OLG Köln aus 2002, worin ein Dentallabor gegenüber einer Zahnarztpraxis einen Rabatt in Höhe von 7 % des Umsatzes gewährt hatte[287].

326 Gegen die Preisrelevanz von Zuwendungen ist angeführt worden, in Großunternehmen gäbe es Mischkalkulationen mit der Folge, dass Zuwendungen keineswegs immer auf den Preis aufgeschlagen würden. Beispielsweise liege der Aufwand für Marketing und Vertrieb bei bestimmten Unternehmen bei über 30 % des Gesamtumsatzes (konkret: 1,5 Mrd. €) und es sei unmöglich, diesen Aufwand preislich auf ein einzelnes Produkt herunterzubrechen und damit den konkret möglich günstigeren Einkaufspreis zu bestimmen[288]. Dieser Einwand übersieht, dass nur ein Bruchteil des Marketingetats dem potentiellen Kunden als Zuwendungen zufließt. Der Großteil wird regelmäßig in die Bereiche Öffentlichkeitsarbeit (Anzeigen, Broschüren, Messeveranstaltungen u.s.w.) und Vertriebswesen investiert. Diese Aufwendungen fließen anderen Seiten zu, mehren gerade nicht das Vermögen des Arztes und dürfen schon deshalb mit den Zuwendungen nicht vermischt werden. Außerdem werden schon für die eigene Kostentransparenz die Zuwendungen nicht in ein pauschales „Marketing-Budget“ mit eingebucht, sondern regelmäßig über eigene Kostenstellen gesondert erfasst und kalkuliert. Selbst wenn dies nicht der Fall sein sollte, dürfen die zweifellos hohen Aufwendungen für Marketing und Vertrieb in der alternativen Preisbildung nicht berücksichtigt werden. Die vom BGH genannten drei Kriterien bieten durchaus gute und praxistaugliche Anhaltspunkte. Der Vollständigkeit halber sei darauf hingewiesen, dass die etwaige Nichterfüllung des Betrugstatbestandes keine Implikation auf andere Tatbestände wie die Untreue hat und unabhängig davon ist, ob das Verhalten des Arztes etwa disziplinarische Maßnahmen seitens der KV nach sich ziehen kann.

---

286 BGH, wistra 2001, 267, 270 f.

287 OLG Köln, MedR 2003, 460.

288 *Bernsmann/Schoß*, GesR 2005, 193, 195.

Soweit sich der Rabatt / die Zuwendung preiserhöhend auswirkt, liegt ein Schaden auf Seiten des Kostenträgers vor. Das gilt auch dann, wenn die versteckte Rückvergütung in der Übernahme solcher Praxiskosten liegt, die bereits durch die Gebührenziffern abgedeckt und damit nicht gesondert berechenbar sind. So lag es etwa bei der kostenfreien Entsorgung von Röntgenkontrastmitteln[289]. Dadurch, dass der Verkäufer diese Entsorgungskosten dem Kaufpreis zugeschlagen hatte, wurden diese Kosten de facto von der Kasse statt von der Praxis getragen. Ähnlich liegt es bei Abrechnungen eines Krankenhauses, wenn Aufwendungen in den pflegesatzrelevanten / DRG-relevanten Bereich verschoben werden, um dadurch Zuwendungen im nicht pflegesatzrelevanten Bereich umsonst oder stark verbilligt zu erhalten[290]. **327**

VIII. Exkurs: Unwirtschaftliche Verordnungsweise

1. Sachverhalt und Entscheidung des BGH

Die Abrechnung unwirtschaftlicher Leistungserbringung ist abzugrenzen gegenüber der unwirtschaftlichen *Verordnungsweise / Rezeptierung* eines Vertragsarztes, die in jüngerer Zeit wieder ins Bewusstsein gerückt ist[291]. **328**

Die ärztliche Verordnung ist die Anordnung eines Arztes zur Versorgung eines Patienten mit Arzneimitteln, Verbandmitteln, Heil- und Hilfsmitteln. Der BGH hat dazu in einem Beschluss aus 2003 den Betrug mangels Irrtum abgelehnt und ist zum Ergebnis der Untreue nach § 266 StGB gelangt. **329**

Der Entscheidung lag der Sachverhalt zugrunde, dass der Patient sich von seinem Vertragsarzt eine Übermenge an Infusionslösungen und Hilfsmitteln ohne Indikation hatte verordnen lassen. Die Übermengen verwendete der Patient anderweitig, was der Vertragsarzt billigend in Kauf nahm. Das vorentscheidende Landgericht hatte den Patienten wegen Betruges und den Vertragsarzt wegen Beihilfe zum Betrug verurteilt. Der BGH hat das Urteil aufgehoben[292] und folgendes festgestellt: **330**

BGH: Untreue gegenüber Krankenkasse
Ein bestimmtes Arzneimittel kann der Versicherte (...) erst dann beanspruchen, wenn es ihm als ärztliche Behandlungsmaßnahme in Konkretisierung des gesetzlichen Rahmenrechts vom Vertragsarzt als einem mit öffentlichrechtlicher Rechtsmacht „beliehenen" Verwaltungsträger verschrieben wird (...). Bei Ver-

---

289 OLG Hamm, GesR 2005, 175.

290 *Bruns*, ArztR 1998, 237, 239.

291 BGH, NJW 2004, 454; *Weidhaas*, ZMGR 2005, 52.

292 BGHSt **49**, 17. Weitere Fundstellen: ArztR 2004, 376; GesR 2004, 129; MedR 2004, 268; NJW 2004, 454; NStZ 2004, 266; wistra 2004, 143. In gleicher Weise auch BGH, MedR 2004, 613, 615. Vgl. auch zur Untreue durch Nichtweitergabe von Rabatten OLG Hamm, GesR 2005, 175.

ordnung einer Sachleistung handelt der Vertragsarzt also kraft der ihm durch das Kassenarztrecht verliehenen Kompetenzen als Vertreter der Krankenkasse (...). Mit Wirkung für und gegen die Krankenkasse gibt er die Willenserklärung zum Abschluss eines Kaufvertrages über die verordneten Medikamente ab. (...) Dem Apotheker obliegt bei Vorlage des kassenärztlichen Rezeptes eine eigenständige, aber begrenzte Prüfungspflicht (...). Über diese pharmazeutische und pharmakologische Prüfungspflicht hinaus ist der Apotheker grundsätzlich nicht verpflichtet, die Angaben des Arztes zu überprüfen, insbesondere ob die Verschreibung sachlich begründet ist. (...) Allein die Krankenkasse kann die Nichterforderlichkeit einer Leistung i.S. des § 12 Abs. 1 SGB V überprüfen lassen (...) Das LG ist im Ergebnis zu Recht davon ausgegangen, dass der Angeklagte N. bei den Apothekern keinen tatbestandsmäßigen Irrtum erregt hat. Ob die Leistungen notwendig im Sinne des § 12 SGB V sind, haben die Apotheker grundsätzlich nicht zu prüfen. (...) Der Angeklagte N. hat aber auch keine seinen Vermögensvorteil bewirkende Täuschungshandlung gegenüber der Krankenkasse begangen. Die Vermögensverfügung, die letztlich den Vorteil des Angeklagten N. und spiegelbildlich den Schaden der Krankenkasse bewirkt hat, hat der Mitangeklagte Dr. S. durch Ausstellung der die Krankenkasse zur Leistung verpflichtenden Arzneimittelverordnung getroffen. Der Angeklagte Dr. S. – insoweit als Vertreter der Krankenkasse handelnd – kannte jedoch nach den Feststellungen die den Mangel begründenden Umstände; insoweit wurde die Krankenkasse nicht getäuscht. (...) Sofern die Krankenkasse überhaupt eine inhaltliche Prüfung auf die medizinische Notwendigkeit verordneter Heilmittel nach Leistungserbringung vornimmt, erfolgt diese – wie ausgeführt – ausschließlich im Hinblick auf eine nachträgliche Korrektur medizinisch nicht indizierter Maßnahmen im Innenverhältnis des Vertragsarztes zur Krankenkasse. (...) Tathandlung der Untreue (...) ist seine im Außenverhältnis wirksame, aber im Verhältnis zum Geschäftsherrn bestimmungswidrige Ausübung der Befugnis zur Vermögensverfügung oder Verpflichtung (Missbrauchstatbestand).

2. Eigene Stellungnahme

331 Auf den ersten Blick erscheint es befremdlich, den Vertragsarzt als Vermögensverwalter der Kassen einzustufen[293]. Es ließe sich gegen dieses Urteil einwenden, dass auch die Apotheken nach §§ 69 Satz 1, 70 Abs. 1 Satz 2 SGB V dem Wirtschaftlichkeitsprinzip verpflichtet sind, also durchaus ein sachgedankliches Mitbewusstsein beim Apotheker dahingehend vorhanden sein könnte, dass die ausgestellte Verordnung dem Wirtschaftlichkeitsgebot entspricht. Dann wäre ein Irrtum im Sinne des § 263 StGB auf Seiten des Apothekers denkbar, der wiederum im Rahmen des Dreiecksbetruges der Kasse zugerechnet werden könnte.

332 Bezüglich der Untreue ließe sich einwenden, dass die Kasse lediglich an die Erkenntnisse des ordnungsgemäß handelnden Vertragsarztes gebunden ist und

[293] Vgl. *Dierlamm* in Ärzte Zeitung, 25.03.2004, ‚Nicht indizierte Verordnung ist kein Betrug, sondern kann als Untreue gegen Kassen gewertet werden'.

sich nur die kompetenzgemäße Tätigkeit als eigene zurechnen lassen muss[294], ansonsten erfülle der Vertragsarzt gerade nicht die im Interesse der Kasse liegende Aufgabe nach § 12 Abs. 1, § 73 Abs. 2 Nr. 7 SGB V. Weil unwirtschaftliche Leistungen zu Lasten der Kasse von Versicherten nicht beansprucht werden können, von Leistungserbringern nicht erbracht und von den Kassen nicht bewilligt werden dürfen, § 12 Abs. 1 Satz 2 SGB, könnte es bei einer unwirtschaftlichen Verordnung an einem wirksamen Kaufvertrag zu Lasten der Kasse fehlen. Dann wäre die Verordnung im Außenverhältnis nicht bindend und es käme nicht der Missbrauchs-, sondern der Treuebruchtatbestand des § 266 StGB in Betracht. Letzterer setzt nämlich im Außenverhältnis keine wirksame Verfügung voraus, wohl aber im Innenverhältnis eine qualifizierte Vermögensbetreuungspflicht, deren Vorliegen gesondert zu prüfen wäre.

Diesen Überlegungen sind jedoch drei wesentliche Unterschiede und die daraus folgenden Konsequenzen entgegenzuhalten: 333

- Die eingelöste Verordnung wird vom Apotheker entweder selbst oder über ein von ihm beauftragtes Apothekenrechenzentrum gegenüber der Kasse eingelöst, also im Wege der Direktabrechnung. Die KV oder eine vergleichbare externe Einrichtung mit Prüfauftrag zur Wirtschaftlichkeit ist dort nicht eingebunden.
- Der Apotheker hat im Gegensatz zur KV praktisch keine inhaltliche Prüfungspflicht bezüglich der Verordnung.
- Die Kasse wird auch bei unwirtschaftlicher Verordnungsweise in den meisten Fällen wirksam zur Zahlung verpflichtet.

Zur möglichen Prüfungspflicht des Apothekers gilt Folgendes: Der Apotheker 334 kennt weder die Diagnose noch die vom Vertragsarzt intendierte Therapie. Er ist nicht Arzt und hat nicht die Expertise eines Arztes, er ist nicht medizinischer Obergutachter und auch nicht medizinische Aufsichtsbehörde des Arztes. Es würde den Apotheker nicht nur fachlich, sondern auch zeitlich überfordern, wenn er jedes ihm vorgelegte Rezept auf dessen medizinische Richtigkeit prüfen wollte[295]. Aus diesem Grund gilt auch die aut-idem-Regelung, d.h., der Apotheker darf nur dann ein anderes, kostengünstigeres und wirkstoffgleiches Präparat an den Patienten abgeben, wenn der Vertragsarzt die Verordnung entsprechend ausstellt, vgl. § 129 Abs. 1 SGB V. Würde der Apotheker unabhängig vom Arzt therapieren, käme es zu einer Gefährdung der medizinischen Versorgung und es bestünde keine Sicherheit, dass die im Regelfall korrekte und wirtschaftliche ärztliche Verordnung und damit die Therapie auch umgesetzt wird. Dem Apotheker wäre das damit verbundene Haftungsrisiko nicht zuzumuten[296].

Darüber hinaus ist die Apothekenseite in das Sachleistungsprinzip eingebunden 335
und insofern gegenüber GKV-Patienten zur Abgabe ohne unmittelbare Kaufpreis-

---

[294] BSGE **73**, 271, 282. Vgl. auch BSGE **19**, 270; Laufs/Uhlenbruck (*Krauskopf*), § 29, Rz. 25.

[295] BSGE **77**, 194, 209. Vgl. auch Rieger (*Heidelmann*), Lexikon, Ordnungsziffer 695, Rz. 2 ff.

[296] BSGE **77**, 194, 206.

zahlung verpflichtet. Dies bedeutet eine Modifikation der Verpflichtung zur sofortigen Erhebung des Abgabepreises, die in § 3 Arzneimittelpreisverordnung (AMPreisV) festgelegt ist[297]. Im Gegenzug muss eine Sicherheit für den Apotheker gegeben sein, dass er nicht mit seinem Anspruch ausfällt.

336 Aus diesen Gründen wird die Kasse durch die Verordnung in sehr weitreichender Form zahlungsverpflichtet. So legt der Rahmenvertrag über die Arzneimittelversorgung[298] in § 3 Abs. 1 fest, dass der Vertrag zwischen Kasse und Apotheke durch die Annahme einer ordnungsgemäßen gültigen vertragsärztlichen Verordnung zustande kommt. Der diesen Rahmenvertrag konkretisierende und ergänzende Arzneimittelliefervertrag (ALV)[299] listet in § 4 Abs. 1 die Angaben auf, die für eine den Apotheker bindende Verordnung notwendig sind. Dabei handelt es sich um eine Vielzahl von Leistungsdaten wie z.B. die Kassen-Nummer, das Gültigkeitsdatum der Versichertenkarte und den Status des Versicherten. Ansonsten aber gilt:

> **§ 4 Abs. 5 Satz 3 ALV**
> *Im Übrigen sind die Apotheken nicht zur Überprüfung der Verordnungsfähigkeit des verordneten Mittels verpflichtet. Gefälschte Verordnungen oder Verordnungen auf missbräuchlich benutzten Verordnungsblättern dürfen nicht beliefert werden, wenn die Apotheke die Fälschung oder den Missbrauch erkennt oder hätte erkennen müssen.*

337 Dies korreliert mit den Bestimmungen früherer bzw. anderer ALV. Die Apothekenbetriebsordnung (ApoBetrO) schreibt gleichfalls nur in sehr begrenzten Fällen die Pflicht zur Abgabeverweigerung fest, nämlich bei begründetem Verdacht auf Missbrauch, § 17 Abs. 8 Satz 2 ApoBetrO, oder wenn die Verschreibung einen für den Abgebenden erkennbaren Irrtum enthält oder unleserlich ist oder sich sonstige Bedenken ergeben, § 17 Abs. 5 Satz 2 ApoBetrO[300]. Diese Bedenken ergeben sich bei einer unwirtschaftlichen Verordnung aus den schon genannten Gründen in der Regel nicht. Folgerichtig hat das BSG festgestellt, dass den Apotheker nur in Fällen

- ganz offensichtlicher Verletzung kassenärztlicher Pflichten und
- nur für eine kurze Übergangszeit die Pflicht treffen kann, die Belieferung auf Kosten der Kasse abzulehnen[301].

---

[297] *Cyran/Rotta*, ApoBetrO Kommentar, § 17, Rz. 217.

[298] Rahmenvertrag des Deutschen Apothekerverbandes e.V. und den Spitzenverbänden der Krankenkassen (AOK; BKK, IKK, Seekrankenkasse, Landwirtschaftliche Krankenkasse, Bundesknappschaft) über die Arzneimittelversorgung nach § 129 Abs. 2 SGB V in der Fassung vom 05.04.2005.

[299] Arzneimittelliefervertrag zwischen dem Verband der Angestellten-Krankenkassen, dem Arbeiter-Ersatzkassen-Verband und dem Deutschen Apothekerverband e.V. in der Fassung vom 01.07.2005.

[300] Vgl. auch *Cyran/Rotta*, ApoBetrO Kommentar, § 17, Rz. 22, 261.

[301] BSGE **77**, 194, 208.

Insgesamt fehlt es daher nicht nur an einer entsprechenden Prüfungspflicht, die Indiz für die gedankliche Auseinandersetzung des Apothekers mit der Wirtschaftlichkeit der Verordnung und damit den Irrtum nach § 263 StGB wäre[302]. Die Vereinbarungen entbinden den Apotheker sogar ausdrücklich von einer Prüfung und legen fest, dass ein wirksamer Vertrag zwischen Apotheke und Kasse mit ganz wenigen Ausnahmen stets zustande kommt. Ein Irrtum für diese Konstellation auf Seiten des Apothekers liegt deshalb nicht vor. 338

Folgerichtig hat der BGH festgestellt, dass nicht allein der umfassendere[303] Treuebruchstatbestand, sondern der enger gefasste Missbrauchstatbestand des § 266 StGB erfüllt ist. Denn die ärztliche Verordnung bewirkt nicht lediglich die tatsächliche Herausgabe des Arzneimittels und impliziert damit den Treuebruchtatbestand, sondern durch die Befugnis des Vertragsarztes zur Ausstellung der Verordnung wird die Kasse schuldrechtlich zur Zahlung gegenüber dem Apotheker verpflichtet. Der BGH entnimmt die dem Vertragsarzt obliegende Vermögensbetreuungspflicht gerade nicht dem Gesetz[304], sondern den konkreten vertraglichen Umständen. Dem Arzt steht hier ein rechtliches Können zu, das über sein rechtliches Dürfen hinausgeht[305], so dass der Missbrauchstatbestand des § 266 StGB erfüllt ist. 339

Zeitlich nachgeschaltet hält der BGH zusätzlich die Erfüllung des *Betrugstatbestand* für möglich[306]. Im weiteren Ablauf der Tathandlung legt der Apotheker das Rezept entweder unmittelbar oder über ein Rechenzentrum der Kasse zum Ausgleich vor und wird so als Tatmittler tätig. Die Mitarbeiter der Kassen gehen grundsätzlich davon aus, dass die Vorraussetzung der Wirtschaftlichkeit für die Verordnung vorliegen und nehmen irrig die Tatsache an, dass diese Verordnung für die Behandlung einer Erkrankung im Sinne des SGB V wirtschaftlich notwendig war. Irrtumsbedingt erfolgt die vermögensmindernde Verfügung gegenüber dem Apotheker. 340

Nun besteht durch den Rahmenvertrag nach § 129 SGB V die beschriebene Ausgleichspflicht für die Kasse weit über das Wirtschaftlichkeitsgebot hinaus, weil auch solche Verordnungen bezahlt werden müssen, die unwirtschaftlich oder sogar gefälscht sind, solange der Apotheker dies nicht hätte erkennen müssen. Es könnte deshalb überlegt werden, die Kasse sei lediglich von einer Verbindlichkeit gegenüber der Apotheke befreit worden, mithin sei kein Schaden bei der Kasse eingetreten. 341

Dem ist jedoch entgegenzuhalten, dass es nicht Intention des ALV und der dort begründeten Verpflichtung ist, der unwirtschaftlichen Verordnung womöglich doch einen (Vermögens-) Wert zuzuerkennen. Die Verbindlichkeit über den Rahmenvertrag wurde vielmehr geschaffen mit Blick auf 342

302 Vgl. *Tiedemann*, LK, § 263, Rz. 79.

303 Vgl. BGH, JR 1983, 515; *Krey/Hellmann*, BT 2, § 17, Rz. 542; *Tröndle/Fischer*, § 266, Rz. 6.

304 So aber *Weidhaas*, ZMGR 2005, 52, 55.

305 Vgl. BGHSt **5**, 61, 63; BGH wistra 1988, 191 f.

306 Vgl. BGH, MedR 2004, 613, 615.

- die Sicherstellung der medizinischen Versorgung der Versicherten
- und die Abnahme des Zahlungsausfallrisikos zugunsten der Apothekenseite.

343 Würde die vertragliche Regelung als Argument missbraucht, um einen Schaden bei der Kasse abzulehnen, stünde dieses Ergebnis im Widerspruch zum vielfach verankerten Wirtschaftlichkeitsgebot, insbesondere zu den Wirtschaftlichkeitsprüfungen nach § 106 SGB V, die auch die Verordnungsweise des Arztes umfassen[307], sowie den dazugehörigen Schadensersatzansprüchen, die in § 48 Abs. 1 BMV-Ä geregelt werden. Das Wirtschaftlichkeitsgebot bleibt der übergeordnete wertbestimmende Faktor, der durch die Rahmenvereinbarung und den ALV lediglich insofern sinnvoll modifiziert wird, als die Wirtschaftlichkeitsprüfung nicht zum Zeitpunkt der Medikamentenabgabe durchgeführt wird, sondern später seitens der Kasse. Es würde also zu nicht zu begründenden Wertungswidersprüchen führen, aus der Zahlungsverpflichtung der Kassen einen Wert im Sinne des § 263 StGB für die unwirtschaftliche Verordnung abzuleiten. Ein Schaden ist also letztlich aus denselben Gründen wie bei der unwirtschaftlichen ärztlichen Leistung gegeben, so dass bei entsprechendem Vorsatz auch der Tatbestand des § 263 StGB erfüllt ist.

344 Die Betrugshandlung sichert bzw. verwertet hier lediglich die mittels der Untreue gewonnenen Vorteile zugunsten des versicherten Patienten und verursacht keinen neuen selbständigen Schaden, ist also *mitbestrafte Nachtat*[308] zur vorangegangenen Untreue. Entsprechend hat der BGH entschieden und nur wegen der ersten Tat verurteilt[309].

345 Unwirtschaftliche Leistungsabrechnung und unwirtschaftliche Verordnung sind somit auch strafrechtlich zwei unterschiedlich zu beurteilende Sachverhalte. In der Literatur ist schon früh auf diesen Unterschied hingewiesen worden[310] und der BGH hat bereits 1993 festgestellt, dass die Abrechnung einer für die konkrete Krankheit nicht anerkannte Behandlungsart den Betrugsvorwurf rechtfertigt[311]. Letztlich stellt die Entscheidung des BGH also keinen Bruch bzw. keine Neuentwicklung der strafrechtlichen Rechtsprechung dar[312].

---

307 Kass. Komm. (*Hess*), § 106 SGB V, Rz. 4.

308 BGHSt **6**, 67; BGH, wistra 1992, 342, 343; BGH, NStZ 2004, 568, 570; OLG Hamm, GesR 2005, 175, 177; *Tiedemann*, LK, § 263, Rz. 325.

309 BGH, MedR 2004, 613, 615.

310 *Rieger*, DMW 1987, 1184, 1185. Vgl. auch *Herffs*, S. 183 ff.

311 BGH, NStZ 1993, 388, 389.

312 Insofern ist der entsprechende Hinweis von *Weidhaas* in ZMGR 2004, 52, 55, unrichtig.

E. Materiellrechtliche Problematiken der Privatliquidation

346 Einige Fallgruppen zur GKV-Problematik sind im Ergebnis evident deckungsgleich mit denen der Privatliquidation, wie etwa die nicht erbrachten Leistungen. Insofern wird dazu im Folgenden lediglich ergänzend und klarstellend zu Fallvarianten ausgeführt. Andere Fallgruppen entstehen im Rahmen der Privatliquidation nicht, weil der Privatpatient unmittelbar die Rechnung des Arztes erhält und dort keine dritte Seite wie die KV zwischengeschaltet ist. Daher gibt es in diesem Segment auch die Problematik des durch Falschabrechnung manipulierten Gesamt- bzw. Honorarverteilungsvertrages nicht. Es werden deshalb im Weiteren diejenigen Varianten dargestellt, bei denen sich durch das System der Privatliquidation Besonderheiten ergeben bzw. die nur im Zusammenhang mit der Privatliquidation auftreten, wie z.B. bei den wahlärztlichen Leistungen.

347 Abweichend zur GKV-Abrechnung besteht bei der Privatliquidation die Option für den Arzt, sich einer privatärztlichen Verrechnungsstelle zu bedienen, also einer Einrichtung, die im Rahmen ihrer Dienstleistung die Tätigkeiten des Arztes nach der jeweils maßgeblichen Gebührenordnung fakturiert und anschließend durch Übernahme des Mahnwesens und der buchhalterischen Arbeiten für die Realisierung des Honorars sorgt. Diese Option wird von einer beachtlichen Anzahl von Ärzten, Chefärzten und Zahnärzten sowie Krankenhäusern genutzt. Praxisfern und falsch ist dabei die Darstellung, dass solche Unternehmen - gleich ob berufsständisch geführt oder gewerblich ausgerichtet – regelmäßig die Abbildung der Leistungen nach der Gebührenordnung völlig losgelöst vom Behandlungsgeschehen und ohne Rückkopplung mit dem Arzt vornehmen würden[1]. Das Gegenteil ist der Fall[2]. Richtig ist, dass die Einschaltung einer solchen Verrechnungsstelle den Arzt nicht entlastet, wenn von ihm vorsätzlich unrichtige Daten an die Verrechnungsstelle gegeben werden, wie es etwa durch die Dokumentation von nicht erbrachten Leistungen geschehen kann.

---

1 Rieger (*Dahm*), Lexikon, Ordnungsziffer 1780, Rz. 31.

2 Vgl. auch Ärzte Zeitung, 10.04.2002, ‚GOÄ-Experte warnt vor voreiligen Betrugsvorwürfen'.

I. Abrechnung nicht erbrachter Leistungen

1. Überhöhter Steigerungsfaktor

348 Mit der Abrechnung ist der Arzt zur Ausweisung des von ihm gewählten Multiplikators verpflichtet, mittels dessen sich der konkrete €-Betrag für die einzelne Gebührenziffer ergibt, vgl. § 12 Abs. 2 Nr. 2 GOÄ. Der Arzt hat innerhalb des jeweiligen Gebührenrahmens den Steigerungssatz unter Berücksichtigung der Schwierigkeit und des Zeitaufwandes der einzelnen Leistung sowie der Umstände bei der Ausführung nach billigem Ermessen zu bestimmen, § 5 Abs. 2 GOÄ. Ein erhöhter Schwierigkeitsgrad und damit in der Regel erhöhter Zeitaufwand kann etwa gegeben sein aufgrund

- schwieriger anatomischer Verhältnisse bei Untersuchungen oder Eingriffen (z.B. Fettleibigkeit, Verwachsungen, Lähmungen),
- mangelhafter Sprachkenntnisse bei ausländischen Patienten,
- retardierter Auffassungsgabe oder Artikulationsmöglichkeit etwa bei betagten oder behinderten Patienten,
- komplizierende Begleiterkrankungen (z.B. Lungenentzündung neben Embolie),
- besonders umfänglicher und damit zeitintensiver Nachfragen des Patienten bei Beratungen,
- Behandlung unter erschwerten Verhältnissen (z.B. notfallmäßige Unterbindung einer Krampfaderblutung auf der Landstraße)[3].

349 Wenn die jeweilige Regelspanne überschritten wird, wie etwa mit dem 3,0-fachen Multiplikator bei einer Beratung nach Ziffer 3 GOÄ, so ist in der Rechnung jeweils die entsprechende Begründung dafür anzugeben, § 12 Abs. 3 Satz 1 GOÄ. Sofern damit eine *Täuschung* vorgenommen wird, geschieht dies folglich *ausdrücklich.*

350 Lange Zeit war umstritten, ob der 2,3-fache[4] oder lediglich der 1,7-fache[5] Steigerungssatz der Mittelwert der Regelspanne bei ärztlichen Leistungen sei. Zum Teil wurde behauptet, das regelhafte Ansetzen des 2,3-fachen Multiplikators sei Betrug[6]. Inzwischen ist der *2,3-fache Satz* bei ärztlichen Leistungen als Regelliquidation *höchstrichterlich bestätigt* worden[7].

351 Ist der ausgewiesene Multiplikator nicht durch die tatsächlichen Umstände gerechtfertigt und auch von dem durch die GOÄ eingeräumten Ermessen nicht mehr gedeckt, so liegt in der Abrechnung nicht allein eine Rechtsmeinung, nämlich dass ein bestimmter Sachverhalt nach der Rechtsansicht des Arztes entsprechend zu

---

3 *Brück*, GOÄ Kommentar, § 5, Rz. 5.

4 OLG Hamburg, NJW 1987, 2934; OLG Koblenz, NJW 1988, 2309; *Brück*, GOÄ Kommentar, § 5, Rz. 1.2; *Hoffmann*, GOÄ Kommentar, § 5, Rz. 5, S. 10 f.

5 *Bach/Moser*, Nach § 1 MB/KK, Rz. 41 ff.; *Miebach*, NJW 2001, 3386, 3388.

6 *Wabnitz/Janovsky*, 11/2, Rz. 41.

7 BVerfG, GesR 2005, 79, 81; BGH, NJW 2002, 2948, 2951.

subsumieren ist. Denn der Kern dieser - von § 263 StGB nicht erfassten – Ansicht ist die Behauptung von Umständen, die einen höheren Aufwand in der Behandlung nach sich gezogen haben, als es bei der durchschnittlichen Leistungserbringung der Fall ist. Dies, d.h.

- die entsprechenden Umstände und
- die durch sie hervorgerufene höhere Schwierigkeit

sind konkrete vergangene Ereignisse, die objektiv zur Gewissheit festgestellt werden können[8] und dem gerichtlichen Beweis zugänglich sind[9]. Es handelt sich also um Tatsachen im Sinne des § 263 StGB, über die der Arzt mit Vorlage der Abrechnung ausdrücklich täuscht.

Diese Form der Abrechnungsmanipulation ist somit letztlich ein Unterfall der **352** Abrechnung einer nicht erbrachten Leistung. Der Schaden besteht in der Differenz zwischen dem abgerechneten und dem richtigerweise anzusetzenden Steigerungssatz und dem daraus resultierenden €-Betrag.

Es steht dem Patienten zwar ein Erstattungsanspruch gegenüber seiner Versi- **353** cherung zur Seite und die Versicherung gleicht den Betrag in der Regel auch aus. Es lässt sich jedoch nicht argumentieren, dies sei eine Kompensation der Vermögensminderung und somit zum Zeitpunkt der Zahlung auf Seiten des Patienten kein Schaden eingetreten, so dass auch das Versuchsstadium noch nicht überschritten sei. Denn die Kompensation muss unmittelbar und aus dem Vermögen des Täters fließen, wenn sie in diesem Rahmen beachtlich sein soll. Spätere Wiedergutmachungen durch den Täter oder eine spätere anderweitige Vorteilserlangung durch Dritte sind bedeutungslos[10]. Es wird strafrechtlich quasi eine fokussierte Momentaufnahme der Situation gemacht und diese abschließend bewertet. Aus diesem Grund bleiben auch gesetzliche Ersatzansprüche des Betrugsopfers als Rechtsfolge der Täuschung an dieser Stelle außer Betracht[11]. Im Übrigen ist ein Anspruch des Patienten auf Erstattung gegenüber der Versicherung aufgrund der fehlenden ärztlichen Leistung de jure nicht gegeben. Im Fall einer Erstattung und anschließender Aufdeckung wäre der Patient berechtigten Rückforderungen ausgesetzt.

2. Unrichtige Analogziffer

Die GOÄ stammt aus dem Jahr 1996 und kann mangels Aktualisierung den medi- **354** zinischen Fortschrift nicht abbilden, der nach heutigem Stand etwa in Form einer Lebertransplantation zu verzeichnen ist[12]. In Kenntnis dieses Umstandes hat der

8 Vgl. RGSt **24**, 387, 388; BGHSt **2**, 324, 326; *Tröndle/Fischer*, § 263, Rz. 2.
9 Vgl. RGSt **24**, 387, 388; BGHSt **6**, 357, 359; *Tiedemann*, LK, § 263, Rz. 9 f.
10 BGHSt **30**, 388, 389 f.; *Hellmann*, NStZ 1995, 232, 233; *Lackner/Kühl*, § 263, Rz. 53; *Tiedemann*, LK, § 263, Rz. 161 ff.; *Tröndle/Fischer*, § 263, Rz. 71.
11 BGH bei Dallinger, MDR 1970, 13; *Tiedemann*, LK, § 263, Rz. 166.
12 Vgl. OLG Düsseldorf, MedR 2002, 310; *Dahm*, MedR 2003, 268, 270.

Verordnungsgeber in § 6 Abs. 2 GOÄ festgelegt, dass – anders als in der vertragsärztlichen Leistungsabrechnung - selbständige ärztliche Leistungen, die nicht im Gebührenverzeichnis aufgeführt sind, entsprechend einer nach Art, Kosten- und Zeitaufwand gleichwertigen Leistung des Gebührenverzeichnisses analog berechnet werden können. Wählt der Arzt nun eine Ziffer aus, die diese Voraussetzung nicht erfüllt, kennzeichnet jedoch die Analogabrechnung in seiner Abrechnung, so stellt sich die Frage, ob hierin eine Täuschung liegt. Denn entsprechend § 12 Abs. 4 GOÄ ist bei einer Analogabrechnung in der Liquidation

- die tatsächlich erbrachte Leistung,
- die dafür analog angesetzte Ziffer mit Legende
- und der Hinweis „entsprechend"

aufzuführen. Ist diese gebührenordnungsrechtliche Vorgabe erfüllt, wird der in der Fakturierung liegende Tatsachenkern - die tatsächlich ausgeführte Leistung - korrekt aufgeführt. Die durch den Arzt unrichtig aufgeführte Analogziffer stellt eine Rechtsansicht und damit eine Meinung dar, die nicht Gegenstand einer Täuschung nach § 263 StGB ist[13]. Insoweit kommt auch dann kein Betrugsvorwurf in Betracht, wenn für die unrichtig analog abgerechnete Leistung entgegen § 6 Abs. 2 GOÄ tatsächlich eine Ziffer in der GOÄ aufgeführt ist. Denn eine Rechtsansicht wird nicht deshalb eine Tatsachenbehauptung, wenn sie erkennbar unrichtig bzw. nicht gerichtlich durchsetzbar ist[14].

355 Hat der Arzt dagegen die § 12 Abs. 4 GOÄ aufgeführte Kennzeichnung in der Rechnung *nicht* vorgenommen, so ist zwar richtig, dass darin im Kern behauptet wird, dass alle Tatsachen in der Rechnung aufgeführt sind, welche die Fälligkeit begründen. Das kann ausdrücklich etwa durch den Zusatz „Diese Rechnung ist sofort fällig" oder konkludent - spätestens mit der ersten Mahnung - geschehen. Der Arzt hat damit aber nicht lediglich über die Fälligkeit der Rechnung getäuscht[15]. Es wird darüber hinaus eine Ziffer angesetzt, deren Leistungsinhalt nicht erbracht wurde, d.h. schlicht eine nicht erbrachte Leistung abgerechnet. Dass möglicherweise der Leistungsinhalt einer anderen Ziffer erbracht wurde, spielt an dieser Stelle keine Rolle. Täuschung, Irrtum und Vermögensverfügung sind ohne weiteres gegeben.

356 Der neuralgische Punkt liegt auch hier bei der Prüfung des *Schadens*, nämlich in der Frage, inwieweit eine Kompensation der Vermögensminderung eingetreten ist. Denn dem Patienten ist durch die fachgerechte ärztliche Leistung erkennbar ein Wert zugeflossen. Wie dieser zu bemessen ist, hängt vom Einzelfall ab. Der Wert kann geringer, möglicherweise aber auch höher sein, als ihn die vom Arzt (nicht analog) angesetzte GOÄ-Ziffer ausweist. Das wäre z.B. dann der Fall, wenn richtigerweise analog eine andere,

---

[13] Vgl. BGH, StV 1991, 517; OLG Frankfurt, NJW 1996, 2172; *Tröndle/Fischer*, § 263, Rz. 8.

[14] Siehe OLG Stuttgart, NJW 1979, 2573.

[15] So aber *Dahm*, MedR 2003, 268, 270.

- höher bewertete Ziffer oder
- geringer bewertete Ziffer, diese dafür aber zweimal[16], oder
- diese aber mit einem z.B. auf 3,0-fach erhöhten statt dem in der Rechnung gewählten regelhaften (z.B. 2,3-fachen) Multiplikator

hätte herangezogen werden müssen. In diesem Fall hat der Arzt also letztlich trotz Nichtausweisung der Analogabrechnung eine zu gering dotierte Ziffer und Abrechnung erstellt.

Auf der anderen Seite muss berücksichtigt werden, dass die Forderung ohne korrekte Rechnungsstellung nicht fällig ist, § 12 Abs. 1 GOÄ. Ihr Wert ist allerdings keineswegs mit Null anzusetzen, im Gegenteil. Denn der Rechtsboden der Forderung ist bereitet und der über die Gebührenordnung ausgewiesene Wert nahezu vollständig erwirtschaftet worden. Das zeigt sich unter Berücksichtigung der wirtschaftlichen Komponente des Schadensbegriffes anhand des Marktwertes der Forderung, die im Rahmen eines Factoringvertrages ohne weiteres an eine ärztliche Verrechnungsstelle verkauft werden könnte - das entsprechende Einverständnis des Patienten vorausgesetzt. Der Wert der Forderung entspräche dann dem Betrag, abzüglich dessen die Forderung durchschnittlich an diesem Markt verkäuflich wäre. Hierbei kommt es auf die Umstände des Einzelfalls an, nämlich welcher Aufwand bis zur korrekten Fakturierung noch erforderlich ist (Form der Datenerfassung und ggf. Ergänzung wie z.B. Uhrzeiten für die unterschiedlichen Leistungen, Rechnungsdruck, Porto u.s.w.). Dieser Aufwand wird in der Regel 5 % des GOÄ-Wertes der Forderung nicht überschreiten, so dass ihr Wert jedenfalls bei mindestens 95 % der Rechnungssumme und damit vergleichsweise hoch liegt. Eine etwa durch zweifelhafte Bonität des Patienten gegebene Wertminderung der Forderung ist in diesem Rahmen nicht zu berücksichtigen. 357

Soweit also der analoge Ansatz einer GOÄ-Ziffer nicht in der Rechnung ausgewiesen ist, kommt es auf die Umstände des Einzelfalles an, ob überhaupt und wenn ja in welcher Höhe ein Schaden entstanden ist. Ist ein Schaden gegeben, aber die Geringfügigkeitsgrenze im Sinne von § 73 c Abs. 1 Satz 2, § 248 a StGB nicht überschritten, so kann dies im Rahmen der Strafzumessung berücksichtigt werden[17]. 358

II. Nicht persönlich erbrachte Leistungen

1. Täuschung und Irrtum

Bei der Privatliquidation gibt es keine Sammelerklärung oder ähnliches wie im GKV-Bereich, mittels der die persönliche Leistungserbringung ausdrücklich erklärt wird. Die Erklärung erfolgt allerdings konkludent, weil die persönliche Leis- 359

[16] Vgl. BGH, GesR 2004, 341, 343 f. = MedR 2005, 228, 231 = NJW-RR 2004, 1202, 1204 f.

[17] BGH, MedR 1992, 40; BGH, GesR 2003, 16; *Dahm*, MedR 2003, 268, 271.

tung objektiv zu den Umständen gehört, die wesentliches Charakteristikum des ärztlichen Behandlungsvertrages sind. Das für den GKV-Bereich gefundene Ergebnis ist insoweit übertragbar. Das zeigen die schon erwähnten Bestimmungen wie § 19 Abs. 1 MBO-Ä und § 613 Satz 1 BGB, aber auch § 4 Abs. 2 GOÄ. Dort ist festgehalten, dass der Arzt Gebühren nur für selbständige ärztliche Leistungen berechnen kann, die er selbst erbracht hat oder die unter seiner Aufsicht nach fachlicher Weisung erbracht wurden (eigene Leistungen). Die amtliche Begründung dieser Regelung ist unter anderem, dass der Arzt zwar nicht höchstpersönlich alle Leistungen erbringen muss, aber bei Inanspruchnahme Dritter eigenverantwortlich mitzuwirken und dadurch diesen Leistungen sein persönliches Gepräge zu geben hat. Seiner Verantwortlichkeit für die Durchführung delegierter Leistungen muss er im Einzelfall tatsächlich und fachlich gerecht werden[18].

360 Mit der persönlichen Leistungserbringung sind darüber hinaus drei wesentliche Faktoren verknüpft, welche die Leistung als ärztliche charakterisieren und damit deren besonderen wirtschaftlichen Wert schaffen, nämlich

- die Rechtfertigung des Vertrauens des Patienten,
- die Freiberuflichkeit der ärztlichen Tätigkeit,
- die Gewährleistung des Einbringens der medizinischen Sachkunde.

361 Die Zweckerreichung des ärztlichen Handelns setzt zwingend voraus, dass der Patient dem Arzt ein besonderes Vertrauen entgegenbringt[19], das naturgemäß an die Person des Arztes gebunden ist und sich nicht durch beliebige Verwendung von Hilfskräften vervielfältigen lässt. Das steht im Einklang mit dem Umstand, dass der ärztliche Beruf ein freier Beruf und kein Gewerbe ist[20]. Freiberufler zeichnen sich unter anderem dadurch aus, dass sie selbst gegenüber dem Auftraggeber im Vordergrund stehen; Sachkapital sowie Einsatz fremder Arbeitskraft stellen für sie kein gewichtiges Produktionsmittel dar. Darin liegt der Unterschied zum Gewerbebetrieb[21].

362 Mit Zugang der fakturierten Rechnung erklärt der Arzt daher konkludent, dass die dort abgerechneten Leistungen höchstpersönlich durch ihn oder jedenfalls entsprechend § 4 Abs. 2 GOÄ unter seiner Aufsicht und nach seiner fachlichen Weisung erbracht worden sind.

363 Ob diese Erklärung unrichtig und damit eine Täuschung ist, muss im Einzelfall entschieden werden. Es gibt und kann aus der Natur der Sache heraus keine Liste der Leistungen geben, die der Arzt eigenhändig erbringen muss, weil letztlich jeder Fall medizinisch individuell ist[22]. Die Bundesärztekammer und die KBV haben jedoch in Abstimmung mit den Spitzenverbänden der gesetzlichen Kran-

---

[18] Amtl. Begründung zur dritten Änderungsverordnung der GOÄ v. 09.06.1988, *Hoffmann*, § 4 GOÄ, S. 3 f.

[19] BVerfGE **16**, 286, 298; BGHSt **32**, 367, 379; BVerwG, NJW 1993, 806; *Quaas*, MedR 2001, 34, 36.

[20] BVerfGE **11**, 30 42; **16**, 286, 298.

[21] BFG, BStBl. 1953 III, 142, 143; *Greif*, DStR 1977, 560, 562.

[22] *Peikert*, MedR 2000, 352, 358.

kenversicherung die grundsätzlichen Anforderungen an die persönliche Leistungserbringung formuliert[23]. Diese Stellungnahme unterteilt in

- *nicht delegationsfähige*, vom Arzt zu erbringende Kernleistungen, nämlich **364**
  - operative Eingriffe
  - Untersuchungen und Beratungen
  - Psychotherapie
  - invasive diagnostische Eingriffe
  - Entscheidung über therapeutische Maßnahmen

- im *Einzelfall delegationsfähige Leistungen,* insbesondere **365**
  - Injektionen
  - Infusionen
  - Blutentnahmen

In der Stellungnahme wird zwischen verschiedenen Injektionsarten differenziert. So sollen subkutane und intramuskuläre Injektionen bei entsprechender Ausbildung des Personals ohne Bedenken auf Assistenzpersonal übertragbar sein. Blutentnahmen sollen jedoch nur an einzelne konkret benannte und entsprechend qualifizierte Mitarbeiter übertragen werden können. Intravenöse Injektionen und das Anlegen von Infusionen sollen letztlich nur in Ausnahmefällen delegiert werden, wobei auch dort die Qualifikation des Personals gesichert sein muss. Die Anordnung zur Durchführung dieser Leistungen muss nach der Stellungnahme stets konkret durch den behandelnden Arzt erfolgen.

- *grundsätzlich delegationsfähige Leistungen*, insbesondere **366**
  - Laborleistungen mit Ausnahme der Speziallaborleistungen im Abschnitt M III / M IV GOÄ
  - Physikalisch-medizinische Leistungen
  - Ton und Sprachaudiometrie sowie vergleichbarer Maßverfahren
  - Dauerkatheterwechsel
  - Wechsel einfacher Verbände.

Bei allen Delegationsformen gilt nach dieser Stellungnahme, dass der Arzt in der Praxis anwesend und damit für das Personal bei Komplikationen oder Rückfragen erreichbar sein muss. Bei vorübergehender Abwesenheit können schon konkret angeordnete Leistungen durchgeführt werden, wenn dies den medizinischen Erfordernissen genügt.

Selbst wenn diese Stellungnahme keine zwingende Verbindlichkeit hat, über 20 **367**
Jahre alt ist und nicht alle Einzelfälle erfassen kann, so ist sie doch weiterhin in der Praxis anerkannt und bietet immerhin eine gewisse Orientierung.

[23] DÄBl. 1985, S. 2197. Abgedruckt in *Hoffmann*, GOÄ Kommentar, § 4 GOÄ, S. 25 ff.

Praxistipp:
Unabhängig von der genannten Stellungnahme muss stets geprüft werden, ob bei Delegation an das Praxispersonal nicht etwa eine eigenständige Ziffer erfüllt ist. So ist z.B. die Ziffer 2 GOÄ anzusetzen, wenn durch das Praxispersonal der Blutdruck gemessen wurde und es zu keiner ärztlichen Beratungs- oder Untersuchungsleistung gekommen ist.

368 Weitere gebührenrechtliche Besonderheiten ergeben sich insbesondere im Bereich der laborärztlichen Leistungen und bei den wahlärztlichen Leistungen (stationäre Chefarztleistungen).

369 Die *laborärztlichen Leistungen* sind im Abschnitt M der GOÄ geregelt. Im Abschnitt M I sind die Vorhalteleistungen im eigenen, niedergelassenen Praxislabor aufgeführt. Die allgemeinen Bestimmungen dieses Abschnitts legen fest, dass die Leistungen nur bei Erbringung im eigenen Labor abrechenbar sind. Gleiches gilt für die Speziallaborleistungen in den Abschnitten M III und M IV GOÄ, vgl. dazu Nr. 3 der Allgemeinen Bestimmungen zum Abschnitt M. Bei der letzten Novellierung der GOÄ sollte damit für den anfordernden Arzt der Gebührenanreiz medizinisch nicht notwendiger Laborleistungen entfallen und die bis 1996 geltende Regelung aufgehoben werden, wonach der beauftragende Arzt seine Pflicht zur Aufsicht im Labor an einen anderen Arzt delegieren konnte[24]. Die Leistungen nach dem Abschnitt M II (Basislabor) bilden davon insofern eine Ausnahme, als sie auch dann als eigene Leistungen abrechenbar sind, wenn sie unter Aufsicht und fachlicher Weisung

- eines anderen Arztes in Laborgemeinschaften oder
- in von Ärzten ohne eigene Liquidationsberechtigung geleiteten Krankenhauslabors

erbracht werden, § 4 Abs. 2 Satz 2 GOÄ und Allgemeine Bestimmungen zu M II. Sind diese jeweils genannten Voraussetzungen nicht gegeben, täuscht der Arzt mit Vorlage seiner Liquidation konkludent über seine persönliche Leistungserbringung.

370 Bei den *wahlärztlichen Leistungen* (stationäre Chefarztleistungen) legt § 4 Abs. 2 Satz 3 GOÄ fest, dass bestimmte GOÄ-Ziffern zum Teil innerhalb bestimmter Zeiten nur dann abrechenbar sind, wenn sie durch den Wahlarzt oder durch seinen ständigen ärztlichen Vertreter erbracht worden sind. Im Übrigen ist zu unterscheiden nach

- Assistenz
- Delegation und
- Vertretung.

---

[24] Amtlicher Begründung zur Änderung 1996 (*Hoffmann*, GOÄ Kommentar, M Laboratoriumsuntersuchungen, S. 1 ff). Vgl. dazu auch die Stellungnahmen der BÄK aus 1996 (DÄBl. 1996, Heft 9, A-562) und 2000 (DÄBl. 2000, Heft 30, A-2058).

Merkmal der *Assistenz* ist, dass der Arzt die Leistung selbst erbringt bzw. am Ort des Geschehens leitend anwesend ist. Vom Assistenzpersonal werden nur unwesentliche Teilleistungen übernommen, z.B. das Abdecken des Patienten vor der OP, Hautdesinfektion vor der OP, Hautnaht am Ende der OP. Die Assistenz beschränkt sich auf solche Leistungen, die im Verhältnis zur Hauptleistung zwar deutlich weniger wesentliche, aber doch notwendige Teilleistungen sind[25]. Diese Leistungen sind als Leistungen des Chefarztes abrechenbar. 371

Bei der *Delegation* im stationären Bereich gilt im Unterschied zur Assistenz, dass der Chefarzt nicht am Ort der Leistungserbringung anwesend, sondern lediglich erreichbar sein muss, um nötigenfalls jederzeit eingreifen zu können[26]. Ansonsten kann das Merkmal nach § 4 Abs. 2 GOÄ „unter Aufsicht und nach fachlicher Weisung" nicht erfüllt werden. Gleiches gilt, wenn der liquidierende Arzt die Leistung mangels eigener fachlicher Qualifikation nicht selbst erbringen kann, da er dann auch die fachliche Weisung nicht ausüben kann[27]. 372

Praxistipp:
Zusammengefasst lässt sich sagen, dass ärztliche Leistungen im Kernbereich der jeweiligen Behandlung vertretbar, aber nicht delegierbar sind. Leistungen außerhalb des Kernbereichs sind sowohl delegierbar als auch vertretbar[28].

Ausnahmen zur Delegierbarkeit werden in § 4 Abs. 2 Satz 3 GOÄ genannt, dort ist die Abrechenbarkeit an die Leistung durch den Chefarzt selbst oder seinen ständigen dem Patienten benannten Vertreter gekoppelt. Delegierbar sind grundsätzlich nur diejenigen Leistungen, die für das jeweilige Fachgebiet bzw. den Eingriff nicht als Haupt- oder Kernleistungen bzw. „zentrale Leistungen" angesehen werden[29]. 373

Es ist also im Einzelfall konkret zu prüfen, ob es sich tatsächlich um eine nicht persönlich erbrachte oder lediglich um eine zulässig delegierte, vertretene oder in der Assistenz erbrachte Leistung handelt. 374

Ist eine persönliche Leistungserbringung nicht erfolgt, so wird eine unrichtige Tatsache erklärt und damit getäuscht. Dies muss aber nicht zwingend kausal zu einem Irrtum auf Seiten des Patienten führen. Denn in der Regel kennt und erkennt der Patient seinen behandelnden Arzt und erkennt damit auch, wenn dieser vom Rechnungssteller abweicht. Ist dies der Fall, fehlt es an einem Irrtum, weil der Patient Tatsachen ignoriert oder sich schlicht keine Gedanken macht. Es kommt dann lediglich das versuchte Betrugsdelikt in Betracht. 375

Anders liegt es, wenn der Patient die Leistungserbringung und damit den Leistungserbringer nicht persönlich wahrnehmen kann. Das ist etwa der Fall, wenn der 376

---

25 *Hoffmann*, GOÄ Kommentar, § 4, S. 35/5 f.

26 *Hoffmann*, GOÄ Kommentar, § 4, S. 35/7 f. Vgl. auch OLG Hamm, NJW 1995, 2420; LG Hamburg, ArztR 2001, 270, 271; LG Hamburg, NJW 2001, 3415, 3416.

27 *Hoffmann*, GOÄ Kommentar, § 4, S. 35/10.

28 *Dahm*, MedR 2003, 268, 271.

29 *Biermann/Ulsenheimer/Weissauer*, MedR 2000, 107, 110; *Hoffmann*, GOÄ Kommentar, § 4, S. 35/10.

über den Wahlarztvertrag verpflichtete *Chefarzt* sich in einem geplanten Urlaub befindet, damit absehbar die Leistung nicht selbst vornehmen kann und dem Patienten keine Mitteilung macht, dass ihn ein Kollege vertritt. Der Patient erkennt dies nicht, weil der Eingriff unter Narkose stattfindet[30]. Bei Erhalt der Rechnung des Chefarztes geht der Patient dann davon aus, von diesem auch tatsächlich operiert worden zu sein. Anders liegt es, wenn der Patient informiert ist, dass er nicht vom Chefarzt seiner Wahl operiert wird. Selbst wenn die damit verbundene Vereinbarung nicht den gesetzlichen Erfordernissen nach § 22 BPflV bzw. § 17 KHEntgG entspricht[31] und damit keinen Anspruch begründet, fehlt es doch an einem Irrtum des Patienten, wenn dieser die Rechnung des Chefarztes erhält.

377 Eine ähnliche Situation ergibt sich bei der Abrechnung von *Speziallaborleistungen*, die der behandelnde Arzt zu einem reduzierten GOÄ-Satz extern erbringen lässt und gegenüber dem Patienten zum Normalsatz abrechnet. Weist er entgegen § 4 Abs. 5 GOÄ den Patienten nicht auf die externe Leistungserbringung hin, so ist es für den Patienten nur folgerichtig, dass sein Arzt ihm auch diese Leistungen berechnet. Zudem sind dem Patienten die Einzelheiten zur Liquidierbarkeit von Speziallaborleistungen in der Regel nicht bekannt. Er kann auch nicht wissen, ob der Arzt nicht für einen kleinen Bereich von Speziallaborziffern doch die entsprechenden Gerätschaften selbst zu Verfügung hat. Speziallaborziffern setzen keineswegs immer den Einsatz eines Großlabors voraus.

Praxistipp:
Bei einem Beratungsmandat ist es sinnvoll, nachdrücklich darauf hinzuweisen, dass über Laborgemeinschaften erbrachte Speziallaborleistungen nur dann abrechenbar sind, wenn der abrechnende Arzt die Leistung vor Ort überwacht und beaufsichtigt hat. Die Ermittlungsverfahren dazu reißen nicht ab. Bei Ermittlungen wird dieser Umstand oft mit der Frage gegenüber den nichtärztlichen Angestellten des Labor abgeprüft, wie oft der abrechnende Arzt regelmäßig vor Ort im Labor anwesend sei. Erklären die Mitarbeiter, den Arzt kaum zu kennen bzw. zu sehen, gestaltet sich die Entlastung schwierig.

378 Die gleiche Konstellation wie beim Speziallabor ist bei der Leistungsabrechnung im Bereich der *Pathologie* denkbar, allerdings in der Praxis kaum anzutreffen. Noch seltener ist die Konstellation bei radiologischen Leistungen, weil der Patient dort – anders als bei Labor und Pathologie, wo Proben verschickt werden – für die entsprechende Leistungserbringung selbst die Spezialpraxis aufsuchen muss.

379 In allen diesen genannten Fällen macht sich der Patient eine unrichtige Vorstellung und erliegt damit einem Irrtum.

---

[30] *Dahm*, MedR 2003, 268, 271.

[31] Vgl. auch zuletzt BGH, GesR 2005, 75 = NJW-RR 2005, 419 = VersR 2005, 121 = ZMGR 2005, 36.

2. Vermögensverfügung, Vermögensschaden

In den genannten Fällen gleicht der Patient aufgrund des Irrtums die Rechnung aus **380**
und nimmt damit eine Vermögensverfügung vor.

In denjenigen Fällen, in denen die Leistung von einem *nichtärztlichen Mitarbeiter* erbracht wurde, gilt das für den GKV-Bereich gefundene Ergebnis entsprechend: Auch der möglicherweise eingetretene Heilungserfolg kompensiert nicht die fehlende ärztliche Leistung, die nach der dienstvertraglichen Verpflichtung geschuldet ist. Es wird auch kein sonstiger an dieser Stelle zu berücksichtigender Wert geschaffen. **381**

Wird die Leistung dagegen von einem *anderen Arzt* erbracht, muss der Einzelfall betrachtet werden. **382**

In den Fällen der unberechtigten Abrechnung der *Speziallaborleistungen* liegt auf Seiten des erstbehandelnden Arztes letztlich ein Fall der nicht erbrachten Leistung vor[32]. Denn der Anspruch auf das Honorar steht allein dem Laborarzt zu, auch wenn dieser die Leistung nicht fällig in Rechnung gestellt hat.

> **Praxistipp:**
> Gegenteilige Hinweise sind falsch und gefährlich, insbesondere in Verbindung mit den immer noch anzutreffenden Angeboten, sich gesellschaftsrechtlich an einem Labor zu beteiligen, um die eigene Abrechenbarkeit der M III / M IV-Leistungen sicherzustellen, z.B.:„80-prozentige Gewinnbeteiligung an selbstverordneten Laborleistungen ohne jedes Risiko“[33]. Diese Ansätze sind veraltet und gehen auf den Wortlaut von § 4 Abs. 2 GOÄ vor deren Novellierung von 1996 zurück[34].

Eine Kompensation ist im Rahmen des Schadens nur dann zu berücksichtigen, **383**
wenn sie unmittelbar mit der Verfügung verbunden ist. Es wird strafrechtlich quasi eine fokussierte Momentaufnahme der Situation gemacht und diese abschließend bewertet. Die Unmittelbarkeit ist zum einen zeitlich zu verstehen, d.h. spätere Wiedergutmachungen durch den Täter oder eine spätere anderweitige Vorteilserlangung durch Dritte sind bedeutungslos[35]. Der zeitliche Umstand der Kompensation ist hier zwar erfüllt, weil dem Patienten die Laborleistung Zug um Zug und im Wert zweifellos ausgeglichen zugeflossen ist. Allerdings fehlt die zweite Komponente der Unmittelbarkeit der Kompensation, nämlich die Wertvermittlung unmittelbar von Seiten des Täters[36]. Die Leistung ist nicht vom abrechnenden Arzt erbracht worden. Die beiden Ansprüche, auf denen hier Leistung

---

32 Vgl. BGH, GesR 2003, 218.

33 *Krimmel*, Arzt & Wirtschaft 9/2005, S. 28. Vgl. auch Ärzte Zeitung, 09.11.2005, M III und M IV – bei 1000 Kollegen klingelt der Staatsanwalt'.

34 Vgl. zur damaligen Rechtslage *Möller*, MedR 1994, 10.

35 *Hellmann*, NStZ 1995, 232, 233; *Lackner/Kühl*, § 263, Rz. 53; *Tiedemann*, LK, § 263, Rz. 161 ff.; *Tröndle/Fischer*, § 263, Rz. 71.

36 Vgl. *Kindhäuser/Neumann/Paeffgen*, § 263, Rz. 253; Schönke/Schröder (*Cramer*), § 263, Rz. 106.

und Gegenleistung beruhen, stehen sich nicht wertgleich gegenüber[37]. Anders ausgedrückt: Das Opfer hat den Gegenwert von dritter Seite und nicht vom Täter erhalten. Darauf kommt es in diesem Zusammenhang an. Selbst wenn also im Rahmen einer Gesamtbetrachtung vom Patienten insgesamt nur derjenige Betrag gezahlt wurde, der richtigerweise – wenn auch an einen anderen Arzt - zu zahlen war, so steht dieser Vorteil des Patienten in einem nur äußeren Zusammenhang mit seinem betrugs- und vermögensrelevanten Verhalten. Der Vorteil kann allenfalls bei der Strafbemessung eine Rolle spielen[38].

384 Von dieser Konstellation zu trennen sind Ansätze, nach denen sich der erstbehandelnde Arzt den Anspruch des Laborarztes abtreten lässt oder die Laborleistungen im Auftrag des Laborarztes fakturiert, so dass der Patient in einer Rechnung klar getrennt die Leistungen beider Ärzte erhält. Dieser Ansatz hat den Vorteil von Übersichtlichkeit und Portoersparnis, wird aber unter Verweis auf den Wortlaut der GOÄ abgelehnt, wonach die Rechnungsstellung durch den Laborarzt zu erfolgen hat[39]. Gegen diese Bedenken ist aber mit Blick auf die Amtliche Begründung zur GOÄ-Reformierung 1996[40] einzuwenden, dass der Verordnungsgeber lediglich die mit der eigenen Leistung verbundene eigenen Honorarforderung unterstreichen, nicht aber Formzwänge aufbauen wollte. Soweit also der Patient von der Abtretung vorher entsprechend informiert wurde und sein Einverständnis erteilt hat[41], ist kein Gegenargument zu dieser Verfahrensweise erkennbar. Allerdings stellt sich die Frage, weshalb ein Arzt diesen zusätzlichen Aufwand auf sich nehmen sollte[42]. Die Einschaltung eines zentral arbeitenden Abrechnungsunternehmens ist in diesem Zusammenhang stimmiger.

385 Im Fall der Abrechnung der Leistung eines nicht vereinbarten Stellvertreters im *Chef-/wahlärztlichen Bereich* liegt der Fall anders. Hier kann im Gegensatz zum Speziallaborbereich nur durch eine Seite liquidiert werden. Im Fall einer ordnungsgemäßen Vertretung, Assistenz oder Delegation liquidiert die Leistung der Chefarzt selbst, fehlt es daran, besteht generell kein Honoraranspruch, auch von dritter Seite nicht.

386 An dieser Stelle ließe sich einwenden, dass die Leistung durch einen Arzt, oft durch einen Oberarzt und damit überdurchschnittlich qualifizierten Mediziner erbracht wird, nicht durch nicht-medizinisches Personal[43]. Unerheblich wäre, dass der Patient die Vermögensverfügung bei vollumfänglichem Wissen nicht getätigt hätte. Denn, so wäre die Argumentation weiter, die Dispositionsfreiheit ist von

---

37 Vgl. BGHSt **16**, 220; **32**, 211; *Lackner/Kühl*, § 263, Rz. 53.

38 BGH, NStZ 1995, 85, 86; *Hellmann*, NStZ 1995, 232, 233. Vgl. auch RGSt **41**, 24, 26 f.

39 *Brück*, GOÄ Kommentar, Abschnitt M, Allgemeine Bestimmungen 3, Rz. 1. Vgl. auch Urteil des VG Frankfurt a.M. vom 21.08.1998, Az. 12 E 1973/96.

40 Vgl. *Hoffmann*, GOÄ Kommentar, Abschnitt M, S. 1 ff.

41 Vgl. dazu BGH, NJW 1993, 1912; BGH, NJW 1995, 2026; BGH, NJW 1996, 775.

42 Frielingsdorf (*Pflugmacher*), IGeL-Erfolg mit System, S. 36 f.

43 Vgl. *Dahm*, Dahm, MedR 2003, 268, 272; *Gaidzik*, wistra 1998, 331.

§ 263 StGB nicht geschützt[44]. Subjektive Bewertungen und damit die Einschätzung des Betroffenen, ob er sich geschädigt fühlt, spielen keine Rolle[45].

Die Wahl des Chefarztes ist aber eine rein *subjektive* Angelegenheit. Das zeigen Formulierungen, mit denen das Motiv des Patienten für wahlärztliche Leistungen beschrieben wird. Der Patient hat bei einer Behandlung in der Klinik ohnehin Anspruch auf den Facharztstandard[46]. Sein Beweggrund für die Chefarztwahl ist nicht eine objektiv messbare Steigerung der medizinischen Behandlung durch Mehr- oder Besserleistung, sondern Erwartungen, Hoffnungen und Einschätzungen, die naturgemäß subjektiv geprägt sind. **387**

Es geht um **388**

- die *Erwartung und Vorstellung*, sich die Leistung eines besonders qualifizierten Arztes zu sichern[47], bzw.
- die *Hoffnung* einer besonders sachkundigen und sorgfältigen Behandlung bzw. eine höhere Behandlungsqualität und besondere Zuwendung[48], bzw.
- das persönliche Kennen des Chefarztes und die *Einschätzung*, dass dieser sorgfältig vorgeht[49].

Teilweise wird sogar dargelegt, dass die weit verbreitete Vorstellung des Patienten, er komme in den Genuss einer besonders sachkundigen und sorgfältigen ärztlichen Behandlung, in der Bundespflegesatzverordnung keine Entsprechung finde. Allein die persönliche Leistungserbringung durch den Wahlarzt und die hierfür vom Patienten zu zahlende Vergütung würden das Synallagma der Wahlarztabrede bilden[50]. Zusätzlich ließe sich anführen, dass eine überdurchschnittliche Qualifikation des Arztes von der GOÄ gerade nicht als gesondert vergütungsfähig eingestuft wird[51]. Fraglich wäre auch, wie die Situation zu beurteilen wäre, in der die Vertretung durch den Oberarzt erfolgt, der ohne weiteres medizinisch ähnlich kompetent wie der Chefarzt sein kann. Der Wertunterschied kann unter diesen Umständen kaum messbar sein. **389**

---

44 Nahezu einhellige Meinung, vgl. RGSt **74**, 167, 168; BGHSt **3**, 88, 102; **16**, 220, 221, **16**, 321, 325; BGH, StV 1995, 254, 255; BGH, wistra 1999, 299, 300; *Tiedemann*, LK, § 263, Rz. 177 f.; *Tröndle/Fischer*, § 263, Rz. 3.

45 Vgl. BGHSt **3**, 99, 102; **16**, 220, 221, 222; **16**, 321, 325, 326; BGH, BB 1962, 198; BGH, NStZ-RR 2001, 41, 42; BGH, wistra 1986, 169; OLG Köln, NJW 1979, 1419, 1420; Schönke/Schröder (*Cramer*), § 263, Rz. 124.

46 Vgl. BGH, MedR 1984, 63; OLG Düsseldorf, NJW 1995, 2421; Rieger (*Bender*), Lexikon, Ordnungsziffer 5485, Rz. 43; *Tuschen/Quaas*, BPflV Kommentar, § 22, S. 412.

47 BVerfG, NJW 2004, 3172, 3173; OLG Stuttgart, MedR 1995, 320; OLG Düsseldorf, NJW 1995, 2421, 2422; *Kuhla*, NJW 2000, 841, 843; *Quaas/Zuck*, § 24, Rz. 275; Rieger (*Bender*), Lexikon, Ordnungsziffer 5485, Rz. 43.

48 BGH, NJW 1985, 2189, 2190; *Schulte/Eberz*, MedR 2003, 388, 391.

49 *Biermann/Ulsenheimer/Weissauer*, MedR 2000, 107, 110.

50 Rieger (*Bender*), Lexikon, Ordnungsziffer 5485, Rz. 43.

51 Vgl. *Brück*, GOÄ Kommentar, § 5 GOÄ, Rz. 5, 10; *Lang/Schäfer*, GOÄ Kommentar, § 5, Rz. 12.

390 Dies alles als richtig unterstellt würde bedeuten, dass der Patient den aus seiner und damit einer subjektiven Sicht[52] besten Arzt wählt. Da aber ausschließlich subjektive Wertungen aus der objektiven Sicht im Rahmen des § 263 StGB keine Rolle spielen, hätte der Patient im Ergebnis durch die Vertreterbehandlung ein gleichwertiges Äquivalent erhalten, so dass die Vermögensminderung kompensiert und damit kein Schaden eingetreten wäre. Es kämen dann lediglich zivilrechtliche Bereicherungsansprüche in Betracht[53].

391 Diesen Überlegungen steht allerdings entgegen, dass nicht nur der Patient, sondern auch alle weiteren beteiligten Seiten von der überdurchschnittlichen medizinischen Qualifikation eines Chefarztes ausgehen und diese als werthaltig einschätzen.

392 Dies sind

- der Gesetz- und Verordnungsgeber,
- die Krankenhäuser und
- die privaten Krankenversicherungen.

393 Der *Verordnungsgeber* hat in § 2 Abs. 1 BPflV / § 2 Abs. 1 KHEntgG festgehalten, dass Krankenhausleistungen u.a. die Allgemeinen Krankenhausleistungen und die Wahlleistungen umfassen. Die ärztlichen Wahlleistungen sind von der medizinischen Regelversorgung zu trennen und gesondert nach GOÄ zu vergüten[54], § 22 Abs. 3 Satz 7 BPflV, § 17 Abs. 3 Satz 7 KHEntgG[55]. Diese Leistungen haben also auch aus Sicht des Verordnungsgebers aufgrund der gehobenen medizinischen Qualifikation einen gesonderten Wert. Doch auch wenn dies in Abrede gestellt würde, so bliebe doch das unbestrittene Telos des Verordnungsgebers für die Wertbildung bestimmend, der Arztwahl des Patienten Rechnung zu tragen und diese Wahl mit einer besonderen Vergütungspflicht zu belegen. Dies ist stimmig, weil wahlärztliche Leistungen nur bei stationärer Behandlung angeboten und vereinbart werden können[56]. Hintergrund eines stationär statt ambulant durchgeführten Eingriffs ist in der Regel das größere Gefahrenpotential, das mit dem jeweiligen Eingriff verbunden ist und das eine umfangreichere Vor- und Nachsorge sowie schnell verfügbare fachärztliche Hilfe notwendig erscheinen lässt. Dementsprechend sind Krankenhausärzte auch überdurchschnittlich hoch mit Fehlervorwürfen konfrontiert[57]. Ist das Risiko deutlich höher, so spielt auch das Vertrauen des Patienten in den behandelnden Arzt eine noch größere Rolle, als es etwa die

---

52 *Kuhla*, NJW 2000, 841, 843; *ders.*, MedR 2002, 280, 281; Rieger (*Bender*), Lexikon, Ordnungsziffer 5485, Rz. 43. Vgl. auch *Tuschen/Quaas*, BPflV Kommentar, § 22, S. 412.

53 *Dahm*, MedR 2003, 268, 272.

54 *Tuschen/Quaas*, BPflV Kommentar, § 22, S. 407.

55 Vgl. auch *Quaas/Zuck*, § 24, Rz. 275 f.

56 Vgl. §§ 2 Abs. 1, § 1 Abs. 1 BPflV, § 1 Abs. 1 KHEntgG; Rieger (*Bender*), Lexikon, Ordnungsziffer 5485, Rz. 4.

57 Gesundheitsberichterstattung des Bundes 04/2001, Medizinische Behandlungsfehler, S. 1, 8.

Norm § 613 Satz 1 BGB ohnehin schon widerspiegelt. Die Entscheidung des Patienten wird auch ansonsten umfänglich geschützt, wie die sogenannte Wahlarztkette zeigt, § 22 Abs. 3 BPflV, § 17 Abs. 3 KHEntG. Diese Regelung bewirkt, dass mit der Vereinbarung zur Inanspruchnahme wahlärztlicher Leistungen der Patient die Leistung *aller* liquidationsberechtigen Ärzte erhält, die in seine Behandlung mit eingebunden sind, nicht etwa nur des Operateurs. Denn die wahlärztliche Leistung ist eine komplexe und nicht differenzierbare Teamleistung[58], in der verschiedene Disziplinen zusammenarbeiten müssen. Das zeigt etwa das Beispiel einer stationär durchgeführten Tumorresektion, welche insbesondere die chefärztliche Leistung der Chirurgie, Anästhesie und Pathologie (für die Bewertung der Gewebeprobe mit anschließender Indikation des weiteren OP-Verlaufs) umfasst.

Für die *Krankenhäuser* ist die überdurchschnittliche medizinische Qualifikation eine wesentliche Voraussetzung für die Berufung eines Chefarztes. Das zeigen schon die in den Stellenausschreibungen aufgeführten Anforderungen. Ansonsten könnten auch die mit dieser Position verbundenen Aufgaben, nämlich Führungs- und Organisationskompetenz für die anvertraute Klinik oder Abteilung, ggf. Lehr- und Forschungstätigkeit sowie Aus-, Weiter- und Fortbildung im Rahmen des Medizinstudiums und der Facharztweiterbildung nicht erfüllt werden. Für diese auch medizinische gehobene Qualifikation ist das Liquidationsrecht und das damit verbundene Einkommen eine Gegenleistung und Anreiz, um hochqualifizierte berufserfahrene Ärzte an Krankenhäuser zu binden[59]. Die Qualifikation wird also auch im Verhältnis Krankenhaus-Arzt entsprechend hoch bewertet. 394

Die *privaten Krankenversicherungen* schließlich übernehmen nicht die krankenhäuslichen Wahlleistungen an sich, sondern bieten getrennte und damit unterschiedlich teure Tarife für die Inanspruchnahme von nichtärztlichen[60] und / oder ärztlichen Wahlleistungen an. Es ist also nicht so, dass die wahlärztliche Leistung quasi als Bonus mitversichert wäre und ihr Einbezug oder Fehlen zu keiner Änderung der Versicherungsprämie führen würde. 395

Insgesamt ist damit festzuhalten: Der wahlärztlichen Behandlung kommt nicht nur eine individuelle und subjektive Wertschätzung des Patienten, sondern des Marktes[61] an sich zu. Dieser Markt wird gebildet aus den Interessengruppen der Krankenhäuser, Chefärzte, Versicherten und Versicherungen und dieser bewertet die Leistung auch einheitlich. Die wahlärztliche Leistung wird also von dritter objektiver Seite bzw. nach Auffassung eines sachlichen Beurteilers[62] als eindeutig werthaltig eingestuft. 396

Bei einer dem Patienten nicht bekannten und nicht gewählten Vertretung des Chefarztes ist also keine wahlärztliche Leistung gegeben und es besteht marktmäßig kein ausgeglichenes Verhältnis von Leistung und Gegenleistung. Die Vermögensminderung auf Seiten des Patienten wird durch die Behandlung des Vertreters 397

---

58 *Quaas/Zuck*, § 24, Rz. 277; *Tuschen/Quaas*, BPflV Kommentar, § 22, S. 414.

59 Laufs/Uhlenbruck (*Genzel*), § 91, Rz. 1.

60 Komfortunterbringung in 1- oder 2-Bett-Zimmer, Mitaufnahme eines Familienangehörigen, Balkon, Telefon, Fax, eigene Nasszelle u.s.w.

61 Vgl. BGHSt **16**, 321, 325 f.; *Tiedemann*, LK, § 263, Rz. 126 f., 177.

62 Vgl. BGHSt **16**, 321, 326; *Tiedemann*, LK, § 263, Rz. 126, 177.

nicht kompensiert, so dass ein Schaden eingetreten und der objektive Tatbestand des § 263 StGB erfüllt ist.

III. Arzt im verdeckten Angestelltenverhältnis

1. Täuschung über den Umstand der ärztlichen Niederlassung

398 In der Rechnungsstellung des Arztes an den Privatpatienten wird eine ausdrückliche Erklärung über die Form der ärztlichen Berufsausübung gegeben, weil die Praxis als Forderungsinhaber und Rechnungsaussteller erkennbar sein muss und somit in der Regel die Praxisform aufführt. Weitere Aspekte zur ärztlichen Berufsausübung werden nicht ausdrücklich erklärt.

399 Was zu den diesen Geschäftstyp ausmachenden konkreten Umständen gehört und daher konkludent miterklärt wird[63], steht hier im Zusammenhang mit der *Erstattungsfähigkeit* der Leistungen. Denn die Selbstzahler im wörtlichen Sinn, die keinen Kostenträger hinter sich haben, machen in der Praxis durchschnittlich einen Anteil von weniger als 2 % der Privatpatienten aus. Es haben also nahezu alle Privatpatienten eine private Kranken(Zusatz-)versicherung abgeschlossen bzw. einen Beihilfeanspruch. Als Schaubild ähnlich dem GKV-Bereich lässt sich dies wie folgt darstellen:

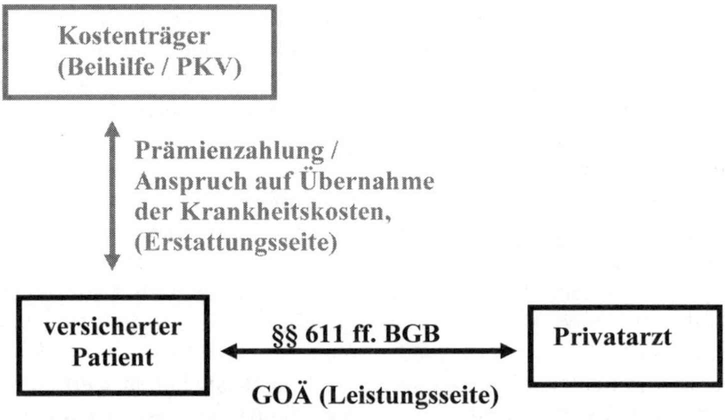

400 Diese ganz überwiegende Zahl von Patienten hat ein klares Interesse daran, möglichst erstattungsfähige Leistungen in Anspruch zu nehmen. Dieses Interesse ist der ärztlichen Seite regelmäßig bekannt und vom Verordnungsgeber auch durch verschiedene Regelungen der GOÄ anerkannt.

---

63 Vgl. BGH, NStZ 1982, 70; *Kindhäuser/Neumann/Paeffgen*, § 263, Rz. 125 ff.; Schönke/Schröder (*Cramer*), § 263, Rz. 16 e; *Tiedemann*, LK, § 263, Rz. 30; *Tröndle/Fischer*, § 263, Rz. 12.

Dazu gehören: 401

- § 2 Abs. 2 GOÄ. Dort ist festgehalten, dass eine *abweichende Gebührenhöhe* unter einer Vielzahl von Bedingungen vereinbart werden kann, zu denen unter anderem die Schriftlichkeit sowie der Hinweis gehört, dass eine Erstattung der Vergütung durch Erstattungsstellen möglicherweise nicht in vollem Umfang gewährleistet ist.
- Mit gleicher Intention ist in § 1 Abs. 2 Satz 2 GOÄ festgelegt, dass über die *medizinisch notwendige Versorgung* hinausgehende Leistungen nur berechnet werden dürfen, wenn sie auf Verlangen des Zahlungspflichtigen erbracht wurden. Darauf ist in der Rechnung auch hinzuweisen, § 12 Abs. 3 Satz 5 GOÄ[64]. Hintergrund ist unter anderem § 178 b Abs. 1 VVG, § 1 MB/KK, wonach der Krankheitskostenversicherer nur für die durch medizinisch notwendige Heilbehandlung wegen Krankheit verursachten Kosten haftet, also darüber hinausgehende Behandlungskosten nicht erstatten muss[65].
- § 5 b GOÄ, wonach für Leistungen, die in einem *brancheneinheitlichen Standardtarif* nach § 257 Abs. 2 a SGB V versichert sind, die Gebühren nur zu einem reduzierten Multiplikator abgerechnet werden dürfen, sofern der Arzt hierüber vor Behandlungsbeginn informiert war[66].

402 Diese Bestimmungen sind von denjenigen Vorschriften der GOÄ zu trennen, die gleichfalls Begrenzungen festlegen, dies aber nichts mit der Erstattungsfähigkeit zu tun haben. Dazu gehören z.B. § 6 a Abs. 1 GOÄ (Minderung des Honorars um 25 % bzw. 15 % bei stationären Leistungen) und § 5 Abs. 5 GOÄ (Reduzierung der Steigerungssätze bei nicht persönlich erbrachten wahlärztlichen Leistungen). Nun stellt sich die Frage, ob sich die konkludente Erklärung auf diese explizit durch die GOÄ genannten Punkte beschränkt oder ob z.B. etwa umfassend erklärt wird, die für eine Erstattung maßgeblichen Tatsachen lägen vor.

Hinweis:
Eine Erklärung des Arztes zur Erstattungsfähigkeit selbst wäre die Subsumtion eines Sachverhaltes unter vertragliche und gesetzliche Bestimmungen, also eine Rechtsansicht und damit tatuntauglich, weil im Sinne des § 263 StGB nur über Tatsachen getäuscht werden kann.

403 Dass alle für die Erstattungsfähigkeit maßgeblichen Tatsachen zu den wesentlichen das Vertragsverhältnis ausmachenden Umständen gehören, ließe sich daraus ableiten, dass der Verordnungsgeber dem Interesse des Patienten auf Kostendeckung ein deutliches Gewicht eingeräumt hat, wie die oben genannten Vorschriften zeigen. Dieses Interesse ist auch objektiv von Gewicht, weil der Versicherte

---

64 BGH, VersR 1996, 1157, 1158; *Bach/Moser*, § 1 MB/KK, Rz. 78.

65 Amtl. Begründung zur dritten Änderungsverordnung der GOÄ v. 09.06.1988, *Hoffmann*, GOÄ, § 2, S. 2.

66 *Brück*, GOÄ Kommentar, § 5 b GOÄ, Rz. 3.1

bereits Prämien gezahlt und insofern seinen wirtschaftlichen Beitrag geleistet hat bzw. der Beihilfeanspruch aus der Fürsorgepflicht des Dienstherren erwächst.

404 Es überzeugen jedoch die Argumente, wonach die Tatsachen bezüglich der Erstattungsfähigkeit *nicht* zu den Umständen gehören, die diesen Geschäftstyp objektiv ausmachen. Denn eine solche Prüfung und Erklärung

- ist *nicht originärer Gegenstand* des Vertrages, der nach dem Verständnis beider Vertragsparteien auf das dem guten medizinischen Standard entsprechende Bemühen zur Erreichung des Behandlungsziels ausgerichtet ist[67],
- ist in den *Legenden der GOÄ-Beratungsziffern nicht beschrieben* und folgerichtig in den Gebühren nicht verpreist. Es ist auch fraglich, ob eine solche Beratung eine „berufliche Leistung" des Arztes im Sinne von § 1 Abs. 1 GOÄ sein kann. Die Beratung wäre nicht nach GOÄ, sondern anderweitig und mit gewerblichem Hintergrund zu liquidieren. Dem würde wiederum § 3 Abs. 2 MBO-Ä entgegenstehen, der dem Arzt im Zusammenhang mit der Ausübung seiner ärztlichen Tätigkeit die *Erbringung gewerblicher Dienstleistungen untersagt*[68].
- würde für eine *notwendige Verlässlichkeit* das Wissen eines ausgebildeten Versicherungsmaklers und die Kenntnis der konkreten und aktuellen Police voraussetzen. So ist z.B. die Arbeitsunfähigkeitsbescheinigung nach GOÄ-Ziffer 70 häufig von der Erstattung durch die privaten Krankenversicherer und / oder der Beihilfe ausgeschlossen. Es wäre unzumutbar, wenn der Arzt bei etwa 10 bis 50 Privatpatientenkontakten pro Tag und etwa 50 privaten Krankenversicherern am Markt für jeden einzelnen Patienten den Deckungsschutz verlässlich feststellen sollte.
- ist *ureigene Angelegenheit des versicherungsnehmenden Patienten*, weil dieser allein es in der Hand hat, Vertragspartner und Konditionen auszuhandeln bzw. zu verändern. Die mangelnde Erstattungsfähigkeit hängt zum Teil mit der bewussten Entscheidung des Patienten zusammen, einen geringeren Versicherungsschutz in Anspruch zu nehmen, dafür aber günstigere Prämien zu erlangen. Dann steht der Einschränkung auch ein Vorteil gegenüber[69].

405 Eine umfassende Erklärung zu den die Erstattungsfähigkeit ausmachenden Tatsachen wird also regelmäßig nicht abgegeben.

406 Denkbar wäre aber, dass immerhin eine Erklärung abgegeben wird bezüglich der *wesentlichen Tatsachen*, die mit der Erstattungsfähigkeit zusammenhängen, etwa in der Form, dass diejenigen Tatsachen gegeben sind, mit denen die Erstattungsfähigkeit steht und fällt.

---

67 BGH, NJW 1994, 1594; BGH, VersR 1994, 562; OLG München, VersR 1991, 586.

68 Vgl. *Kazemi/Lingenberg*, MedR 2005, 196, 198.

69 Im Ergebnis insgesamt ebenso BGH, NJW 1996, 781; OLG Hamburg, NJW 1987, 2937, 2938; LG Kiel, MedR 2001, 369, 371; LG Nürnberg-Fürth, NJW 1992, 6369; *Bergmann*, Schriftenreihe der ARGE Medizinrecht, Band 4, S. 61; *Meyer*, MedR 2005, 111, 112. Vgl. auch BGH, NJW 2004, 686, dort wurde die Notwendigkeit eines Kostenvoranschlages vor der stationären Behandlung abgelehnt.

Für eine solche Überlegung sprechen die bezeichneten Normen der GOÄ, aus denen hervorgeht, dass der Verordnungsgeber bei der Liquidationsfähigkeit der privatärztlichen Leistungen zum Teil auch die Erstattungsfähigkeit der Leistungen im Blick hatte. 407

Dagegen lässt sich anführen, dass der Verordnungsgeber ausschließlich die in der GOÄ genannten Aspekte zur Erstattungsfähigkeit berücksichtigen wollte, Liquidation und Erstattung ansonsten aber bewusst voneinander getrennt hat. Bis auf die bezeichneten Ausnahmen ist es für die Liquidationsfähigkeit unerheblich, ob der Patient einen Kostenträger hinter sich hat oder nicht[70]. Die Erstattungsfähigkeit aufgrund der Eigenschaft als niedergelassener Arzt ist in der GOÄ als Liquidationsvoraussetzung nicht erwähnt, obwohl die Problematik schon vor der letzten Novellierung in 1995 bekannt war. Wenn also die gesetzlich intendierte Risikoverteilung nicht vertraglich abbedungen wird – hier: Vereinbarung mit dem Arzt, dass nur erstattungsfähige Leistungen erbracht werden sollen[71] – ist sie auch für das Betrugsstrafrecht maßgeblich[72]. Würde man die Erstattungsfähigkeit weitergehend in die Ebene der Leistungsseite einbeziehen und nach dort übertragen, so würde dies zu einem Systembruch führen, weil zwar nach der GOÄ die Leistung liquidierbar wäre, die Rechnung aber aufgrund der mangelnden Erstattungsfähigkeit einen Betrugsvorwurf nach sich ziehen würde. Es würde ein unauflöslicher Widerspruch in der Gesamtrechtsordnung entstehen. Darüber hinaus würde so das Erstattungsrecht einen Vorrang gegenüber dem Leistungsrecht erhalten und dieses ausformen, was vom Gesetzgeber nicht gewollt ist. Allein die Bundesregierung unter Zustimmung des Bundesrates ist durch § 11 BÄO, deren kompetenzrechtliche Ermächtigung letztlich auf Art. 74 Abs. 1 Nr. 11 GG fußt, zur Festlegung der Gebührenordnung ermächtigt. 408

Im Ergebnis gibt also der Arzt mit Rechnungszusendung bis auf die mit den erwähnten drei Vorschriften verbundenen Tatsachen *keine* konkludente Erklärung ab, dass alle oder auch nur ein Teil der Tatsachen vorliegen, welche die Grundlage zur Erstattungsfähigkeit der abgerechneten Leistungen bilden. Eine Strafbarkeit wegen Betruges scheitert deshalb schon am ersten Tatbestandsmerkmal. 409

2. Ergänzende Überlegungen

a) Irrtum

Bezüglich der *beihilfeberechtigten Patienten* ergibt sich keine konkludente Erklärung zu den die Niederlassung ausmachenden Tatsachen, weil die Erstattungsfähigkeit dort nicht an die Niederlassung gekoppelt ist. Der Betrug scheidet hier auch aus diesem Grunde aus. Die *privaten Krankenversicherer* haben allerdings als Allgemeine Geschäftsbedingung den Inhalt des § 4 Abs. 2 Satz 1 MB/KK in 410

---

70 *Quaas/Zuck*, § 13, Rz. 42.

71 Entsprechend muss der Versicherte etwa auch vor Behandlungsbeginn auf seinen Standardtarif nach § 5 b GOÄ hinweisen, da der Arzt an den verminderten Satz ansonsten nicht gebunden ist (*Brück*, GOÄ Kommentar, § 5 b, Rz. 3.1).

72 Vgl. *Tiedemann*, LK, § 263, Rz. 30.

der Regel mit vereinbart. Dort ist festgehalten, dass der versicherten Person die Wahl unter den niedergelassenen approbierten Ärzten und Zahnärzten freisteht. Die Leistung eines angestellten bzw. scheinselbständigen Arztes, der nicht niedergelassen ist, ist jedenfalls nach bisherigem Stand nicht erstattungsfähig[73].

411 Geht man – anders als hier vertreten – davon aus, dass die für die Erstattung maßgeblichen Tatsachen konkludent miterklärt werden, muss bedacht werden, dass diese Problematik soweit ersichtlich bisher weder entschieden noch diskutiert wurde. Selbst in den Strafprozessen zur Scheinselbständigkeit im laborärztlichen Bereich, wo die Problematik seit Jahren virulent ist, wurde der Betrugsvorwurf nie auf den Privatliquidationsbereich ausgedehnt. Es sind also durchaus *Zweifel am Vorsatz des Arztes* angebracht.

412 Ansonsten gelten die *Überlegungen zur Fallgruppe im GKV-Bereich* hier in gleicher Weise. Die konkludente Erklärung umfasst die schon dort genannten Tatsachen der Niederlassung[74], nämlich

- die öffentlich erkennbare Bereitschaft zur Ausübung des ärztlichen Berufes
- in selbständiger Praxis
- an einem bestimmten Ort.

413 Der in einem Beschäftigungsverhältnis stehende Arzt ist grundsätzlich nicht niedergelassen[75], weil es in der Regel an der vollumfänglichen Dispositionsfreiheit über personelle, räumliche und sachliche Mittel fehlt, soweit dies über das hinausgeht, was zur fachlich und ärztlich unabhängigen Patientenbehandlung erforderlich ist. Des Weiteren fehlt die Möglichkeit der Realisierung eines Goodwill nach Ausscheiden aus der Praxis[76]. Die konkludente Erklärung zu den die Niederlassung ausmachenden Tatsachen unterstellt, würde jedenfalls zur Tatsache der selbstständigen Praxisführung getäuscht.

414 Nun wird man nicht ohne weiteres davon ausgehen können, dass der Patient sich mit Erhalt der Rechnung und der unterstellten konkludenten Erklärung eine unrichtige Vorstellung zur selbständigen Praxisausübung macht, also einem *Irrtum* unterliegt.

---

73 Vgl. *Bach/Moser*, § 4 MB/KK, Rz. 21 f.; *Preißler*, MedR 1995, 110, 111; *Taupitz*, VersR 1992, 1064, 1066f.

74 Siehe oben unter A) III. 5. a. bb; vgl. auch § 17 MBO-Ä.

75 BVerfGE **16**, 286, 296; BGH, MedR 1994, 152, 153; OLG München, NJW-RR 1998, 1441, 1442; *Bach/Moser*, § 4 MB/KK, Rz. 22; *Henssler*, ZIP 1994 844, 847; *Laufs*, MedR 1995, 11, 14, 16; Laufs/Uhlenbruck (*Uhlenbruck/Schlund*), § 18, Rz. 14; *Meyer/Kreft*, GmbHR 1997, 193, 196; *Taupitz*, NJW 1996, 3031, 3034. Kritisch.: *Preißler/Soz. Rehborn*, S. 58 f.

76 Vgl. *Ahrens*, MedR 1992, 141, 144; *Laufs*, MedR 1995, 11, 16; *Taupitz*, NJW 1996, 3033, 3035.

Der Patient prüft in Bezug auf die Rechnung 415

- den liquidierenden Arzt[77],
- medizinische Leistungen[78],
- Behandlungsdaten[79] und
- den ggf. gesteigerten Multiplikator[80].

Er macht sich auch nur zu diesen Punkten eine Vorstellung, denn diese Umstände kann er beurteilen und dazu sind ihm die verstärkten Prüfungen durch Kostenträger bekannt. In dieser Hinsicht hat der Patient also auch ein sachgedankliches Mitbewusstsein, selbst wenn er sich nicht mit jeder einzelnen Gebührenposition auseinandersetzt. Für die ärztliche Niederlassung gilt das jedoch nicht. Dem Patienten ist regelmäßig schlicht nicht bekannt, dass dies zu den Erstattungsvoraussetzungen gehört. Auch insoweit ist die fehlende öffentliche Diskussion dazu von Relevanz. Wer sich aber keine Vorstellung von den relevanten Tatsachen macht, irrt nicht[81]. Die Täuschung geht daher ins Leere und führt zu keiner fehlerhaften Vorstellung beim Patienten, so dass kein Irrtum entsteht. 416

b) Schaden

Schließlich gelten für den Aspekt des *Vermögensschadens* dieselben Überlegungen wie im GKV-Bereich. Es stellt sich also die Frage, ob die Leistung des scheinselbständigen Arztes im Rahmen der Saldierung zu einer ausgeglichenen Vermögenslage beim Patienten führt, auch wenn die Leistung nicht erstattungsfähig ist. Die Klausel des § 4 Abs. 2 MB/KK hat bisher einer gerichtlichen Überprüfung stand gehalten[82] und basiert letztlich auf der Vermutung, nur ein niedergelassener Arzt werde seine Tätigkeit nach den anerkannten Regeln der ärztlichen 417

---

77 Insbesondere bei Laborleistungen nach den Abschnitten M III / IV GOÄ kommt es in diesem Zusammenhang zu Irritationen, wenn der Patient von seinem behandelnden Arzt nicht entsprechend § 4 Abs. 5 GOÄ über die externe Befundung durch ein Speziallabor und die dortige Leistungsabrechnung aufgeklärt wurde.

78 Beispielsweise ob die eingehende Beratung nach Ziffer 3 GOÄ tatsächlich mindestens 10 Minuten in Anspruch genommen hat.

79 Etwa um die Einrede der Verjährung zu erheben, wenn Leistungen erst nach mehreren Jahren abgerechnet werden, was vorrangig im klinischen Bereich gelegentlich vorkommt.

80 Bei unter Anästhesie vorgenommenen Eingriffen kommt dies allerdings selten vor, dort macht sich der Patient die Einwendungen des Kostenträgers zu Eigen, wenn die Rechnung zur Erstattung eingereicht worden ist.

81 Vgl. BGHSt **2**, 324, 325; *Krey/Hellmann*, BT 2, § 11, Rz. 379; *Lackner/Kühl*, § 263, Rz. 18; Schönke/Schröder (*Cramer*), § 263, Rz. 38; *Tiedemann*, LK, § 263, Rz. 78; *Tröndle/ Fischer*, § 263, Rz. 34.

82 OLG München, VersR 1990, 614; LG Berlin, NJOZ 2003, 3447.

Kunst ausüben, d.h. sich an der medizinischen Wissenschaft und der Schulmedizin orientieren und so nur die medizinisch notwendige Heilbehandlung vornehmen[83].

418 Damit sollte letztlich eine Kostenbegrenzung bzw. -sicherheit erreicht werden[84]. Es ist aber bei einem selbständigen Arzt keineswegs sicher, dass er sich bei seiner Behandlungsarbeit nicht auch von wirtschaftlichen Erwägungen leiten lässt und deshalb das medizinische Maximum leistet und abrechnet, um eine rentable Praxis führen zu können. Eine solche Verhaltensweise ist vielmehr sogar wahrscheinlich. Aus eben diesem Grund wurde § 98 Abs. 2 Nr. 12 SGB V geschaffen, wonach Ärzte, die das 55. Lebensjahr vollendet haben, in der Regel nicht mehr zugelassen werden sollen. Der Gesetzgeber hatte die Befürchtung, dass Vertragsärzte, welche die kassenärztliche Tätigkeit nur während einer relativ kurzen Zeit ausüben können, die Amortisation ihrer Praxisinvestitionen durch gesteigerte und unwirtschaftliche Tätigkeit zu erreichen versuchen[85]. Bei angestellten Ärzten wäre diese Gefahr jedoch von vornherein nicht gegeben[86], weil gerade der angestellte Arzt – so er ärztlich unabhängig und damit freiberuflich arbeitet – in dieser Hinsicht frei entscheiden kann. Er hat regelmäßig keinen wirtschaftlichen Vorteil, wenn er eine zusätzliche, nicht notwendige medizinische Leistung erbringt. Insofern spricht dieses Argument nicht für eine besondere Werthaltigkeit der Leistung durch einen niedergelassenen Arzt.

419 Schließlich kann auch das Argument nicht überzeugen, dass der Versicherer aufgrund der Niederlassung des Arztes eine Gewähr für dessen qualifizierte und wirtschaftliche Arbeitsweise habe und sich davon nicht in jedem Einzelfall überzeugen müsse[87]. Die Erfüllung dieser Gewähr wird daraus hergeleitet, dass sich der Arzt mit der Niederlassung den entsprechenden Berufspflichten unterwirft, die ihn zu einer wirtschaftlichen Behandlungsweise verpflichten[88]. Exakt dieselben Pflichten ergeben sich jedoch auch aus den für den Arzt ohnehin verbindlichen Bestimmungen nach § 242 BGB[89] und § 1 Abs. 2 GOÄ.

420 Des Weiteren hat der Versicherte nach § 4 Abs. 4 MB/KK bei stationärer Heilbehandlung die freie Wahl unter den öffentlichen und privaten Krankenhäusern, die unter ständiger ärztlichen Leitung stehen, über ausreichende diagnostische und therapeutische Möglichkeiten verfügen und Krankengeschichten führen. Krankenhäuser werden schon lange in der Rechtsform der juristischen Person des öffentli-

---

83 BGHZ **70**, 158, 161; OLG Düsseldorf, VersR 1994, 207; OLG Karlsruhe, VersR 1994, 1459; OLG München, VersR 1990, 614; *Bach/Moser*, § 4 MB/KK, Rz. 21 f.; *Prölss/Martin*, VVG, § 4 MBKK 94, Rz. 8.

84 *Bach/Moser*, § 4 MB/KK, Rz. 22.

85 BT-Drucks. 11/ 2237 S. 195 zu § 106 Abs. 2 Nr. 12 des Entwurfs.

86 Vgl. *Ahrens*, MedR 1992, 141, 144; *Taupitz*, VersR 1992, 1064, 1065; *Weber/Vogt-Weber*, ArztR 1997, 179, 185, Fn. 66.

87 BGHZ **70**, 158, 170; *Prölss/Martin*, VVG, § 4 MBKK 94, Rz. 9.

88 OLG Karlsruhe, VersR 1994, 1459, 1460; OLG München, VersR 1993, 428; *Prölss/Martin*, VVG, § 4 MBKK, Rz. 8 f.

89 Amtliche Begründung zu § 1 GOÄ (*Hoffmann*, GOÄ Kommentar, § 1, S. 1).

chen[90] oder des privaten Rechts[91] betrieben[92]. Die Behandlung wird dort gleichfalls durch die von diesen juristischen Personen angestellten Ärzten erbracht, was der Werthaltigkeit der Leistung dort offenbar nicht entgegensteht.

Die Annahme einer vollwertigen ärztlichen Leistung scheitert nicht daran, dass es an dem für die ärztliche Leistung notwendigen Vertrauensverhältnis des versicherten Patienten zum angestellten Arzt fehlt. Denn für den Patienten ist es zweitrangig, wer rechtlich sein Vertragspartner ist, weil es ihm prinzipiell darum geht, sich auf denjenigen verlassen zu können, dem er sich unmittelbar zum Zweck der Heilung anvertraut[93]. Aus diesem Grund nimmt der Grundsatz der persönlichen Leistungserbringung auch einen hohen Stellenwert ein. Im Übrigen wird im Rahmen einer Gemeinschaftspraxis der Behandlungsvertrag für alle Ärzte gemeinsam abgeschlossen[94], also nicht nur individuell mit dem Arzt, der den Versicherten behandelt und sein persönliches Vertrauen genießt. Wenn jedoch bei einer Gemeinschaftspraxis, zu deren Wesen gerade die Austauschbarkeit in der ärztlichen Behandlungsführung gehört, nicht unmittelbar von einer Störung des Vertrauensverhältnisses ausgegangen wird[95], so liegt es fern, dies bei einem verdeckten Anstellungsverhältnis anzunehmen. 421

Nach den Grundsätzen des objektiv-individuellen Schadensbegriffs ist die Leistung eines verdeckt angestellten Arztes also gleichwertig, solange er die freie medizinische Entscheidung hat. Der Verband der PKVen hat selbst angedeutet, den Standpunkt im Hinblick auf die Einführung der medizinischen Versorgungszentren überdenken zu wollen[96], für die alle aufgeführten Überlegungen simultan gelten. In der Saldierung ist daher kein Schaden zum Nachteil des versicherten Patienten eingetreten. 422

Im *Gesamtergebnis* sind in dieser Konstellation also drei der vier Merkmale des objektiven Tatbestandes des § 263 StGB zum Nachteil des Versicherten nicht erfüllt. Es fehlt an einer Täuschung des Arztes, am Irrtum sowie am Vermögensschaden des Versicherten. 423

c) Subjektiver Tatbestand

Ein Betrug in *mittelbarer Täterschaft* zum *Nachteil des Privatversicherers*, wenn sich dieser über die hier relevanten Grundlagen der Erstattung irrt und dem Versi- 424

[90] Beispielsweise als öffentlich-rechtliche Kliniken wie Universitätskliniken oder städtische Kliniken, oder etwa von der Kirche oder kirchlichen Orden getragene Klinken wie Mutterhäuser oder Brüderhäuser (*Ehmann*, MedR 1994, 141, 142).

[91] Kliniken können privatrechtlich von Vereinen, Aktiengesellschaften oder GmbHs betrieben werden (*Ehmann*, MedR 1994, 141, 142).

[92] *Deutsch*, Medizinrecht, Rz. 37; *Ehmann*, MedR 1994, 141, 142; *Taupitz*, NJW 1992, 2317, 2318; *Taupitz*, NJW 1996, 3033, 3041.

[93] OLG Düsseldorf, NJW-RR 1992, 808; *Taupitz*, NJW 1996, 3033, 3037.

[94] BGHZ **97**, 273, 277; BGH, VersR 1986, 866, 868; *Dreher*, VersR 1995, 245, 246. Vgl. auch *Luxenburger*, Schriftenreihe der ARGE Medizinrecht, Band 2, S. 67, 73.

[95] *Rieger*, MedR 1995, 87, 88; *Taupitz*, NJW 1996, 3033, 3037.

[96] *Dahm/Möller/Ratzel*, Rechtshandbuch MVZ, XII Rz. 4.

cherten gegenüber den Ausgleich vornimmt, ist gleichfalls nicht gegeben. Es fehlt an der erforderlichen Absicht, einem Dritten einen rechtswidrigen Vermögensvorteil zu verschaffen, nämlich dem Versicherten auf eine nach § 4 Abs. 2 MB/KK nicht berechtigte Erstattung der ärztlichen Liquidation. Die Absicht im Sinne dieses Tatbestandes besteht zum einen aus dem Wissenselement, für das auch das Für-Möglich-Halten ausreicht[97], zum anderen aus dem Wollenselement. Dem Täter muss es darauf ankommen, den Vermögensvorteil zu erreichen, ohne dass dies jedoch sein Beweggrund sein müsste[98].

425 Vertragspartner und damit Honorarschuldner des Arztes ist stets allein der Patient. Eine direkte Verbindung zum Versicherer besteht nicht und lässt sich auch nicht schaffen, weil die Ansprüche aus dem Versicherungsverhältnis nicht abgetreten werden können, § 6 Abs. 5 MB/KK. Es liegt also anders als beim Fall des Provisionsvertreters, der, um für sich einen Anspruch auf eine Provision zu generieren, zunächst seinem Unternehmer einen rechtswidrigen Vermögensvorteil verschaffen und dazu einen Kunden zum Abschluss eines für diesen nachteiligen Vertrages bewegen muss. Für den Provisionsvertreter ist der Vertragsabschluss notwendiges Mittel (1. Schritt) und Zwischenziel zur Erlangung seiner Provision (2. Schritt). Dort sind beide Vorgänge zwingend miteinander verknüpft und der Vorsatz muss den ersten Schritt umfassen, damit der vom Täter letztlich gewünschte Erfolg eintritt[99].

426 Im Gegensatz dazu kann man in der Regel beim Arzt zwar von einem Wissenselement ausgehen, weil er mit der fehlerhaften Erstattung und damit dem rechtswidrigen Vermögensvorteil des Versicherten zumindest rechnet bzw. dies für möglich hält. Anders als beim Provisionsvertreter ist dieser Erfolg für ihn aber ohne Belang, jedenfalls kommt es ihm nicht zwingend darauf an, weil er bereits im ersten Schritt einen Vermögensvorteil erhält, nämlich den Ausgleich der Rechnung durch den Patienten. Der Erfolg der Erstattung durch den Versicherer an den Patienten im zweiten Schritt wird von ihm in der Regel nicht einmal als notwendige[100], sondern nur als wahrscheinliche Folge gesehen. Die für die Tatbestandsverwirklichung erforderliche Absicht fehlt hier also.

427 Als Gesamtergebnis steht damit fest, dass – anders als im GKV-Bereich – die Leistungserbringung und Privatabrechnung eines verdeckt angestellten Arztes in keinem Punkt den Tatbestand des § 263 StGB erfüllt.

---

97 *Tiedemann*, LK, § 263, Rz. 249.

98 BGHSt **16**, 1, 6; *Lackner/Kühl*, § 263, Rz. 58; *Tiedemann*, LK, § 263, Rz. 250; *Tröndle/ Fischer*, § 263, Rz. 110.

99 Vgl. BGHSt **21**, 384, 386; *Tiedemann*, LK, § 263, Rz. 250.

100 Vgl. BGHSt **16**, 1, 6; BGH, NJW 1988, 2623; BayOblG, JZ 1994, 584; *Grundlach*, MDR 1981, 194; *Fischer/Tröndle*, § 263, Rz. 110; *Krey/Hellmann*, BT 2, Rz. 494; Schönke/Schröder (*Cramer*), § 263, Rz. 176; *Tiedemann*, LK, § 263, Rz. 251.

IV. Abrechnung medizinisch nicht notwendiger Leistungen

1. Täuschung, Irrtum

Als medizinisch notwendig gilt eine Leistung, wenn es nach den objektiven medizinischen Befunden und wissenschaftlichen Erkenntnissen im Zeitpunkt der Behandlung vertretbar war, sie als medizinisch notwendig anzusehen. Das ist im Allgemeinen dann der Fall, wenn eine wissenschaftlich anerkannte Behandlungsmethode zur Verfügung steht, die geeignet ist, die Krankheit zu heilen oder zu lindern[101]. So lautet die Definition des BGH für den in § 1 Abs. 2 Satz 1 MB/KK beschriebenen erstattungsfähigen Versicherungsfall, in dem gleichfalls auf die medizinisch notwendige Heilbehandlung abgestellt ist. Der Wortlaut von § 1 Abs. 2 Satz 1 MB/KK ist insoweit deckungsgleich mit § 1 Abs. 2 GOÄ. Insofern lässt sich auch die vom BGH gefundene Definition heranziehen, zumal die Kommentierungen zu § 1 Abs. 2 GOÄ nahezu gleichlautend sind[102]. 428

Die Privatliquidation umfasst keine ausdrückliche Erklärung, dass nur medizinisch notwendige Leistungen erbracht worden sind, vgl. dazu § 12 GOÄ. Eine solche Erklärung wird jedoch konkludent abgegeben, weil es zu den wesentlichen und objektiv die Grundlagen des ärztlichen Behandlungsvertrages ausmachenden Elementen gehört[103], dass nur solche Leistungen erbracht werden sollen, die zur Vorbeugung, Heilung, Besserung oder Linderung einer Krankheit erforderlich sind[104]. 429

Das ergibt sich auch im Umkehrschluss aus 430

- § 1 Abs. 2 GOÄ, wonach der Arzt
  - Vergütungen nur für solche Leistungen berechnen darf, die (...) für eine medizinisch notwendige ärztliche Versorgung erforderlich sind,
  - Leistungen, die über dieses Maß hinausgehen nur dann berechnen darf, wenn sie auf Verlangen des Patienten erbracht worden sind.
- § 12 Abs. 3 Satz 5 GOÄ, wonach medizinisch nicht notwendige Leistungen auf der Rechnung entsprechend zu bezeichnen sind.

---

[101] BGH, NJW 2003, 1596, 1598. Vgl. BGH, NJW 1987, 703, 704; BGH, NJW 1996, 3074, 3075; *Bach/Moser*, § 1 MB/KK, Rz. 40 ff.

[102] Vgl. dazu *Brück*, GOÄ Kommentar, § 1, Rz. 7.1; *Hoffmann*, GOÄ Kommentar, § 1, Rz. 6, S. 18/4 f.; *Lang/Schäfer*, GOÄ Kommentar, § 1, Rz. 10, 15.

[103] Vgl. BGH, NStZ 1982, 70; *Kindhäuser/Neumann/Paeffgen*, § 263, Rz. 125 ff.; Schönke/Schröder (*Cramer*), § 263, Rz. 16 e; *Tiedemann*, LK, § 263, Rz. 31; *Tröndle/Fischer*, § 263, Rz. 12.

[104] Vgl. § 1 BÄO; vgl. auch Laufs/Uhlenbruck (*Uhlenbruck/Laufs*), § 39, Rz. 3 ff.

Praxishinweis:
Je nach Art der medizinisch lediglich sinnvollen, aber nicht notwendigen Leistung kann auch noch die Problematik der fehlenden Einwilligung zum Eingriff und damit der Körperverletzung nach § 223 StGB hinzukommen, weil der Patient bei diesen Leistungen besonders umfänglich aufgeklärt werden muss[105].

431 Die medizinische Notwendigkeit ist strikt zu trennen von der *Kostengünstigkeit*, d.h. der Frage, ob dieselbe Behandlung nicht anderweitig zu einem besseren Preis zu erlangen gewesen wäre. Zwar ist der Arzt auch bei der Privatliquidation aus dem Grundsatz nach Treu und Glauben verpflichtet, den Aspekt der Kostengünstigkeit mit zu berücksichtigen. Das strenge Wirtschaftlichkeitsgebot des SGB V gilt hier jedoch nicht[106].

432 Das hat der BGH auch für § 1 Abs. 2 Satz 1 MB/KK festgestellt, in dem als erstattungsfähiger Versicherungsfall die medizinisch notwendige Heilbehandlung beschrieben ist. Eine Beschränkung des Versicherers auf die kostengünstigste Behandlung ist durch § 1 Abs. 2 Satz 1 MB/KK nicht erklärt[107]. Will der Versicherer sich also auf die kostengünstigste Variante beschränken, müssen zusätzliche Vereinbarungen getroffen werden[108]. In diesem Zusammenhang ist zu beachten, dass auch bei entsprechender zusätzlicher Vereinbarung damit nicht das Rechtsverhältnis Arzt-Patient, sondern allein das Rechtsverhältnis Patient-Versicherung betroffen ist. Das bedeutet, dass eine Behandlung gegenüber dem Patienten nach GOÄ liquidationsfähig sein kann, ohne dass der Versicherte einen vollen Kostenerstattungsanspruch gegenüber seiner Versicherung hat.

433 Die medizinische Notwendigkeit ist eine Tatsache im Sinne des § 263 StGB, weil es sich um konkretes vergangenes Ereignis handelt, das objektiv zur Gewissheit festgestellt werden kann[109] und dem gerichtlichen Beweis zugänglich ist[110]. Mit Zusendung der Rechnung an den Patienten erklärt der Arzt also konkludent, dass die fakturierten Leistungen medizinisch notwendig waren, es sich also nicht um die sog. IGeL-Leistungen[111] handelt.

434 Der Patient weiß zwar in der Regel im Wesentlichen, welche medizinische Leistung für ihn erbracht worden ist, kann aber nur in wenigen Fällen erkennen, ob es

---

105 Vgl. Laufs/Uhlenbruck (*Laufs*), § 64, Rz. 10.

106 *Brück*, GOÄ Kommentar, § 1, Rz. 7.1; *Hoffmann*, GOÄ Kommentar, § 1, Rz. 6, S. 18/4; *Lang/Schäfer*, GOÄ Kommentar, § 1, Rz. 15.

107 BGH, NJW 2003, 1596, 1598 unter Aufgabe seiner bisherigen Rechtsprechung, vgl. BGH, VersR 1978, 267.

108 Vgl. LG Nürnberg-Fürth, VersR 2005, 492, 493.

109 Vgl. RGSt **24**, 387, 388; BGHSt **2**, 324, 326; *Tröndle/Fischer*, § 263, Rz. 2.

110 Vgl. RGSt **24**, 387, 388; BGHSt **6**, 357, 359; *Tiedemann*, LK, § 263, Rz. 9 f.

111 Individuelle Gesundheitsleistung. Der Begriff geht auf ein erstmals 1998 erarbeitetes Konzept der KBV zurück, zur Orientierung solche Leistungen in einem Katalog zusammenzustellen, die von den gesetzlichen Krankenkassen nicht übernommen wurden. Vgl. für einen Überblick *Krieger*, ZMGR 2005, 173.

sich tatsächlich um medizinisch notwendige Leistungen handelt[112]. Er geht bei Rechnungserhalt daher im Rahmen eines sachgedanklichen Mitbewusstseins davon aus, dass die liquidierten Leistungen auch medizinisch notwendig waren.

Schlicht unrichtig ist es, hier wie auch in jeder anderen Fallgruppe, schon in der Rechnungszustellung an den Empfänger (Patient, Kasse, KV) ein vollendetes Delikt anzunehmen[113]. 435

> **Praxishinweis:**
> Mit bloßer Vorlage der Rechnung beim Privatpatienten bzw. der Behandlungsnachweise über die KV bei der Kasse ist noch keine Vermögensverfügung erfolgt, so dass der objektive Tatbestand zu diesem Zeitpunkt nicht erfüllt ist. Es kommt lediglich der Versuch in Betracht.

Die Vermögensverfügung als drittes objektives Tatbestandsmerkmal des § 263 StGB geht dem Vermögensschaden zwingend voraus und muss kausal zum Vermögensschaden führen, damit der objektive Tatbestand erfüllt ist.

2. Vermögensverfügung, Vermögensschaden

Mit Zahlung der Rechnung nimmt der Patient eine vermögensmindernde Verfügung vor. Im Zuge der Saldierung stellt sich die Frage, ob der Patient im Vorhinein eine Leistung erhalten hat, deren Wert dem des gezahlten Honorars entspricht und somit die Saldierung als ausgewogen erscheinen lässt. Die Leistung weist eine Reihe von Merkmalen auf, die für ihre Werthaltigkeit sprechen. Sie ist immerhin durch einen Arzt, persönlich, vollständig und nach entsprechend fachärztlichem Standard erbracht worden. Wäre sie entsprechend § 1 Abs. 2 GOÄ vorher als solche kenntlich gemacht und vom Patienten verlangt worden, bestünde an ihrem über die GOÄ-Ziffern zugewiesenen Wert kein Zweifel. 436

Auch in dieser Fallgruppe liegt damit das Problem in der Frage, ob der Patient nur aus seiner subjektiven oder auch aus Sicht des objektiven Beobachters geschädigt ist. Anders ausgedrückt: Ist der Patient im Sinne des § 263 StGB objektiv geschädigt, weil er letztlich mehr erhalten als verlangt hat? Der Fall ähnelt auf den ersten Blick der Bestellungserschleichung bei gleichwertiger Gegenleistung[114], allerdings mit dem Unterschied, dass dort der Betroffene grundsätzlich seine Täuschung selbst erkennen könnte, was beim Patienten aufgrund des fehlenden Fachwissens kaum der Fall ist[115]. 437

An dieser Stelle liegt das Problem, dass der Wert der zusätzlichen Leistung für einen Patienten durch den objektiven Dritten kaum zu bestimmen ist. Denn anders als etwa in dem Fall, wo eine Melkmaschine trotz allgemein wertentsprechendem Preis für den irrenden Käufer *objektiv* als zu klein und damit aus objektiver Sicht 438

---

[112] *Lang/Schäfer*, GOÄ Kommentar, § 1, Rz. 17.

[113] So aber *Schubert*, ZRP 2001, 154, 155 für die Privatabrechnung und Laufs/Uhlenbruck (*Ulsenheimer*), § 151, Rz. 14 für die Kassenabrechnung.

[114] Vgl. Schönke/Schröder (*Cramer*), § 263, Rz. 110.

[115] Vgl. *Lang/Schäfer*, GOÄ Kommentar, § 1, Rz. 15.

für diesen als wertlos eingestuft werden kann[116], lassen sich hier im medizinischen Bereich die Leistungen in der Regel nicht per se objektiv als sinnvoll oder sinnlos einstufen. Denn eine medizinisch nicht notwendige Leistung kann je nach Betrachterstandpunkt und persönlicher Erfahrung durchaus als sinnvoll und damit werthaltig oder aber auch als völlig überflüssig und damit wertlos eingeschätzt werden, insbesondere wenn es sich um eine invasive Maßnahme handelt wie etwa eine Biopsie.

439 Es genügt also nicht allein, die Wertbildung für den individuellen Fall vorzunehmen, sondern es muss zusätzlich die Individualperspektive des Betroffenen, also sein persönlicher Schadenseinschlag[117], mit herangezogen werden. Der Vorteil dieses Ansatzes liegt in der größeren Ausdifferenzierung des Einzelfalles und damit der Einzelfallsgerechtigkeit, die Gefahr besteht jedoch darin, dass versteckt die Dispositionsfreiheit in den Schutzbereich des § 263 StGB einbezogen wird. Damit letzteres nicht geschieht und der Tatbestand konturenscharf bleibt, muss der subjektive Wertmaßstab des Betroffenen zunächst objektiv geprüft werden. Er wird nur dann für die Bewertung übernommen, wenn er auch aus objektiver und neutraler dritter Sicht nachvollziehbar und haltbar ist. Nach diesem Ansatz liegt ein Schaden dann vor, wenn der Betroffene die - rein wirtschaftlich betrachtet gleichwertige - Gegenleistung

- nicht / nicht in vollem Umfang zu dem vertraglich vorausgesetzten Zweck
- und auch nicht in anderer zumutbarer Weise verwenden, namentlich ohne besondere Schwierigkeiten wieder veräußern kann[118].

440 All dies ist bei der medizinisch nicht notwendigen Leistung der Fall. Die erhaltene Leistung ist darüber hinaus naturgemäß nicht nur schwierig, sondern gar nicht tradierbar. Sie besitzt für Dritte auch keinerlei sonstigen Wert.

441 Insgesamt ist deshalb unter der zwingend zu berücksichtigenden individuellen Situation des Patienten durch die nicht medizinisch notwendige Leistung keine gleichwertige Position geschaffen worden. Das Tatbestandsmerkmal des Schadens ist damit erfüllt und der objektive Tatbestand des Betruges gegeben. Daraus ergibt sich, dass eine Vereinbarung zur Erbringung medizinisch nicht notwendiger, aber medizinisch sinnvoller Leistungen zwar nicht schriftlich geschlossen werden muss, dies sich aber schon zur Vermeidung von Missverständnisse anbietet. In jedem Fall ist die Leistung auf der Rechnung entsprechend § 12 Abs. 3 Satz 5 GOÄ zu kennzeichnen, damit ein Irrtum des Patienten und damit jedenfalls der Betrugsvorwurf ausgeschlossen sind.

---

[116] Vgl. BGHSt **16**, 321; *Tröndle/Fischer*, § 263, Rz. 87.

[117] Vgl. BGHSt **16**, 321, 325; BGH, NJW 1953, 836; BGH, wistra 1986, 169; Schönke/Schröder (*Cramer*), § 263, Rz. 108, 121, 123; *Tiedemann*, LK; § 263, Rz. 126; *Tröndle/Fischer*, § 263, Rz. 86 f.

[118] BGHSt **16**, 321, 326; BGH, wistra 1999, 299, 300; *Lackner/Kühl*, § 263, Rz. 48 a; Schönke/Schröder (*Cramer*), § 263, Rz. 121; *Tiedemann*, LK, § 263, Rz. 178; *Tröndle/ Fischer*, § 263, Rz. 86 f.

V. Keine Weitergabe von Zuwendungen

1. Täuschung, Irrtum, Vermögensverfügung

§ 10 Abs. 1 Satz 2 GOÄ bestimmt, dass beim Ersatz von Auslagen die Berechnung von Pauschalen nicht zulässig ist. Zu den Auslagen gehören Arzneimittel, Verbandmittel und sonstige Materialien, die der Patient zur weiteren Verwendung behält oder die mit einmaliger Anwendung verbraucht sind, soweit in § 10 Abs. 2 GOÄ nichts anderes geregelt ist, nämlich dass bestimmte Auslagen nicht berechnet werden können. Soweit die dort genannten Ausnahmen nicht greifen, also die Auslagen berechnet werden können, sind ausschließlich die tatsächlich aufgewendeten Beträge gegenüber dem Patienten zu berechnen bzw. dürfen nur die realen Kosten weitergegeben werden[119]. Gegebenenfalls ist der Stückpreis aus der Gesamtsumme zu errechnen[120]. Gleiches gilt entsprechend für die Privatliquidation der Zahnärzte nach § 9 GOZ[121]. Insgesamt sind also solche Preisnachlässe an den Patienten bzw. den Kostenträger weiterzugeben, die letztlich nicht durch den Arzt, sondern durch die Kostenschuldnerseite generiert und finanziert werden. Beispielsweise ist ein durch Bündelung erreichter Mengenrabatt ist für den Arzt selbst nicht mit Kosten verbunden, jedenfalls nicht mit solchen, die gesondert berechenbar wären (z.B. Raum-/Lagerungskosten, vgl. § 4 Abs. 3 GOÄ[122]). 442

Über die ärztliche Praxis erfolgt grundsätzlich eine Bündelung von - nicht durch den Arzt gesteuerten - Bedürfnissen, was auch für einen Dauerbezug- bzw. Treue-Rabatt gilt. Die Notwendigkeit medizinischer Versorgung soll dem Arzt in diesem Zusammenhang nicht als Wirtschaftsgut bzw. Verhandlungsinstrument dienen dürfen[123]. 443

Es gibt auch hier wie im GKV-Bereich zwei Varianten, Zuwendungen / Rückvergütungen / Rabatte fließen zu lassen, nämlich in offener und verdeckter Form. Insofern wird auf die obigen Ausführungen verwiesen, die für diese Konstellation in gleicher Weise gelten[124]. 444

Von diesen durchzureichenden Rabatten sind allerdings auch hier die Nachlässe bei vorzeitiger Zahlung eines Rechnungsbetrages (Skonti) abzugrenzen[125]. Denn im Gegensatz zu einem etwa durch Menge erreichten Rabatt wird die mittels Skonto erreichte Preisreduktion allein durch das Wirtschaftsgut des Arztes, nämlich seiner Liquidität, erreicht und finanziert. Also steht dieser Vorteil auch allein ihm zu. Eine legaldefinierte Höhe des berechtigten Skontos gibt es in diesem Be- 445

---

119 *Brück*, GOÄ Kommentar, § 10, Rz. 13, § 12, Rz. 2.3; *Lang/Schäfer*, GOÄ Kommentar, § 10, Rz. 9.

120 *Brück*, GOÄ Kommentar, § 10, Rz. 11; *Hoffmann*, GOÄ Kommentar, § 10, Rz. 6, S. 11; *Uleer/Miebach/Patt*, § 12 GOÄ, 3.4, S. 136.

121 Vgl. OLG Köln, MedR 2003, 460.

122 *Brück*, GOÄ Kommentar, § 4, Rz. 15.1. Vgl. auch *Uleer/Miebach/Patt*, § 12 GOÄ, 3.4, S. 136.

123 Vgl. dazu Rz. 316 f.

124 Vgl. dazu Rz. 310 ff.

125 Rieger (*Dahm*), Lexikon, Ordnungsziffer 4940, Rz. 6.

reich nicht. Insofern liegt es nahe, die Orientierung an der im GKV-Sektor geltenden Obergrenze von 3 % zu suchen, die letztlich auf das Rabattgesetz zurückgeht. Skonti bis zu dieser Höhe stehen also dem Arzt allein zu, so dass er zur Weitergabe nicht verpflichtet ist.

446 Über diese Größenordnung hinausgehende Skonti *können* unter denselben Voraussetzungen wie bei der GKV-Abrechnung dargelegt verdeckte Rabatte darstellen. Das hängt davon ab, ob das gewährte Skonto in Relation etwa zu anderweitigen Finanzierungsmöglichkeiten des Verkäufers steht und was ggf. ortsüblich ist. Allerdings erscheint auch hier ein über der 3 %-Marke liegendes Skonto insofern problematisch, als dies z.B. bei einem Zahlungsziel von 8 statt etwa 30 Tagen bereits eine Finanzierung des Verkäufers bei 49 % p.a. bedeutet. Selbst bei 1 % Skonto sind es noch über 16 % p.a. Im Einzelfall kann entsprechend der wirtschaftlichen Situation der Verkäuferseite auch ein höheres Skonto plausibel sein.

447 Die Angabe einer bestimmten Auslagenhöhe auf der Liquidation ist eine Tatsachenbehauptung, die unrichtig ist, sofern die Auslage aufgrund des Rabattes geringer als aufgeführt ausfällt. Ein dem Arzt zufließendes Skonto ist – jedenfalls in Höhe von bis zu 3 % – von dieser Erklärung nicht umfasst. Sind andere Zuwendungen geflossen, die in der Abrechnung nicht berücksichtigt werden, irrt der Patient hierüber und gleicht die Rechnung aus, so dass bei ihm eine insoweit irrtumsbedingte Vermögensminderung eintritt.

2. Schaden

448 Im Rahmen der Saldierung ist zu prüfen, ob der Patient tatsächlich mehr gezahlt hat als die Summe, zu der er verpflichtet gewesen wäre. Das ist dann der Fall, wenn die Rückvergütung / Zuwendung / Bonifikation preisrelevant ist, also ihre Nichtgewährung einen günstigeren Preis zur Folge gehabt hätte[126]. Das lässt sich bei der Privatliquidation genauso wenig pauschal feststellen wie bei der GKV-Abrechnung, weil die Preisbildung stets mit einer Vielzahl von Faktoren verbunden ist. Wie schon aufgeführt hat der BGH festgestellt, dass die Zuwendung dann den Preis unbeeinflusst lässt, wenn es das Motiv des Leistenden ist, den Empfänger für weitere Geschäfte geneigt zu machen[127] oder die Zahlung der allgemeinen und üblichen Kundenpflege dient[128].

[126] *Dahm*, MedR 2003, 268, 274. Vgl. auch BGH, NJW 2002, 2801, 2803; BGH, NJW 2005, 300, 305 f.

[127] BGH, NJW 1983, 1807, 1809.

[128] BGH, wistra 2001, 267, 270.

Indizien für bloße Kundenpflege und gegen Preisrelevanz sind:

Eine *klare Trennung* von Preiskalkulation und Provisions- bzw. Zuwendungspaket[129].

Einheitliche Preise der Hauptleistung, gleich ob die Praxis die Zuwendung in Anspruch genommen hat oder nicht[130].

Die *Relation der Zuwendung zum georderten Umsatzwert.* Je höher die Zuwendung im Vergleich, umso wahrscheinlicher ist eine Preisrelevanz und umso unwahrscheinlicher ist dies der allgemeinen Kundenpflege zuzuordnen. Der BGH formuliert dabei eine Grenze ab *5 %* des Umsatzwertes, bei deren Überschreitung eine Preisrelevanz indiziert ist[131].

VI. Honorarverzicht

1. Objektiver Tatbestand des § 263 StGB

In der geschilderten Konstellation, nämlich dem verdeckten Verzicht des Arztes in Höhe des Eigenanteils des Patienten, erfolgt keine Täuschungshandlung gegenüber dem Patienten. Dieser ist gerade in das Vorgehen einbezogen und agiert selbst als Täter im Sinne von § 25 Abs. 1 StGB, weil er die Abrechnung zur Erstattung einreicht. Die Täuschungshandlung liegt im Vorliegen der ärztlichen Abrechnung seitens des Patienten bei seiner Versicherung. Der Patient behauptet, dies seien die Aufwendungen und somit die Verbindlichkeiten[132], die durch die fakturierte Heilbehandlung entstanden sind. Sofern diese Behauptung nicht mittels vorgegebenen Formularen ausdrücklich erfolgt, wird sie jedenfalls konkludent aufgestellt, weil sie objektiv ein Kernstück des Versicherungsverhältnisses darstellt, so wie es in § 1 Abs. 1 a) MB/KK beschrieben ist[133]. Diese Behauptung ist unrichtig, weil der Arzt nicht den ausgewiesenen Rechnungsbetrag beansprucht, sondern lediglich den dem Patienten erstatteten Betrag. Die Angestellten der Versicherung irren über diese Tatsache und weisen daraufhin den Rechnungsbetrag abzüglich des Eigenanteils an. **449**

450 Im Rahmen der Saldierung ergibt sich, dass die Versicherung ihre Verbindlichkeit gegenüber dem Versicherten übererfüllt hat und damit mehr zahlt als das, wozu sie verpflichtet gewesen wäre. Durch diese Zahlung wird keine anderweitige Verbindlichkeit erfüllt, so dass keinerlei Kompensation der Vermögensminderung

---

129 Vgl. BGH, NJW 2005, 300, 305 f.

130 BGH, NJW 2002, 2801, 2802.

131 BGH, wistra 2001, 267, 270 f.

132 Vgl. *Bach/Moser*, § 1 MB/KK, Rz. 3 f.

133 Vgl. dazu auch § 6 des Vertrags zwischen KVB – Krankenversorgung der Bundesbahnbeamten und dem VLK – Verband der leitenden Krankenhausärzte in Deutschland vom 01.01.2002.

erfolgt. In der Gesamtbetrachtung erleidet der Arzt zwar selbst eine – gewollte – Vermögenseinbuße, weil er den Eigenanteil des Patienten finanziert. Dies hat allerdings keinerlei Auswirkungen auf dessen Anspruch gegenüber seiner Versicherung, so dass zu deren Nachteil ein Schaden vorliegt. Der Vorteil des Patienten wird also letztlich zweimal erkauft. Der Verzicht bzw. die spätere Rücküberweisung der Differenz durch den Arzt an den Patienten vertieft lediglich den schon eingetretenen Schaden und bildet die Beendigung[134].

2. Absicht zur Verschaffung eines Vermögensvorteils

451 § 263 StGB erfasst nicht allein den eigennützigen Täter, sondern auch den fremdnützig handelnden, der ausschließlich einem Dritten einen rechtswidrigen Vermögensvorteil zu verschaffen beabsichtigt[135]. Bei dieser Konstellation kommen verschiedene Zielrichtungen für den Arzt in Betracht. Denkbar ist

- das umfängliche Wissen und Wollen, möglicherweise mit dem Hintergrund, zukünftige Rechnungen mit Falschabrechnungen zu erweitern, um dann selbst einen Vermögensvorteil zu erhalten,
- eine lediglich „altruistische“ Haltung des Arztes,
- die Drohung des Patienten, sonst zukünftig eine andere Praxis aufzusuchen.

452 Die Ergebnisse bezüglich des Vorsatzes können also unterschiedlich sein. Im ersten Fall ist bei *Vorliegen von Wissen und Wollen* der subjektive Tatbestand unproblematisch erfüllt. Im Fall des *„altruistischen“ Handelns* liegt statt der Haupt- möglicherweise eine bloße Nebentäterschaft in Form der Beihilfe vor[136]. Daher muss die Entscheidungs- und Gestaltungsherrschaft über das objektive Tatgeschehen betrachtet werden, die beim fremdnützigen Betrug für die Abgrenzung von Täterschaft und Teilnahme maßgebliches Kriterium ist[137]. Zwar unterscheidet sich das Handlungsgeschehen bis zur Erstattung durch den Kostenträger in nichts von den sonstigen regulären Abläufen. Ob der Arzt nach Abschluss des Kostenerstattungsvorgangs dem Patienten den Differenzbetrag zurück überweist, spielt für die Einordnung als Haupt- oder Nebentäter gleichfalls keine Rolle, weil zu diesem Zeitpunkt der Schaden beim Kostenträger schon eingetreten und die Tat damit bereits vollendet ist, die Erlangung des Vorteils durch den Patienten stellt lediglich die Beendigung dar. Die Täuschung seitens des Patienten im Sinne des § 263 StGB wäre aber nicht denkbar, wenn nicht im Vorhinein die Absprache zwischen Arzt und Patient erfolgt wäre, den Rechnungsbetrag in Höhe des Eigenanteils disponibel zu stellen. Dem Arzt kommt also durchaus eine maßgebliche

---

[134] Vgl. *Tröndle/Fischer*, § 263, Rz. 114.

[135] *Tiedemann*, LK, § 263, Rz. 271.

[136] Vgl. BGH bei Dallinger, MDR 1973, 17; Ratzel/Lippert (*Ratzel*), § 12 MBO, Rz. 12; Schönke/Schröder (*Cramer*), § 263, Rz. 177; *Tiedemann*, LK, § 263, Rz. 271.

[137] BGHSt **24**, 286, 288 f.; **40**, 299, 301; BGH, wistra 1998, 152; OLG Celle, NJW 1994, 142, 143; *Kindhäuser/Neumann/Paeffgen*, § 263, Rz. 385.

Gestaltungsherrschaft zu, so dass die Einordnung als Haupttäter richtig erscheint[138].

> **Praxistipp:**
> Die strafrechtliche Relevanz dieses Verhaltens – gleich ob als Haupt- oder Nebentäter - ist dem Arzt oftmals nicht bekannt und für ihn insofern unerwartet, weil er einen echten Verzicht hinsichtlich seines Honorars vornimmt.

Wird der Arzt allein durch den *Druck des Patienten* zum Verzicht veranlasst und **453**
stellt sich so dessen Vermögensvorteil als für ihn innerlich nicht erwünschte, peinliche oder lästige Folge seines Handelns dar[139], so fehlt der Vorsatz. Gleiches gilt, wenn er die Vermögenssituation des Patienten für desolat hält oder allgemein das Prozessrisiko nachvollziehbar als zu hoch einschätzt.

Dieses Geschehen ist abzugrenzen von einem *nachträglichen Verzicht*, den der **454**
Arzt ausschließlich zur Beilegung von Gebührenstreitigkeiten trifft. Hat der Kostenträger auch nur in reduzierter und unstreitiger Höhe an den Patienten gezahlt, kommt ein Betrugsvorwurf weder gegenüber dem Patienten noch gegenüber dem Arzt in Betracht. Wenn der Kostenträger dagegen die Rechnung in voller Höhe ausgeglichen und keine Kenntnis von der Gebührenstreitigkeit zwischen Arzt und Patient und dem anschließenden Verzicht mit Rückerstattung hat, so kommt durchaus ein Betrug des Versicherten gegenüber dem Kostenträger durch Unterlassen in Betracht, weil dieser zur Mitteilung aufgrund der vertraglichen Vereinbarungen verpflichtet ist. Für den Arzt besteht eine solche Mitteilungspflicht aus keinem Gesichtspunkt (freiwillige Übernahme [Vertrag], Gesetz, Ingerenz, Treu und Glauben). Darüber hinaus fehlt bei dieser Konstellation der Vorsatz des Arztes zur rechtswidrigen Vorteilsverschaffung zugunsten des Patienten.

VII. Fehlende Minderung nach § 6 a GOÄ

Für den Vorwurf des Betruges müsste im konkreten Fall, nämlich die ungeminder- **455**
te Rechnungsstellung durch einen niedergelassenen Arzt, zunächst das Tatbestandsmerkmal der Täuschung erfüllt sein, also unwahre Tatsachen behauptet werden. Dies wäre denkbar, indem behauptet wird,

- die in Wahrheit stationäre Behandlung sei ambulant erfolgt und die Liquidation daher per se nicht minderungspflichtig, oder
- die Behandlung sei zwar stationär erfolgt, gleichwohl aber nicht minderungspflichtig.

---

138 Vgl. OLG Celle, NJW 1994, 142, 143; *Tiedemann*, LK, § 263, Rz. 283. A.A. *Dahm*, MedR 2003, 268, 275.

139 Vgl. BGHSt **16**, 1, 6; KG Berlin, NJW 1957, 882 f.; OLG Köln, JR 1970, 468, 469; OLG Köln, NJW 1987, 2095 f.; *Krey/Hellmann*, BT 2, Rz. 494 f.; *Tiedemann*, LK, § 263, Rz. 252 f.

An dieser Stelle ist zu unterscheiden zwischen Tatsachenbehauptung und Rechtsmeinung. Die Klassifizierung „stationär" ist eine Rechtsmeinung, die sich auf bestimmte Tatsachen stützt. Das wird anhand der Definitionen deutlich: Eine Behandlung erfolgt stationär, wenn dem Patienten neben der medizinischen und pflegerischen Leistung durch das Krankenhaus Unterkunft und Verpflegung gewährt wird, vgl. § 39 Abs. 1 Satz 3 SGB V, er also physisch und organisatorisch in das Versorgungssystem des Krankenhauses einbezogen ist[140]. Eine weitergehende Legaldefinition fehlt, Gleiches gilt für die als Gegensatz zu verstehende ambulante Behandlung[141]. Nach dem BSG hat die Behandlung stationären Charakter, wenn der Patient die Nacht vor und die Nacht nach dem Eingriff im Krankenhaus verbringt[142].

456 Diese geschilderte Umstände – wie auch andere denkbare Definitionen zur Einbindung in das Versorgungssystem – stellen ein objektiv feststellbares Geschehen dar, das dem gerichtlichen Beweis zugänglich ist. Es handelt sich also um eine Tatsache, über die grundsätzlich getäuscht werden kann. Die darauf aufbauende Klassifizierung als ambulant oder stationär aufgrund dieser Umstände ist jedoch eine Meinungsäußerung bzw. Rechtsansicht, die von § 263 StGB nicht erfasst wird[143].

457 Die Rechnung kann einen ausdrücklichen Hinweis auf die stationäre Behandlung aufführen, etwa durch den Passus „Auf Veranlassung von Professor X vom Krankenhaus Y, stationärer Aufenthalt". Damit wären die eine stationäre Behandlung ausmachenden Tatsachen als Kern der Rechtsmeinung „stationär" vorgetragen. Ohne einen solchen oder ähnlichen Hinweis würde nur durch die Ausweisung des Minderungsbetrages gemäß § 12 Abs. 2 Nr. 3 GOÄ der Bezug zur stationären Behandlung deutlich. Es lässt sich dann also nur erkennen, ob die Minderung in Ansatz gebracht wurde oder nicht. Fehlt diese Angabe, gibt es zur Fragestellung „ambulant oder stationär" keine ausdrückliche Erklärung.

458 Dadurch wird aber *nicht konkludent* erklärt, es lägen die eine ambulante Behandlung ausmachenden Umstände vor (Rechtsfolge: keine Minderung), *weil sich der Arzt dann die Anspruchsvoraussetzungen seiner vorgelegten Liquidation selbst absprechen würde*. Denn die so genannte „Wahlarztkette" nach § 22 Abs. 3 BPflV, § 17 Abs. 3 KHEntgG greift zugunsten des externen bzw. niedergelassenen Arztes nur dann, wenn der Patient wahlärztliche Leistungen in Anspruch nimmt. Diese wiederum können *ausschließlich* bei einer stationären Behandlung vereinbart werden[144]. Hat der Patient keine wahlärztlichen Leistungen gewählt,

---

[140] *Tuschen/Quaas*, BPflVO, § 1, S. 171.

[141] OLG Hamm, NJW 1986, 2888; *Tuschen/Quaas*, BPflVO, § 1, S. 171.

[142] BSG, MedR 2004, 702, 704; BSG, GesR 2005, 357. Zustimmend *Quaas*, PKR 2005, 14 f.; *Trefz*, SGb 2005, 46, 48.

[143] Vgl. Rz. 276 ff.

[144] Vgl. § 2 Abs. 1, § 1 Abs. 1 BPflV, § 1 Abs. 1 KHEntgG; Rieger (*Bender*), Lexikon, Ordnungsziffer 5485, Rz. 4.

kann der externe Arzt zwar gleichfalls über das Krankenhaus in die Behandlung eingebunden werden[145] und diese liquidieren, dann aber nur

- gegenüber dem Krankenhaus und
- oft nur zu einem deutlich reduzierten Satz, vgl. § 11 Abs. 1 GOÄ.

Kann der niedergelassene Arzt also nur gegenüber dem wahlärztlich und damit zwingend stationär behandelten Patienten liquidieren, so zählt dies zu den Umständen, die objektiv die wesentliche Geschäftsgrundlage darstellen und die entsprechend konkludent durch den Arzt erklärt werden[146]. Eine andere Interpretation – ambulante Leistungserbringung – wäre widersprüchlich und lebensfremd. Wenn also kein ausdrücklicher Hinweis auf den stationären Aufenthalt erfolgt, wird bereits durch die Liquidation gegenüber dem Patienten die konkludente Behauptung aufgestellt, es lägen die eine stationäre Behandlung ausmachenden Umstände vor. **459**

Davon zu trennen ist der dieser Behauptung folgende zweite Schritt, nämlich die Subsumtion dieses Sachverhaltes unter die Vorschrift des § 6 a GOÄ, gleich mit welchem Ergebnis diese Subsumtion einhergeht (Minderung oder nicht) und gleich ob dieses Ergebnis gerichtlich durchsetzbar wäre. Es handelt sich um eine Rechtsmeinung, die im Rahmen des § 263 StGB nicht täuschungsrelevant ist. Die behaupteten Tatsachen sind also wahr, so dass der Betrugsvorwurf schon aufgrund einer fehlenden Täuschung ausscheidet. **460**

Es bedarf daher mit Blick auf den § 263 StGB *keines* ausdrücklichen Hinweises „stationär" auf der Rechnung[147]. Es erhöht allerdings die Transparenz der Abrechnung und es ist patientenfreundlicher, weil die Zuordnung der Leistung zum stationären Aufenthalt für den Patienten deutlich wird und ihm Rückfragen erspart. **461**

VIII. Nichtbeachtung des Zielleistungsprinzips

Bei einer Abrechnung unter Nichtbeachtung des Zielleistungsprinzips werden Rechnungsziffern liquidiert, die Bestandteil einer anderen, gleichfalls abgerechneten Leistungsziffer sind. Es werden also Ziffern für erbrachte Leistungen angesetzt, die aber im Sinne der GOÄ unter eine andere, gleichfalls angesetzte Ziffer fallen, die diese Leistung mit umfasst. Bei Trennung der einzelnen Schritte wird deutlich, dass sich die Frage nicht stellt, ob es sich schon um eine Täuschung oder noch um eine Meinungsäußerung handelt[148]. Denn mit Ansatz der Ziffern wird **462**

---

145 Krankenhausleistungen sind auch die veranlassten Leistungen Dritter, § 2 Abs. 2 Nr. 2 BPflV, § 2 Abs. 2 Nr. 2 KHEntgG.

146 Vgl. entsprechend zu konkludenten Erklärungen BGH, NStZ 1982, 70; *Kindhäuser/Neumann/Paeffgen*, § 263, Rz. 125 ff.; Schönke/Schröder (*Cramer*), § 263, Rz. 16 e; *Tiedemann*, LK, § 263, Rz. 31; *Tröndle/Fischer*, § 263, Rz. 12.

147 So jedoch *Dahm*, MedR 2003, 268, 275.

148 So aber *Dahm*, MedR 2003, 268, 273.

ausdrücklich erklärt, dass die darunter gefasste ärztliche Leistung erbracht worden ist, weil nach § 12 Abs. 2 Nr. 2 GOÄ auch die Bezeichnung der einzelnen berechneten Leistung in der Rechnung ausgewiesen werden muss. Diese Tatsache der Leistungserbringung ist erkennbar und oft genug gänzlich unstreitig wahr, ansonsten würde es sich um einen Fall der nicht erbrachten Leistungsabrechnung handeln.

463 Wie die medizinischen Leistungen jedoch nach der Gebührenordnung abzurechnen und damit juristisch zu bewerten sind, wird hiervon chronologisch und denknotwendig getrennt in einem zweiten Schritt festgelegt, der als Subsumtion und damit Ausweisung einer Rechtsmeinung erfolgt, die nicht betrugsrelevant ist. Diese Trennung gilt für jedwede Problematik und Konstellation im Zusammenhang mit dem Zielleistungsprinzip. Der Charakter einer Rechtsmeinung als solche ist auch unabhängig davon, ob sie gar nicht, in Teilen oder einhellig von Rechtsprechung und / oder Lehre geteilt wird.

464 Der Irrtum als zweites Tatbestandsmerkmal ist deshalb nicht weiter zu prüfen und es spielt keine Rolle[149], ob der Patient zunächst die Prüfung und Erstattung durch seine Versicherung abwartet oder in Vorleistung geht. Es liegt kein Betrug vor.

---

149 So aber *Dahm*, MedR 2003, 268, 273.

F. Strafverfahren wegen Abrechnungsbetruges

I. Geltung des allgemeinen Strafprozessrechts

Für Strafverfahren wegen Betruges (§ 263 StGB) oder Untreue (§ 266 StGB) durch Abrechnungsmanipulationen gelten die allgemeinen Gesetze, namentlich die Strafprozessordnung (StPO) und das Gerichtsverfassungsgesetz (GVG). Die im elften Kapitel des SGB V enthaltenen „Straf- und Bußgeldvorschriften" entfalten in diesem Zusammenhang im Übrigen keine Relevanz. Das allgemeine Strafprozessrecht ergänzende Regelungen stellen dagegen §§ 81a Abs. 4, 197a Abs. 4 SGB V dar: Die Vorschriften verpflichten die Kassenärztlichen Vereinigungen, die Kassenärztlichen Bundesvereinigungen und die Krankenkassen sowie deren Stellen zur Bekämpfung von Fehlverhalten im Gesundheitswesen grundsätzlich zur unverzüglichen Unterrichtung der Staatsanwaltschaft, wenn die Prüfung ergibt, dass ein Anfangsverdacht auf strafbare Handlungen mit nicht nur geringfügiger Bedeutung für die gesetzliche Krankenversicherung bestehen könnte. Auf die Bedeutung dieser Anzeigepflicht wird unten (Rz. 471 ff.) näher einzugehen sein. 465

II. Ermittlungsverfahren

Als Ermittlungs- oder Vorverfahren wird der Abschnitt des Strafverfahrens bezeichnet, in dem sich die Staatsanwaltschaft darüber Klarheit verschafft, ob sie Anklage beim Strafgericht erheben soll. Die Anklageerhebung ist eine notwendige Voraussetzung für die Befassung des Gerichts mit einer Strafsache. 466

1. Einleitung des Ermittlungsverfahrens

a) Strafanzeige oder Strafantrag

Das Ermittlungsverfahren kann auf *Veranlassung einer Privatperson* in Gang kommen, indem sie nach § 158 Abs. 1 StPO bei der Staatsanwaltschaft, der Polizei oder dem Amtsgericht eine Strafanzeige oder einen Strafantrag anbringt. In der Praxis informieren nicht selten entlassene Mitarbeiter oder geschiedene Ehepartner, die von Abrechnungsmanipulationen Kenntnis erhalten haben, die Strafverfolgungsinstanzen. § 160 Abs. 1 StPO verpflichtet die Staatsanwaltschaft zur Erforschung des Sachverhalts, sobald sie durch eine Anzeige – oder auf anderem 467

Wege – von dem Verdacht einer Straftat Kenntnis erhält. Nach § 152 Abs. 2 StPO hat die Staatsanwaltschaft wegen aller verfolgbaren Straftaten einzuschreiten, sofern zureichende tatsächliche Anhaltspunkte vorliegen. Das in diesen beiden Vorschriften niedergelegte Legalitätsprinzip erstreckt § 163 Abs. 1 S. 1 StPO auf die Behörden und Beamten des Polizeidienstes.

468 Auch eine *anonyme Anzeige* kann die Erforschungspflicht begründen[1]. Da aber nicht auszuschließen ist, dass der Anzeigeerstatter unter dem Deckmantel der Anonymität haltlose Vorwürfe erhebt, es ihm also nur an einer „Denunziation" gelegen ist, sind die Ermittlungen dann mit besonderer Vorsicht zu führen[2].

469 Eine *Anzeigepflicht für Privatpersonen existiert nicht*[3], sodass ein Bürger, der von einer bereits begangenen Straftat Kenntnis erlangt und diese nicht anzeigt, sich nicht wegen Strafvereitelung durch Unterlassen (§§ 258, 13 StGB) strafbar macht. Eine Anzeigepflicht ergibt sich auch nicht aus § 138 StGB. Der Tatbestand verpflichtet lediglich zur Anzeige der in der Vorschrift genannten geplanten, also bevorstehenden Straftaten. Die mit Abrechungsmanipulationen verbundenen Delikte sind in dem Straftatenkatalog des § 138 StGB zudem nicht aufgeführt.

b) Amtliche Wahrnehmung

470 Ein Ermittlungsverfahren kann darüber hinaus auf Grund *amtlicher Wahrnehmung* in Gang gesetzt werden. Von Sachverhalten, die den Verdacht einer Abrechnungsmanipulation nahe legen, werden Staatsanwälte oder Polizeibeamte allerdings nur ausnahmsweise – ohne Anzeige – durch eigene Wahrnehmung Kenntnis erhalten. Denkbar ist es aber z.B., dass ein Staatsanwalt ein Ermittlungsverfahren einleitet, wenn ein Pressebericht verdachtsbegründende Umstände enthält.

c) Anzeigepflicht der Kassenärztlichen Vereinigungen und der Krankenkassen

471 Die Mehrzahl der Ermittlungsverfahren wegen Abrechnungsmanipulationen wird jedoch auf Grund einer *Anzeige durch eine Kassenärztliche Vereinigung oder eine Krankenkasse* eingeleitet. Zwar besteht für Behörden und deren Mitarbeiter, die keine Strafverfolgungsaufgaben wahrnehmen, keine generelle Pflicht zur Anzeige von Straftaten[4], sodass die Kassenärztlichen Vereinigungen nicht schon auf Grund ihrer Eigenschaft als Körperschaften des öffentlichen Rechts (§ 77 Abs. 5 SGB V) anzeigepflichtig sind. § 81a Abs. 4 SGB V verpflichtet die Kassenärztlichen Vereinigungen und § 197a Abs. 4 SGB V die Krankenkassen aber – wie bereits darge-

---

[1] Siehe Nr. 8 der „Richtlinien für das Straf- und Bußgeldverfahren" (RiStBV), bundeseinheitlich geltenden Anweisungen der Justizministerien, die vornehmlich für den Staatsanwalt bestimmt sind.

[2] *Meyer-Goßner*, § 160, Rz. 9.

[3] *Hellmann*, Rz. 45; *Roxin*, § 37, Rz. 5.

[4] RGSt **73**, 265, 266; **74**, 178, 180; BGHSt **43**, 82, 84 ff.; *Meyer-Goßner*, § 158, Rz. 6.

legt (Rz. 465) – grundsätzlich zur unverzüglichen Unterrichtung der Staatsanwaltschaft bei Vorliegen eines Anfangsverdachts wegen einer erheblichen Straftat mit nicht nur geringfügiger Bedeutung für die gesetzliche Krankenversicherung.

d) Materiell-strafrechtliche Konsequenzen der Anzeigepflichten aus §§ 81a Abs. 4, 197a Abs. 4 SBG V

Diese Anzeigepflichten besitzen nicht nur strafverfahrensrechtliche Bedeutung, **472** sondern die Verletzung der Pflicht zur Unterrichtung der Staatsanwaltschaft kann zudem die *Strafbarkeit der verpflichteten Personen wegen Strafvereitelung durch Unterlassen* gemäß §§ 258, 13 StGB begründen[5]. Die §§ 81a Abs. 4, 197a Abs. 4 SGB V verpflichten zwar die Institutionen (Kassenärztliche Vereinigungen, Krankenkassen, deren Landesverbände und Spitzenverbände) zur Anzeige. Da im strafrechtlichen Sinne aber nur natürliche Personen – schuldhaft – handeln können, richtet sich die Anzeigepflicht auch an die für diese Institutionen verantwortlich handelnden Personen, also den Vorstand der Kassenärztlichen Vereinigung und die Organe der Krankenkasse sowie die zuständigen Mitarbeiter der Stellen zur Bekämpfung von Fehlverhalten im Gesundheitswesen. Die Ausgestaltung der Anzeigepflicht als Soll-Vorschrift ändert daran nichts, denn dadurch bringt das Gesetz lediglich zum Ausdruck, dass die Anzeigepflicht bei Vorliegen besonderer Umstände ausnahmsweise entfallen kann, die Staatsanwaltschaft folglich in der Regel zu unterrichten ist.

Die *Anforderungen an diese Anzeigepflicht* sind im Übrigen recht niedrig. Sie **473** gilt nämlich schon dann, „wenn die Prüfung ergibt, dass ein Anfangsverdacht auf strafbare Handlungen mit nicht nur geringfügiger Bedeutung für die gesetzliche Krankenversicherung bestehen könnte". Mit dem Begriff des Anfangsverdachts verwenden die Regelungen einen Terminus, den die StPO nicht benutzt, der jedoch im strafverfahrensrechtlichen Sprachgebrauch durchaus gebräuchlich ist und die Situation charakterisiert, die Staatsanwaltschaft und Polizei zur Einleitung eines Ermittlungsverfahrens verpflichtet. Ein solcher Anfangsverdacht liegt schon dann vor, wenn konkrete tatsächliche Anhaltspunkte vorhanden sind, die es nach der kriminalistischen Erfahrung möglich erscheinen lassen, dass eine verfolgbare Straftat begangen worden ist[6]. Das bedeutet zwar einerseits, dass allgemeine bzw. gefühlsmäßige Vermutungen oder vage Hinweise, die sich nicht auf konkrete Anhaltspunkte stützen lassen, keinen Anfangsverdacht begründen[7], aber andererseits auch, dass die bekannten Tatsachen nicht mit überwiegender oder gar hoher Wahrscheinlichkeit für das Vorliegen einer Straftat sprechen müssen, sondern eben die Möglichkeit einer verfolgbaren Straftat ausreicht. §§ 81a Abs. 4, 197a Abs. 4 SGB V verlangen zu Recht nicht einmal das Vorliegen eines Anfangsver-

---

[5] BT-Drucks. 15/1525, S. 99 (zu § 81a Abs. 4 SGB V) und S. 138 (zu § 197a SGB V), wo auf die Begründung zu § 81a verwiesen wird.

[6] Z.B. BVerfG, NStZ 1982, 430; NJW 1994, 783; BGH [Z], NJW 1989, 96, 97; *Hellmann*, Rz. 57; *Meyer-Goßner*, § 152, Rz. 4.

[7] OLG Düsseldorf, MDR 1991, 78, 79.

dachts, zumal die Mitarbeiter der Kassenärztlichen Vereinigungen und Krankenkassen dies mangels des erforderlichen kriminalistischen Erfahrungswissens und der strafrechtlichen Kenntnisse in der Regel ohnehin nicht verlässlich werden beurteilen können, sondern die Anzeigepflicht greift schon ein, wenn die Prüfung ergibt, dass ein Anfangsverdacht „bestehen könnte".

474 Die Vorschriften sind allerdings unklar formuliert, denn der Terminus „die Prüfung" kann unterschiedlich verstanden werden, weil die Abrechnung des Vertragsarztes verschiedenen Prüfungen unterzogen wird[8]. Zweifelhaft ist deshalb, ob die Anzeigepflicht bereits entsteht, wenn eine dieser Prüfungen einen Anfangsverdacht begründen könnte, oder ob der Begriff „die Prüfung" das gesamte Prüfverfahren meint. Die strafrechtlichen Konsequenzen dieser unterschiedlichen Sichtweisen sind erheblich. Würden bereits Anhaltspunkte für eine Straftat bei der Prüfung der sachlich-rechnerischen Richtigkeit oder der Plausibilitätskontrolle die Anzeigepflicht begründen, so käme eine Strafbarkeit wegen Strafvereitelung durch Unterlassen gemäß §§ 258 Abs. 1, 13 StGB im Falle der Nichtanzeige selbst dann in Betracht, wenn weitere Prüfungen vorgenommen werden, um die Verdachtsgründe ggf. zu erhärten und später – auf Grund eines „verdichteten" Verdachts die Unterrichtung der Staatsanwaltschaft erfolgt. Der Taterfolg der sog. Verfolgungsvereitelung erfordert nämlich nicht, dass die Verhängung einer Strafe oder einer Maßnahme (§ 11 Abs. 1 Nr. 8 StGB) gänzlich unterbleibt, sondern es genügt die teilweise Vereitelung der Sanktionierung, die nach h.M. bei einer Verzögerung der Aburteilung für eine geraume Zeit gegeben ist[9]. Die Rechtsprechung bejaht eine vollendete Verfolgungsvereitelung zum Teil schon, wenn der Strafanspruch für zehn Tage unverwirklicht bleibt[10]. Eine Ahndungsverzögerung für eine geraume Zeit wird jedenfalls eintreten, wenn die Staatsanwaltschaft erst nach weiteren Prüfungen, die einen längeren Zeitraum in Anspruch nehmen, unterrichtet wird. Würde der Begriff „die Prüfung" dagegen das gesamte Prüfungsverfahren umfassen, ergäbe sich diese Konsequenz nicht, da die Anzeigepflicht erst nach dessen Abschluss entstünde.

475 Für die erstgenannte Sicht sprechen mehrere Gesichtspunkte: Die Einfügung der §§ 81a Abs. 4, 197a Abs. 4 in das SGB V bezweckt den Schutz der gesetzlichen Krankenversicherung vor gravierenden Straftaten, indem eine effektive Strafverfolgung sichergestellt werden soll. Dieser Zweck wird durch eine erhebliche zeitliche Verzögerung gefährdet, da sie die Qualität eines Strafverfahrens und die Wirkungen der verhängten Sanktionen vermindern kann[11]. Hinzu kommt, dass eine Verschlechterung der strafprozessualen Beweislage zu besorgen ist, wenn die erforderlichen Ermittlungsmaßnahmen, z.B. die Beschlagnahme von Abrechnungsunterlagen, verspätet angeordnet und durchgeführt werden. Bei einer verzögerten Einleitung des strafrechtlichen Ermittlungsverfahrens kann zudem die Ver-

---

8 Siehe dazu *Herffs*, S. 31 ff.

9 BT-Drucks. 7/550, S. 249; BGH, NJW 1984, 135; wistra 1995, 143; *Stree* in: Schönke/Schröder, § 258, Rz. 16; *Tröndle/Fischer*, § 258, Rz. 5, m.w.N.

10 Vgl. OLG Stuttgart, NJW 1976, 2084.

11 *Stree* in: Schönke/Schröder, § 258, Rz. 16.

jährung der Straftat eintreten oder zumindest näher rücken mit der Folge, dass die Durchführung des Strafverfahrens unter zeitlichen Druck gerät.

Auch die subjektive Seite der Strafvereitelung durch Unterlassen wird regelmäßig im Falle einer verspäteten Unterrichtung der Staatsanwaltschaft vorliegen, wenn die Prüfung Anhaltspunkte für eine Straftat ergeben hat. Zwar setzt § 258 StGB Absicht oder Wissentlichkeit voraus, der erforderliche direkte Vorsatz braucht aber nur die Tathandlung und den Vereitelungserfolg zu umfassen. Für die Kenntnis der Vortat reicht dagegen bedingter Vorsatz[12]. Ein solcher liegt nahe, wenn die Prüfung ergeben hat, dass ein Anfangsverdacht bestehen könnte. Zur Vermeidung eines Strafbarkeitsrisikos wegen Strafvereitelung durch Unterlassen sollten die aus §§ 81a Abs. 4, 197a Abs. 4 SGB V verpflichteten Personen deshalb die Staatsanwaltschaft unterrichten, sobald „die", d.h. eine Prüfung ergibt, dass eine Straftat mit nicht nur geringfügiger Bedeutung für die gesetzliche Krankenversicherung begangen worden sein könnte. 476

Wurde die Prüfung sorgfältig durchgeführt, so birgt die Anzeigeerstattung *keine nennenswerten strafrechtlichen Risiken für den Anzeigeerstatter*, selbst wenn die weiteren Ermittlungen den Verdacht später entkräften. Die Strafbarkeit wegen falscher Verdächtigung nach § 164 StGB scheitert, weil der Tatbestand subjektiv ein Handeln wider besseres Wissen verlangt, das nur vorliegt, wenn der Anzeigende die Unrichtigkeit der von ihm vorgebrachten Beweistatsachen kennt[13]. Auch die Strafbarkeit wegen übler Nachrede nach § 186 StGB scheidet im Ergebnis aus. Zwar soll nach h.M. die Anzeige einer Straftat den Tatbestand dieser Vorschrift erfüllen[14], der Anzeigeerstatter ist aber wegen Wahrnehmung berechtigter Interessen nach § 193 StGB gerechtfertigt[15]. Bei der sog. „Aufklärungsanzeige", d.h. der Anzeige bei einer untersuchungspflichtigen Behörde, treffen den Anzeigenden im Allgemeinen keine eigenen Informations- und Prüfungspflichten, da die weitere Aufklärung gerade Aufgabe der Strafverfolgungsinstanzen ist[16]. Diese Grundsätze, die für Anzeigeerstatter, die keiner Anzeigepflicht unterliegen, entwickelt worden sind, müssen erst recht für Personen gelten, die das Gesetz zur Unterrichtung der Staatsanwaltschaft unter Strafandrohung verpflichtet. 477

Schadensersatzansprüche des von der Anzeige Betroffenen gegen den Anzeigeerstatter bzw. die Kassenärztliche Vereinigung oder die Krankenkasse, für die er tätig ist, sind ebenfalls nicht zu befürchten. Zwar fehlt eine ausdrückliche Haftungsfreistellung, die z.B. § 12 Geldwäschegesetz (GwG) – auch – für diejenigen regelt, die nach § 11 Abs. 1 S. 1, 2 GwG zur Anzeige eines Geldwäscheverdachts verpflichtet sind. Da – wie dargelegt (Rz. 477) – die Anzeigeerstattung gerechtfer- 478

12 BGHSt **45**, 97, 100.

13 Näher dazu *Koch*, NJW 2005, 943, 944.

14 RGSt **1**, 233; **29**, 54, 55. A.A. *Koch*, NJW 2005, 943, 945, der bei „fahrlässigen Falschanzeigen" bereits den Tatbestand des § 186 StGB ablehnt.

15 Grundsätzlich zur grundrechtsdogmatischen Absicherung der Strafanzeige BVerfGE **74**, 257 ff.

16 OLG Köln, NJW 1997, 1247; *Lenckner*, in: Schönke/Schröder, § 193, Rz. 20; *Tröndle/Fischer*, § 193, Rz. 32.

tigt ist, scheidet ein Schadensersatzanspruch gemäß § 823 Abs. 2 BGB i.V. mit § 186 StGB aber aus[17].

2. Zeitpunkt der Verfahrenseinleitung

479 Aus der für Staatsanwaltschaft und Polizei geltenden Pflicht zur Einleitung eines strafrechtlichen Ermittlungsverfahrens ergibt sich nicht, wann es in Gang kommt. Dieser Zeitpunkt ist jedoch insbesondere für den Betroffenen von erheblicher Bedeutung, weil er dadurch zum Beschuldigten wird und die seinem Schutz dienenden Rechte entstehen; er darf nur den gesetzlich zulässigen Zwangsmaßnahmen unterworfen werden und er kann gemäß § 136 Abs. 1 S. 2 StPO entscheiden, ob er zu den Vorwürfen Stellung nehmen oder schweigen und einen Verteidiger hinzuziehen will. Die h.M.[18] fordert für die Einleitung grundsätzlich einen *Willensakt der zuständigen Strafverfolgungsbehörde.* Nach zutreffender Auffassung ist jedoch § 397 Abs. 1 Abgabenordnung (AO), der unmittelbar nur für das Steuerstrafverfahren gilt, ein auf alle Strafverfahren übertragbarer Rechtsgedanke zu entnehmen. Dieser Regelung liegt eine Kombination objektiver und subjektiver Merkmale zugrunde. Eingeleitet ist das Ermittlungsverfahren somit zum einen, wenn der Beamte einen Tatverdacht hegt, zum anderen aber auch, wenn der Beamte eine Maßnahme ergreift, die schon nach ihrem äußeren Erscheinungsbild belegt, dass er zur Aufklärung einer Straftat tätig wird[19].

480 Zum Teil wird die Auffassung vertreten, dass es ein – dem eigentlichen Ermittlungsverfahren vorgelagertes – Stadium der *„Vorermittlungen"* gebe, in dem die Staatsanwaltschaft oder die Polizei überprüfe, ob der zur Verfahrenseinleitung erforderliche Anfangsverdacht besteht[20]. Gerade auch in Arztstrafsachen würden nicht selten solche Vorermittlungen durchgeführt, um im Wege der „informatorischen Befragung" zu klären, ob überhaupt eine Straftat vorliegt bzw. gegen wen sich der Tatverdacht richten könnte[21]. Eine Belehrungspflicht gelte bei solchen informatorischen Befragungen zwar nicht, die Angaben seien aber strafprozessual uneingeschränkt verwertbar[22]. Ein solches Stadium der Vorermittlungen existiert nach zutreffender Auffassung jedoch nicht[23]. Die Strafverfolgungsorgane dürfen nicht eingreifen, und zwar auch nicht im Wege der „Vorermittlungen", wenn jegliche Anhaltspunkte für eine Straftat fehlen. Liegen sie dagegen vor, so leitet jede

---

17 BVerfGE **74**, 257, 262 f.

18 BGHSt **34**, 138, 140; **37**, 48, 51 f.; BGH, NJW 1997, 1591; anders offenbar *Ulsenheimer*, Rz. 420, der für die Einleitung des Ermittlungsverfahrens eine formale Entscheidung der Strafverfolgungsbehörde fordert.

19 BGHSt **38**, 214, 228; BGH, NJW 1997, 1591 f.; *Beulke*, Rz. 112; *Hellmann*, Rz. 67.

20 Z.B. LG Offenburg, NStZ 1993, 506 f.; *Keller/Griesbaum*, NStZ 1990, 416, 417.

21 *Ulsenheimer*, Rz. 420.

22 *Ulsenheimer*, Rz. 420.

23 Eingehend dazu *Beckemper*, Verteidigerkonsultationsrecht, S. 90 ff.

Maßnahme, die darauf gerichtet ist, den Tatvorwurf zu erhärten oder zu entkräften, das „reguläre" Ermittlungsverfahren ein[24].

Befragt der Staatsanwalt oder der Polizeibeamte den verdächtigen Arzt oder andere Personen zu dem Vorwurf des Abrechnungsbetrugs, so handelt es sich um strafprozessuale Ermittlungen im Rahmen des Strafverfahrens. Der Arzt muss folglich nach Maßgabe des § 136 Abs. 1 S. 2 StPO als Beschuldigter belehrt, d.h. auf sein *Aussageverweigerungs- und Verteidigerkonsultationsrecht* hingewiesen werden. Unterbleibt diese Belehrung, so unterliegen die Äußerungen einem Verwertungsverbot[25], es sei denn, der beschuldigte Arzt kannte seine Rechte[26]. **481**

Zum Teil wird empfohlen, der Arzt solle sich auf Befragen zur Sache äußern, wenn er sofort und beweiskräftig seine Unschuld dartun könne, und nicht „durch den Rückzug auf formale Rechtspositionen" unnötigen Verdacht erregen oder solchen Erwägungen Vorschub leisten[27]. Da in Ermittlungsverfahren wegen Abrechnungsbetruges häufig tatsächlich und rechtlich schwierige Fragen zu beantworten sind, sollte sich der beschuldigte Arzt in der Regel jedoch *nicht spontan und ohne Konsultation eines Verteidigers äußern*, zumal eine sachgerechte Stellungnahme die Kenntnis des bisherigen Ermittlungsergebnisses erfordert, die erst die Akteneinsicht vermittelt[28]. **482**

3. Durchführung des strafrechtlichen Ermittlungsverfahrens

Die Durchführung der strafrechtlichen Ermittlungen gibt das Strafprozessrecht nicht im Einzelnen vor. Angesichts der vielfältigen, unterschiedlichen Sachverhaltsgestaltungen wäre dies auch gar nicht möglich. §§ 160, 161, 163 StPO stecken lediglich den Rahmen der staatsanwaltschaftlichen und polizeilichen Aufgaben und Befugnisse ab. Die *Herrschaft über das Ermittlungsverfahren* liegt in den Händen der Staatsanwaltschaft. Sie hat nach § 160 Abs. 2 StPO nicht nur die den Beschuldigten belastenden, sondern auch die seiner Entlastung dienenden Umstände zu ermitteln und die Beweise zu sichern. Diese Aufgaben überträgt § 163 Abs. 1 S. 1 StPO auch der Polizei. Die Staatsanwaltschaft kann sich nach § 161 Abs. 1 S. 1 StPO der Polizei und nach § 152 Abs. 1 GVG der – durch Rechtsverordnung der Länder bestimmten – Ermittlungspersonen der Staatsanwaltschaft zur Vornahme einzelner Ermittlungsmaßnahmen bedienen. Die maßgeblichen Ent- **483**

---

24 *Hellmann*, Rz. 68.

25 BGHSt **38**, 214, 220 ff.; OLG Celle, NStZ 1991, 403, 404; NJW 1993, 545 f.; OLG Oldenburg, NStZ 1995, 412 (zum Schweigerecht); *Hanack*, in: Löwe/Rosenberg, § 136, Rz. 68; Roxin, JZ 1993, 426, 427; offen gelassen in BGH, NStZ 1997, 609 f. (zum Verteidigerkonsultationsrecht).

26 Z.B. *Beulke*, Rz. 117; *Hanack*, in: Löwe/Rosenberg, § 136, Rz. 55; *Meyer-Goßner*, § 136, Rz. 20; *Roxin*, JZ 1992, 923, 924. A.A. *Wohlers*, JR 2002, 294, 295.

27 So *Ulsenheimer*, Rz. 420, zu Befragungen im Rahmen von „Vorermittlungen".

28 Ebenso *Ulsenheimer*, Rz. 421, der allerdings auch im förmlichen Ermittlungsverfahren eine Ausnahme befürwortet, wenn der Arzt sich „sofort und vollends" zu entlasten vermag.

scheidungen, z.B. Beantragung richterlicher Untersuchungshandlungen, Gewährung von Akteneinsicht im Ermittlungsverfahren, Einstellung des Verfahrens oder Anklageerhebung, sind jedoch von der Staatsanwaltschaft auf Grund ihrer Verfahrensherrschaft zu treffen.

484 In der Gestaltung des Ermittlungsverfahrens sind Staatsanwaltschaft und Polizei grundsätzlich frei[29], d.h., es steht den Strafverfolgungsbehörden ein *taktisches Handlungsermessen* zu[30]. Dieser in §§ 161 Abs. 1 S. 1, 163 Abs. 1 StPO zum Ausdruck gebrachte Grundsatz berechtigt Staatsanwaltschaft und Polizei jedoch nicht zur Vornahme aller erdenklichen Maßnahmen, sondern die mit gravierenden Grundrechtseingriffen verbundenen Ermittlungshandlungen, z.B. Untersuchungshaft, Durchsuchung, Beschlagnahme usw., erfordern spezielle gesetzliche Grundlagen, welche die Voraussetzungen, den Inhalt und die Grenzen der jeweiligen Maßnahme regeln.

485 Die Strafverfolgungsorgane bestimmen den Ablauf des Ermittlungsverfahrens jedoch nicht allein. Der *Beschuldigte und sein Verteidiger* können durch die Abgabe von Erklärungen zu den Vorwürfen (§ 136 Abs. 2 StPO), die Beantragung der Erhebung von Entlastungsbeweisen (§ 136 Abs. 1 S. 3 StPO) und die Ausschöpfung von Rechtsschutzmöglichkeiten maßgeblich Einfluss auf den Gang und das Ergebnis des Ermittlungsverfahrens nehmen. Der Verteidiger hat zudem das Recht – und die Pflicht – eigene Ermittlungen vorzunehmen. Dieses Recht ist zwar nicht ausdrücklich geregelt, es folgt aber aus der Beistandsfunktion des Verteidigers[31]. Er kann insbesondere Zeugen befragen und einen Sachverständigen beauftragen.

4. Das Nebeneinander strafrechtlicher Ermittlungen und sozialrechtlicher Abrechnungsprüfung

486 Die Einleitung eines strafrechtlichen Ermittlungsverfahrens gegen den Vertragsarzt beseitigt das Recht und die Pflicht der Kassenärztlichen Vereinigung bzw. der Krankenkasse zur Vornahme – weiterer – eigener Prüfungen der Abrechnung nicht. Beide Verfahren sind zwar zum Teil auf das gleiche Ergebnis gerichtet, nämlich die Aufklärung, ob die verdächtige Abrechnung falsch oder zutreffend ist. Die sozialrechtliche Prüfung einerseits und die strafrechtlichen Ermittlungen andererseits dürfen aber nicht vermengt werden, sondern das jeweilige Verfahren ist nach den für dieses Verfahren geltenden Vorschriften durchzuführen. Gefahren für die Rechtsstellung des beschuldigten Arztes können daraus resultieren, dass beide Verfahren von unterschiedlichen Prinzipien beherrscht werden. Im Strafverfahren gilt der Grundsatz „nemo tenetur se ipsum accusare“, der es verbietet, gegen den Beschuldigten Zwangsmittel anzudrohen oder anzuwenden, um ihn zu einer

---

29 BVerfG, NStZ 1996, 45; *Meyer-Goßner*, § 161, Rz. 7; § 163, Rz. 47.

30 *Hellmann*, Rz. 71.

31 *Krekeler*, NStZ 1989, 146, 150; *Laufhütte*, in: KKStPO, Vor § 137, Rz. 4; *Lüderssen*, in: Löwe/Rosenberg,Vor § 137, Rz. 115.

selbstbelastenden Mitwirkung zu bewegen[32]. Im Rahmen einer Auffälligkeitsprüfung gemäß § 296 Abs. 4 SGB V ist der Vertragsarzt dagegen rechtlich mitwirkungspflichtig und die Verletzung dieser Mitwirkungspflicht kann nach Maßgabe des § 106 SGB V zu Leistungskürzungen führen, sodass faktisch ein Zwang zur Mitwirkung besteht, um finanzielle Nachteile abzuwenden.

Der beschuldigte Arzt muss vor Nachteilen im Strafverfahren geschützt werden, die daraus erwachsen können, dass er im sozialrechtlichen Prüfungsverfahren mitwirkungspflichtig ist. Denn es ist durchaus möglich, dass er in dem Bemühen, durch die Erfüllung seiner Mitwirkungspflicht zur Vermeidung einer Leistungskürzung Umstände offenbart, die ihn strafrechtlich belasten. Der Nemo-tenetur-Grundsatz ist als Ausprägung des Art. 2 Abs. 1 i.V. mit Art. 1 GG verfassungsrechtlich abgesichert und schützt den Beschuldigten nicht nur im Strafverfahren vor einer unzulässigen Zwangsanwendung zur Selbstbelastung, sondern auch davor, dass Erkenntnisse, die er in einem anderen Verfahren unter Androhung oder Anwendung von Zwang offenbart hat, ihn in einem Strafverfahren belasten[33]. Ein Weg zur Gewährleistung dieses Grundsatzes bestünde darin, die sozialrechtliche Prüfung auszusetzen, bis das Strafverfahren rechtskräftig abgeschlossen ist. Für einen solchen Vorrang des Strafverfahrens gibt es im Gesetz jedoch keine Anhaltspunkte und er wäre auch nicht sachgerecht, da die betroffene Krankenkasse u.U. längere Zeit auf die Durchsetzung ihres Erstattungsanspruchs warten müsste. Aus dem Nemo-tenetur-Prinzip folgt stattdessen ein strafprozessuales Verwertungsverbot für selbstbelastende Äußerungen, die der Beschuldigte in einem anderen Verfahren unter dem Eindruck von Zwang gemacht hat[34]. Diese Lösung ist m.E. auf Selbstbelastungen des beschuldigten Arztes im sozialrechtlichen Prüfungsverfahren zu übertragen. Es ist allerdings nicht zu verkennen, dass in einer solchen Konstellation ein Selbstbelastungsrisiko besteht, da durchaus zweifelhaft ist, ob auch die Rechtsprechung so entscheiden würde. Soweit ersichtlich, fehlen bisher nämlich veröffentlichte Stellungnahmen der Strafgerichte zu dieser Problematik. Der Arzt sollte daher vor einer Äußerung gegenüber dem Prüfungsausschuss einen Verteidiger zu Rate ziehen und ggf. – trotz drohender finanzieller Nachteile – während des laufenden Strafverfahrens auf eine Mitwirkung an der Prüfung verzichten. 487

Unwahre Angaben darf der beschuldigte Arzt bei einer Mitwirkung am Prüfungsverfahren im Übrigen selbst dann nicht machen, wenn wahrheitsgemäße Angaben Leistungskürzungen oder Rückerstattungsansprüche zur Folge haben können. Im Strafverfahren, in dem der Beschuldigte ohnehin keine Angaben zur Sache muss, besteht eine Wahrheitspflicht zwar nicht, wenn er sich zur Äußerung entschließt[35]. Ein „Recht auf Lüge" in dem Sinne, dass die Behauptung unwahrer Tatsachen für ihn keinerlei Nachteile haben dürfte, existiert aber sogar im Strafverfahren nicht. Der Beschuldigte darf zwar den Verdacht von sich ablenken, bezichtigt er jedoch eine andere Person wahrheitswidrig der ihm vorgeworfenen 488

32 BVerfGE **56**, 37, 43; BVerfG, wistra 1988, 302; BGHSt **38**, 214, 220.

33 BVerfGE **56**, 37, 51 f. („Gemeinschuldnerbeschluss").

34 BVerfGE **56**, 37, 51 f.

35 BGHSt **3**, 149, 152, *Beulke*, Rz. 125; *Meyer-Goßner*, § 136, Rz. 18.

Straftat, so kann er sich dadurch nach §§ 145d, 164, 187 StGB strafbar machen. Im sozialrechtlichen Prüfungsverfahren beseitigt dagegen auch eine Selbstbelastungsgefahr die Pflicht zu wahrheitsgemäßen Angaben nicht.

5. Die staatsanwaltschaftliche Ermittlungstätigkeit

489 § 161 Abs. 1 S. 1 StPO bestimmt in genereller Form, welche Befugnisse der Staatsanwaltschaft zur Erfüllung der ihr durch § 160 StPO übertragenen Aufgaben (Aufklärung des Sachverhaltes und Beweissicherung) zustehen: Sie kann *Auskunft von allen öffentlichen Behörden* verlangen und *eigene Ermittlungen* jeder Art vornehmen oder durch die Polizei vornehmen lassen.

a) Auskunftsanspruch gegenüber Behörden

490 Der Auskunftsanspruch der Staatsanwaltschaft nach § 161 Abs. 1 S. 1 StPO besteht grundsätzlich auch gegenüber den Krankenkassen, die rechtsfähige Anstalten des öffentlichen Rechts mit Selbstverwaltung (§ 29 Abs. 1 SGB IV) und deren Organe die Eigenschaft einer Behörde haben (§ 31 Abs. 3 S. 1 SGB IV), und gegenüber den Kassenärztlichen Vereinigungen, da diese gemäß § 77 Abs. 5 SGB V Körperschaften des öffentlichen Rechts und wegen der Wahrnehmung öffentlicher Aufgaben durch die Sicherstellung der vertragsärztlichen Versorgung (§ 72 Abs. 2 SGB V) Behörden im Sinne des § 1 Abs. 2 SGB X und des Strafprozessrechts[36] sind. Dieser Auskunftsanspruch gilt jedoch nur in den Grenzen des Sozialgeheimnisses gemäß § 35 SGB I. Nach § 35 Abs. 3 SGB I besteht keine Pflicht der Leistungsträger zur Auskunft über Sozialdaten, soweit die Übermittlung dieser Daten unzulässig ist. In Ermittlungsverfahren wegen Abrechungsbetruges wird die von der Staatsanwaltschaft geforderte Auskunft regelmäßig jedenfalls auch Sozialdaten im Sinne des § 67 Abs. 1 SGB X betreffen, sodass eine Übermittlungsbefugnis erforderlich ist.

491 Ein Auskunftsanspruch der Staatsanwaltschaft kann in Verfahren wegen Abrechnungsmanipulationen zumeist nicht auf § 73 Abs. 1 SGB X gestützt werden. Die Vorschrift gestattet zwar die Übermittlung von Sozialdaten zur *Durchführung eines Strafverfahrens wegen eines Verbrechens* – im technischen Sinne des § 12 Abs. 1 StGB – *oder einer sonstigen Straftat von erheblicher Bedeutung*. Schon diese Voraussetzungen schränken die Übermittlungsbefugnis nach dieser Vorschrift in Fällen des ärztlichen Abrechnungsbetruges erheblich ein, weil der Verbrechenstatbestand des gewerbs- und bandenmäßig begangenen Betruges gemäß § 263 Abs. 5 StGB allenfalls ganz ausnahmsweise vorliegen wird und ansonsten auch nur in besonders gravierenden Betrugsfällen eine Straftat von erheblicher

[36] Nach *Schäfer* (in: Löwe/Rosenberg, § 96, Rz. 29) unterfallen alle öffentlich-rechtlichen Körperschaften unter staatlicher Rechtsaufsicht den strafverfahrensrechtlichen Behördenbegriff; zur Behördeneigenschaft der Kassenärztlichen Vereinigungen siehe auch *Kopp/Ramsauer*, VwVfG, § 1, Rz. 58.

Bedeutung anzunehmen ist. Aber selbst wenn dies der Fall ist, erfordert die Übermittlung nach dieser Vorschrift eine richterliche Anordnung (§ 73 Abs. 3 SGB X).

Das Sozialgeheimnis steht dem strafprozessualen Auskunftsanspruch der **492** Staatsanwaltschaft dennoch nicht entgegen. § 69 Abs. 1 Nr. 1, 2 SGB X gestattet die Übermittlung zur *Erfüllung einer gesetzlichen Aufgabe der übermittelnden Stelle einschließlich eines damit zusammenhängenden Strafverfahrens*[37]. Die Bekämpfung von Fehlverhalten im Gesundheitswesen, und damit auch des Abrechungsbetruges gehört nach §§ 81a, 197a SGB V zu den Aufgaben der Kassenärztlichen Vereinigungen und der Krankenkassen. Die Übermittlung der Sozialdaten nach § 69 Abs. 1 SGB X erfordert zudem keine richterliche Anordnung.

Auch die strengeren Voraussetzungen des § 76 Abs. 1 SGB X sind erfüllt. Die **493** Vorschrift gestattet die Übermittlung von Sozialdaten, die der übermittelnden Stelle von einem Arzt oder einem anderen Berufsgeheimnisträger nach § 203 Abs. 1 Nr. 1 und 3 StGB – neben Ärzten sind dies z.B. auch Zahnärzte, Apotheker oder Angehörige eines anderen Heilberufs – zugänglich gemacht worden sind, zwar nur dann, wenn der *Berufsgeheimnisträger selbst zur Übermittlung befugt* wäre. Die Übermittlung der Sozialdaten ist danach nur zulässig, wenn sie der Arzt selbst offenbaren dürfte. Eine Befugnis des Arztes zur Übermittlung geschützter Sozialdaten in einem gegen ihn gerichteten Strafverfahren wird allerdings nur ausnahmsweise gegeben sein, und zwar wegen Notstandes gemäß § 34 StGB, wenn die Offenbarung der Abwendung der Gefahr einer unbegründeten strafrechtlichen Verfolgung dient[38]. Das staatsanwaltschaftliche Auskunftsersuchen wird dagegen darauf gerichtet sein, den Arzt belastende Beweise zu erlangen. Es ist aber in der Rechtsprechung anerkannt, dass der Schutz des Vertrauensverhältnisses zwischen Arzt und Patient nicht darauf gerichtet ist, den Arzt vor einer strafrechtlichen Verfolgung zu schützen[39]. Deshalb ist es nach h.M. in dieser Konstellation zulässig, Patientenunterlagen einschließlich der ärztlichen Untersuchungsbefunde bei dem Arzt zu beschlagnahmen. Das Beschlagnahmeverbot des § 97 Abs. 1 Nr. 2, 3 StPO gilt also nicht, wenn sich die Krankenunterlagen auf die dem Arzt vorgeworfene Tat beziehen[40]. Da die Patientenunterlagen bei dem Arzt beschlagnahmt werden dürfen, ist er gemäß § 95 Abs. 1 StPO zur Herausgabe verpflichtet. Diese Offenbarungspflicht kann im Rahmen des § 76 Abs. 1 SGB X nicht anders behandelt werden als eine Offenbarungsbefugnis, sodass die Vorschrift einer Übermittlung der Sozialdaten durch die Kassenärztliche Vereinigung oder die Krankenkasse nicht entgegensteht[41].

Die Polizei kann dagegen gemäß § 163 Abs. 1 S. 2, 1. Halbs. StPO nur um **494** *Auskunft ersuchen*, eine Verpflichtung der ersuchten Behörden zur Auskunftserteilung besteht folglich grundsätzlich nicht. Nur bei *Gefahr im Verzug*, d.h., wenn

---

[37] *Seibert*, NStZ 1987, 398 f.

[38] Vgl. BGHSt **1**, 366, 368 (für Rechtsanwälte); *Lenckner*, in: Schönke/Schröder, § 203, Rz. 33.

[39] BVerfG, NJW 2000, 3557, 3558.

[40] BGH, NJW 1967, 687; BGHSt **38**, 144, 146; OLG Celle, NJW 1963, 406, 407; *Meyer-Goßner*, § 97, Rz. 4a; *Schäfer*, in: Löwe/Rosenberg, § 97, Rz. 25.

[41] *Seibert*, NStZ 1987, 398.

die zeitliche Verzögerung durch Einschaltung der Staatsanwaltschaft den Erfolg des Ermittlungsverfahrens beeinträchtigen würde, besteht ein Auskunftsanspruch der Polizei (§ 163 Abs. 1 S. 2, 2. Halbs. StPO). Die Notwendigkeit einer sofortigen Auskunftserteilung dürfte in Strafverfahren wegen Abrechnungsbetruges jedoch allenfalls ganz ausnahmsweise vorliegen.

b) Eigene Ermittlungshandlungen

495 § 161 Abs. 1 S. 1 StPO erweckt den – unrichtigen – Eindruck, dass die Staatsanwaltschaft alle im konkreten Fall erforderlichen Ermittlungshandlungen selbst vornehmen oder durch die Polizei vornehmen lassen darf. Die meisten grundrechtsbeeinträchtigenden Maßnahmen im Strafverfahren setzen jedoch eine Anordnung des (Ermittlungs-)Richters auf Antrag der Staatsanwaltschaft voraus und unterliegen damit seiner präventiven Rechtskontrolle. Einige Ermittlungsmaßnahmen stehen aber in der *originären Kompetenz der Staatsanwaltschaft*. In Verfahren wegen Abrechnungsbetruges sind insbesondere zu nennen

- die **Beauftragung eines Sachverständigen**,
- die **Vernehmung des Beschuldigten, Zeugen und Sachverständigen** sowie
- die **Durchsicht der Papiere des von der Durchsuchung Betroffenen**.

496 Gemäß § 73 StPO wählt zwar der Richter die Sachverständigen aus, nach h.M. betrifft die Vorschrift aber nur die Zuziehung im gerichtlichen Verfahren, sodass im Ermittlungsverfahren auch die Staatsanwaltschaft auf Grund der Ermittlungsgeneralklausel des § 161 Abs. 1 S. 1 StPO Sachverständige beauftragen darf[42]. Dem wird entgegen gehalten, dass § 73 StPO die neutrale Auswahl gewährleisten solle, die bei einem Richter, dagegen nicht ohne weiteres bei der Staatsanwaltschaft anzunehmen sei[43]. Die h.M. trifft jedoch trotz dieser Bedenken zu, da das Gesetz das Auswahlrecht – an anderer Stelle – anerkennt, nämlich in § 78c Abs. 1 Nr. 3 StGB, der die Unterbrechung der Verfolgungsverjährung durch eine Beauftragung eines Sachverständigen durch die Staatsanwaltschaft anordnet.

497 Der Verteidiger sollte im Übrigen versuchen, auf die Auswahl Einfluss zu nehmen, da u.U. die Beauftragung eines bestimmten Sachverständigen das Ergebnis des Gutachtens schon in gewissem Umfang vorwegnehmen kann. Ggf. ist die *Beauftragung eines „eigenen" Sachverständigen durch den Arzt bzw. seinen Verteidiger* zu erwägen.

498 Die überwiegende Meinung nimmt zudem eine *Kompetenz der Polizei zur Beauftragung eines Sachverständigen* an[44]. Die zutreffende Gegenmeinung lehnt dies

---

[42] *Beulke*, Rn. 199; *Dölp*, ZRP 2004, 235; *Lemme*, wistra 2002, 281, 282 f.; *Meyer-Goßner*, § 73 Rz. 1, § 161a Rz. 12. Für ein alleiniges richterliches Auswahlrecht dagegen *Dippel*, Die Stellung des Sachverständigen im Strafprozess, 1986, S. 82 ff.

[43] *Achenbach*, in: AKStPO, § 161a Rz. 7; *Kühne*, Rz. 862.

[44] *Dahs*, in: Löwe/Rosenberg, § 73 Rn. 2; *Meyer-Goßner*, § 73 Rn. 1; *Pfeiffer*, § 73 Rn. 1.

jedoch ab[45]. Die Zuständigkeit zur Beauftragung eines Sachverständigen könnte sich nur aus der Befugnisgeneralklausel des § 163 Abs. 1 S. 2 StPO ergeben. Da die Vorschrift allein zu Maßnahmen „im ersten Zugriff" berechtigt, die Bestellung eines Sachverständigen aber nicht zu den unaufschiebbaren Ermittlungshandlungen zählt, scheidet eine Kompetenz der Polizei aus.

Der Beschuldigte ist gemäß § 163a Abs. 3 S. 1 StPO verpflichtet, auf Ladung vor der Staatsanwaltschaft zu erscheinen. Die Staatsanwaltschaft darf diese *Erscheinenspflicht* mittels zwangsweiser Vorführung durchsetzen, wenn der Beschuldigte der Vernehmung unentschuldigt ferngeblieben ist und ihm in der Ladung die Vorführung für diesen Fall angedroht wurde (§ 163a Abs. 3 S. 2, 133 Abs. 2 StPO). Liegen die Voraussetzungen eines Haftbefehls vor, so darf die Staatsanwaltschaft gemäß §§ 163a Abs. 3 S. 2, 134 StPO die sofortige Vorführung, also eine solche ohne vorherige Ladung, verfügen. Die zwangsweise durchsetzbare Erscheinenspflicht gilt sogar, wenn der Beschuldigte bzw. sein Verteidiger erklärt hat, nicht aussagen oder nur schriftliche Stellungnahmen abgeben zu wollen. Allerdings darf die Androhung der Vorführung und ihre Durchführung nicht als Druckmittel benutzt werden, um eine Aussage des Beschuldigten herbeizuführen. Dennoch sollte der beschuldigte Arzt auf eine Ladung der Staatsanwaltschaft vor dieser erscheinen, um zu vermeiden, von der Polizei – in den frühen Morgenstunden aus dem Haus oder aus der Praxis – geholt zu werden, zumal eine solche Aktion erhebliches Aufsehen erregen wird. 499

Eine *Aussagepflicht des Beschuldigten existiert dagegen nicht.* Er sollte sich deshalb in aller Regel nicht mündlich und nicht vor Akteneinsicht zur Sache äußern (Rz. 482). Zudem wird zu Recht empfohlen, dass sich der beschuldigte Arzt nicht nur auf sein Aussageverweigerungsrecht berufen, sondern erklären soll, er werde einen Verteidiger beauftragen und sich über diesen nach Akteneinsicht schriftlich zu den Vorwürfen äußern[46]. Wenn möglich, sollte der Beschuldigte bereits zu der ersten Vernehmung durch die Staatsanwaltschaft seinen Verteidiger mitbringen. Gemäß §§ 163a Abs. 3 S. 2, 168c Abs. 1 StPO ist dem Verteidiger die Anwesenheit bei der staatsanwaltschaftlichen Vernehmung gestattet. 500

Die Staatsanwaltschaft kann zudem eine Vernehmung des Beschuldigten durch den Ermittlungsrichter wegen der erleichterten Verlesbarkeit oder des grundsätzlich höheren Beweiswerts[47] des richterlichen Vernehmungsprotokolls beantragen. 501

Eine Pflicht zum *Erscheinen vor der Polizei* besteht für den Beschuldigten nicht. Er kann deshalb – ohne Nachteile, z.B. die zwangsweise Vorführung befürchten zu müssen – eine Ladung der Polizei ignorieren. Die Polizei kann jedoch den Staatsanwalt bitten, den Beschuldigten zu vernehmen. An dieser Vernehmung können die Polizeibeamten dann – mit Einverständnis des Staatsanwaltes – teilnehmen und den Beschuldigten befragen. 502

Ein Anwesenheitsrecht des Verteidigers bei einer polizeilichen Vernehmung des Beschuldigten lehnt die überwiegende Meinung ab, da in § 163a Abs. 4 StPO, 503

---

45 *Achenbach*, in: AKStPO, § 161a Rn. 8; *Hellmann*, Rz. 148.

46 *Ulsenheimer*, Rz. 421.

47 BGHSt **19**, 354; *Dölling*, in: AKStPO, § 251, Rz. 42; *Gollwitzer*, in: Löwe/Rosenberg, § 251, Rz. 60.

der die erste Vernehmung durch die Polizei regelt, der Verweis auf § 168c Abs. 1 StPO fehlt[48]. Dies trifft jedoch nicht zu[49]. Diese Sicht widerspricht nämlich zum einen § 137 Abs. 1 S. 1 StPO, der dem Beschuldigten das Recht gibt, sich in jeder Lage des Verfahrens des Beistands eines Verteidigers zu bedienen, und zum anderen dem verfassungsrechtlich gewährleisteten Anspruch des Beschuldigten auf ein rechtsstaatliches Verfahren. Verweigert die Polizei dennoch dem Verteidiger die Teilnahme an der Vernehmung, so wird er seinem Mandanten raten, in seiner Abwesenheit keinerlei Angaben zur Sache zu machen. In der Praxis lässt sich auf diese Weise zumeist die Teilnahme des Verteidigers „erzwingen", da die Polizei eine Vernehmung in Abwesenheit des „unbequemen" Verteidigers häufig vorzieht, aber eine Aussage in Anwesenheit des Verteidigers akzeptieren wird, wenn anders keine Stellungnahme des Beschuldigten zu erlangen ist.

504 Die Staatsanwaltschaft kann im Ermittlungsverfahren auch die *Zeugen vernehmen.* Sie sind gemäß § 161a Abs. 1 S. 1 StPO zum Erscheinen und zur Aussage vor dem Staatsanwalt verpflichtet. Der Staatsanwaltschaft steht ein durchaus machtvolles Instrumentarium zur Durchsetzung dieser Erscheinens- und Aussagepflicht zur Verfügung. Gemäß §§ 161a Abs. 2 S. 1, 51 Abs. 1 S. 1, 2, 70 Abs. 1 StPO legt die Staatsanwaltschaft dem Zeugen bei unberechtigtem Ausbleiben oder unberechtigter Weigerung die dadurch entstandenen Kosten und ein Ordnungsgeld auf; scheitert die Beitreibung des Ordnungsgeldes kann der Staatsanwalt bei dem Ermittlungsrichter die Verhängung der Ordnungshaft beantragen, die zwischen einem Tag und sechs Wochen festgesetzt wird (Art. 6 Abs. 2 EGStGB). Darüber hinaus kann gemäß § 70 Abs. 2 StPO bei einer Zeugnisverweigerung ohne gesetzlichen Grund der Richter auf Antrag der Staatsanwaltschaft die Erzwingungshaft bis zu sechs Monaten anordnen. Vollstreckt wird die richterlich angeordnete Erzwingungshaft gemäß § 36 Abs. 2 StPO durch die Staatsanwaltschaft. § 161a Abs. 2 S. 1 i.V. mit § 51 Abs. 1 S. 2 StPO räumt der Staatsanwaltschaft zudem die Befugnis zur zwangsweisen Vorführung des Zeugen ein, wenn er unentschuldigt auf eine Ladung, die ihn auf die mögliche Vorführung hinweist (§ 48 StPO), nicht erschienen ist. Die in der Literatur gegen diese Regelung angeführten verfassungsrechtlichen Bedenken aus Art. 104 Abs. 2 S. 1 GG[50] greifen m.E. nicht durch[51].

505 Zeugen, denen ein *Zeugnisverweigerungsrecht* nach § 52 Abs. 1 StPO zusteht, also die dort bezeichneten Angehörigen des Beschuldigten, sind gemäß § 52 Abs. 3 S. 1 StPO vor jeder Vernehmung über dieses Recht zu belehren. Zeugen, die sich oder einen Angehörigen im Sinne des § 52 Abs. 1 StPO durch die Aussage wegen einer Straftat oder Ordnungswidrigkeit belasten können, dürfen die Beantwortung solcher Fragen verweigern (§ 55 Abs. 1 StPO). Über dieses *Auskunftsverweigerungsrecht* ist der Zeuge nach § 55 Abs. 2 StPO ebenfalls zu belehren. In Fällen des Abrechnungsbetruges wird eine solche Selbstbelastungsgefahr

---

48 *Beulke*, Rz. 156; *Meyer-Goßner*, § 163, Rz. 16; *Rieß*, in: Löwe/Rosenberg, § 163a, Rz. 92, 95.

49 *Achenbach*, in: AKStPO, § 163a, Rz. 32; *Beckemper*, Verteidigerkonsultationsrecht; S. 126; *Hellmann*, Rz. 494; *Nelles*, StV 1986, 74, 75 f.

50 Z.B. *Achenbach*, in: AKStPO, § 161a, Rz. 15.

51 Näher dazu *Hellmann*, Rz. 130.

bei Mitarbeitern des beschuldigten Arztes oft nicht fern liegen, da eine Mitwirkung an den unrichtigen Abrechnungen bei Kenntnis der Unrichtigkeit die Strafbarkeit wegen Beihilfe zum Betrug gemäß §§ 263, 27 StGB bzw. Beihilfe zur Untreue nach §§ 266, 27 StGB begründen kann.

Der Zeuge ist grundsätzlich berechtigt, sich zur Sicherung der Zeugnis- und Auskunftsverweigerungsrechte und zur Vermeidung von Aussagefehlern, Fehlinterpretationen seines Aussageverhaltens und sonstiger Missverständnisse des *Beistands eines Rechtsanwalts* zu bedienen[52]. Ausdrücklich gesetzlich geregelt ist dies zwar nur für richterliche und staatsanwaltschaftliche Vernehmungen des Verletzten (§ 406f Abs. 2 StPO). Für andere Zeugen folgt dieses Recht aber aus dem Gebot einer fairen Verfahrensgestaltung[53]. § 68b StPO schreibt zudem die Beiordnung eines anwaltlichen Beistands vor, wenn ersichtlich ist, dass der Zeuge seine Befugnisse nicht selbst wahrnehmen kann. **506**

Eine *Erscheinens- und Aussagepflicht des Zeugen vor der Polizei besteht nicht,* sodass er – wie der Beschuldigte – eine polizeiliche Ladung ignorieren darf und gegenüber der Polizei keine Aussage machen muss. **507**

Auch der *Sachverständige* ist gemäß § 161a Abs. 1 S. 1 StPO verpflichtet, auf Ladung vor der Staatsanwaltschaft – nicht vor der Polizei – zu erscheinen und das Gutachten zu erstatten. Für den Fall der Weigerung dürfen die gegen den Zeugen zulässigen Maßnahmen mit Ausnahme der Ordnungs- und Erzwingungshaft, die § 77 StPO nicht vorsieht, angeordnet werden. **508**

Die Staatsanwaltschaft ist gemäß § 110 Abs. 1 StPO zur *Durchsicht der Papiere des von der Durchsuchung Betroffenen* zuständig, wenn der Inhaber der Papiere nicht ausdrücklich deren Durchsicht, d.h. die Kenntnisnahme von ihrem Inhalt, durch einen anderen Beamten genehmigt (§ 110 Abs. 2 S. 1 StPO). Der Begriff der Papiere ist weit auszulegen und umfasst neben schriftlichen Aufzeichnungen auch andere Informationsträger[54] wie Zeichnungen, Filme, Tonbänder, elektronische Datenträger und Datenspeicher[55]. Gegen diese ursprünglich dem Richter vorbehaltene Befugnis werden vereinzelt verfassungsrechtliche Bedenken vorgebracht[56], weil die Staatsanwaltschaft auch von Schriftstücken, die gemäß § 97 StPO einem Beschlagnahmeverbot unterliegen, Kenntnis nehmen könne und damit die Gefahr bestehe, dass der Staatsanwalt – gewollt oder ungewollt – seine Ermittlungen an den in Erfahrung gebrachten Informationen ausrichte. Zwar ist zuzugeben, dass der größtmögliche Schutz vor einer unzulässigen Verwertung gewährleistet wäre, wenn die Durchsicht dem Ermittlungsrichter vorbehalten wäre, weil er zu weitergehenden eigenen Ermittlungen nicht berechtigt ist, dies bedingt aber nicht die Verfassungswidrigkeit der Regelung, die ohnehin nur vom Bundesverfassungsgericht festgestellt werden könnte. **509**

---

52 *Lemke*, in: HKStPO, Vor §§ 48 ff., Rz. 14.

53 Vgl. BVerfGE **38**, 105, 112.

54 BGH, StV 1988, 90.

55 BGH, NStZ 2003, 670 f.; zur Zulässigkeit der Beschlagnahme eines „Notebooks" BVerfG, NJW 2002, 1410 f.

56 *Amelung*, NJW 1988, 1002, 1006; ders., in: AKStPO, § 110, Rz. 6.

6. Grundrechtsbeeinträchtigende Ermittlungsmaßnahmen

510 Die StPO ermächtigt die Strafverfolgungsinstanzen zur Anordnung und Durchführung zahlreicher Ermittlungsmaßnahmen, die zum Teil tief in die Grundrechte des Betroffenen eingreifen. Die Mehrzahl dieser Maßnahmen spielen in Ermittlungsverfahren wegen Abrechungsbetruges keine Rolle, weil sie – wie z.B. die Überwachung der Telekommunikation – bei einem Betrugsverdacht gar nicht angeordnet werden dürfen (vgl. den Katalog des § 100a Abs. 1 StPO), oder weil sie keinen Erfolg versprechen. Die Darstellung kann sich deshalb auf die – wenigen – Ermittlungsmaßnahmen beschränken, die in Verfahren wegen Abrechungsbetruges ernsthaft in Betracht kommen. Es sind dies

- die Anordnung der **Untersuchungshaft** sowie
- die **Durchsuchung und die Beschlagnahme**.

a) Untersuchungshaft

511 Die Anordnung der Untersuchungshaft setzt im Ermittlungsverfahren grundsätzlich einen *Antrag der Staatsanwaltschaft* voraus; nur ausnahmsweise, nämlich bei Unerreichbarkeit eines Staatsanwalts, kann der Richter den Haftbefehl von Amts wegen erlassen (§§ 125 Abs. 1, 128 Abs. 2 StPO). Die Untersuchungshaft erfordert gemäß § 112 Abs. 1 S. 1 StPO einen *dringenden Tatverdacht* und das *Vorliegen eines Haftgrundes*; § 112 Abs. 1 S. 2 StPO bestimmt ausdrücklich, dass die *Verhältnismäßigkeit* gewahrt sein muss. Der Erlass des Haftbefehls ist nicht obligatorisch, sondern steht im pflichtgemäßen Ermessen des Richters[57]. Im Ermittlungsverfahren ist gemäß § 125 Abs. 1 StPO der Ermittlungsrichter zuständig, nach Anklageerhebung das mit der Strafsache befasste Gericht, § 125 Abs. 2 StPO. Die Anordnung der Untersuchungshaft ist auch gegen den beschuldigten Arzt, dem ein Abrechungsbetrug zur Last gelegt wird, möglich. Die Praxis verfährt jedoch sehr unterschiedlich. In der Mehrzahl der Fälle verzichtet die Staatsanwaltschaft auf die Beantragung der Untersuchungshaft, es gibt aber auch Verfahren, in denen – bei im wesentlicher gleicher Sachlage – der beschuldigte Arzt in Untersuchungshaft genommen wird.

512 Dringender Tatverdacht verlangt nicht die Prognose, dass eine Verurteilung wahrscheinlich ist[58], sondern er ist gegeben, wenn *gerichtsverwertbare Beweise vorhanden sind, durch die der Beschuldigte mit großer Wahrscheinlichkeit überführt werden kann*[59]. Der Verdacht muss sich auf eine prozessual verfolgbare[60],

---

[57] BVerfGE **19**, 342, 349; *Hilger*, in: Löwe/Rosenberg, § 112, Rz. 74; *Meyer-Goßner*, § 112, Rz. 1.

[58] So aber die h.M., z.B. OLG Koblenz, StV 1994, 316, 317; OLG Köln, StV 1996, 389, 390; *Hilger*, in: Löwe/Rosenberg, § 112, Rz. 17; *Nelles*, StV 1992, 385, 386.

[59] BGH, bei *Pfeiffer*, NStZ 1981, 94; BGHSt 38, 276, 278; *Deckers*, StV 2001, 116; *Meyer-Goßner*, § 112, Rz. 5.

[60] Z.B. OLG München, StV 1998, 270 f.

rechtswidrige und schuldhafte Tat beziehen[61]. Die Feststellung des dringenden Tatverdachts erfordert somit die Prüfung, ob der Beschuldigte den ihm zur Last gelegten Sachverhalt mit hoher Wahrscheinlichkeit verwirklicht hat. Bei der rechtlichen Würdigung, ob das tatsächliche Geschehen – die Nachweisbarkeit unterstellt – einem oder mehreren Straftatbeständen subsumiert werden kann, genügt dagegen keine wie auch immer geartete Wahrscheinlichkeit für eine bestimmte Rechtsauffassung, sondern der Ermittlungsrichter hat die – in Verfahren wegen Abrechnungsmanipulationen auf Grund der Verknüpfung mit dem Sozialrecht häufig schwierigen – Rechtsfragen zu entscheiden.

In Strafverfahren wegen Abrechnungsmanipulationen sind nur die „klassischen" Haftgründe des § 112 Abs. 2 StPO *Flucht*, *Fluchtgefahr* und *Verdunkelungsgefahr* relevant. Der Haftgrund „Tatschwere" (§ 112 Abs. 3 StPO) scheidet schon deshalb aus, weil der Katalog der schweren Straftaten Betrug und Untreue nicht nennt. Eine Wiederholungsgefahr, die nach § 112a StPO auch bei Betrug die Untersuchungshaft begründen kann, lässt sich bei Abrechnungsmanipulationen auf andere Weise als durch Freiheitsentzug beseitigen. **513**

Der Haftgrund der *Flucht* bzw. des *Sich-Verborgen-Haltens* ist gegeben, wenn der Beschuldigte sich während oder nach Begehung der Tat von seinem bisherigen Lebensmittelpunkt entfernt bzw. wenn er den Strafverfolgungsbehörden seinen Aufenthalt vorenthält, z.B. indem er unangemeldet oder unter falschem Namen lebt, um für die Strafverfolgungsbehörden und das Gericht in dem gegen ihn gerichteten Strafverfahren dauernd oder für längere Zeit unerreichbar zu sein[62]. Erforderlich ist somit mindestens der *bedingte Vorsatz*, sich dem Verfahren zu entziehen, sodass ein Beschuldigter, der sich in Unkenntnis des gegen ihn gerichteten Verfahrens und ohne den Willen, unerreichbar zu sein, auf Reisen begibt, nicht flüchtig ist, selbst wenn sein Aufenthaltsort für eine geraume Zeit unbekannt ist[63]. Der bloße Umstand, dass sich der Beschuldigte an seinem Wohnsitz im Ausland aufhält und deshalb der Strafverfolgung in Deutschland besondere Schwierigkeiten entgegenstehen, begründet den Haftgrund der Flucht nicht[64]. Das gilt auch dann, wenn der Beschuldigte seinen Lebensmittelpunkt erst nach der Tat ins Ausland verlegt, aber kein unmittelbarer Zusammenhang zwischen dem Umzug und dem Strafverfahren besteht, dieser also nicht dazu dient, sich der Strafverfolgung zu entziehen[65]. **514**

Fluchtgefahr liegt vor, wenn bei Würdigung der Umstände des konkreten Falles auf Grund bestimmter Tatsachen eine höhere Wahrscheinlichkeit dafür spricht, dass sich der Beschuldigte dem Strafverfahren entziehen wird, als für die Erwar- **515**

61 *Pfeiffer*, § 112, Rz. 2; *Schlothauer*, StV 1996, 393.

62 *Geppert*, Jura 1991, 270; *Meyer-Goßner*, § 112, Rz. 13 f.

63 OLG Bremen, NStZ-RR 1997, 334; *Hilger*, in: Löwe/Rosenberg, § 112, Rz. 28 f.

64 BGH, StV 1990, 309; OLG Dresden, StV 2005, 224, 225.

65 OLG Bremen, StV 1997, 533, 534; OLG Karlsruhe, StV 1999, 36, 37; OLG Köln, StV 1998, 269; OLG München, StV 2002, 205; *Böhm*, NStZ 2001, 633, 635.

tung, er werde am Verfahren teilnehmen[66]. Es ist also eine Prognose anzustellen, die aus bestimmten Tatsachen abgeleitet und auf das Verfahren bezogen wird, in dem Untersuchungshaft angeordnet werden soll[67]. Eine – in der Praxis nicht selten anzutreffende – schematisierende Betrachtung genügt diesen Anforderungen nicht.

516 So rechtfertigt die bloße Tatsache, dass ein Beschuldigter über *Grundbesitz oder Konten im Ausland* verfügt, die Annahme des Fluchtverdachts nicht, wenn seine persönlichen und geschäftlichen Bindungen im Übrigen ausschließlich im Inland bestehen[68] und keine weiteren Umstände (z.B. gezielte Transferierung von Vermögen ins Ausland oder „gefestigte Auslandsbeziehungen") auf eine bevorstehende Flucht hindeuten[69]. Jeder Beschuldigte hat schließlich die Möglichkeit, sich ins Ausland abzusetzen. Dem kann im Übrigen durch geeignete Maßnahmen (Abgabe des Reisepasses, tägliche Meldung bei der Polizei usw.) vorgebeugt werden. Dennoch ist nicht zu verkennen, dass der Haftbefehl gegen einen der Abrechnungsmanipulation beschuldigten Arzt bisweilen darauf gestützt wird, dass der Beschuldigte Grundbesitz oder sonstiges Vermögen im Ausland hat. Dann kann es ggf. angebracht sein, diese Gründe nachträglich – z.B. durch Verkauf des Grundstücks oder Auflösung der Konten – zu beseitigen.

517 Der von § 112 Abs. 2 Nr. 2 StPO geforderten Gesamtwürdigung der Umstände entspricht es auch nicht, die Fluchtgefahr – nur – aus einer hohen Straferwartung zu folgern[70], wie dies in der Praxis nicht selten geschieht[71]. Zwar kann die Vermutung, dass der Beschuldigte sich dem Strafverfahren um so eher entziehen wird, je höher die zu erwartende Strafe ist[72], eine gewisse Plausibilität für sich in Anspruch nehmen, empirisch abgesichert ist sie aber nicht[73].

518 *Verdunkelungsgefahr* setzt den dringenden Verdacht voraus, der Beschuldigte werde die Beweislage zu seinem Vorteil manipulieren, z.B. indem er Beweismittel beseitigt, verändert oder verfälscht oder indem er auf Mitbeschuldigte, Zeugen oder Sachverständige einwirkt, damit sie falsche Angaben machen oder einen Dritten zu einem solchen Verhalten veranlassen. Die Verdunkelungsgefahr erfordert – wie die Fluchtgefahr – konkrete tatsächliche Anhaltspunkte für eine Gefährdung des Erkenntnisverfahrens, sodass die bloße Möglichkeit zur Beweismanipulation nicht ausreicht[74]. Das gilt im Übrigen auch für solche Täter- und De-

---

66 OLG Köln, StV 1994, 582 f.; *Beulke*, Rz. 212; *Boujong*, in: KKStPO, § 112, Rz. 15; *Meyer-Goßner*, § 112, Rz. 17; *Roxin*, § 30, Rz. 9. Strenger *Paeffgen*, in: SKStPO, § 112, Rz. 24, der eine „hochgradige" Wahrscheinlichkeit verlangt.

67 *Deckers*, in: AKStPO, § 112, Rz. 18.

68 OLG Brandenburg, StV 2002, 147; OLG Hamm, StV 2003, 509, 510.

69 OLG Saarbrücken, StV 2002, 489, 490; *Böhm*, NStZ 2001, 633, 635; *Bleckmann*, StV 1995, 552; *Hilger*, in: Löwe/Rosenberg, § 112, Rz. 36; *Meyer-Goßner*, § 112, Rz. 20.

70 Z.B. KG, StV 1998, 207; OLG Köln, StV 1995, 419 f.

71 Z.B. OLG Braunschweig, JZ 1965, 619 f.; KG, NJW 1965, 1390, 1391; OLG Karlsruhe, NJW 1978, 333.

72 OLG Hamburg, StV 2002, 490, 491; OLG Hamm, StV 1999, 215, 216; KG, NJW 1965, 1390, 1391.

73 *Deckers*, in: AKStPO, § 112, Rz. 21; *Paeffgen*, in: SKStPO, § 112, Rz. 25.

74 *Roxin*, § 30 Rn. 11.

liktstypen, bei denen nach der kriminalistischen Erfahrung in besonderer Weise mit Verdunkelungshandlungen zu rechnen ist[75].

Gerade auch in Strafverfahren wegen Abrechnungsbetruges werden die Straf- 519
verfolgungsbehörden wegen der vielfältigen Möglichkeiten, Verdunkelungshandlungen vorzunehmen, das Verhalten des beschuldigten Arztes besonders aufmerksam beobachten. Er sollte deshalb jeden Anschein vermeiden, dass er auf Mitarbeiter einwirken oder Unterlagen beseitigen bzw. manipulieren könnte. Bei einer entsprechenden Beweislage kann es sogar angezeigt sein, ein umfassendes und glaubhaftes Geständnis abzulegen, da bei einem solchen Geständnis Verdunkelungsgefahr ausscheiden wird[76].

Dritte Voraussetzung für die Anordnung der Untersuchungshaft ist deren *Ver-* 520
hältnismäßigkeit[77]. § 112 Abs. 1 S. 2 StPO unterstreicht die besondere Bedeutung dieser für alle grundrechtsbeeinträchtigenden Maßnahmen geltenden Zulässigkeitsvoraussetzung im Haftrecht. Die Vorschrift nennt ausdrücklich zwar nur die Verhältnismäßigkeit im engeren Sinn, die Untersuchungshaft muss aber auch geeignet und erforderlich sein, ihren Zweck, nämlich die Verfahrenssicherung – bzw. im Falle der hier nicht einschlägigen Wiederholungsgefahr den Schutz der Allgemeinheit – zu erreichen[78].

Maßgeblich für die Proportionalität sind die *Bedeutung der Sache* und die *kon-* 521
krete Rechtserfolgenerwartung. Bei der Beurteilung der Bedeutung der Sache sind die gesetzliche Strafandrohung, die Art des verletzten Rechtsguts, die konkrete Erscheinungsform und sonstige tatbezogene Umstände zu berücksichtigen[79]. Um die zu erwartenden Rechtsfolgen zu ermitteln, sind die Zumessungserwägungen anzustellen, von denen sich das Gericht voraussichtlich leiten lassen wird[80]. Zum Teil wird die Untersuchungshaft generell als unverhältnismäßig angesehen, wenn nur eine Geldstrafe zu erwarten ist[81]. Nach zutreffender h.M.[82] ist eine zu erwartende Geldstrafe dagegen grundsätzlich kein Hinderungsgrund für den Erlass eines Haftbefehls. Das ergibt sich auch aus § 113 StPO, der eine Konkretisierung des Verhältnismäßigkeitsgrundsatzes für Delikte mit einer geringen Strafandrohung enthält. Die Regelung verbietet für den Bereich der Kleinkriminalität zwar die

[75] OLG Hamm, StV 2002, 205, 206; OLG Frankfurt, NStZ 1997, 200, 201; OLG München, NJW 1996, 941, 942; *Paeffgen*, NStZ 1996, 25; *Volk*, NJW 1996, 879, 882.

[76] OLG Stuttgart, StV 2005, 225.

[77] BVerfGE **19**, 342, 347 f.; *Deckers*, in: AKStPO, § 112, Rz. 32; *Kühne*, Rz. 416; *Roxin*, § 30, Rz. 3; *Hilger*, in: Löwe/Rosenberg, Vor § 112, Rz. 29 ff.

[78] *Hilger*, in: Löwe/Rosenberg, Vor § 112, Rz. 29; *Paeffgen*, in: SKStPO, § 112, Rz. 11; vgl. auch BVerfGE 19, 342, 347 f.; 20, 45, 49.

[79] *Deckers*, in: AKStPO, § 112, Rz. 34; *Lemke*, in: HKStPO, § 112, Rz. 10; *Pfeiffer*, § 112, Rz. 3.

[80] *Deckers*, in: AKStPO, § 112, Rz. 35.

[81] *Roxin*, § 30, Rz. 3. Noch strenger *Hassemer*, StV 1984, 38, 41, der die Untersuchungshaft nur für verhältnismäßig hält, wenn eine Freiheitsstrafe von mindestens einem Jahr zu erwarten ist.

[82] OLG Düsseldorf, NJW 1997, 2965; *Hellmann*, NJW 1997, 2145, 2148; *Meyer-Goßner*, § 112, Rz. 11, § 113, Rz. 1; *Paeffgen*, in: SKStGB, § 112, Rz. 20.

Untersuchungshaft wegen Verdunkelungsgefahr, die Anordnung ist aber bei Fluchtgefahr unter den dort genannten Voraussetzungen zulässig. Der Verhältnismäßigkeitsgrundsatz kann bei einer geringen Straferwartung dem Erlass eines Haftbefehls allerdings aus einem anderen Grund entgegenstehen. Der Haftbefehl ist nämlich in der Regel gemäß § 120 Abs. 1 S. 1 StPO aufzuheben, wenn die erlittene Untersuchungshaft die Dauer der zu erwartenden Strafe erreicht oder überschreitet. Ist schon bei der Beantragung des Haftbefehls ersichtlich, dass er noch vor Ergehen einer rechtskräftigen, vollstreckbaren Entscheidung wieder aufgehoben werden muss, weil nur eine kurze Geld- oder Freiheitsstrafe zu erwarten ist, kann die Untersuchungshaft ihren verfahrenssichernden Zweck also gar nicht erfüllen, so ist bereits ihre Anordnung unverhältnismäßig[83]. In Verfahren wegen Abrechnungsmanipulationen wird die Anordnung der Untersuchungshaft – bei Vorliegen dringenden Tatverdachts und eines Haftgrundes – allerdings dann in der Regel nicht unverhältnismäßig sein, wenn ein beträchtlicher Schaden eingetreten und deshalb eine nicht unerhebliche (Geld- oder Freiheits-)Strafe in Betracht kommt.

522 Die Verhaftung auf Grund eines Haftbefehls führt insbesondere bei Beschuldigten, die bis dahin nicht in dieser Weise mit der „Staatsmacht" konfrontiert worden sind, regelmäßig zu einer starken psychischen Belastung, welche die Fähigkeit zu einer wohlüberlegten Selbstverteidigung häufig erheblich einschränkt. Obwohl das Bedürfnis bestehen wird, sich sofort zu der Beschuldigung zu äußern, sollte der betroffene Arzt in dieser Situation keine Aussagen zur Sache machen und sich stattdessen auf das Recht nach § 114b Abs. 2 StPO zur Benachrichtigung einer Vertrauensperson berufen und seinen Verteidiger, der stets eine Vertrauensperson im Sinne dieser Vorschrift ist[84], informieren. Dem Beschuldigten darf die Kontaktaufnahme mit seinem Verteidiger nicht versagt werden. Bis zu dessen Eintreffen sollte der Verhaftete zu den Vorwürfen schweigen.

523 Der Verteidiger wird dann – in Absprache mit seinem Mandanten – entscheiden, welche *Rechtsschutzmöglichkeiten* ggf. gegen den Haftbefehl zu ergreifen sind. Schon bei der Vernehmung durch den Richter, der den Haftbefehl erlassen hat, ist dem Beschuldigten – bzw. seinem Verteidiger – nach § 115 Abs. 3 S. 2 StPO Gelegenheit zu geben, die Verdachts- und Haftgründe zu entkräften und die Tatsachen geltend zu machen, die zu seinen Gunsten sprechen. Lehnt der Richter die Aufhebung des Haftbefehls ab, so kann wenigstens versucht werden, dessen Außervollzugsetzung nach Maßgabe des § 116 StPO zu erreichen, indem z.B. zur Beseitigung der Fluchtgefahr eine Sicherheitsleistung (Kaution) gemäß 116a StPO angeboten wird oder der Beschuldigte sich verpflichtet, keinen Kontakt zu Mitbeschuldigten, Zeugen oder Sachverständigen aufzunehmen, um eine angenommene Verdunkelungsgefahr zu vermindern (vgl. § 116 Abs. 3 StPO).

524 Die *Überprüfung der Haftfortdauer* kann mit dem allgemeinen Rechtsbehelf der (Haft-)Beschwerde gemäß § 304 Abs. 1 StPO oder mit dem speziellen Rechts-

---

[83] Vgl. OLG Düsseldorf, StV 1988, 390 f.; *Deckers*, in: AKStPO, § 112, Rz. 32; *Paeffgen*, NStZ 1989, 418.

[84] *Meyer-Goßner*, § 114b, Rz. 4.

behelf der Haftprüfung nach § 117 StPO herbeigeführt werden. Welcher Weg sich im konkreten Fall empfiehlt, hängt von den Umständen ab.

b) Durchsuchung

Die Durchsuchung von Sachen und Räumlichkeiten ist mit der Beschlagnahme verwandt und geht dieser häufig voraus. In der Praxis werden die Durchsuchungs- und die Beschlagnahmeanordnung in der Regel miteinander verbunden. 525

§ 102 StPO erlaubt bei Vorliegen eines Anfangsverdachts die Durchsuchung der *Wohnung und anderer Räumlichkeiten des Beschuldigten*, um nach ihm zu suchen oder Beweisgegenstände aufzufinden. Zum Zweck des Auffindens von Beweismitteln ist zudem die Durchsuchung der Sachen des Beschuldigten zulässig. Es genügt die bloße Vermutung, dass sich Beweismittel in den Räumlichkeiten oder Sachen befinden[85]. Um eine Durchsuchung beim Beschuldigten handelt es sich auch dann, wenn auf Grund eines Tatverdachts gegen einen Arzt die Räume einer Gemeinschaftspraxis, in der er tätig ist, durchsucht werden[86]. Räumlichkeiten von Berufsgeheimnisträgern, die einer Straftat verdächtig sind, dürfen zwar durchsucht werden, die Anordnung der Durchsuchung muss aber die besondere Rolle des Betroffenen und die Auswirkungen auf die geschützten Grundrechte berücksichtigen[87]. 526

Durchsuchungen werden in der Regel für den Betroffenen überraschend und häufig am frühen Morgen bzw. kurz nach Öffnung der Praxis durchgeführt. Ein Anspruch, die Durchsuchung zu einer Zeit durchzuführen, zu der sie weniger Aufsehen bei den Nachbarn, dem Praxispersonal und den Patienten erregt, besteht nicht[88]. Der Inhaber der durchsuchten Räumlichkeiten darf jedoch gemäß § 106 Abs. 1 S. 1 StPO der Durchsuchung beiwohnen. Ist der beschuldigte Arzt abwesend, so kann sein Vertreter, ein Angehöriger oder eine andere Person seines Vertrauens an der Durchsuchung teilnehmen (vgl. § 106 Abs. 1 S. 2 StPO). Der beschuldigte Arzt sollte – auch wenn er selbst anwesend ist – umgehend versuchen, seinen Verteidiger oder einen anderen Rechtsanwalt zu informieren und ihn um Teilnahme an der Durchsuchung bitten. Die Kontaktaufnahme mit seinem Anwalt darf dem Betroffenen nicht versagt werden[89]. Er hat jedoch keinen Anspruch darauf, dass die Durchsuchung bis zum Eintreffen des Anwalts aufgeschoben wird[90]. 527

---

85 *Sommermeyer*, Jura 1992, 449, 451.

86 Vgl. BGH, wistra 1997, 107, 108, zu dem vergleichbaren Fall der Durchsuchung der Geschäftsräume eines Unternehmens auf Grund eines Verdachts gegen den Geschäftsführer.

87 BVerfG, NJW 2005, 965 f. (Durchsuchung von Redaktionsräumen); BVerfG, StV 2005, 195 f. (Durchsuchung beim Verteidiger wegen Geldwächeverdacht).

88 *Ulsenheimer*, Rz. 430a.

89 *Hellmann*, Rz. 412; *C. Müller*, Rechtsgrundlagen und Grenzen zulässiger Maßnahmen bei der Durchsuchung von Wohn- und Geschäftsräumen, 2003, S. 79; *Rengier*, NStZ 1981, 372, 375.

90 *Ulsenheimer*, Rz. 430a.

528 Der bei der Durchsuchung anwesende Arzt sollte jeden Anschein vermeiden, dass er Verdunkelungshandlungen vornehmen, z.B. Unterlagen beiseite schaffen könnte, und er sollte auch auf keinen Fall in irgendeiner Weise Widerstand gegen die Durchsuchung leisten. § 164 StPO, der auch für die Durchführung von Durchsuchungen gilt, gestattet dem leitenden Beamten nämlich, Personen, die eine Amtshandlung stören oder sich seinen Anordnungen widersetzen, festzunehmen und bis zur Beendigung der Durchsuchung festhalten zu lassen. Im Übrigen wird sich eine „Kooperation" mit den Beamten schon deshalb empfehlen, weil dadurch die Durchsuchung und das damit einhergehende Aufsehen abgekürzt werden können.

529 Nach Beendigung der Durchsuchung kann der von der Durchsuchung Betroffene nach § 107 S. 2 StPO verlangen, dass ihm ein Verzeichnis der beschlagnahmten Gegenstände, dessen Vollständigkeit der Arzt überprüfen sollte, oder – falls keine Beweismittel gefunden wurden – eine „Negativbescheinigung" ausgehändigt wird. Auf diesen Nachweisen sollte der Arzt auf jeden Fall bestehen.

530 *Durchsuchungen bei Dritten* dürfen gemäß § 103 Abs. 1 S. 1 StPO grundsätzlich nur vorgenommen werden, wenn auf Grund bewiesener Tatsachen die Annahme gerechtfertigt ist, dass der Beschuldigte sich in den Räumlichkeiten befindet bzw. Spuren oder Beweismittel in dem Raum oder der Sache aufgefunden werden. Eine Durchsuchung bei *zeugnisverweigerungsberechtigten Personen* ist zwar zulässig, doch darf sie nicht angeordnet und durchgeführt werden, um Gegenstände aufzufinden und sicherzustellen, die einem Beschlagnahmeverbot unterliegen[91].

531 Die *Anordnungskompetenz* liegt in der Regel beim Ermittlungsrichter; bei Gefahr im Verzug dürfen auch die Staatsanwaltschaft und ihren Ermittlungspersonen (§ 105 Abs. 1 S. 1 StPO) die Durchsuchung anordnen. Gefahr im Verzug liegt vor, wenn die zeitliche Verzögerung durch die Einschaltung des Richters den Erfolg der Maßnahme gefährden würde[92]. Da diese Eilbefugnis aus der richterlichen Kompetenz abgeleitet ist, ist die Gefahr im Verzug eng auszulegen, sie muss mit auf den Einzelfall bezogenen Tatsachen begründet sein und Gerichte und Strafverfolgungsbehörden haben im Rahmen des Möglichen tatsächliche und rechtliche Vorkehrungen zu treffen, um die richterliche Regelzuständigkeit auch in der Masse der Alltagsfälle zu wahren[93]. Grundsätzlich muss versucht werden, eine richterliche Anordnung zu erwirken[94]. In Eilfällen kann dies auch fernmündlich geschehen[95]. Durchsuchungen in Ermittlungsverfahren wegen Abrechnungsmanipulationen werden allenfalls ganz ausnahmsweise so eilbedürftig sein, dass für die

---

[91] KG, JR 1983, 382; LG Fulda, NJW 2000, 1508; *Lemke*, in: HKStPO, § 103, Rz. 7; *Meyer-Goßner*, § 103, Rz. 7.

[92] Z.B. BVerfGE **51**, 97, 111; RGSt **23**, 334.

[93] BVerfGE **103**, 142, 151 ff., mit Anm. *Bittmann*, wistra 2001, 451 ff.; BVerfG, NJW 2004, 1442; NJW 2005, 1637, 1638; *Krehl*, wistra 2002, 294, 295.

[94] BVerfGE **103**, 142, 153 ff.; BVerfG, NJW 2004, 1442; NJW 2005, 1637, 1638; *Amelung*, NStZ 2001, 337, 339; *Asbrock*, StV 2001 322, 323; *Daleman/Heuchemer*, JA 2003, 430 ff.; *Einmahl*, NJW 2001, 1393 ff.; *Gusy*, JZ 2001, 1033, 1034.

[95] BGH, NJW 2005, 1060, 1061; *Nack*, in: KKStPO, § 105, Rz. 3.

Einschaltung des Ermittlungsrichters keine Zeit bleibt, sodass in aller Regel von der Staatsanwaltschaft eine richterliche Durchsuchungsanordnung zu erwirken ist.

c) Amtliche Sicherstellung von Gegenständen und Vermögensbestandteilen (Beschlagnahme)

Die Sicherstellung von Gegenständen und Vermögensbestandteilen ist zulässig zur *Sicherung des Erkenntnis- oder Vollstreckungsverfahrens* und als Maßnahme der *vorläufigen Maßregelverhängung*. § 111b Abs. 4 StPO gestattet darüber hinaus die Sicherstellung zur *Schadloshaltung des Verletzten*. In Verfahren wegen Abrechnungsmanipulationen wird in der Regel nur eine Beschlagnahme zur Sicherung von Beweismitteln in Betracht kommen. **532**

§§ 94 Abs. 1, 2, 95-99 StPO regeln die amtliche Sicherstellung von – beweglichen und unbeweglichen – Gegenständen, die als *Beweismittel für das Strafverfahren* von Bedeutung sein können. Die Sicherstellung erfordert eine Handlung, die zum Ausdruck bringt, dass die Sache der amtlichen Obhut untersteht. **533**

Die Sicherstellung kann gemäß § 94 Abs. 1 StPO dadurch erfolgen, dass das potentielle Beweismittel in *amtliche Verwahrung* genommen, d.h. regelmäßig in den Besitz der Staatsanwaltschaft oder der Polizei überführt wird[96]. Die Inverwahrnahme ist eine formlose Maßnahme, die bei einer freiwilligen Herausgabe oder bei gewahrsamslosen Sachen in Betracht kommt. Die Sicherstellung von Gegenständen, die sich im Gewahrsam einer Person befinden, welche die Herausgabe verweigert, erfordert gemäß § 94 Abs. 2 StPO eine förmliche *Beschlagnahme*. Darunter ist die – gegebenenfalls gewaltsame – Wegnahme des Gegenstandes bzw. die Entziehung der Sache durch andere Maßnahmen (z.B. Versiegelung oder Absperrung von Räumen oder Grundstücken) nach ausdrücklicher Anordnung zu verstehen[97]. Die in § 94 Abs. 1 StPO angeführte *Sicherstellung in anderer Weise*, z.B. durch das an den Besitzer gerichtete Verbot, die Sache zu verändern oder über sie zu verfügen[98], ist nur bei einer Beschlagnahme möglich[99]. Statt durch eine Beschlagnahme kann die Sache gemäß § 95 StPO durch ein mit den Ordnungs- und Zwangsmitteln des § 70 StPO durchsetzbares, an den Besitzer gerichtetes *Herausgabeverlangen* sichergestellt werden. Es kommt in Betracht, wenn ein Beschlagnahmeversuch erfolglos geblieben ist, weil das gesuchte Beweismittel nicht auffindbar und sein Verbleib unbekannt ist[100]. Darüber hinaus ist dem Herausgabeverlangen nach zutreffender Auffassung[101] – als milderes Mittel – generell vor der Beschlagnahme der Vorzug zu geben, wenn nicht zu befürchten ist, dass der Betroffene das Beweismittel beiseite schaffen wird. **534**

---

96 *Meyer-Goßner*, § 94, Rz. 15.

97 *Beulke*, Rz. 247.

98 *Roxin*, § 34, Rz. 4.

99 *Meyer-Goßner*, § 94, Rz. 16; *Pfeiffer*, § 94, Rz. 3.

100 LG Bonn, NStZ 1983, 327; *Roxin*, § 34, Rz. 7; *G. Schäfer*, in: Löwe/Rosenberg, § 94, Rz. 25.

101 *Amelung*, in: AKStPO, § 94, Rz. 14; *Kurth*, NStZ 1983, 327.

535 Ein solches Herausgabeverlangen kommt z.B. in Betracht, wenn die Staatsanwaltschaft von einer Kassenärztlichen Vereinigung oder einer Krankenkasse Abrechungsunterlagen, die als Beweismittel dienen können, erlangen will. Die Sicherstellung von Unterlagen bei dem beschuldigten Arzt wird dagegen nicht per Herausgabeverlangen erfolgen können, da nicht auszuschließen ist, dass sie beseitigt oder nur unvollständig übergeben werden. Hier wird die Beschlagnahme erfolgen müssen. Vor der Herausgabe bzw. Inverwahrnahme sollte der bisherige Besitzer von den Unterlagen, die weiterhin benötigt werden, *Kopien anfertigen*, da die Originale zu den Ermittlungsakten genommen werden und für eine ungewisse Zeit deshalb nicht mehr ohne weiteres verfügbar.

536 § 94 Abs. 1 StPO schreibt die Sicherstellung eines Gegenstandes bei *Vorliegen eines Anfangsverdachts und potentieller Beweisbedeutung* grundsätzlich zwingend vor. Grenzen ergeben sich jedoch aus dem Verhältnismäßigkeitsgrundsatz und aus den Beschlagnahmeverboten.

537 Grundsätzlich dürfen auch Gegenstände, insbesondere Akten und andere Schriftstücke, die sich im *Gewahrsam einer Behörde* befinden, herausverlangt und nach zutreffender Auffassung sogar beschlagnahmt werden[102]. Das Vorlegungs- oder Auslieferungsverlangen sowie die Beschlagnahme sind gemäß § 96 StPO jedoch unzulässig, wenn die oberste Dienstbehörde (bei regionalen Krankenkassen in der Regel das jeweilige Landesgesundheitsministerium, bei bundesweit tätigen Krankenkassen das Bundesversicherungsamt) eine Sperrerklärung abgibt, weil das Bekanntwerden des Inhalts der Akten usw. dem Wohl des Bundes oder eines Landes schaden würde. Dieses Verbot darf nicht durch eine Vernehmung der Bediensteten der Behörde unterlaufen werden. Eine bloße Vertraulichkeitsbitte der Akten führenden Stelle ist allerdings unbeachtlich[103]. In Verfahren wegen Abrechnungsmanipulationen wird eine solche Sperrerklärung kaum in Betracht kommen, da die Weitergabe der Abrechnungsunterlagen keinen Schaden für das Wohl des Bundes oder eines Landes herbeiführen kann.

538 § 97 StPO enthält zahlreiche *Beschlagnahmeverbote*, welche die Zeugnisverweigerungsrechte nach §§ 52, 53, 53a StPO ergänzen und deren Umgehung verhindern[104]:

539 Schriftliche Mitteilungen zwischen dem Beschuldigten und Personen, denen ein Zeugnisverweigerungsrecht nach §§ 52, 53 Abs. 1 S. 1 Nr. 1-3b StPO (z.B. Verlobter, Ehegatte, Lebenspartner, Verwandte, Geistliche, Verteidiger, Rechtsanwälte) zukommt, dürfen gemäß § 97 Abs. 1 Nr. 1 StPO nicht beschlagnahmt werden. Einem Beschlagnahmeverbot gemäß § 97 Abs. 1 Nr. 2 StPO unterliegen darüber hinaus Aufzeichnungen der Berufsgeheimnisträger, die in Beziehung zu dem Beschuldigten stehen, sowie gemäß § 97 Abs. 1 Nr. 3 StPO andere Gegenstände, auf die sich das Zeugnisverweigerungsrecht bezieht, z.B. ärztliche Untersuchungsbefunde. Gemäß § 97 Abs. 4 StPO gelten die Beschlagnahmeverbote auch

---

[102] BGHSt **38**, 237, 238 ff., mit Anm. *Amelung*, NStZ 1993, 48 ff., und *Taschke*, NStZ 1993, 94; OLG Jena, NJW 2001, 1290 ff., mit Anm. *Hohmann*, wistra 2001, 196; KG, NStZ 1989, 541 f; *Meyer-Goßner*, § 96, Rz. 2.

[103] BGHSt **42**, 71 ff.

[104] BGHSt **38**, 144, 146; *Amelung*, in: AKStPO, § 97, Rz. 1.

für die in § 53a Abs. 1 StPO genannten Berufshelfer. Oben (Rz. 493) wurde jedoch bereits dargelegt, dass das Beschlagnahmeverbot des § 97 Abs. 1 Nr. 2, 3 StPO der Sicherstellung der bei dem beschuldigten Arzt vorhandenen Patientenunterlagen in einem gegen den Arzt gerichteten Strafverfahren nicht entgegensteht.

Beschlagnahmefrei sind die Gegenstände im Übrigen grundsätzlich nur, wenn sie sich im *Gewahrsam des Zeugnisverweigerungsberechtigten* oder der Einrichtung, für die er tätig ist, befinden (§ 97 Abs. 2 S. 1, 2 StPO) und der Zeugnisverweigerungsberechtigte nicht selbst der Teilnahme an der Straftat bzw. einer Begünstigung, Strafvereitelung oder Hehlerei verdächtig ist (§ 97 Abs. 2 S. 3 StPO). Für Verteidigungsunterlagen ist jedoch die Besonderheit zu beachten, dass § 148 StPO den ungehinderten Verkehr zwischen dem Beschuldigten und seinem Verteidiger schützt; schriftliche Mitteilungen des einen an den anderen sind deshalb beschlagnahmefrei, gleich in wessen Gewahrsam sie sich befinden[105]. Nicht beschlagnahmt werden dürfen darüber hinaus Unterlagen, auch lesbare Daten aus der Software von EDV-Anlagen[106], die der Beschuldigte erkennbar zu seiner Verteidigung in dem gegen ihn laufenden Strafverfahren angefertigt hat[107]. Der Arzt sollte deshalb solche Unterlagen – sowie die Korrespondenz mit seinem Verteidiger – deutlich als Verteidigungsunterlagen kennzeichnen und am besten getrennt von anderen Schriftstücken aufbewahren bzw. in einem besonderen Ordner auf seinem PC speichern[108]. **540**

Die *Befugnis zur Anordnung der Beschlagnahme* liegt gemäß § 98 Abs. 1 S. 1 StPO beim Ermittlungsrichter, die Notkompetenz bei der Staatsanwaltschaft und ihren Ermittlungspersonen. Dies gilt nach zutreffender Auffassung[109] auch für das Herausgabeverlangen nach § 95 Abs. 1 StPO. Wie für die Durchsuchung gilt auch für die Beschlagnahme, dass in Ermittlungsverfahren wegen Abrechungsmanipulationen die Annahme von Gefahr im Verzug praktisch ausscheiden wird. Der – schriftliche – richterliche Beschlagnahmebeschluss muss die Beweisgegenstände so genau bezeichnen, dass Zweifel über den Umfang nicht aufkommen können[110]. **541**

Gegen die Anordnung der Beschlagnahme bzw. der Herausgabe in Notkompetenz kann der Betroffene gemäß § 98 Abs. 2 S. 2 StPO die *richterliche Entscheidung* beantragen. **542**

---

[105] *Beulke*, Rz. 248.

[106] BVerfG, NJW 2002, 1410 f.

[107] BGHSt **44**, 46, 47 ff.; OLG München, StV 2005, 118, 119 f.

[108] Vgl. *Krause/Caspary*, in: Anwalts-Handbuch Strafrecht, Kap. E, Rz. 20.

[109] KG, NStZ 1989, 192; LG Bonn, NStZ 1983, 327; LG Stuttgart, NJW 1992, 2646 f.; *Roxin*, § 34, Rz. 7. Für eine generelle Zuständigkeit der Staatsanwaltschaft LG Gera, NStZ 2001, 276; LG Halle, NStZ 2001, 276 f.; LG Koblenz, wistra 2002, 359; *Meyer-Goßner*, § 95, Rz. 2; *Rudolphi*, in: SKStPO, § 95, Rz. 7.

[110] OLG Düsseldorf, StV 1982, 513; OLG Oldenburg, wistra 1987, 38; OLG München, MDR 1967, 687.

7. Rechte des Beschuldigten und seines Verteidigers

543 Die Einleitung des Ermittlungsverfahrens macht den Beschuldigten zwar in gewissen Grenzen zum Objekt der staatlichen Strafverfolgung, indem er zulässige grundrechtsbeeinträchtigende Maßnahmen, z.B. Untersuchungshaft, Durchsuchung oder Beschlagnahme – notfalls unter Anwendung von Zwang – dulden, muss. Das Gesetz stattet ihn aber auch mit Rechten aus. Zu nennen sind

- das **Mitwirkungsverweigerungsrecht**,
- der **Anspruch auf rechtliches Gehör**,
- das **Recht zur Verteidigerkonsultation**,
- das **Beweisantragsrecht** und
- das **Recht, an bestimmten richterlichen Untersuchungshandlungen teilzunehmen**.

544 Aus der Beistandsfunktion des Verteidigers gemäß § 137 StPO ergibt sich, dass er für den Beschuldigten Erklärungen zu den Vorwürfen abgeben, die Erhebung von Entlastungsbeweisen beantragen und Ermittlungsmaßnahmen der richterlichen Kontrolle überantworten kann. Darüber hinaus räumt die StPO dem Verteidiger Rechte ein, die zum Teil dem Beschuldigten selbst nicht zustehen, nämlich

- **Anwesenheitsrechte**,
- das **Akteneinsichtsrecht** und
- das **Verkehrsrecht** mit dem Beschuldigten.

a) Mitwirkungsverweigerungsrecht

545 Oben (Rz. 487) wurde schon dargelegt, dass der Grundsatz „nemo tenetur se ipsum accusare“ die Androhung oder Anwendung von Zwang gegen den Beschuldigten, um ihn zu einer *aktiven Mitwirkung* an dem gegen ihn gerichteten Strafverfahren zu bewegen, unzulässig ist. Eine Ausprägung dieses Grundsatzes ist § 136a StPO, der die dort genannten Vernehmungsmethoden (Misshandlung, Ermüdung, körperliche Eingriffe, Verabreichung von Mitteln, Quälerei, Hypnose, Anwendung unzulässigen Zwangs, Drohung mit unzulässigen Maßnahmen, Versprechen eines gesetzlich nicht vorgesehenen Vorteils, Maßnahmen, die das Erinnerungsvermögen oder die Einsichtsfähigkeit beeinträchtigen, aber auch Täuschung) und die Verwertung einer Aussage, die unter Anwendung dieser Mittel zustande gekommen ist, verbietet.

b) Rechtliches Gehör

546 Das Verfahrensgrundrecht des Art. 103 Abs. 1 GG auf rechtliches Gehör gilt auch für den Beschuldigten. Er ist zwar gemäß § 33 Abs. 3 StPO grundsätzlich auch vor

Ergehen *richterlicher Entscheidungen im Ermittlungsverfahren* zu hören, nach § 33 Abs. 4 StPO dürfen aber richterliche Maßnahmen, deren Zweck durch die vorherige Anhörung gefährdet wären, ohne eine solche ergehen. Für heimlich angeordnete und durchgeführte Maßnahmen sieht § 33a StPO die Nachholung des rechtlichen Gehörs vor, wenn zum Nachteil des Beschuldigten Tatsachen und Beweisergebnisse verwertet worden sind und ihm gegen den Beschluss kein anderer Rechtsbehelf zusteht. Die Anfechtung der Maßnahme mit der Beschwerde oder einem anderen Rechtsbehelf geht § 33a StPO somit vor.

Auf *Maßnahmen der Staatsanwaltschaft oder der Polizei* sind §§ 33, 33a StPO **547**
zwar nicht anwendbar. Die von den Strafverfolgungsbehörden ohne vorherige Anhörung angeordneten bzw. durchgeführten Ermittlungsmaßnahmen unterliegen aber der nachträglichen richterlichen Rechtskontrolle, in deren Rahmen dem Beschuldigten dann rechtliches Gehör gewährt wird. Das gilt nicht nur, wenn das Gesetz dies – wie in §§ 98 Abs. 2 S. 2, 128, 161a Abs. 3, 163a Abs. 3 S. 3 StPO – ausdrücklich vorsieht, sondern in analoger Anwendung des § 98 Abs. 2 S. 2 StPO generell[111], also unabhängig davon, ob die Staatsanwaltschaft die Maßnahme kraft originärer Zuständigkeit[112] oder bei Gefahr im Verzug[113] angeordnet hat.

Ausdruck des Anspruchs auf rechtliches Gehör im Ermittlungsverfahren ist **548**
zudem § 163a Abs. 1 StPO. Der Beschuldigte muss *vor dem Abschluss der Ermittlungen vernommen* werden, es sei denn, das Verfahren wird eingestellt. Nach h.M. entfällt die Vernehmungspflicht bei allen Einstellungen, also auch bei solchen aus Opportunitätserwägungen nach §§ 153 ff. StPO[114]. Nach zutreffender Auffassung folgt die Pflicht der Strafverfolgungsorgane zur unverzüglichen Unterrichtung des Beschuldigten über die gegen ihn erhobenen Vorwürfe jedoch aus Art. 6 Abs. 3 lit. a EMRK, der entgegen dem Wortlaut der deutschen Übersetzung nicht erst nach Eröffnung des Hauptverfahrens, durch die der Beschuldigte gemäß § 157 StPO zum Angeklagten wird, gilt, sondern in jeder Lage des Strafverfahrens[115]. Die Information des Beschuldigten darf nur unterbleiben, wenn und solange die Heimlichkeit der Ermittlungen erforderlich ist, um den Erfolg der Maßnahmen zu gewährleisten.

Die Vernehmung im Sinne des § 163a Abs. 1 StPO kann vom Ermittlungsrich- **549**
ter, der Staatsanwaltschaft oder der Polizei vorgenommen werden. Es genügt, dass der Beschuldigte irgendwann im Laufe des Ermittlungsverfahrens vernommen wird. Die Vernehmung kann in einfachen Sachen gemäß § 163a Abs. 1 S. 2 StPO

---

[111] *Amelung*, StV 2001, 131 ff.; *Laser*, NStZ 2001, 120, 121 f.

[112] BGHSt **44**, 171, 174; OLG Braunschweig, NStZ 1991, 551; OLG Oldenburg, NStZ 1990, 504; OLG Stuttgart, StV 1988, 424; *Krause*, in: Löwe/Rosenberg, § 81b, Rz. 32, 34. A.A. z.B. *Achenbach*, in: AKStPO, § 163, Rz. 36; *Fezer*, Jura 1982, 126, 131.

[113] BGHSt **35**, 363, 364.

[114] *Meyer-Goßner*, § 163a, Rz. 3; *Wache*, in: KKStPO, § 163a, Rz. 5; *Pfeiffer*, § 163a, Rz. 1. A.A. *Achenbach*, in: AKStPO, § 163a, Rz. 5: nur bei Einstellung nach § 170 Abs. 2 StPO.

[115] *Frister*, StV 1998, 159 ff.; ähnlich *Gollwitzer*, in: Löwe/Rosenberg, Art. 6 MRK, Rz. 164. A.A. *Hanack*, in: Löwe/Rosenberg, § 136 StPO, Rz. 17.

durch die Aufforderung, sich schriftlich zu den Vorwürfen zu äußern, ersetzt werden.

550 Der beschuldigte Arzt sollte sich gerade wegen der Kompliziertheit der Sach- und Rechtslage in Verfahren wegen Abrechnungsmanipulationen *nicht mündlich, sondern generell nur schriftlich, am besten über seinen Verteidiger, äußern*, zumal nur dieser beurteilen kann, ob eine Stellungnahme im Ermittlungsverfahren – und in welchem Stadium – zweckmäßig ist. Allgemeine Handlungsanweisungen wie „Stets Angaben zur Sache machen und zwar schriftlich!“[116] oder „zurückhaltend operieren“ [117] lassen sich nicht machen, da die Umstände des konkreten Falles maßgeblich sind.

c) Verteidigerkonsultationsrecht

551 Der Beschuldigte hat gemäß § 137 Abs. 1 S. 1 StPO das Recht, sich in jeder Lage des Verfahrens, also auch im Ermittlungsverfahren, des Beistands eines Verteidigers zu bedienen. Es handelt sich dabei nicht um ein Zugeständnis des Gesetzgebers, sondern um einen *verfassungsrechtlich verbürgten Anspruch*, der aus dem Rechtsstaatsprinzip und Art. 2 Abs. 1 GG folgt[118]. Durch die Hinzuziehung eines Verteidigers kann der Beschuldigte dem auf Seiten der Strafverfolgungsorgane vorhandenen juristischen und kriminalistischen Sachverstand ein Gegengewicht entgegensetzen.

552 Eine besondere Bedeutung kommt dem Recht auf Verteidigerkonsultation bei einer Vernehmung gemäß § 136 Abs. 1 S. 2 StPO zu. Entschließt sich der Beschuldigte, einen Verteidiger zu Rate zu ziehen, so muss die *Vernehmung unterbrochen* werden, um ihm eine Kontaktaufnahme zu ermöglichen[119]. Hat sich bereits vor der Vernehmung ein Verteidiger für den Beschuldigten gemeldet, so muss ihm dies mitgeteilt werden[120]. Der Vernehmende darf auf keinen Fall dem Beschuldigten die Kontaktaufnahme mit seinem Verteidiger verweigern[121].

553 Nach Auffassung des 5. Strafsenats des BGH genügt es nicht, dass der Vernehmende den Beschuldigten über sein Recht zur Befragung eines Verteidigers belehrt, sondern er muss dem Beschuldigten bei der Herstellung des Kontakts *in*

[116] So *Ulsenheimer*, Rz. 472, allerdings zu „Arztstrafverfahren“ wegen fahrlässiger Körperverletzung bzw. Tötung.

[117] Vgl. *Dahs*, Handbuch des Strafverteidigers, Rz. 435, zu „Sonderfällen“ (Rz. 436).

[118] Z.B. BVerfGE **66**, 313, 319; 68, 237, 255; eingehend dazu *Beckemper*, Verteidigerkonsultationsrecht, S.39 ff.

[119] BGHSt **38**, 372, 373; 42, 15, 19; *Achenbach*, in: AKStPO, § 163a, Rz. 18a; *Meyer-Goßner*, § 136, Rz. 10.

[120] BGH, NStZ 1997, 502.

[121] BGHSt **38**, 372, 373; *Beckemper*, Verteidigerkonsultationsrecht, S. 62.

effektiver Weise helfen, wenn dieser anwaltlichen Beistand verlangt[122]. Der 1. Strafsenat hält es für zulässig, dass der Vernehmende die Vernehmung fortsetzt, obwohl der Beschuldigte zunächst nach einem Verteidiger verlangt, sich dann aber in der Überzeugung, eine Kontaktaufnahme sei derzeit nicht möglich, doch zu einer Aussage entschließt; erforderlich sei allerdings eine erneute Belehrung über das Verteidigerkonsultationsrecht[123]. Nach zutreffender Meinung[124] muss die Vernehmung jedoch solange unterbrochen werden, bis der Beschuldigte seinen bereits benannten Verteidiger oder einen von ihm erst noch zu suchenden Anwalt konsultiert hat.

Ein *Verbot der Verwertung des Inhalts einer Aussage* besteht bei der Verlet- **554**
zung der Pflicht zur Belehrung über das Recht zur Verteidigerkonsultation[125], der Verweigerung der Kontaktaufnahme[126], der unterlassenen Information des Beschuldigten darüber, dass sich für ihn bereits ein Verteidiger gemeldet hatte[127], und der unterbliebenen Hilfeleistung bei der Kontaktaufnahme. Entgegen der Meinung des BGH[128] ist das Verwertungsverbot nicht von einem ausdrücklichen Widerspruch des Verteidigers oder des Beschuldigten abhängig[129], sondern die Verwertung erfordert die ausdrückliche Zustimmung des Beschuldigten bzw. seines Verteidigers.

d) Beweisantragsrecht

Unmittelbaren Einfluss auf den Gang der Ermittlungen kann der Beschuldigte **555**
gemäß § 163a Abs. 2 StPO durch die Beantragung der Aufnahme von Entlastungsbeweisen nehmen. Die Regelung besitzt einen eigenständigen Anwendungsbereich neben § 160 Abs. 2 StPO, der die Staatsanwaltschaft zur Erhebung der entlastenden Beweise von Amts wegen verpflichtet. § 163a Abs. 2 StPO gewährt dem Beschuldigten ein *subjektives öffentliches Recht* gegen die Staatsanwaltschaft auf Erhebung der Beweise, wenn sie von Bedeutung sind. Diese Bedeutung ist dann gegeben, wenn die beantragte Beweiserhebung geeignet erscheint, die Entschließung der Staatsanwaltschaft über die Erhebung der öffentlichen Klage zu

---

[122] BGHSt **42**, 15, 19; zustimmend *Beulke*, NStZ 1996, 257 ff.; *Hamm*, NJW 1996, 2185 f.; *Herrmann*, NStZ 1997, 209; *E. Müller*, StV 1996, 358 f.; *Roxin*, JZ 1997, 343, 344; *Ventzke*, StV 1996, 524 f.

[123] BGHSt **42**, 15, 19; 170, 171 ff.; zustimmend *Beckemper*, Verteidigerkonsultationsrecht, S. 287 ff.; *Schwaben*, NStZ 2002, 288, 290.

[124] *Roxin*, JZ 1997, 343, 344.

[125] *Hanack*, in: Löwe/Rosenberg, § 136, Rz. 68; *Roxin*, JZ 1993, 426, 427. Offengelassen in BGH, NStZ 1997, 609 f.

[126] BGHSt **38**, 372, 373.

[127] BGH, NStZ 1997, 502.

[128] BGHSt **42**, 15, 22 ff.

[129] *Beulke*, NStZ 1996, 257, 262.

beeinflussen[130]. Die Beschränkung der Pflicht auf die Erhebung „erheblicher" Beweise räumt der Staatsanwaltschaft kein Ermessen ein[131], sondern es handelt sich um einen unbestimmten Rechtsbegriff, sodass der Staatsanwaltschaft bei der Anwendung zwar ein Beurteilungsspielraum zusteht, sie aber bei Vorliegen der Voraussetzungen verpflichtet ist, den Beweis zu erheben. Das Beweisantragrecht kann auch von dem Verteidiger wahrgenommen werden.

e) Anwesenheitsrechte

556 Der Beschuldigte hat gemäß §§ 168c Abs. 2, 168d Abs. 1 S. 1 StPO grundsätzlich das Recht, an *richterlichen Vernehmungen* der Zeugen und Sachverständigen sowie an der *Einnahme des richterlichen Augenscheins* teilzunehmen. Er kann davon jedoch ausgeschlossen werden, wenn seine Anwesenheit den Untersuchungszweck gefährdet (§§ 168c Abs. 3, 168d Abs. 1 S. 2 StPO).

557 Wie oben (Rz. 500, 503) bereits dargelegt wurde, ist dem Verteidiger gemäß §§ 168c Abs. 1, 163a Abs. 3 S. 2 StPO die Anwesenheit bei *richterlichen und staatsanwaltschaftlichen Vernehmungen des Beschuldigten* gestattet, nach zutreffender Auffassung auch bei einer *polizeilichen Beschuldigtenvernehmung*. Der Verteidiger muss gemäß §§ 168c Abs. 5 S. 1, 163a Abs. 3 S. 2 StPO grundsätzlich von dem Termin der richterlichen oder staatsanwaltschaftlichen Vernehmung unterrichtet werden. Wird er wegen einer Gefährdung des Untersuchungserfolges nicht informiert (§ 168c Abs. 5 S. 2 StPO), so darf er gleichwohl an der Vernehmung teilnehmen, wenn er auf andere Weise von dem Termin erfahren hat[132].

558 § 168c Abs. 2 StPO berechtigt den Verteidiger zudem zur Anwesenheit bei einer *richterlichen Vernehmung von Zeugen und Sachverständigen*. Dieses Teilnahmerecht steht zwar grundsätzlich auch dem Beschuldigten zu, ihm kann aber gemäß § 168c Abs. 3 StPO die Anwesenheit verweigert werden, wenn seine Teilnahme den Untersuchungszweck gefährden würde. Der Verteidiger darf mit dieser Begründung dagegen nicht ausgeschlossen werden. Hier gehen die Rechte des Verteidigers somit sogar über die des Beschuldigten hinaus.

559 Ein Recht des Verteidigers zur Anwesenheit bei *Vernehmungen von Zeugen und Sachverständigen durch die Staatsanwaltschaft* und auf Benachrichtigung vom Termin besteht nach h.M.[133] nicht, weil § 161a StPO dies nicht vorsieht. Zwar ist anzuerkennen, dass die Durchführung der Ermittlungen häufig ein heimliches Vorgehen erfordert, sodass ein generelles Anwesenheits- und Terminsmitteilungsrecht des Verteidigers nicht in Betracht kommt. Gefährdet die Anwesenheit des Verteidigers im konkreten Fall den Untersuchungserfolg nicht, so fehlt aber ein

---

130 *Achenbach*, in: AKStPO, § 163a, Rz. 8; *Rieß*, in: Löwe/Rosenberg, § 163a, Rz. 112 f.

131 So aber *Meyer-Goßner*, § 163a, Rz. 15; *Wache*, in: KKStPO, § 163a, Rz. 8.

132 BGHSt **29**, 1, 5.

133 *Kühne*, Rz. 226; *Roxin*, § 19, Rz. 62.

tragfähiger Grund für die Versagung der Teilnahme. Deshalb ist dem Verteidiger in diesen Fällen nach zutreffender Auffassung die Anwesenheit zu gestatten[134].

An der *Einnahme des richterlichen Augenscheins* darf der Verteidiger gemäß 560
§ 168d Abs. 1 StPO teilnehmen.

f) Akteneinsichtsrecht

Dem Verteidiger ist gemäß § 147 Abs. 1 StPO Akteneinsicht und die Besichtigung 561
der amtlich verwahrten Beweisstücke (Asservate) zu gewähren. Ein uneingeschränktes Akteneinsichtsrecht gilt allerdings nur nach Abschluss der Ermittlungen. Während des Ermittlungsverfahrens kann die Staatsanwaltschaft, die in dieser Phase über die Gewährung der Akteneinsicht entscheidet (§ 147 Abs. 5 StPO), gemäß § 147 Abs. 2 StPO die Einsichtnahme bei einer *Gefährdung des Untersuchungszwecks* verweigern. Die Begründung der ablehnenden Entscheidung der Staatsanwaltschaft muss erkennen lassen, dass sie das ihr eingeräumte Ermessen ausgeübt hat[135]. Die Abschirmung des Ermittlungswissens der Strafverfolgungsbehörden durch die Verweigerung der Akteneinsicht soll auch zulässig sein, wenn ein Haftbefehl bereits erlassen, aber noch nicht vollzogen wurde[136]. Die Gewährung der Akteneinsicht wird von der Praxis in Deutschland unter Berufung auf die Gefährdung des Untersuchungszwecks häufig auch dann recht restriktiv gehandhabt, wenn die Haftentscheidung von der Verteidigung gerichtlich angefochten wird. Es besteht jedoch ein Anspruch des inhaftierten Beschuldigten auf Einsicht seines Verteidigers in die Akten, wenn und soweit er die darin befindlichen Informationen zur effektiven Vorbereitung der gerichtlichen Anfechtung einer Haftentscheidung benötigt, sodass zumindest eine Teilakteneinsicht hinsichtlich der für die Haftentscheidung relevanten Tatsachen und Beweismittel zu gewähren ist[137]. Der Europäische Gerichtshof für Menschenrechte (EGMR) folgert dieses Akteneinsichtsrecht aus Art 5 Abs 4 EMRK, der die gerichtliche Überprüfung der Rechtmäßigkeit der Haft gewährleistet[138].

Gegen die *Versagung der Akteneinsicht durch die Staatsanwaltschaft* kann der 562
Verteidiger nach § 147 Abs. 5 S. 2 StPO in den dort genannten Fällen (nach Abschluss der Ermittlungen, Einsicht in bestimmte Niederschriften, Inhaftierung des Beschuldigten) gerichtliche Entscheidung nach Maßgabe des § 161a Abs. 3 S. 2-4 StPO beantragen[139]. Ansonsten ist die Versagung durch die Staatsanwaltschaft

---

134 *Achenbach*, in: AKStPO, § 161a, Rz. 11.

135 Vgl. *Burkhard*, wistra 1996, 171, 173.

136 BVerfG, NStZ-RR 1998, 108 f.; OLG Hamm, NStZ-RR 2001, 254

137 BGH (Ermittlungsrichter), NJW 1996, 734.

138 EGMR, NJW 2002, 2013 ff.; 2015 ff.; 2018 ff. Siehe dazu *Ambos*, NStZ 2003, 14 f.; *Kempf*, StV 2001, 202; *Kierschke/Osterwald*, NJW 2002, 2003 ff.; *Kühne/Esser*, StV 2002, 383, 390 ff.

139 Siehe dazu *Schlothauer*, StV 2001, 192 ff.

nach h.M.[140] nur mit der Dienstaufsichtsbeschwerde anfechtbar. Da die ablehnende Entscheidung nicht nur verfahrensgestaltender Natur ist, sondern die Rechte des Verteidigers unmittelbar berührt, handelt es sich nach zutreffender Auffassung[141] jedoch um einen Justizverwaltungsakt, der nach Maßgabe der §§ 23 ff. EGGVG vor dem Oberlandesgericht anfochten werden kann.

563 Der Beschuldigte selbst hat grundsätzlich[142] kein Akteneinsichtsrecht. Allerdings darf – und muss – der Verteidiger ihn grundsätzlich über den Akteninhalt *informieren* und ihm angefertigte Kopien überlassen[143]. Die Rechtsprechung[144] und ein Teil der Literatur[145] hält die Weitergabe zwar für unzulässig, wenn die vollständige Information den Untersuchungserfolg gefährden würde. Die Verhinderung einer Gefährdung des Untersuchungserfolgs ist aber nicht Aufgabe des Verteidigers, sondern der Staatsanwaltschaft, die bei einer solchen Gefahr die Akteneinsicht verweigern kann[146]. Der Verteidiger darf seinen Mandanten allerdings dann nicht unterrichten, wenn er weiß, dass dieser die Informationen zur Grundlage eines strafbaren oder prozessual unzulässigen Verhaltens machen wird[147].

g) Verkehrsrecht mit dem Beschuldigten

564 Gemäß § 148 Abs. 1 StPO besteht ein *uneingeschränktes Verkehrsrecht* des Verteidigers mit seinem Mandanten. Weder der Schriftverkehr noch der mündliche Kontakt unterliegt irgendwelchen Beschränkungen. Das gilt auch, wenn der Mandant sich in Untersuchungshaft befindet, sodass Beschränkungen der Besuchsdauer, die keine sachlichen Gründe haben, unzulässig sind[148].

8. Abschluss des Ermittlungsverfahrens

565 Ist nach Ausschöpfung der Beweismittel keine weitere Aufklärung des Tatgeschehens mehr zu erwarten, so trifft die Staatsanwaltschaft die Entscheidung, ob das Strafverfahren durch Erhebung der öffentlichen Klage seinen Fortgang nehmen

---

[140] OLG Hamm, NStZ 1984, 280; NStZ-RR 1997, 179; OLG Koblenz, NJW 1985, 2038; *Eisenberg*, NJW 1991, 1257, 1260.

[141] OLG Celle, NStZ 1983, 379; *Bottke*, StV 1986, 120, 123; *Burkhard*, wistra 1996, 171, 175.

[142] Ein Miteinsichtsrecht ist dem Beschuldigten jedoch zu gewähren, wenn er allein den Akteninhalt verstehen kann, OLG Köln, StV 1999, 12.

[143] BGHSt **29**, 99, 102; OLG Frankfurt, NStZ 1981, 144, 145; *Burkhard*, wistra 1996, 171, 173; *Meyer-Goßner*, § 147, Rz. 20.

[144] BGHSt **29**, 99, 103.

[145] *Beulke*, Rz. 160; *Meyer-Goßner*, § 147, Rz. 21; *Laufhütte*, in: KKStPO, § 147, Rz. 12.

[146] *Burkhard*, wistra 1996, 171, 173; *Lüderssen*, in: Löwe/Rosenberg, § 147, Rz. 127.

[147] *Krekeler,* NStZ 1989, 146, 149; *Kühne,* Rz. 220.

[148] Vgl. OLG Stuttgart, StV 1998, 147, 149 f. Bedenklich OLG Karlsruhe, NStZ 1997, 407 f.; siehe dazu *Schriever*, NStZ 1998, 159 f.

soll oder durch Einstellung zu beenden ist. Da dem Staatsanwalt zahlreiche Entscheidungsalternativen zur Verfügung stehen, sollte der Verteidiger des Arztes frühzeitig mit dem Staatsanwalt in Verbindung treten, um nicht durch dessen Entscheidung überrascht zu werden und im Rahmen des Möglichen auf die Entscheidungsbildung Einfluss nehmen zu können.

Das Bemühen des Verteidigers wird vordringlich darauf gerichtet sein, eine Einstellung mangels hinreichenden Tatverdachts gemäß § 170 Abs. 2 StPO zu erwirken. Ist dies wegen der Beweislage nicht möglich, so ist eine Einstellung aus Opportunitätserwägungen nach §§ 153, 153a StPO anzustreben. Lässt sich die Klageerhebung nicht verhindern, so sollte versucht werden, eine Aburteilung im Strafbefehlsverfahren zu erreichen, um die stigmatisierende Wirkung einer öffentlichen Hauptverhandlung zu vermeiden. **566**

Nach einer Untersuchung aus dem Jahre 1993 wird in der Praxis die Mehrzahl der Ermittlungsverfahren wegen Abrechungsbetruges durch Einstellung beendet, nur in knapp 10 % der untersuchten Fälle erhob die Staatsanwaltschaft die öffentliche Klage durch Antrag auf Erlass eines Strafbefehls oder Eröffnung des Hauptverfahrens[149]. **567**

a) Einstellung mangels hinreichenden Tatverdachts

Bieten die Ermittlungen *keinen genügenden Anlass zur Erhebung der öffentlichen Klage*, d.h., fehlt der für die Anklageerhebung erforderliche hinreichende Tatverdacht, so stellt die Staatsanwaltschaft das Verfahren gemäß § 170 Abs. 2 StPO ein. Der genügende Anlass fehlt, wenn der sachbearbeitende Staatsanwalt zu dem Schluss gelangt, dass der Beschuldigte nach Durchführung des Hauptverfahrens wahrscheinlich nicht der ihm vorgeworfenen Tat überführt werden kann **568**

Stellt die Staatsanwaltschaft das Verfahren nach § 170 Abs. 2 StPO ein, obwohl der Verletzte oder ein Dritter – z.B. die Kassenärztliche Vereinigung oder die Krankenkasse – einen Strafantrag im Sinne des § 158 StPO gestellt hatte, so erhält der Antragsteller einen mit Gründen versehenen *Einstellungsbescheid* (§ 171 S. 1 StPO). Ist der Antragsteller zugleich der Verletzte, so wird er über die Möglichkeit des Klageerzwingungsverfahrens und die einzuhaltende Frist belehrt (§ 171 S. 2 StPO). Der Staatsanwalt muss folglich prüfen, wessen Vermögen durch die Abrechnungsmanipulation verletzt worden ist. **569**

b) Klageerzwingungsverfahren

Das Klageerzwingungsverfahren gemäß §§ 172 ff. StPO kann nur der *Strafantragsteller, der zugleich der Verletzte ist*, betreiben. Er kann binnen zwei Wochen **570**

[149] *Steinhilper*, in: Brennpunkte des Sozialrechts, 1993, S. 7: Einstellung nach § 170 Abs. 2 StPO: 38,5 % der Fälle, Einstellung nach § 153 StPO: 5,9 %, Einstellung nach § 153a StPO: 9,7 %, Erledigung auf sonstige Weise: 33,3 %, Strafbefehlsantrag: 4,6 %, Anklageerhebung: 5,3 %.

nach der Bekanntmachung der mit der Belehrung nach § 171 S. 2 StPO versehenen Einstellungsentscheidung *Beschwerde* einlegen, und zwar entweder unmittelbar beim Generalstaatsanwalt oder bei der Staatsanwaltschaft, welche die Einstellungsentscheidung getroffen hat. Die Staatsanwaltschaft kann die Beschwerde gegenstandslos machen, indem sie die Ermittlungen wieder aufnimmt. Tut sie das nicht, so entscheidet der Generalstaatsanwalt. Bestätigt er die Entscheidung der Staatsanwaltschaft, so kann der Beschwerdeführer binnen einem Monat gemäß § 172 Abs. 2-4 StPO *Antrag auf gerichtliche Entscheidung* beim Oberlandesgericht stellen. Gelangt das Gericht auf Grund der bisherigen und etwaiger eigener Ermittlungen nach § 173 Abs. 3 StPO zu dem Ergebnis, dass ein hinreichender Tatverdacht besteht, so beschließt es gemäß § 175 StPO die Erhebung der öffentlichen Klage, ansonsten verwirft es den Antrag (§ 174 StPO). Das Oberlandesgericht entscheidet über die Wahrscheinlichkeit einer Verurteilung in eigener Verantwortung[150]; das Anklagemonopol der Staatsanwaltschaft wird in diesem Fall also durchbrochen. Der durch die Abrechnungsmanipulation Geschädigte kann auf diese Weise also die Durchführung der Hauptverhandlung gegen den Arzt auch trotz des entgegenstehenden Willens der Staatsanwaltschaft erreichen.

c) Einstellung aus Opportunitätserwägungen bei Geringfügigkeit

571 §§ 153 ff. StPO enthalten zahlreiche Regelungen, die es der Staatsanwaltschaft gestatten, von der Verfolgung einer Straftat bzw. von der Anklageerhebung abzusehen. Mit dem Terminus Absehen von der Verfolgung bzw. von der Anklageerhebung unterscheidet das Gesetz diese Einstellungsmöglichkeiten von der Einstellung mangels hinreichenden Tatverdachts gemäß § 170 Abs. 2 StPO. In Verfahren wegen Abrechnungsmanipulationen kommen insbesondere die Einstellung wegen „absoluter" Geringfügigkeit nach § 153 StPO und wegen „relativer" Geringfügigkeit nach Maßgabe des § 153a StPO in Betracht.

572 Die Staatsanwaltschaft kann das Verfahren gemäß § 153 Abs. 1 StPO *ohne Verhängung irgendwelcher Sanktionen* einstellen, wenn dem Beschuldigten lediglich ein *Vergehen* (§ 12 Abs. 2 StGB) vorgeworfen wird, seine *Schuld als gering* anzusehen wäre und *kein öffentliches Interesse* an der Strafverfolgung besteht. § 153 StPO begnügt sich mit einer bloßen Schuldhypothese („..., wenn die Schuld des Täters als gering anzusehen wäre ..."). Die Einstellung wegen Geringfügigkeit erfordert also keinen Nachweis der Schuld und darf auch keine Schuldfeststellung enthalten[151]. Das Geschehen muss deshalb auch nur so weit aufgeklärt werden, dass diese Prognose möglich ist[152]. Die Schuld ist gering, wenn sie bei Gesamtabwägung aller Umstände deutlich unter dem Durchschnitt der Vergehen gleicher Art liegt[153]. Das öffentliche Verfolgungsinteresse fehlt, wenn weder general- noch

---

[150] OLG Rostock, NStZ-RR 1996, 272 f.
[151] BVerfGE **82**, 106, 116.
[152] *Meyer-Goßner*, § 153, Rz. 3; *Rieß*, in: Löwe/Rosenberg, § 153, Rz. 32 f.
[153] *Krehl*, in: HKStPO, § 153, Rz. 8.

spezialpräventive Gesichtspunkte eine Verurteilung geboten erscheinen lassen[154]. Ein Genugtuungsinteresse des Verletzten begründet zwar grundsätzlich kein öffentliches Verfolgungsinteresse, bei einer besonders starken Verletzung seiner Interessen kann es aber angenommen werden[155].

Ermittlungsverfahren wegen Abrechungsmanipulationen können grundsätzlich **573**
nach § 153 StPO eingestellt werden, da es sich bei den einschlägigen Straftatbeständen, dem „einfachen" Betrug (§ 263 Abs. 1 StGB) und der Untreue (§ 266 Abs. 1 StGB) um Vergehen im Sinne des § 12 Abs. 2 StGB handelt. Wann das Maß der Schuld erheblich unterdurchschnittlich ist, lässt sich nicht abstrakt, sondern nur nach den konkreten Umständen, insbesondere der Art der Tatausführung, den verschuldeten Auswirkungen der Tat und dem Maß der Pflichtwidrigkeit beurteilen. Es ist jedoch erforderlich, dass eine Strafe im untersten Bereich des in Betracht kommenden Strafrahmens angemessen wäre[156]. Bei Vermögensdelikten wie Betrug und Untreue wird in erster Linie die Höhe der Schädigung des Opfers das Maß der Schuld und der zu erwartenden Strafe bestimmen. Da es hier um die Rechtsfolgen der Tat geht, ist nicht der durch die Tat unmittelbar verursachte Schaden im Sinne des verwirklichten Straftatbestandes maßgeblich, sondern die materielle Schädigung des Opfers, die geringer sein kann. Gerade bei Abrechnungsmanipulationen kann dies der Fall sein, z.B. wenn die Leistungen zwar nicht abrechenbar, aber medizinisch indiziert waren und tatsächlich erbracht wurden[157]. Die Schuld kann auch durch ein nachträgliches Verhalten, insbesondere die Wiedergutmachung des Schadens (§§ 46 Abs. 2, 46a Nr. 1 StGB) verringert werden. Es kann sich deshalb empfehlen, freiwillig Schadensersatz zu leisten, da dadurch eine ursprünglich höhere Schuld soweit herabgesetzt werden kann, dass eine Einstellung nach § 153 StPO auch bei einem höheren Schaden möglich ist.

Die Einstellung bedarf zwar grundsätzlich der *Zustimmung* des für die Eröff- **574**
nung des Hauptverfahrens zuständigen Gerichts. § 153 Abs. 1 S. 2 StPO gewährt der Staatsanwaltschaft aber eine *autonome Einstellungsmöglichkeit*, wenn das Vergehen nicht mit einer im Mindestmaß erhöhten Strafe bedroht ist und die Folgen der Tat gering sind. „Tat mit erhöhtem Mindeststrafmaß" ist nur ein qualifizierter Tatbestand. Die Staatsanwaltschaft kann deshalb z.B. das Verfahren wegen eines Betruges in einem besonders schweren Fall gemäß § 263 Abs. 3 StGB bzw. wegen Untreue in einem besonders schweren Fall nach § 266 Abs. 2 i.V. mit § 243 Abs. 2 StGB selbstständig einstellen. In Verfahren wegen Abrechnungsmanipulationen wird diese autonome Einstellungsmöglichkeit dennoch in der Praxis regelmäßig ausscheiden, da § 153 Abs. 1 S. 2 StPO voraussetzt, dass der verursachte Schaden gering ist. Die Folgen der Tat sind gering, wenn es sich lediglich um einen Bagatellfall handelt. Bei Eigentums- und Vermögensdelikten liegt die Gren-

154 *Beulke*, Rz. 334; *Schöch*, in: AKStPO, § 153, Rz. 20 ff.
155 *Krehl*, in: HKStPO, § 153, Rz. 9.
156 *Meyer-Goßner*, § 153, Rz. 4.
157 Vgl. dazu BGH, NStZ 1995, 85, 86, mit. Anm. *Hellmann*, NStZ 1995, 232, 233.

ze bei 50 Euro[158], die in Fällen der Abrechnungsmanipulation zumeist überschritten sein wird. Erwägt die Staatsanwaltschaft die Einstellung wegen Geringfügigkeit, so wird sie somit in aller Regel die Zustimmung des Gerichts einholen müssen, die erfahrungsgemäß jedoch meistens erteilt wird.

575 Die staatsanwaltschaftliche Einstellung wegen Geringfügigkeit verbraucht die Strafklage im Übrigen nicht, sodass ein *Wiederaufgreifen des Ermittlungsverfahrens jederzeit möglich* ist[159].

576 Eher – als eine Einstellung nach § 153 StPO – wird in Strafverfahren wegen Abrechnungsmanipulationen eine *Einstellung gegen Auflagen oder Weisungen* nach § 153a StPO in Betracht kommen, da diese Vorschrift eine Beendigung des Ermittlungsverfahrens ohne Urteil auch bei mittelschweren Vergehen ermöglicht. Im Gegensatz zur Einstellung nach § 153 StPO, für die eine Schuldhypothese ausreicht, erfordert die Einstellung nach § 153a StPO nach h.M.[160] einen hinreichenden Tatverdacht im Sinne der §§ 170 Abs. 1, 203 StPO.

577 Nach § 153a StPO kann das Verfahren eingestellt werden, wenn durch die Erfüllung einer Auflage oder Weisung das an sich bestehende *öffentliche Interesse an der Strafverfolgung beseitigt* werden kann und die *Schwere der Schuld nicht entgegensteht.* Wann die Schuldschwere entgegensteht, ist abstrakt schwer zu bestimmen. § 153a StPO ist jedenfalls nur auf Fälle der leichten und mittleren Kriminalität anzuwenden, in denen die Tatfolgen, vor allem aber die subjektive Verfehlung des Beschuldigten nicht sehr gravierend sind.

578 Von den in § 153a Abs. 1 S. 1 StPO genannten Auflagen und Weisungen wird die Staatsanwaltschaft bei Abrechnungsmanipulationen nur die Erbringung einer Leistung zur *Wiedergutmachung* des Schadens und die *Zahlung eines Geldbetrages* an eine gemeinnützige Einrichtung oder die Staatskasse erwägen. In der Praxis wird dem Beschuldigten zumeist die Zahlung eines Geldbetrages auferlegt.

579 Die Einstellung des Ermittlungsverfahrens nach § 153a StPO erfordert die *Zustimmung* des Beschuldigten und grundsätzlich die des für die Eröffnung des Hauptverfahrens zuständigen Gerichts zu der Auflage oder Weisung. Der Zustimmung des Gerichts bedarf es gemäß § 153a Abs. 1 S. 6 StPO jedoch – wie bei § 153 StPO – nicht, wenn das einschlägige Strafgesetz keine im Mindestmaß erhöhte Strafe androht und die Tatfolgen gering sind.

580 Die Staatsanwaltschaft regt – gerade auch in Verfahren wegen vermeintlicher Abrechnungsmanipulationen – bisweilen die Einstellung nach § 153a StPO in „beweisschwierigen" Fällen, also solchen, in denen der Nachweis der Tat zweifelhaft ist, sowie bei ungeklärter Rechtslage an. Der Beschuldigte und sein Verteidiger stehen dann vor der schwierigen Antwort auf die Frage, ob sie die stigmatisierende Wirkung einer öffentlichen Hauptverhandlung und deren ungewissen Aus-

---

[158] *Meyer-Goßner*, § 153, Rz. 17; *Schoreit*, in: KKStPO, § 153, Rz. 43.

[159] *Beulke*, Rz. 334; *Meyer-Goßner*, § 153, Rz. 37.

[160] *Meyer-Goßner*, § 153a, Rz. 7; *Krehl*, in: HKStPO, § 153a, Rz. 9; *Schöch*, in: AKStPO, § 153a, Rz. 11. A.A. *Eckl*, JR 1975, 99, 101; *Hellmann*, Rz. 561, die eine – auf dem jeweiligen Verfahrensstand gewonnene – Überzeugung der Staatsanwaltschaft und des Gerichts von der Schuld des Beschuldigten fordern.

gang in Kauf nehmen, um einen Freispruch zu erwirken oder der Auflage zustimmen. Schon die Vermeidung der Hauptverhandlung kann Grund dafür sein, die Auflage zu akzeptieren. Zu bedenken ist jedoch, dass die Zustimmung als „Schuldeingeständnis“ des beschuldigten Arztes gewertet werden könnte, obwohl die Einstellung nach § 153a StPO keine abschließende Schuldfeststellung darstellt. Der beschuldigte Arzt bzw. sein Verteidiger sollte deshalb ausdrücklich klarstellen, dass die Zustimmung nicht erteilt wird, weil die Vorwürfe zutreffen, sondern um die diskriminierenden Wirkungen der öffentlichen Hauptverhandlung zu vermeiden[161].

Haben der Beschuldigte und – falls erforderlich – das Gericht der Auflage zu- **581**
gestimmt, so stellt die Staatsanwaltschaft das Verfahren zunächst vorläufig ein. Erfüllt der Beschuldigte die Auflage oder Weisung innerhalb der ihm gesetzten Frist, so tritt gemäß § 153a Abs. 1 S. 4 StPO ein *endgültiges Verfahrenshindernis* ein. Die Tat kann dann nicht mehr als Vergehen verfolgt werden. Das Verfahrenshindernis entsteht aus Gründen des Vertrauensschutzes auch, wenn die Staatsanwaltschaft die an sich notwendige Zustimmung des Gerichts nicht eingeholt hat[162].

d) Einstellung von Nebenstraftaten

§ 154 StPO ermöglicht eine Vereinfachung und Beschleunigung des Verfahrens **582**
durch einen *Teilverzicht auf Strafverfolgung bei mehreren Taten im prozessualen Sinne*. Gemäß § 154 Abs. 1 Nr. 1 StPO kann eine Tat eingestellt werden, wenn die zu erwartende Strafe oder Maßregel neben einer Sanktion, die wegen einer anderen Tat bereits verhängt worden ist oder voraussichtlich verhängt werden wird, nicht beträchtlich ins Gewicht fällt, die eingestellte Tat also relativ geringfügig ist. § 154 Abs. 1 Nr. 2 StPO gestattet die Einstellung zudem, wenn die wegen der eingestellten Tat zu erwartende Rechtsfolge zwar beträchtlich ins Gewicht fallen würde, ein Urteil aber erst nach einer unangemessen langen Verfahrensdauer ergehen könnte und die wegen einer anderen Tat verhängte oder zu erwartende Strafe oder Maßregel zur Einwirkung auf den Täter und zur Verteidigung der Rechtsordnung ausreichend erscheint. Ist der Beschuldigte einer Vielzahl von Straftaten verdächtig, so können auch mehrere Taten nach § 154 StPO eingestellt werden. Auf diese Weise kann der Verfahrensstoff wesentlich beschränkt werden.

Diese Möglichkeit der Einstellung einzelnen Taten nach dieser Vorschrift **583**
kommt auch in Verfahren wegen Abrechnungsmanipulationen in Betracht, wenn – wie dies häufig der Fall ist – die Tatvorwürfe mehrere Abrechungszeiträume betreffen, da es sich dann um selbstständige Taten im prozessualen Sinne handelt.

---

161 *Ulsenheimer*, Rz. 480.

162 *Karl*, NStZ 1995, 535; *Krehl*, in: HKStPO, § 153a, Rz. 21. A.A. *Schroeder*, NStZ 1996, 319 f.

e) Antrag auf Erlass eines Strafbefehls

584 Das Strafbefehlsverfahren ist sowohl für die Justiz als auch für den Beschuldigten vorteilhaft. Es entlastet die Strafgerichte, indem es die einseitige Festsetzung strafrechtlicher Sanktionen in einem schriftlichen Verfahren ohne Hauptverhandlung und Urteil ermöglicht, wenn der Angeklagte den Strafbefehl akzeptiert. Für den Angeklagten besitzt diese Verfahrensart den Vorteil, dass ihm die negativen Folgen einer öffentlichen Hauptverhandlung erspart bleiben.

585 Das Strafbefehlsverfahren ist zulässig in Verfahren, die in die *Zuständigkeit des Strafrichters oder des Schöffengerichts* fallen und ein *Vergehen* (§ 12 Abs. 2 StGB) zum Gegenstand haben (§ 407 Abs. 1 S. 1 StPO). Da das Rechtspflegeentlastungsgesetz dem Strafrichter in § 25 Nr. 2 GVG generell die Kompetenz zur Aburteilung von Vergehen bei einer Straferwartung von nicht mehr als zwei Jahren übertragen hat, scheidet ein Strafbefehlsantrag an das Schöffengericht faktisch jedoch aus. Durch einen Strafbefehl darf auf *Geldstrafe* sowie die sonstigen in § 407 Abs. 2 S. 1 Nr. 1, 3 StPO genannten Rechtsfolgen erkannt werden. Nach § 407 Abs. 2 S. 2 StPO kann darüber hinaus eine *Freiheitsstrafe bis zu einem Jahr* verhängt werden, wenn diese *zur Bewährung ausgesetzt* wird und der Angeschuldigte einen Verteidiger hat. Das Strafbefehlsverfahren eignet sich daher grundsätzlich auch zur Erledigung von Strafverfahren wegen Abrechnungsmanipulationen, denen ein Tatvorwurf von einigem Gewicht zugrunde liegt. Hält die Staatsanwaltschaft die Verhängung eines Berufsverbots nach § 70 StGB, das auch gegen einen betrügerisch abrechnenden Arzt in Betracht kommt[163] (siehe dazu Rz. 639 ff.), für erforderlich, so scheidet das Strafbefehlsverfahren jedoch aus, da diese Rechtsfolge nicht im Strafbefehlsverfahren angeordnet werden darf.

586 Die Staatsanwaltschaft beantragt die Festsetzung einer oder mehrerer der genannten Rechtsfolgen im Strafbefehlsverfahren, wenn sie einen *hinreichenden Tatverdacht* annimmt (§ 170 Abs. 1 StPO) und nach dem Ergebnis der Ermittlungen eine *Hauptverhandlung nicht für erforderlich* erachtet (§ 407 Abs. 1 S. 2 StPO). Auf eine Hauptverhandlung kann verzichtet werden, wenn der Sachverhalt ausreichend aufgeklärt ist, Abweichungen vom Ermittlungsergebnis nicht zu erwarten sind und der Richter seine Überzeugung aus den Akten gewinnen kann[164]. Die – öffentliche – Hauptverhandlung kann allerdings dennoch aus Gründen der Spezial- oder Generalprävention erforderlich sein[165].

587 Der Antrag der Staatsanwaltschaft auf Festsetzung von Rechtsfolgen durch schriftlichen Strafbefehl hat den *inhaltlichen Anforderungen an eine Anklageschrift* zu entsprechen (vgl. § 409 Abs. 1 S. 1 Nr. 1-6 StPO) und die festzusetzenden *Rechtsfolgen* genau zu bezeichnen (§ 407 Abs. 1 S. 3 StPO).

588

---

163 OLG Koblenz, wistra 1997, 280.

164 BT-Drucks. 10/1313, 34; *Kurth*, in: HKStPO, § 407, Rz. 10; *Loos*, in: AKStPO, § 407, Rz. 21.

165 *Fischer*, in: KKStPO, § 407, Rz. 5; *Meurer*, JuS 1987, 882, 885; *Ranft*, JuS 2000, 633, 637. A.A. *Fezer*, in: KMR, § 407, Rz. 12.

Der Richter erlässt den beantragten Strafbefehl, wenn keine Bedenken entgegenstehen (§ 408 Abs. 3 S. 1 StPO). Das ist der Fall, wenn der Richter nach Prüfung der vorgelegten Akten zu dem Schluss gelangt, dass die angeführten Tatsachen und vorgelegten Beweismittel die rechtliche Beurteilung der Staatsanwaltschaft tragen und die beantragten Rechtsfolgen tat- und schuldangemessen erscheinen.

Erlässt der Richter den Strafbefehl, so kann der Angeklagte innerhalb von *zwei* **589**
Wochen nach dessen Zustellung *schriftlich*[166] oder *zu Protokoll der Geschäftsstelle* des Gerichts, das den Strafbefehl erlassen hat, *Einspruch* gegen den Strafbefehl einlegen (§ 410 Abs. 1 S. 1 StPO) und dadurch eine mündliche Hauptverhandlung erzwingen. Für die Einlegung des Einspruchs gelten im Übrigen die allgemeinen Rechtsmittelvorschriften sinngemäß (§ 410 Abs. 1 S. 2 StPO). Er kann auf bestimmte Beschwerdepunkte beschränkt werden (§ 410 Abs. 2 StPO).

f) Anklageerhebung

Liegt ein hinreichender Tatverdacht vor und ist das Strafbefehlsverfahren nicht **590**
zulässig, insbesondere weil die zu erwartende Strafe ein Jahr Freiheitsstrafe überschreitet oder ein Berufsverbot in Betracht kommt, so erhebt die Staatsanwaltschaft nach § 170 Abs. 1 StPO die öffentliche Klage durch Einreichung einer Anklageschrift mit dem Antrag, das Hauptverfahren zu eröffnen (§ 199 Abs. 2 S. 1 StPO). Mit Anklageerhebung wird der Beschuldigte in der gesetzlichen Terminologie zum *Angeschuldigten* (§ 157 StPO).

Die Anklageerhebung ist auf die Durchführung einer öffentlichen Hauptver- **591**
handlung gerichtet, welche die StPO als den „Prototyp" des gerichtlichen Strafverfahrens behandelt.

III. Zwischenverfahren

Die Anklageerhebung leitet im *regulären Strafprozess* das Zwischenverfahren **592**
gemäß §§ 199-211 StPO ein. In diesem Verfahrensabschnitt befindet das Gericht, bei dem die Staatsanwaltschaft die öffentliche Klage erhebt, über den Fortgang des Strafverfahrens. Die Verfahrensherrschaft geht dadurch von der Staatsanwaltschaft auf das Gericht über.

---

[166] Die Anforderungen an die Schriftlichkeit des Einspruchs sind gering; eine eigenhändige Unterzeichnung ist nicht erforderlich, wenn die Erklärung zweifelsfrei einer bestimmten Person zuzurechnen ist und kein bloßer Entwurf vorliegt; BVerfG, NJW 2002, 3534 f.

1. Funktion des Zwischenverfahrens

593 Das Zwischenverfahren besitzt eine *negative Kontrollfunktion*. Nicht erst die Verurteilung belastet den Betroffenen, sondern schon die Hauptverhandlung kann diskriminierende Wirkungen entfalten, weil sie öffentlich stattfindet. Gerade Angeklagte, die über einen gewissen Bekanntheitsgrad verfügen, wie es auch bei Ärzten der Fall ist, fürchten – zu Recht – die öffentliche Hauptverhandlung, weil in den Medien über solche Verfahren berichtet wird und die selbst eine Berichterstattung ohne Namensnennung häufig erkennen lässt, gegen wen verhandelt wird. Neben den diskriminierenden gesellschaftlichen Wirkungen führt das Bekanntwerden der strafrechtlichen Verfolgung für den betroffenen Arzt nicht selten auch zu wirtschaftlichen Einbußen, indem Patienten der Praxis fernbleiben. Die Vorschaltung des nichtöffentlichen Zwischenverfahrens dient dem Schutz des Angeschuldigten, indem ein Gericht prüft, ob die von der Staatsanwaltschaft ermittelten Umstände so gravierend sind, dass der Angeschuldigte den Belastungen einer öffentlichen Hauptverhandlung ausgesetzt werden darf.

2. Verteidigung im Zwischenverfahren

594 Der Vorsitzende des Gerichts übersendet dem Angeschuldigten gemäß § 201 Abs. 1 StPO die Anklageschrift und gibt ihm Gelegenheit, sich innerhalb der festgesetzten Frist zu dem Vorwurf zu äußern und Beweiserhebungen zu beantragen. Dem Angeschuldigten wird dadurch – erneut – *rechtliches Gehör* gewährt. Es ist zwar nicht zu verkennen, dass ganz überwiegend die Anklagen der Staatsanwaltschaft von den Gerichten zur Hauptverhandlung zugelassen werden. Die Chance, dennoch einen Nichteröffnungs- oder Einstellungsbeschluss herbeizuführen, sollte aber wahrgenommen werden, zumal das Gericht mit der Sache zuvor nicht befasst war und möglicherweise zu einer von der tatsächlichen oder rechtlichen Einschätzung der Staatsanwaltschaft abweichenden Beurteilung gelangen kann, zumal in Verfahren wegen Abrechnungsmanipulationen häufig sehr komplexe Sach- und Rechtsfragen auftreten, die sich durchaus unterschiedlich beantworten lassen[167]. Die Ansatzpunkte für eine erfolgreiche Verteidigung gegen die Anklage sind vielfältig:

a) Mängel der Anklageschrift

595 Bisweilen weist schon die *Anklageschrift selbst Mängel* auf. Sie muss in dem so genannten Anklagesatz den Angeschuldigten und die ihm zu Last gelegte Tat bezeichnen (§ 200 Abs. 1 S. 1 StPO). Die möglichst präzise Umgrenzung des Verfahrensgegenstandes in persönlicher, sachlicher und rechtlicher Hinsicht ist erforderlich, weil die Anklageschrift die prozessuale Tat festgelegt, die den Gegenstand der Urteilsfindung bildet (§ 264 Abs. 1 StPO) und für die das rechtskräftige Urteil

[167] *Krause/Caspary*, in: Anwalts-Handbuch Strafrecht, Kap. E, Rz. 28.

die Strafklage verbraucht[168] (*Umgrenzungsfunktion*). Der Anklagesatz bildet das Kernstück der Anklageschrift. Sie dient darüber hinaus aber auch dazu, den Angeschuldigten durch die Mitteilung der gegen ihn erhobenen Vorwürfe in die Lage zu versetzen, sich sachgerecht zu verteidigen[169] (*Informationsfunktion*). Deshalb sind auch die Beweismittel anzugeben (§ 200 Abs. 1 S. 2 StPO) und es ist – außer bei einer Anklageerhebung beim Strafrichter – das wesentliche Ergebnis der Ermittlungen darzustellen (§ 200 Abs. 2 StPO).

Mängel, die ihre Umgrenzungsfunktion betreffen, machen die Anklageschrift **596** unwirksam und führen zur Ablehnung der Eröffnung des Hauptverfahrens[170]. Ausnahmsweise genügt zwar eine pauschalere Beschreibung der Tat, wenn eine nähere Umgrenzung der Begehungszeit und der Modalitäten nicht möglich ist, z.B., weil es sich um eine länger zurückliegende Tat handelt und nur Tatzeugen zur Verfügung stehen, die zu einer präzisen Konkretisierung nicht in der Lage sind[171]. In Verfahren wegen Abrechnungsmanipulationen werden solche Schwierigkeiten aber in aller Regel nicht auftreten. Umgrenzt die Anklageschrift die Tat nicht präzise, so erscheint die Rüge dieses Mangels deshalb durchaus Erfolg versprechend. Ob eine Anklageschrift, welche die Informationsaufgabe nicht erfüllt, ebenfalls unwirksam ist, ist dagegen strittig. Nach h.M.[172] berühren Mängel der Informationsfunktion die Wirksamkeit zwar grundsätzlich nicht. Die Rechtsprechung entscheidet aber nicht einheitlich; zahlreiche Gerichte verneinen auch die Wirksamkeit einer in dieser Hinsicht mangelhaften Anklage[173], sodass ein solcher Mangel ebenfalls gerügt werden sollte.

b) Fehlen des hinreichenden Tatverdachts

Das Gericht muss zudem den *hinreichenden Tatverdacht prüfen*, d.h. die Frage **597** beantworten, ob es bei vorläufiger Tatbewertung zu dem Schluss gelangt, dass es den Angeschuldigten wahrscheinlich verurteilen wird[174]. Für die Verteidigung kann es angezeigt sein, nun Beweismittel zu benennen oder eine Rechtsauffassung darzulegen, auf die sich der Beschuldigte aus „taktischen Gründen" im Ermittlungsverfahren gegenüber der Staatsanwaltschaft noch nicht berufen hatte, um einen Einstellungsbeschluss nach § 204 StPO zu erwirken.

---

168 BGHSt 40, 390, 391 f.; BGH, NStZ 1995, 297; BayObLG, wistra 1991, 195 f.; OLG Jena, NStZ-RR 1998, 144, 145.

169 OLG Düsseldorf, NStZ 1997, 109; *Paeffgen*, in: SKStPO, § 200, Rz. 17 f.; *Rieß*, in: Löwe/Rosenberg, § 200, Rz. 23 f., 27.

170 BGH, NStZ 1992, 553; NStZ 2005, 282 f.; OLG Düsseldorf, NStZ-RR 1996, 275 f.; *Julius*, in: HKStPO, § 200, Rz. 18.

171 OLG Bamberg, NJW 1995, 1167, 1168.

172 BGH, NJW 1996, 1221, 1222; *Fezer*, NStZ 1995, 298; *Meyer-Goßner*, § 200, Rz. 27; *Loos*, in: AKStPO, § 200 Rn. 27.

173 OLG Düsseldorf, NStZ-RR 1997, 109; OLG Schleswig, StV 1995, 455, 455 f.; LG Dresden, NStZ-RR 1996, 208; ebenso *Krause/Thon*, StV 1985, 252, 256.

174 BGHSt **23**, 304, 306; BayObLG, NStZ 1983, 123; *Meyer-Goßner*, § 203, Rz. 2.

c) Vorliegen eines Verfahrenshindernisses

598 Ggf. ist das Vorliegen eines *dauerhaften oder vorübergehenden Verfahrenshindernisses* geltend zu machen. § 205 S. 1 StPO nennt zwar nur die Abwesenheit des Angeschuldigten oder ein anderes in seiner Person liegendes vorübergehendes Verfahrenshindernis als Grund für die vorläufige Einstellung des Verfahrens. Nach zutreffender Auffassung ist die Vorschrift aber auf alle vorübergehenden Prozesshindernisse entsprechend anwendbar[175]. Die bloße Nichterreichbarkeit eines Beweismittels, z.B. die Verhinderung oder Vernehmungsunfähigkeit eines Zeugen oder Sachverständigen, hindert die Durchführung des Verfahrens dagegen nicht, sodass eine analoge Anwendung des § 205 StPO ausscheidet[176].

d) Anregung einer Einstellung aus Opportunitätsgründen

599 Eine *Einstellung des Verfahrens aus Opportunitätsgründen* ist auch im Zwischenverfahren möglich, wenn die Staatsanwaltschaft und der Angeschuldigte zustimmen (§§ 153 Abs. 2 S. 1, 153a Abs. 2 S. 1 StPO). In geeigneten Fällen sollte der Verteidiger deshalb bei dem Vorsitzenden des Gerichts eine Einstellung anregen. Hält das Gericht eine Einstellung für zweckmäßig, so ist auch die Staatsanwaltschaft erfahrungsgemäß zur Zustimmung bereit, selbst sich wenn sie im Ermittlungsverfahren noch gegen eine Einstellung ausgesprochen hatte.

600 Einzelne prozessuale Taten kann das Gericht im Zwischenverfahren auf Antrag der Staatsanwaltschaft gemäß § 154 Abs. 2 StPO einstellen.

3. Entscheidung des Gerichts

601 Das Gericht hat drei Möglichkeiten, über die Anklage der Staatsanwaltschaft zu entscheiden. Es kann das Hauptverfahren eröffnen, die Eröffnung ablehnen oder das Verfahren einstellen. Bedürfen noch einzelne Punkte des Vorwurfs der Aufklärung, so kann das Gericht gemäß § 202 Abs. 1 StPO von sich aus *weitere Beweise erheben*. Bestehen wesentliche Ermittlungslücken, so muss die Staatsanwaltschaft jedoch zur Rücknahme der Anklage aufgefordert oder die Eröffnung des Hauptverfahrens abgelehnt werden[177].

---

[175] *Beulke*, Rz. 364; *Meyer-Goßner*, § 205, Rz. 8; *Seidl*, in: KMR, § 205, Rz. 18.

[176] Insofern zutreffend OLG Frankfurt, NStZ 1982, 218; OLG München, NJW 1978, 176; siehe auch *Meyer-Goßner*, § 205, Rz. 8.

[177] *Loos*, in: AKStPO, § 202, Rz. 2.

a) Eröffnungsbeschluss

Bejaht das Gericht den hinreichenden Tatverdacht, so ergeht gemäß § 203 StPO ein Eröffnungsbeschluss. Das Gericht befindet ggf. zugleich darüber, ob die Untersuchungshaft oder einstweilige Unterbringung anzuordnen oder aufrechtzuerhalten ist (§ 207 Abs. 4 StPO). Der Beschluss kann *von der rechtlichen Beurteilung in der Anklageschrift abweichen* (vgl. § 207 Abs. 2 Nr. 3 StPO), da das Gericht gemäß § 206 StPO nicht an die Anträge der Staatsanwaltschaft gebunden ist. Hat die Staatsanwaltschaft mehrere Taten im prozessualen Sinn angeklagt, hält das Gericht den Angeschuldigten aber nur wegen einzelner Taten für hinreichend verdächtig, so eröffnet es das Hauptverfahren insoweit und lehnt die Eröffnung wegen der anderen Taten ab (vgl. § 207 Abs. 2 Nr. 1 StPO). In diesem Fall muss die Staatsanwaltschaft gemäß § 207 Abs. 3 S. 1 StPO eine neue, dem Eröffnungsbeschluss entsprechende Anklageschrift einreichen. Das Gericht darf das Verfahren aber nicht auf prozessuale Taten erstrecken, die nicht von der Staatsanwaltschaft angeklagt worden sind. Das Hauptverfahren wegen Abrechnungsmanipulationen darf deshalb auch dann nur die Abrechnungszeiträume behandeln, die in der Anklageschrift bezeichnet sind, wenn sich Anhaltspunkte dafür ergeben, dass in weiteren Quartalen unkorrekt abgerechnet wurde. **602**

Das Gericht eröffnet gemäß § 209 Abs. 1 StPO das Verfahren vor einem Gericht niedrigerer Ordnung in seinem Bezirk, wenn es dessen Zuständigkeit für gegeben hält. Nimmt das Gericht die Zuständigkeit eines Gerichtes höherer Ordnung, zu dessen Bezirk es gehört, an, so legt es diesem Gericht gemäß § 209 Abs. 2 StPO die Akten durch Vermittlung der Staatsanwaltschaft vor. **603**

Der *Angeklagte* – nach der Eröffnung des Hauptverfahrens wechselt die gesetzliche Bezeichnung des Beschuldigten erneut, § 157 StPO – besitzt gemäß § 210 Abs. 1 StPO *kein Rechtsmittel* gegen den Eröffnungsbeschluss; ausnahmsweise kann jedoch die Verfassungsbeschwerde zulässig sein[178]. **604**

Ob ein Eröffnungsbeschluss bei einem Wegfall des hinreichenden Tatverdachts zwischen dem Erlass des Eröffnungsbeschlusses und dem Beginn der Hauptverhandlung vom Gericht mit Zustimmung des Angeklagten wieder zurückgenommen werden darf, ist strittig[179]. Da die Gerichte uneinheitlich entscheiden[180], sollte der Verteidiger jedenfalls den Versuch unternehmen, ggf. eine Rücknahme des Eröffnungsbeschlusses zu erwirken, um dem angeklagten Arzt die Belastungen der Hauptverhandlung zu ersparen. **605**

---

[178] BVerfG, StV 2005, 196, 197, mit Anm. *Durth/Kempf* (Verstoß gegen das Doppelbestrafungsverbot).

[179] Zum Streitstand siehe *Ulsenheimer*, Rz. 498, mit Nachw. in Fn. 121.

[180] Für die Zulässigkeit der Rücknahme z.B. LG Kaiserslautern, StV 1999, 13 f.; LG Konstanz, JR 2000, 306; dagegen z.B. LG Lüneburg, NStZ 1985, 41 f.

606 Der Eröffnungsbeschluss ist eine *Prozessvoraussetzung* für das Hauptverfahren und die Rechtsmittelinstanzen. Die h.M.[181] lässt jedoch die Nachholung des Eröffnungsbeschlusses in der ersten Instanz zu. Wird das Fehlen des Eröffnungsbeschlusses erst in der Rechtsmittelinstanz entdeckt, so führt dies zur Einstellung des Verfahrens[182].

b) Nichteröffnungsbeschluss

607 Bei *Fehlen des hinreichenden Tatverdachts* oder Vorliegen eines *Verfahrenshindernisses* ergeht ein Nichteröffnungsbeschluss, in dem das Gericht gemäß § 204 Abs. 1 StPO darlegen muss, ob es die Verurteilungswahrscheinlichkeit aus tatsächlichen oder rechtlichen Gründen verneint.

608 Der Nichteröffnungsbeschluss kann gemäß § 210 Abs. 2 StPO von der Staatsanwaltschaft und gemäß § 400 Abs. 2 S. 1 StPO vom Nebenkläger mit der *sofortigen Beschwerde* (§ 311 StPO) angefochten werden. Ein unanfechtbarer Beschluss erlangt eine *eingeschränkte Rechtskraft*. Die Klage kann gemäß § 211 StPO nur bei Vorliegen neuer Tatsachen oder Beweismittel, die so erheblich sind, dass sie dem früheren Ablehnungsbeschluss die Grundlage entziehen[183], wieder aufgenommen werden.

c) Einstellungsbeschluss

609 Wie bereits dargelegt, kann das Verfahren zudem aus Opportunitätsgründen eingestellt werden (Rz. 599 f.).

IV. Hauptverfahren

610 Das Hauptverfahren besteht aus zwei Abschnitten, und zwar aus der *Vorbereitung der Hauptverhandlung*, geregelt in §§ 213-225a StPO, und der *Hauptverhandlung* selbst, geregelt in §§ 226-275 StPO.

1. Vorbereitung der Hauptverhandlung

611 Die Vorbereitung der Hauptverhandlung liegt vornehmlich in den Händen des Vorsitzenden des Gerichts.

---

[181] BGHSt **29**, 224, 228; *Seidel*, in: KMR, § 203, Rz. 9; *Rieß*, in: Löwe/Rosenberg, § 207, Rz. 45. A.A. *Beulke*, Rz. 284.

[182] BGHSt **33**, 167, 168 f.; BGH, NStZ 1981, 448; OLG Zweibrücken, NStZ-RR 1998, 74 f.

[183] *Meyer-Goßner*, § 211, Rz. 7.

Er beraumt gemäß § 213 StPO den *Termin zur Hauptverhandlung* an. Die Terminsbestimmung steht in seinem pflichtgemäßen Ermessen und erfolgt unter Berücksichtigung der relevanten Umstände. Der Angeklagte hat zwar keinen Anspruch auf eine vorherige Terminsabsprache, der Vorsitzende muss aber versuchen, den Termin mit dem Verteidiger abzustimmen, um ihm die Teilnahme an der Hauptverhandlung zu ermöglichen[184]. Der Verteidiger sollte auf jeden Fall verlangen, dass auf seine Verhinderung durch andere berufliche Verpflichtungen Rücksicht genommen wird. Die Rechtsmäßigkeit der Ermessensentscheidung des Vorsitzenden, nicht dagegen deren Zweckmäßigkeit, unterliegt im Übrigen der Überprüfung im Beschwerdeverfahren[185], sodass der Verteidiger eine Terminsbestimmung durch den Vorsitzenden, die eine unabwendbare Verhinderung des Verteidigers außer Acht lässt, anfechten kann. **612**

Spätestens mit der Ladung wird dem Angeklagten der *Eröffnungsbeschluss zugestellt* (§ 215 StPO). Der Verteidiger wird gemäß § 218 StPO ebenfalls von Amts wegen geladen. **613**

Findet die erstinstanzliche Hauptverhandlung vor der großen Strafkammer beim Landgericht statt, so veranlasst der Vorsitzende die *Mitteilung der Gerichtsbesetzung* an die Staatsanwaltschaft, den Verteidiger und gegebenenfalls den Nebenkläger. In der Regel werden die Beteiligten gemäß § 222a Abs. 1 S. 2 StPO schon vor der Hauptverhandlung informiert. Die Mitteilung muss spätestens zu Beginn der Hauptverhandlung erfolgen (§ 222a Abs. 1 S. 1 StPO). Die Regelung ist im Zusammenhang mit §§ 222b, 338 Nr. 1 StPO zu sehen. Die vorschriftswidrige Besetzung des Gerichts stellt an sich einen absoluten Revisionsgrund nach § 338 Nr. 1 StPO dar, der zur Aufhebung des Urteils führt, ohne dass es einer inhaltlichen Kontrolle unterzogen wird. In den Fällen der Mitteilung nach § 222a Abs. 1 StPO können die Beteiligten einen Einwand gegen die Gerichtsbesetzung jedoch nur bis zum Beginn der Vernehmung des ersten Angeklagten zur Sache erheben. Wird der Einwand gegen die Besetzung nicht oder nicht rechtzeitig geltend gemacht, so kann die Revision später nicht mehr auf die vorschriftswidrige Besetzung gestützt werden (§ 338 Nr. 1 StPO) **614**

Der Verteidiger wird die ordnungsgemäße Gerichtsbesetzung in diesen Fällen vor Beginn der Hauptverhandlung prüfen, um die Besetzung ggf. zu rügen und – im Falle einer Zurückweisung seiner Einwände – in der Revisionsinstanz die Besetzungsrüge erheben zu können. Die Prüfung der Ordnungsmäßigkeit der Gerichtsbesetzung erfordert bisweilen eingehende Nachforschungen anhand des Geschäftsverteilungsplanes und der Schöffenlisten. Wird die Besetzung nicht mindestens eine Woche vor Beginn der Hauptverhandlung mitgeteilt, so „kann" das Gericht deshalb auf Antrag des Angeklagten, seines Verteidigers oder der Staatsanwaltschaft die Hauptverhandlung unterbrechen. Dabei handelt es sich jedoch nicht um eine freie Ermessensentscheidung des Vorsitzenden, sondern regelmäßig wird er die Unterbrechung anordnen müssen. Gibt er die Gerichtsbesetzung – wie dies in der Praxis bisweilen geschieht – erst zu Beginn der Hauptverhandlung **615**

---

184 OLG Frankfurt, NStZ-RR 1997, 272 f.

185 *Meyer-Goßner*, § 213 Rn. 8, mit umfangreichen Nachweisen der Rechtsprechung.

bekannt, so ist in der Regel eine Unterbrechung für eine Woche erforderlich[186]. Wird die Besetzung nicht mindestens eine Woche vor Beginn der Hauptverhandlung mitgeteilt, so wird eine Unterbrechung für einen entsprechenden Zeitraum anzuordnen sein. Zur Überprüfung der Gerichtsbesetzung müssen die Geschäftsstellen der Gerichte und der Justizverwaltung dem Verteidiger die relevanten Unterlagen, insbesondere den Geschäftsverteilungsplan und die Schöffenlisten, zugänglich machen[187].

616 Für die *Herbeischaffung der Beweisgegenstände* ist gemäß § 214 Abs. 4 S. 1 StPO grundsätzlich die Staatsanwaltschaft zuständig, doch kann sie auch der Vorsitzende nach §§ 214 Abs. 4 S. 2, 221 StPO bewirken. Der Vorsitzende entscheidet gemäß § 219 Abs. 1 StPO über *Anträge des Angeklagten bzw. seines Verteidigers* auf Ladung von weiteren Zeugen oder Sachverständigen und Herbeischaffung weiterer Beweisgegenstände. Der Angeklagte bzw. Verteidiger kann die Beweisperson selbst laden, und zwar sowohl im Falle der Ablehnung seines Antrags als auch ohne vorgängigen Antrag (§ 220 Abs. 1 StPO).

2. Gang der Hauptverhandlung

617 Den Ablauf der Hauptverhandlung von dem Aufruf der Sache, der Feststellung des Erscheinens der geladenen Personen sowie der Herbeischaffung der Beweismittel, der Vernehmung des Angeklagten zur Person und der Verlesung des Anklagesatzes über die Vernehmung des Angeklagten zur Sache, der selbstverständlich auch in der Hauptverhandlung die Aussage verweigern darf, und die Beweisaufnahme bis zu den Plädoyers der Staatsanwaltschaft und des Angeklagten bzw. seines Verteidigers, dem letzten Wort des Angeklagten und der Verkündung des Urteils gibt die StPO in § 243 bis § 260 genau vor. Die Reihenfolge der Aufnahme der Beweismittel bestimmt allerdings der Vorsitzende des Gerichts nach Zweckmäßigkeitsgesichtspunkten.

618 Für die Hauptverhandlung wegen Abrechungsmanipulationen gelten grundsätzlich keine Besonderheiten. Einige Gesichtspunkte, die gerade in diesen Verfahren häufiger relevant werden, verdienen aber Beachtung.

3. Öffentlichkeitsgrundsatz

619 Im Gegensatz zum Ermittlungs- und Zwischenverfahren, die ohne unmittelbare Beteiligung der Öffentlichkeit durchgeführt werden, findet die *Hauptverhandlung gegen Erwachsene grundsätzlich öffentlich* statt (§ 169 S. 1 GVG). Die „Medienöffentlichkeit" beschränkt § 169 S. 2 GVG zwar durch das Verbot von Radio- und Fernsehaufzeichnungen und -übertragungen während der eigentlichen Hauptverhandlung, die Anwesenheit von Journalisten, die ihre Wahrnehmungen mündlich und schriftlich verbreiten, ist aber selbstverständlich erlaubt, sodass der angeklag-

---

[186] BGHSt **29**, 283, 285 ff.

[187] *Dahs*, Handbuch des Strafverteidigers, Rz. 457.

te Arzt vor belastenden Berichten in den Medien nicht geschützt wird. Seriöse Journalisten werden bei weniger gravierenden Tatvorwürfen den Namen des Arztes nicht nennen, die Anonymität des Betroffenen ist dadurch jedoch nicht immer gewährleistet. Von „spektakulären" Verfahren wird ohnehin zumeist unter Namensnennung berichtet. Besteht ein gesteigertes Informationsinteresse der Allgemeinheit an dem Verfahren, so dürfen Aufnahmen im Gerichtsgebäude und im Sitzungssaal vor und nach der Hauptverhandlung im Übrigen nicht völlig verboten werden, sondern es ist zumindest ein Kamerateam zuzulassen, das sich verpflichtet, anderen Interessenten die Aufnahmen zugänglich zu machen („Pool-Lösung")[188].

Auch die Beweisaufnahme ist grundsätzlich öffentlich, § 171b Abs. 1 S. 1 620
GVG gestattet aber den *Ausschluss der Öffentlichkeit*, soweit Umstände aus dem persönlichen Lebensbereich eines Prozessbeteiligten, Zeugen oder Verletzten zur Sprache kommen, deren öffentliche Erörterung schutzwürdige Interessen verletzen würde, und das Interesse an der öffentlichen Erörterung nicht überwiegt. In Verfahren wegen Abrechnungsmanipulationen kann die Öffentlichkeit deshalb z.B. ausgeschlossen werden, wenn ein Zeuge über seinen Gesundheitszustand vernommen werden muss, da dieser Umstand dem persönlichen Lebensbereich zugehört[189]. Liegen die Voraussetzungen des § 171b Abs. 1 S. 1 GVG vor, so muss die Öffentlichkeit ausgeschlossen werden, wenn die Person, deren Lebensbereich betroffen ist, dies beantragt (§ 171b Abs. 2 GVG).

4. Absprachen

In Strafverfahren wegen Abrechnungsmanipulationen kommt es nicht selten, ins- 621
besondere wenn eine umfangreiche Beweisaufnahme erforderlich wäre, zu Absprachen über den Verfahrensausgang zwischen Gericht, Staatsanwaltschaft und Verteidigung. Der von dem Angeklagten zu erbringende Beitrag besteht zumeist in der *Ablegung eines Geständnisses und/oder dem Verzicht auf die Stellung von Beweisanträgen*. Das Gericht kündigt als Gegenleistung an, eine *bestimmte Strafobergrenze nicht zu überschreiten*, wobei die später tatsächlich verhängte Strafe oft dieser Obergrenze entspricht oder nur geringfügig darunter bleibt. Auf diese Weise lassen sich Hauptverhandlungen, die streitig geführt viele Wochen oder Monate dauern würden, u.U. auf wenige Tage abkürzen.

Die Anregung zu einer Absprache geht bisweilen vom Gericht aus. Der Vertei- 622
diger muss darauf vorbereitet sein und mit seinem Mandanten besprechen, ob dieser zu einem Geständnis als „Gegenleistung" für ein milderes Urteil bereit ist. Aber auch wenn das Gericht keine Verständigung anregt, sollte der Verteidiger frühzeitig eruieren, ob eine Bereitschaft des Gerichts und der Staatsanwaltschaft zu einer „einvernehmlichen" Verfahrensbeendigung vorhanden ist. Falls eine Frei-

188 BVerfG, NStZ 1995, 40, 41 f.; zustimmend *Scholz*, NStZ 1995, 42 f. Ablehnend *Ranft*, Jura 1995, 573, 580 f.; *Wolf*, ZRP 1994, 187, 191 f.

189 *Meyer-Goßner*, § 171b GVG, Rz. 3.

heitsstrafe zu erwarten ist, wird das Bestreben in erster Linie darauf gerichtet sein, eine Strafe zu erreichen, die zur Bewährung ausgesetzt wird. Der angeklagte Arzt, der nicht durch einen Verteidiger vertreten ist, hat im Übrigen kaum eine Chance auf eine Verständigung, da die Gerichte erfahrungsgemäß nicht unmittelbar mit dem Angeklagten eine Absprache treffen.

a) Zulässigkeit

623 Eine ausdrückliche gesetzliche Regelung der Verständigungspraxis enthält das Gesetz nicht. In der Literatur wird sie zwar überwiegend heftig kritisiert[190], die Rechtsprechung[191] und ein Teil der Literatur[192] halten sie aber – zu Recht – grundsätzlich für erlaubt. Eine Verständigung im Strafverfahren ist nämlich nicht generell unzulässig, sondern zahlreiche Regelungen in der StPO setzen sogar das Einverständnis einzelner oder aller Verfahrensbeteiligten mit einer bestimmten Maßnahme voraus, z.B. §§ 153 Abs. 2 S. 1, 153a Abs. 2 S. 1, 153b Abs. 2, 154 Abs. 2, 251 Abs. 1 Nr. 1, Abs. 2 Nr. 3, 265a, 266 Abs. 1, 303 StPO. Ein konsensuales Vorgehen ist dem deutschen Strafprozessrecht somit keineswegs wesensfremd.

624 Das Gericht darf allerdings dem Angeklagten keine Vergünstigung versprechen und gewähren, die nicht auch ohne vorherige Vereinbarung prozessual erlaubt und sachlich angemessen wären. Ein „Handel mit der Gerechtigkeit" ist dem Gericht untersagt[193], sodass die *Strafe in jedem Fall schuldangemessen* sein muss. Feste Zusagen zur Höhe der Strafe[194] oder zur Strafaussetzung zur Bewährung[195] als Gegenleistung für ein Geständnis des Angeklagten darf das Gericht deshalb nicht machen, weil sie zum einen das Verbot des § 136a Abs. 1 S. 3 StPO, die Willensfreiheit des Angeklagten durch das Versprechen eines gesetzlich nicht vorgesehenen Vorteils zu beeinträchtigen, verletzen[196], und zum anderen nicht mit § 261 StPO, der bestimmt, dass die Entscheidung auf dem Ergebnis der Beweisaufnahme beruhen muss, vereinbar sind. Das Gericht darf aber in Aussicht stellen, dass es ein Geständnis strafmildernd berücksichtigen und deshalb eine bestimmte

---

[190] Z.B. *Hassemer*, JuS 1989, 890, 891 ff.; *Lüderssen*, StV 1990, 415 ff.; *Wolter*, in: SKStPO, § 151, Rz. 66 ff.

[191] Z.B. BVerfG, NJW 1987, 2662 f.; BGHSt **43**, 195; BGH, NJW 2004, 1396, 1397; BGH (GS), NJW 2005, 1440, 1442 ff.

[192] Z.B. *Dahs*, NStZ 1988, 153 ff.; *Eschelbach*, in: KMR, Vor § 213, Rz. 45; Rieß, in: Löwe/Rosenberg, Einl. Abschn. G, Rz. 58 ff.; siehe auch *Altenhain/Haimerl*, GA 2005, 281 ff., zu „Handlungsmodellen" der Absprache.

[193] BVerfG, NJW 1987, 2662, 2663; BGHSt 37, 298, 305; BGH, NJW 1994, 1293; NJW 2004, 1396, 1397.

[194] BGH, NJW 1994, 1293; BGHSt 43, 195, 206 f.; *Zschockelt*, NStZ 1991, 305, 309, 310.

[195] BGHSt **40**, 287, 290.

[196] BVerfG, NStZ 1987, 419; *Fezer*, 21/16 ff.; *Hamm*, ZRP 1990, 337, 339; *Zschockelt*, NStZ 1991, 305, 308 f.

Strafobergrenze nicht überschreiten werde[197], denn ein Geständnis kann auch dann im Rahmen der Strafzumessung nach Maßgabe des § 46 StGB zu Gunsten des Angeklagten wirken, wenn es auf Grund einer Absprache abgelegt wird. Generell unzulässig ist es, Zusagen des Angeklagten, die in keinem Zusammenhang mit seiner Schuld stehen, mit der Zusage einer Strafmilderung zu verknüpfen[198]. Die Konnexität fehlt insbesondere bei der – in der Praxis nicht selten praktizierten[199] – Vereinbarung eines Rechtsmittelverzichts mit dem Angeklagten vor der Urteilsverkündung als Gegenleistung für eine mildere Strafe[200]. Erst recht verboten ist es, dem Angeklagten dadurch ein Geständnis abzunötigen, dass ihm für den Fall mangelnder Geständnisbereitschaft eine überhöhte Strafe[201] oder die Untersuchungshaft[202] angekündigt wird.

b) Voraussetzungen

Die formellen Voraussetzungen einer wirksamen Absprache hat der BGH erst in einer Grundsatzentscheidung aus dem Jahr 1997 festgelegt[203]: Danach sind die für die Hauptverhandlung geltenden Verfahrensgrundsätze zu beachten, insbesondere die Instruktionsmaxime, der Anspruch auf rechtliches Gehör und der Öffentlichkeitsgrundsatz[204]. **625**

Besondere Bedeutung kommt der *Instruktionsmaxime* zu. Da das Gericht zur Ermittlung der materiellen Wahrheit verpflichtet ist, darf es das Geständnis des Angeklagten nicht ohne weiteres für wahr nehmen, sondern es muss – auch im Interesse des Angeklagten und ggf. im Interesse von Mitangeklagten, welche die Tat bestreiten – die Glaubwürdigkeit prüfen und weitere Beweismittel heranziehen, wenn es Zweifel an der Richtigkeit des Geständnisses hegt[205]. **626**

Die Absprachen müssen zudem hinsichtlich ihres Inhalts und ihres Zustandekommens in der Hauptverhandlung offen gelegt werden, und das Ergebnis ist im Hauptverhandlungsprotokoll festzuhalten[206]. Die Anbahnung einer Verständigung kann zwar in vertraulichen Gesprächen außerhalb der Hauptverhandlung erfolgen[207]. Die Erörterung des Ergebnisses in der Hauptverhandlung ist aber zum einen erforderlich, weil § 33 Abs. 1 StPO verlangt, dass den Beteiligten *rechtli-* **627**

---

197 BGHSt **43**, 195, 207 f.

198 BGH, NJW 2004, 1396, 1397 (Zahlung einer Steuerschuld aus einer bereits abgeurteilten Steuerstraftat).

199 Siehe dazu *F. Meyer*, StV 2004, 41, 42.

200 BGHSt **42**, 46, 48; **43**, 195, 204 f.; **47**, 238, 242; BGH (GS), NJW 2005, 1440, 1444 f.

201 BGH, StV 2004, 470; StV 2005, 201.

202 BGH, StV 2004, 636, 638, mit Anm. *Eidam*, StV 2005, 201 ff.

203 BGHSt **43**, 195 ff.

204 Vgl. auch BVerfG, NStZ 1987, 419 f.

205 BVerfG, NStZ 1987, 419; BGHSt **43**, 195, 204; *Beulke*, Rn. 395; *Ranft*, Rn. 1233.

206 BGHSt **43**, 195, 206.

207 BGHSt **42**, 46, 47; **43**, 195, 206. A.A. *Ranft*, Rz. 1240. Kritisch auch *Rönnau*, wistra 1998, 49, 51.

ches Gehör zu gewähren ist, wenn sich das Gericht im Wege einer zulässigen Zwischenberatung vorläufig zur Straffrage, insbesondere zur strafmildernden Wirkung eines Geständnisses äußert[208], und zum anderen, weil der *Öffentlichkeitsgrundsatz* die Offenlegung der Absprache gebietet, damit die Urteilsgrundlagen auch für die Allgemeinheit transparent sind[209]. Die öffentliche Erörterung und die Protokollierung des Ergebnisses dienen aber auch dem Schutz des Angeklagten, indem er im Revisionsverfahren den Beweis über das Ergebnis der Absprache erbringen kann, wenn das Gericht sie nicht einhält. Der Verteidiger sollte deshalb auf einer Protokollierung bestehen, da eine unter Ausschluss der Öffentlichkeit getroffene Absprache – oder jedenfalls der genaue Inhalt der Verständigung – häufig nicht zu beweisen sein wird[210] und eine Bindungswirkung (Rz. 628) nur entsteht, wenn das Ergebnis der Absprache protokolliert wurde[211].

c) Konsequenzen der Absprache

628 Die Rechtsnatur der Absprache ist noch nicht geklärt. In der Literatur reicht das Meinungsspektrum sehr weit. Zum Teil[212] werden Absprachen als bloße unverbindliche Prognosen oder Absichtserklärungen bezeichnet, andere[213] betrachten sie als vertragsähnliches Institut mit faktischer Bindungswirkung, quasi als „gentlemen´s agreement" oder sogar – in Anlehnung an das in der italienischen StPO geregelte „patteggiamento" (Paktieren) – als Verwaltungsvertrag[214]. Der BGH geht jedenfalls von einer *faktischen Bindungswirkung* aus, sie schaffe für den Angeklagten einen Vertrauenstatbestand[215]. Dem ist schon deshalb zuzustimmen, weil der Angeklagte durch die Ablegung eines Geständnisses in „Vorleistung" treten und deshalb davor geschützt werden muss, dass das Gericht seinen Teil der Vereinbarung nicht einhält, indem es die zugesagte Strafobergrenze überschreitet. Der BGH geht dabei sogar recht weit, indem er eine Abweichung von der Vereinbarung nur zulässt, wenn nachträglich schwerwiegende Umstände, z.B. neue Tatsachen oder Beweismittel, die zur Qualifizierung der Tat als Verbrechen, statt – wie bisher angenommen – als Vergehen führen, oder erhebliche Vorstrafen des Angeklagten bekannt werden. Ansonsten bedeute die Nichteinhaltung der Abspra-

---

[208] BGHSt **38**, 102, 104; *Zschockelt*, NStZ 1991, 305, 309. Bedenklich deshalb BGHSt **42**, 46, 47 ff.; siehe dazu *Zschockelt*, NStZ 1995, 449.

[209] BGHSt 37, 298, 304; 43, 195, 205 f.; 45, 227, 230 f.; *Krekeler*, NStZ 1994, 196, 197; *Satzger*, JuS 2000, 1157, 1158; *Schmidt-Hieber*, NJW 1982, 1017, 1021. Der absolute Revisionsgrund des § 338 Nr. 6 StPO (Verletzung der Öffentlichkeitsvorschriften) soll nach – zweifelhafter – Auffassung des 3. Senats des BGH (NJW 2005, 519, 520) jedoch nicht gegeben sein, wenn das Ergebnis der außerhalb der Hauptverhandlung geführten Abspracheverhandlungen nicht in der Hauptverhandlung erörtert wurde.

[210] Vgl. BGH, NStZ 1997, 561.

[211] BGH, wistra 2005, 139, 141.

[212] *Schmidt-Hieber*, NJW 1990, 1884 f.

[213] *Dahs*, NJW 1987, 1318.

[214] *Ioakimidis*, Die Rechtsnatur der Absprache im Strafverfahren, 2001, S. 116 ff.

[215] BGHSt 43, 195, 210.

che einen Verstoß gegen den Grundsatz des fairen Verfahrens. Worauf diese Bindungswirkung beruht, legt der BGH allerdings nicht dar. Sie setzt aber die Protokollierung der Absprache voraus (Rz. 627)

Will das Gericht von seiner vorläufigen Bewertung zuungunsten des Angeklagten abweichen oder die angegebene Strafobergrenze überschreiten, so muss es ihn bzw. seinen Verteidiger in der Hauptverhandlung darauf hinweisen[216]. Im Übrigen gilt, dass das Geständnis bei der *Nichteinhaltung der Absprache* durch das Gericht zwar nicht zur Schuldfrage, wohl aber bei der Strafzumessung zu berücksichtigen ist. Wurde der Angeklagte durch eine Zusage, deren Einhaltung von vornherein nicht beabsichtigt war, bewusst irregeführt, so unterliegt sein Geständnis dem Verwertungsverbot des § 136a Abs. 3 StPO. Die Nichteinhaltung der Absprache führt jedoch nicht zu einem Verfahrenshindernis[217]. 629

d) Unwirksamkeit eines Rechtsmittelsverzichts

Uneinigkeit herrschte unter den Strafsenaten des BGH über die Wirksamkeit eines Rechtsmittelverzichts, den der Angeklagte als Teil der Absprache erklärt[218]. Der 1. und 2. Senat erkannten die Wirksamkeit an[219], der 3. und 5. Senat lehnten sie ab[220]. Der Große Senat hat daraufhin entschieden, der Rechtsmittelberechtigte müsse nach jedem Urteil, dem eine Absprache zugrunde liegt, stets auch darüber belehrt werden, dass er ungeachtet der Absprache in seiner Entscheidung frei ist, ein Rechtsmittel einzulegen, und ein nach einer Urteilsabsprache erklärte Rechtsmittelverzicht ohne diese qualifizierte Belehrung unwirksam sei[221]. Es bleibt abzuwarten, ob diese Entscheidung die Instanzgerichte dazu bewegen wird, auf die unzulässige Vereinbarung eines Rechtsmittelverzichts im Rahmen einer Absprache zu verzichten. Zutreffend erscheint im Übrigen die *ausnahmslose Ablehnung der Wirksamkeit* eines Rechtsmittelverzichts, der in Erfüllung einer Absprache erklärt wurde. Zwar muss sich der Angeklagte grundsätzlich an seinen Prozesserklärungen festhalten lassen. Hier ist aber zu berücksichtigen, dass den Tatgerichten seit langem bekannt ist, dass die Verknüpfung einer Strafmilderung mit einem Rechtsmittelverzicht unzulässig ist. Wenn sie sich dennoch darüber hinwegsetzen, so wird dies häufig dem Zweck dienen, die Entscheidung der Überprüfung durch das Rechtsmittelgericht zu entziehen und dadurch zu verhindern, dass Mängel der 630

---

216 BGHSt **36**, 210, 216; BGH, NJW 1992, 519, 520.

217 BGHSt **37**, 10, 13; **42**, 191, 193; *Beulke/Satzger*, JuS 1997, 1072, 1074.

218 Ausführlich zu diesem Streit *Beulke/Swoboda*, JZ 2005, 67 ff.; *Meyer-Goßner*, ZRP 2004, 187, 188; *Satzger/Höltkemeier*, NJW 2004, 2487 ff; *G. Schöch*, NJW 2004, 3462 ff.

219 BGH, NStZ 2004, 164 ff. (1. Senat), mit Anm. *Salditt*, StraFo 2004, 57; BGH, NJW 2004, 1336 ff. (2. Senat).

220 BGH, NJW 2003, 677 ff. (3. Senat), mit Anm. *Grunst*, NStZ 2004, 54 f.; *Meyer-Goßner*, NStZ 2004, 216 f.; *Mosbacher*, NStZ 2004, 52 ff.; BGH, NJW 2004, 1335 f. (5. Senat).

221 BGH (GS), NJW 2005, 1440 ff.

Sachaufklärung und der rechtlichen Beurteilung aufgedeckt werden. Es ist deshalb sachgerecht, wegen der bewussten Missachtung der rechtlichen Voraussetzungen die Unwirksamkeit des Rechtsmittelverzichts anzunehmen, zumal auf die Beachtung der Verfahrensgrundsätze nur hingewirkt werden kann, wenn die Kontrolle der Entscheidung durch das Rechtsmittelgericht möglich ist.

5. Umfang der Beweisaufnahme

631 Grundsätzlich ist die Beweisaufnahme auf alle Beweismittel zu erstrecken, die für die Schuld- und Straffrage relevant sein können. Der BGH erkennt jedoch an, dass in Verfahren wegen Abrechnungsmanipulationen, die sich über einen langen Zeitraum, eventuell mehrere Jahre erstrecken, Art und Zahl der Manipulationen oft nur schwer oder mit außerordentlichem Aufwand feststellen lassen. Deshalb dürfe sich der Tatrichter mit *Mindestfeststellungen* begnügen; es werde häufig ausreichen, dass er zu der Überzeugung gelangt, der Arzt habe pro Quartal mindestens bestimmte Gebührenziffern unrichtig abgerechnet[222]. Erforderlich ist aber, dass der Tatrichter für den gesamten Tatzeitraum Feststellungen zu dem unrichtigen Abrechnungsverhalten trifft. Aus dem Umstand, dass in späteren Quartalen Manipulationen nachgewiesen wurden, darf nicht ohne weiteres gefolgert werden, in früheren Abrechnungszeiträumen sei der Arzt ebenso verfahren[223]. Zulässigkeit sei dagegen eine *mathematisch-statistische Hochrechnung*, wenn das Abrechungsverhalten nicht Ausfluss singulärer Willensentscheidungen war, sondern eine massenhafte Wiederholung bestimmter, wiederkehrender Verschleierungsformen darstellte und durch andere Beweismittel, z.B. Zeugenaussagen des Praxispersonals, belegt ist, dass der Arzt sein Verhalten über den untersuchten Zeitraum hinweg gleichmäßig beibehalten hat[224].

632 Ob der Arzt bzw. sein Verteidiger durch die Stellung entsprechender Beweisanträge auf eine vollständige Aufklärung aller Einzelvorwürfe hinwirken sollte, lässt sich nicht generell sagen. Die Verteidigungsstrategie hängt davon ab, welchen Umfang der Manipulationen das Gericht seiner Entscheidung zugrunde legen will. U.U. kann es für den Arzt günstiger sein, wenn sich das Gericht mit Mindestfeststellungen zum unkorrekten Abrechnungsverhalten begnügt.

6. Die abschließende Entscheidung

633 Die Entscheidung des Gerichts nach Durchführung einer Hauptverhandlung ergeht grundsätzlich durch Urteil, und zwar unabhängig davon, ob das Gericht in der Sache entscheidet, d.h. über die Schuldfrage befindet (*Sachurteil*), oder ob es das

[222] BGHSt **36**, 320, 321.
[223] BGHSt **36**, 320, 322 ff.
[224] BGHSt **36**, 320, 325 ff.

Verfahren nach Abschluss der Hauptverhandlung wegen eines Verfahrenshindernisses durch *Prozessurteil* einstellt (§ 260 Abs. 3 StPO).

Ergibt die Beweisaufnahme, dass sich die angeklagte(n) Tat(en) als weniger gewichtig darstellen, als dies in der Anklage und dem Eröffnungsbeschluss angenommen wurde, so kann das Verfahren nach §§ 153 Abs. 2 S. 3, 153a Abs. 2 S. 3 StPO wegen – absoluter oder relativer – *Geringfügigkeit eingestellt* werden. In geeigneten Fällen sollte der Verteidiger deshalb versuchen, eine Beendigung des Hauptverfahrens auf diese Weise zu erreichen. Die Einstellung erfolgt dann in der Form des Beschlusses. 634

V. Rechtsfolgen

Im Falle der Verurteilung des Arztes wegen Abrechnungsmanipulationen ist zu bedenken, dass neben der Verhängung strafrechtlicher Rechtsfolgen weitere – standes-, disziplinar- und sozialrechtliche – Sanktionen in Betracht kommen. Zwar existiert kein „Doppelbestrafungsverbot" in dem Sinne, das strafrechtliche und nichtstrafrechtliche Sanktionen nicht zusammentreffen dürften, dennoch sind aber einerseits bei der Bemessung der strafrechtlichen Rechtsfolgen die sonstigen dem Arzt drohenden Nachteile zu berücksichtigen und andererseits dürfen bei deren Verhängung Art und Höhe der Strafe nicht außer acht gelassen werden. 635

Die Zumessung der schuldangemessenen Strafe erfordert die Abwägung aller für und gegen den Täter sprechenden Umstände, namentlich der in § 46 Abs. 2 StGB aufgeführten Gesichtspunkte. Das gilt selbstverständlich auch bei der Verurteilung wegen Abrechnungsmanipulationen. Besondere Bedeutung für die Art der Strafe – Geld- oder Freiheitsstrafe – sowie deren Höhe besitzen die Dauer des unkorrekten Abrechnungsverhaltens, die dabei aufgewendete kriminelle Energie, das Ausmaß des Vertrauensbruchs sowie insbesondere die Höhe des Schadens. Oben (Rz. 573) wurde bereits darauf hingewiesen, dass es für die Rechtsfolgenbemessung nicht auf den tatbestandsmäßigen Schaden des Betruges oder der Untreue ankommt, sondern auf das Ausmaß der tatsächlich eingetretenen Schädigung, die erheblich geringer sein kann, z.B. wenn nicht abrechenbare Leistungen medizinisch indiziert und fachgerecht erbracht worden sind. 636

1. Geldstrafe

Die Geldstrafe wird in *Tagessätzen* verhängt (§ 40 Abs. 1 S. 1 StGB). Die Höhe des Tagessatzes wird in der Regel nach dem *Nettoeinkommen* bestimmt (§ 40 Abs. 2 S. 2 StGB). Angaben zu seinen Einkommensverhältnissen muss der angeklagte Arzt nicht machen. Nach zutreffender Auffassung muss das Gericht dann an sich die wirtschaftlichen Verhältnisse zum Gegenstand der Beweisaufnahme 637 machen[225], z.B. indem es die Abrechnungs- und Kontounterlagen auswertet, Angestellte der Bank oder Praxismitarbeiter als Zeugen vernimmt. Zumeist machen die Gerichte jedoch von der *Schätzungsmöglichkeit* des § 40 Abs. 3 StGB Gebrauch, wenn der Angeklagte Angaben zu seinen wirtschaftlichen Verhältnissen verweigert oder wenn diese offensichtlich falsch oder ungenügend sind[226]. Die h.M. hält es für zulässig, dass sich das Gericht mit der Ermittlung von Anhaltspunkten begnügt, die nach der Lebenserfahrung eine hinreichend sichere Annahme erlauben[227]. Bisweilen verfolgt die Schätzung sogar den „strategischen“ Zweck, den Angeklagten durch die Ankündigung der Schätzung zu Angaben zu veranlassen, um der Gefahr einer Schätzung mit für ihn ungünstigem Ergebnis zu entgehen. Die Androhung einer solchen „Strafschätzung“ ist zwar ohne Zweifel unzulässig[228], der Nachweis, dass der Richter bewusst eine überhöhte Schätzung vornimmt, ist aber kaum zu führen, zumal Strafgerichte nicht selten falsche Vorstellungen über die Höhe des Einkommens freiberuflich tätiger Ärzte haben. Es kann deshalb durchaus sinnvoll sein, dass sich der Arzt zu seinen wirtschaftlichen Verhältnissen äußert, um solche Nachteile zu vermeiden.

2. Freiheitsstrafe

638 Abrechnungsmanipulationen, die sich über einen längeren Zeitraum erstreckt und einen erheblichen Schaden verursacht haben, werden in der Praxis regelmäßig mit einer Freiheitsstrafe geahndet, deren Dauer zwei Jahre übersteigt, sodass die Vollstreckung der Strafe nicht zur Bewährung ausgesetzt werden kann[229]. Aber auch wenn an sich mit einer solchen Freiheitsstrafe zu rechnen ist, sollte der Verteidiger den Versuch unternehmen, das Gericht dazu zu bewegen, durch die *kumulative Verhängung einer Geldstrafe* nach § 41 StGB eine bewährungsfähige Freiheitsstrafe auszusprechen[230]. Es ist zwar unzulässig, die nach allgemeinen Strafzumessungsgesichtspunkten verwirkte Freiheitsstrafe wegen einer kumulativ verhängten Geldstrafe ausschließlich zu dem Zweck zu ermäßigen, sie aussetzungsfähig zu machen[231]. Werden zulässigerweise eine Freiheits- und eine Geldstrafe kumulativ verhängt, so müssen sich aber beide insgesamt im Rahmen der Tatschuld bewegen, sodass bei der Bemessung der Freiheitsstrafe die zugleich verhängte Geldstrafe zu berücksichtigen ist[232]. Die Kumulierung einer zweijährigen, zur Bewäh-

---

[225] *Hellmann*, GA 1997, 503, 513 ff.

[226] Vgl. OLG Celle, NJW 1984, 185, 186.

[227] *Gollwitzer*, in: Löwe/Rosenberg, § 244, Rz. 23; *Herdegen*, in: KKStPO, § 244, Rz. 34; *Lackner/Kühl*, § 40, Rz. 17.

[228] *Hellmann*, GA 1997, 503, 513.

[229] *Ulsenheimer*, Rz. 509a.

[230] *Krause/Caspary*, in: Anwaltshandbuch Strafrecht, Kap. E, Rz. 164.

[231] BGHSt **32**, 60, 65; BGH, NJW 1985, 1719; *Lackner/Kühl*, § 41, Rz. 1a; a.A. AG Saarbrücken, NStZ 1984, 76 f. mit abl. Anm. *Horn*.

[232] BGH, NJW 1985, 1719.

rung ausgesetzten Freiheitsstrafe und einer Geldstrafe ist deshalb zulässig, wenn diese Sanktionierung dem Täter und der Tat besser gerecht wird[233].

3. Berufsverbot

Die Anordnung eines Berufsverbots für die Dauer *von einem Jahr bis zu fünf Jahren* setzt nach § 70 Abs. 1 S. 1 StGB voraus, dass der Arzt die Tat unter Missbrauch seines Berufs oder unter grober Verletzung der mit ihnen verbundenen Pflichten begangen hat. Diese Voraussetzungen werden bei länger dauernden Abrechnungsmanipulationen mit erheblichem Schaden in der Regel gegeben sein, zumal der erforderliche Zusammenhang zwischen der rechtswidrigen Tat und der beruflichen Tätigkeit des Arztes[234] vorliegt. Zusätzlich verlangt § 70 Abs. 1 S. 1 StGB jedoch eine Wiederholungsgefahr. Das Bestreben der Verteidigung muss deshalb darauf gerichtet sein, die Prognose zu entkräften, der Arzt werde mit Wahrscheinlichkeit bei weiterer Ausübung seines Berufs erhebliche rechtswidrige Taten der bezeichneten Art begehen. Ist dies nicht möglich, so sollte der Verteidiger unter Hinweis auf den Verhältnismäßigkeitsgrundsatz darauf drängen, das Berufsverbot auf solche Tätigkeiten zu beschränken, die zum Schutz der Allgemeinheit notwendig sind. Im Falle der Verurteilung wegen Abrechnungsmanipulationen des niedergelassenen Arztes wird es genügen, diesem die selbstständige ärztliche Tätigkeit zu untersagen, um ihm die Möglichkeit einer Beschäftigung in einem Krankenhaus zu erhalten[235]. Die Strafgerichte verzichten bei Abrechnungsmanipulationen meistens auf die Verhängung eines Berufsverbots und überlassen die weitere Sanktionierung der Berufsgerichtsbarkeit[236], zumal dieser angemessene Reaktionen zur Verfügung stehen. **639**

Wird dennoch ein – unbeschränktes – Berufsverbot verhängt, so darf der verurteilte Arzt seinen Beruf für die angeordnete Dauer *weder selbstständig oder für einen anderen ausüben noch durch eine von seinen Weisungen abhängige Person für sich ausüben lassen* (§ 70 Abs. 3 StGB). Dem niedergelassenen Arzt ist damit die Tätigkeit in der eigenen oder einer fremden Praxis und auch als Krankenhausarzt untersagt; seine Praxis darf er zudem nicht durch einen Assistenten, wohl aber durch einen *weisungsunabhängigen* Praxisvertreter weiterführen lassen[237]. Verstöße gegen das strafgerichtlich angeordnete Berufsverbot sind nach § 145c StGB strafbar. **640**

Nach § 132a StPO kann zwar schon im Ermittlungsverfahren ein *vorläufiges Berufsverbot* durch den Ermittlungsrichter angeordnet werden, wegen des damit verbundenen Eingriffs in die Berufsfreiheit des Art. 12 Abs. 1 GG wird der Verhältnismäßigkeitsgrundsatz die Anordnung in der Regel aber erst zulassen, wenn **641**

233 BGH, StV 1999, 424, 426; *Lackner/Kühl*, § 41, Rz. 1a.

234 *Ulsenheimer*, Rz. 510. Zu dem erforderlichen „berufstypischen" Zusammenhang siehe BGH, wistra 2003, 423 f.

235 OLG Koblenz, wistra 1997, 280; *Ulsenheimer*, Rz. 510.

236 *Krause/Caspary*, Anwaltshandbuch Strafrecht, Kap. E, Rz. 166; *Ulsenheimer*, Rz. 510.

237 AG Bochum, MedR 1988, 161, 162; *Ulsenheimer*, Rz. 510.

ein hinreichender Tatverdacht gegeben ist, also zumeist erst mit Anklageerhebung oder Ergehen des Eröffnungsbeschlusses[238].

4. Berufsgerichtliche Sanktionen

642 Im Zusammenhang mit einem Ermittlungsverfahren und insbesondere einer Verurteilung wegen Abrechungsmanipulationen können neben den strafrechtlichen Sanktionen standesrechtliche Maßnahmen angeordnet werden, wenn ein sog. *„berufsrechtlicher Überhang“* besteht, d.h., wenn die strafrechtlichen Sanktionen nicht ausreichen, um den Arzt zur Erfüllung seiner beruflichen Pflichten anzuhalten und das Ansehen des ärztlichen Berufsstandes zu wahren[239]. Das berufsgerichtliche Verfahren ist landesgesetzlich geregelt und kann u.a. zu einer Warnung, einem Verweis, der Entziehung des passiven Berufswahlrechts, einer Geldbuße oder – in einigen Bundesländern – zur Feststellung der Berufsunwürdigkeit führen (z.B. § 59 Abs. 1 HeilBerG Bbg). Zuständig sind selbstständige Berufsgerichte, die nach Maßgabe der landesgesetzlichen Regelungen in allen Bundesländern errichtet worden sind. Die berufsgerichtlichen Verfahrensvorschriften sind im Wesentlichen dem Strafverfahrensrecht nachgebildet.

643 Straf- und berufsrechtliche Maßnahmen können wegen der unterschiedlichen Zweckbestimmung zwar *kumulativ* verhängt werden, sie stehen aber *nicht völlig unabhängig nebeneinander*, sondern die in dem einen Verfahren verhängten Sanktionen sind dem anderen zu berücksichtigen[240].

644 Berufsgerichtliche Maßnahmen können im Übrigen auch *ohne strafgerichtliche Verurteilung* angeordnet werden, im Falle eines Freispruchs jedoch nur, wenn der Sachverhalt, der keinen Straftatbestand eines Strafgesetzes erfüllt, ein Berufsvergehen enthält (z.B. § 74 Abs. 2 HeilBerG Bbg). Gleiches muss bei einer Einstellung des Strafverfahrens – auch nach §§ 153, 153a StPO – gelten, da die Einstellungen keine abschließenden Schuldfeststellungen enthalten.

5. Widerruf oder Ruhen der Approbation

645 Die Approbation ist nach § 5 Abs. 2 i.V. mit § 3 Abs. 1 S. 1 Nr. 2 BÄO zu widerrufen, wenn sich der Arzt eines Verhaltens schuldig gemacht hat, aus dem sich seine Unwürdigkeit oder Unzuverlässigkeit zur Ausübung des ärztlichen Berufs ergibt. Ob dies auch im Falle der Verurteilung wegen Abrechnungsmanipulationen der Fall ist, ist in der Rechtsprechung nicht unstreitig. Zum Teil wird dies nur angenommen, wenn das Vertrauen der Allgemeinheit in die Heilkunst erschüttert

---

[238] *Ulsenheimer*, Rz. 511.

[239] BVerfG, NJW 1970, 507, 509; *Krause/Caspary*, in: Anwaltshandbuch Strafrecht, Kap. E, Rz. 168; *Ulsenheimer*, Rz. 514.

[240] BVerfG, NJW 1970, 507, 510.

ist[241]. Überwiegend werden die „Unwürdigkeit“ bzw. die Unzuverlässigkeit jedoch – zu Recht – auch bei wirtschaftlich unkorrektem Verhalten bejaht[242].

Nach § 6 Abs. 1 Nr. 1 BÄO kann das Ruhen der Approbation schon angeordnet werden, wenn gegen den Arzt ein Strafverfahren wegen des Verdachts einer Straftat, aus der sich die Unwürdigkeit oder Unzuverlässigkeit ergeben kann, eingeleitet worden ist. Die Maßnahme muss jedoch verhältnismäßig sein, sodass die Vorwürfe ein gewisses Gewicht haben und gravierende Verdachtsmomente vorhanden sein müssen[243]. **646**

6. Entzug oder Ruhen der Vertragsarztzulassung

Nach § 95 Abs. 6 SGB V i.V. mit § 27 Ärzte-ZV entzieht der Zulassungsausschuss dem Vertragsarzt die Zulassung, wenn er seine *vertragsärztlichen Pflichten gröblich verletzt*. Eine solche Pflichtverletzung kann zwar auch in Abrechnungsmanipulationen bestehen. Hinzukommen muss aber, dass der Vertragsarzt nicht mehr geeignet erscheint, an der vertragsärztlichen Versorgung teilzunehmen[244]. Da die Entziehung des Zulassung einen schwerwiegenden Eingriff in die Berufsfreiheit (Art. 12 GG) darstellt, ist auch hier der Verhältnismäßigkeitsgrundsatz besonders zu beachten[245]. Genügt die Anordnung des Ruhens der Zulassung für einen gewissen Zeitraum, um den Vertragsarzt zur Erfüllung seiner Pflichten anzuhalten, so der – endgültige – Entzug der Zulassung unverhältnismäßig[246]. **647**

---

241 VGH Mannheim, MedR 1983, 36 ff.

242 Hess. VGH, NJW 1986, 2390, 2391; OVG Münster, MedR 1988, 51 ff.

243 Näher dazu *Ulsenheimer*, Rz. 518a.

244 BVerfG, NJW 1985, 2187, 2188; BSGE **15**, 177 ff.

245 *Krause/Caspary*, in: Anwaltshandbuch Strafrecht, Kap. E, Rz. 176.

246 BSG, NJW 1987, 1509 f.; NJW 1990, 1556 ff.

Sachverzeichnis

Die Zahlenangaben beziehen sich auf Randnummern des Buches; Hauptfundstellen sind durch Hervorhebung kenntlich gemacht.